顺丰速运重庆有限公司

顺丰速运重庆有限公司(以下简称“重庆顺丰”)正式成立于2009年,在渝注册资本35亿元,是国家5A级综合型物流企业。重庆顺丰全面布局重庆市场,设立8个货物集散中心,仓储总面积12万平方米,235个快递服务网点,已形成包含快递、快运、同城、冷运、仓储、国际等多元化业务体系。重庆顺丰致力发展科技实力,领建行业品牌。科技能力先后获得《麻省理工科技评论》全球“50家聪明公司”“中国智慧物流十大创新引领企业”等行业荣誉。

仓储物流

重庆顺丰以物联网、大数据、人工智能为核心技术,通过可编程扫码对仓库到货检验、入库、出库、调拨、移库移位、库存盘点等各个作业环节的数据进行自动化数据采集,在“慧眼神瞳+3D可视化”监控下,保证企业及时准确地掌握库存的真实数据,高效地跟踪与管理客户订单、采购订单以及仓库信息,提升仓库管理效率和效益。

大数据+特色经济

重庆顺丰基于优势数据服务及供应链建设经验,继续加强科技产品及解决方案能力,建立数字生态体系,提升科技驱动的行业解决方案服务能力,为行业客户提供融合了物流科技软件及硬件设施、科技解决方案的一站式、数智化行业解决方案和智慧供应链服务,以科技赋能行业企业供应链转型升级。

重庆顺丰秉持成就客户的理念,深入田间地头,提供生鲜产业链解决方案,助力重庆农特产品打造全国知名的地域性品牌:巫山脆李、奉节脐橙、綦江奈李、合川枇杷等,2020年带动农副产品年收入超20亿元。

低碳环保

面对全球气候变化带来的挑战,重庆顺丰将坚持以科技创新,通过领先的科技手段,优化或重塑供应链物流环节,从源头减少能源消耗带来的碳排放,提升运营的碳效率,实现企业绿色发展。通过新能源应用、运输模式升级将低碳科技服务渗透至行业供应链各个环节,实现端到端供应链全链条的碳足迹减少,帮助合作伙伴加速低碳转型,共建零碳商业社会。

云南建投物流有限公司
YCIH LOGISTICS CO., LTD.

云南建投物流有限公司（以下简称“建投物流”）始建于1965年，是云南省建设投资控股集团有限公司旗下集商贸、物流、电子商务、供应链金融、信息服务等多种经营为一体的现代物流与供应链服务企业。建投物流是国家AAAAA级物流企业、AAAAA级供应链服务企业，入选国家供应链创新与应用试点企业、商务部线上线下融合发展数字商务企业、云南省跨境直达运输试点企业等。自主研发的“云上营家”智慧供应链平台入选国家工信部新型信息消费示范项目和2020年国有企业数字化转型典型案例。

近年来，建投物流主动融入现代物流、现代产业链供应链发展战略，积极助推和服务国家“一带一路”建设、云南省面向南亚东南亚辐射中心建设以及云南现代产业体系建设，业务涵盖建材、有色金属、煤炭能源、生鲜、现代家装等大宗商品，以及消费品和响应式产品领域，打造综合物流、综合金融、数字化三大服务平台，业务遍及云南省各州市以及成渝经济圈、长三角、粤港澳大湾区、京津冀等核心经济带，辐射欧洲、南美洲、南亚及东南亚等20多个国家和地区，2021年实现营业收入300亿元，着力构建“立足云南、连通国内、辐射南亚及东南亚、融入全球供应链”的现代物流网络体系，致力于成为效益领先、业务稳健、国际一流的供应链生态运营商。

三大业务领域

大宗商品领域

建投物流积极开拓钢材、水泥、煤炭、有色金属等大宗业务，通过资源整合、规模采购、采销一体化运作、数字化管控、供应链金融服务等延伸拓展大宗商品全产业链上下游服务和产品，有效为上下游客户降本增效，满足市场多样化需求。

消费品领域

以响应客户需求为中心，着力发展鲜花、冻品、绿色智能家装、一站式装饰装修等端到端服务，致力打造消费品领域业务增长极。

响应式产品领域

围绕建投物流主营业务，提供其他工程物资、设备及消费品等多品类供应链服务。

三大服务平台

综合物流平台

建投物流自有各类货运车辆 200 余辆，可调配社会运输车辆 3 万余辆，运力组织能力达万余吨。集普货运输、危化品运输、大件运输、干线运输、多式联运、国际运输、军队物资保障、仓储、汽车后市场、网络货运等物流服务为一体。

综合金融平台

聚焦自有贸易环节，以数字化手段为产业链上下游客户提供财资、供应链金融和金融增值等多元金融服务。

数字化平台

自主研发“云上营家”智慧供应链平台，立足于建筑行业供应链，集采购履约、渠道营销、综合物流、通关、支付、追溯等配套业务为一体，深度融合供应链多业务场景、结构及流程，旨在构建以大数据为支撑的网络化共享、智能化协同、生态化运营的智慧供应链体系，对内赋能业务和管理，对外提供数字化解决方案和其他增值服务。

公司地址：中国（云南）自由贸易试验区昆明片区经济技术开发区林溪路 188 号
联系电话：0871—63111315　　传真：0871—63111315
邮箱：ynjtwl@inja.com　　网址：www.ynjtwl.cn

郑州银行成立于1996年，2015年、2018年先后在中国香港、深圳上市，是河南省率先在A股上市的银行、国内A+H上市城商行。截至2022年6月末，郑州银行资产规模5842.96亿元、贷款总额3164.82亿元、存款总额3244.64亿元，2022年上半年实现营业收入75.63亿元、归母净利润25.31亿元，在英国《银行家》杂志发布的“2022年全球银行1000强”榜单中位列第184位。

商贸物流银行 五大特色

❶ 特色战略：双轮驱动的“五四战略”

以高质量发展思想为指导，郑州银行积极布局“五四战略”：对公“五朵云”（云物流、云交易、云商、云融资、云服务）和零售“四新金融”（科创金融、小微企业园金融、乡村金融、市民金融），将“商贸物流银行”作为战略方向，将云物流作为“五四战略”重点，打造差异化、特色化发展路径。

❷ 特色定位：深耕行业的物流专业银行

2005年，郑州银行联合长通物流率先发行了全国物流联名卡，开启了在商贸物流领域的深耕与探索。截至目前，郑州银行在物流金融领域深耕近20年，实现了对1000余户物流客户的精准金融赋能，交通物流行业融资余额70多亿元。

❸ 特色平台：基于金融科技的专属平台

依托金融科技技术，搭建物流金融数字化平台，构建物流金融产品创新及数字升级的基础设施，为挖掘交易信用、数字信用的增信潜力，解决轻资产、“小散弱”物流企业的融资难题，奠定了坚实的数字化基础。

4 特色服务：面向物流供应链的数字化产品体系

构建了云物流特色产品体系，可对不同细分领域的物流及其上下游客户提供涵盖“融资 + 财资”“公司 + 个人”“线上 + 线下”“标准 + 定制”的综合化解决方案，如货款贷、运费贷、物流托付、鼎 e 信、科技贷、专精特新贷、E 税融、购车贷，以及账户体系、收付款清分系统等，货款代付、运费代付等产品支持线上化 7×24 小时放款。

5 特色团队：总行级物流行业专业化团队

以物流行业专业化为指引，跨部门汇聚行内硕士、博士优秀人才，推动成立科技、业务融合的总行级物流金融敏捷运营纵队，依托物流金融创新项目，加速物流金融业务的敏捷创新；依托物流金融专属团队，统筹、引领全行物流金融发展。

公司地址：河南省郑州市郑东新区商务外环路 22 号
网址：http://www.zzbank.cn/
联系电话：95097

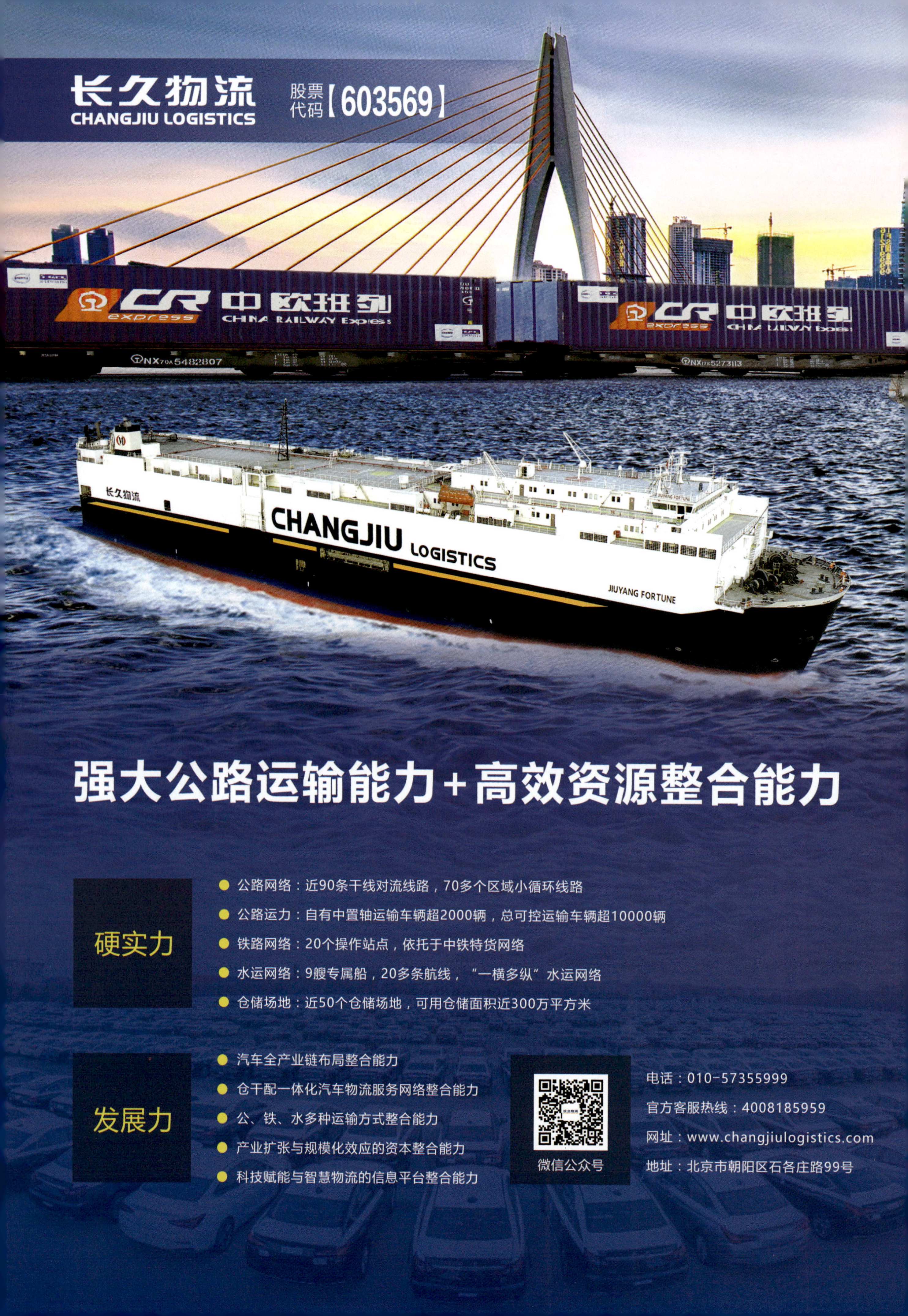
长久物流
CHANGJIU LOGISTICS
股票代码【603569】
强大公路运输能力+高效资源整合能力
硬实力
公路网络：近90条干线对流线路，70多个区域小循环线路
公路运力：自有中置轴运输车辆超2000辆，总可控运输车辆超10000辆
铁路网络：20个操作站点，依托于中铁特货网络
水运网络：9艘专属船，20多条航线，“一横多纵”水运网络
仓储场地：近50个仓储场地，可用仓储面积近300万平方米
发展力
汽车全产业链布局整合能力
仓干配一体化汽车物流服务网络整合能力
公、铁、水多种运输方式整合能力
产业扩张与规模化效应的资本整合能力
科技赋能与智慧物流的信息平台整合能力
微信公众号
电话：010-57355999
官方客服热线：4008185959
网址：www.changjiulogistics.com
地址：北京市朝阳区石各庄路99号

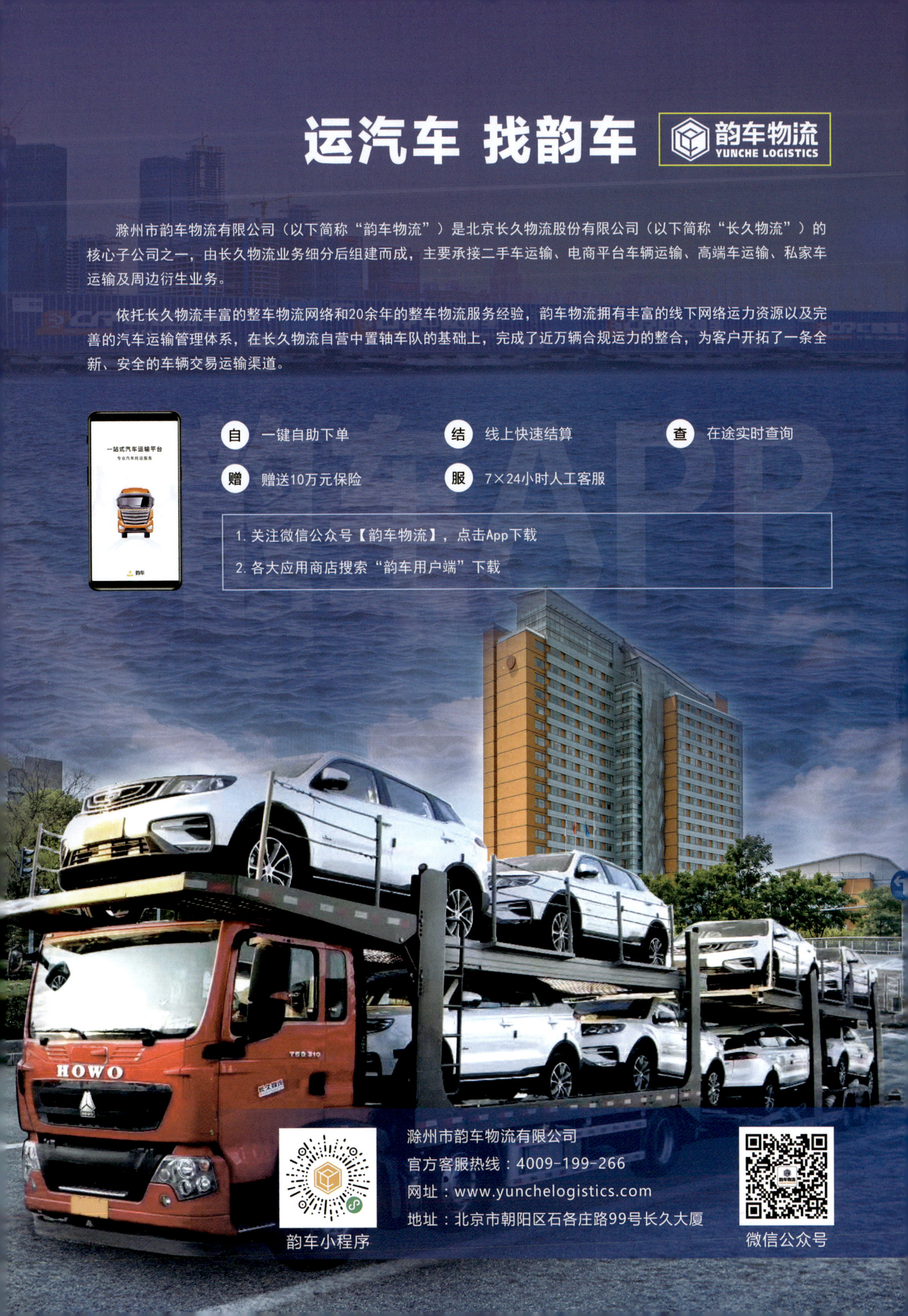
运汽车 找韵车
韵车物流
YUNCHE LOGISTICS
滁州市韵车物流有限公司（以下简称“韵车物流”）是北京长久物流股份有限公司（以下简称“长久物流”）的核心子公司之一，由长久物流业务细分后组建而成，主要承接二手车运输、电商平台车辆运输、高端车运输、私家车运输及周边衍生业务。
依托长久物流丰富的整车物流网络和20余年的整车物流服务经验，韵车物流拥有丰富的线下网络运力资源以及完善的汽车运输管理体系，在长久物流自营中置轴车队的基础上，完成了近万辆合规运力的整合，为客户开拓了一条全新、安全的车辆交易运输渠道。
自 一键自助下单
结 线上快速结算
查 在途实时查询
赠 赠送10万元保险
服 7×24小时人工客服
1. 关注微信公众号【韵车物流】，点击App下载
2. 各大应用商店搜索“韵车用户端”下载
HOWO
滁州市韵车物流有限公司
官方客服热线：4009-199-266
网址：www.yunchelogistics.com
地址：北京市朝阳区石各庄路99号长久大厦
韵车小程序
微信公众号

打造最具竞争力的钢铁产业智慧供应链生态圈

德邻陆港供应链服务有限公司（以下简称“德邻陆港”）是鞍山钢铁集团有限公司拥抱数字经济、平台经济发展浪潮，以延伸产业链、提升价值链为发展主线，依托互联网、物联网、大数据等全新技术手段打造的钢铁产业现代供应链服务平台。德邻陆港为国家5A级物流企业、国家5A级网络货运平台企业、辽宁省智慧园区示范企业和辽宁省服务型制造示范企业。德邻陆港自主打造了德邻陆港智慧供应链服务平台，面向社会客户提供集电子商务、贸易、供应链金融、网络货运、公铁海多式联运、仓储加工配送、汽车后市场等业务为一体的“全流程”“一站式”服务。

自组建以来，德邻陆港始终坚持产业变革、科技升级、品牌建设和卓越服务“四轮驱动”，大力推动现代信息技术与生态圈场景的深度融合，以智慧供应链服务平台为支撑，实施“线上平台+线下实体”的融合发展战略，构建了线上交易、仓储物流、供应链金融等业务板块横纵向融合贯通的立体网络化经营体系，促进产业链条的无缝衔接与优化协同，实现了以客户为中心的快速反应与质量提升。

秉承“开放、共享”的发展理念，德邻陆港紧紧抓住现代供应链产业变革的有利时机，通过业务复制、网络覆盖与网点布局，积极为客户提供辐射全国的供应链服务；依托德邻畅途平台强大的资源整合能力，为客户提供公铁海多式联运的物流解决方案；依托德邻云仓平台的智能盘点与远程监控功能，实现仓储货物的全流程透明化管理。

荣誉

5A级物流企业
5A级网络货运平台企业
辽宁省智慧园区示范企业
中国金属材料流通协会副会长单位
中国物流与采购联合会副会长单位
辽宁省道路运输协会副会长单位
辽宁省企业联合会常务理事单位
鞍山市钢铁服务业协会会长单位

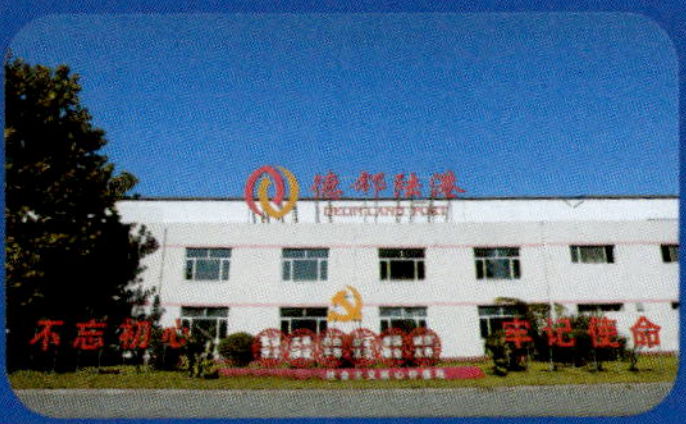

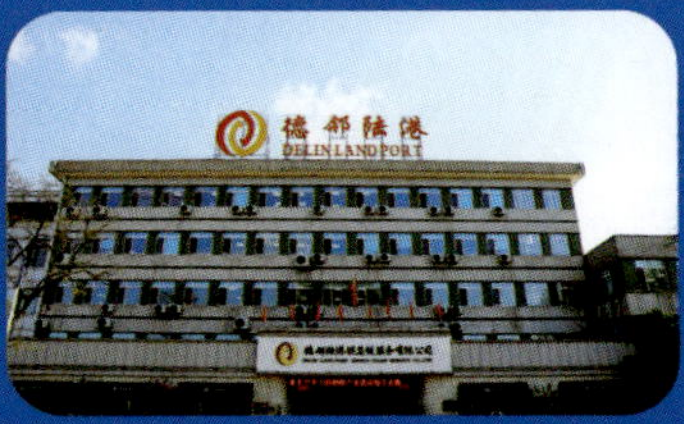

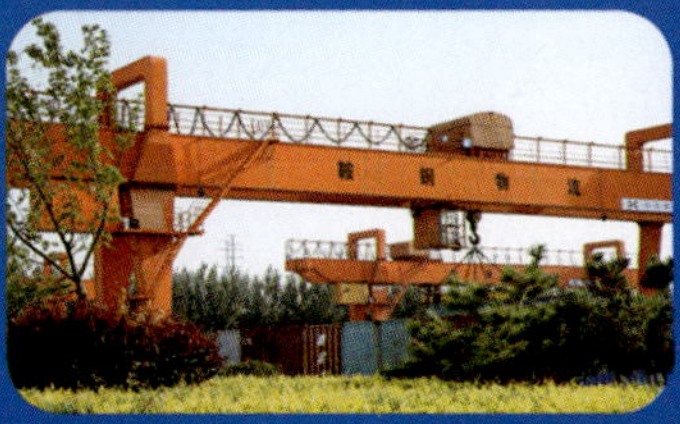

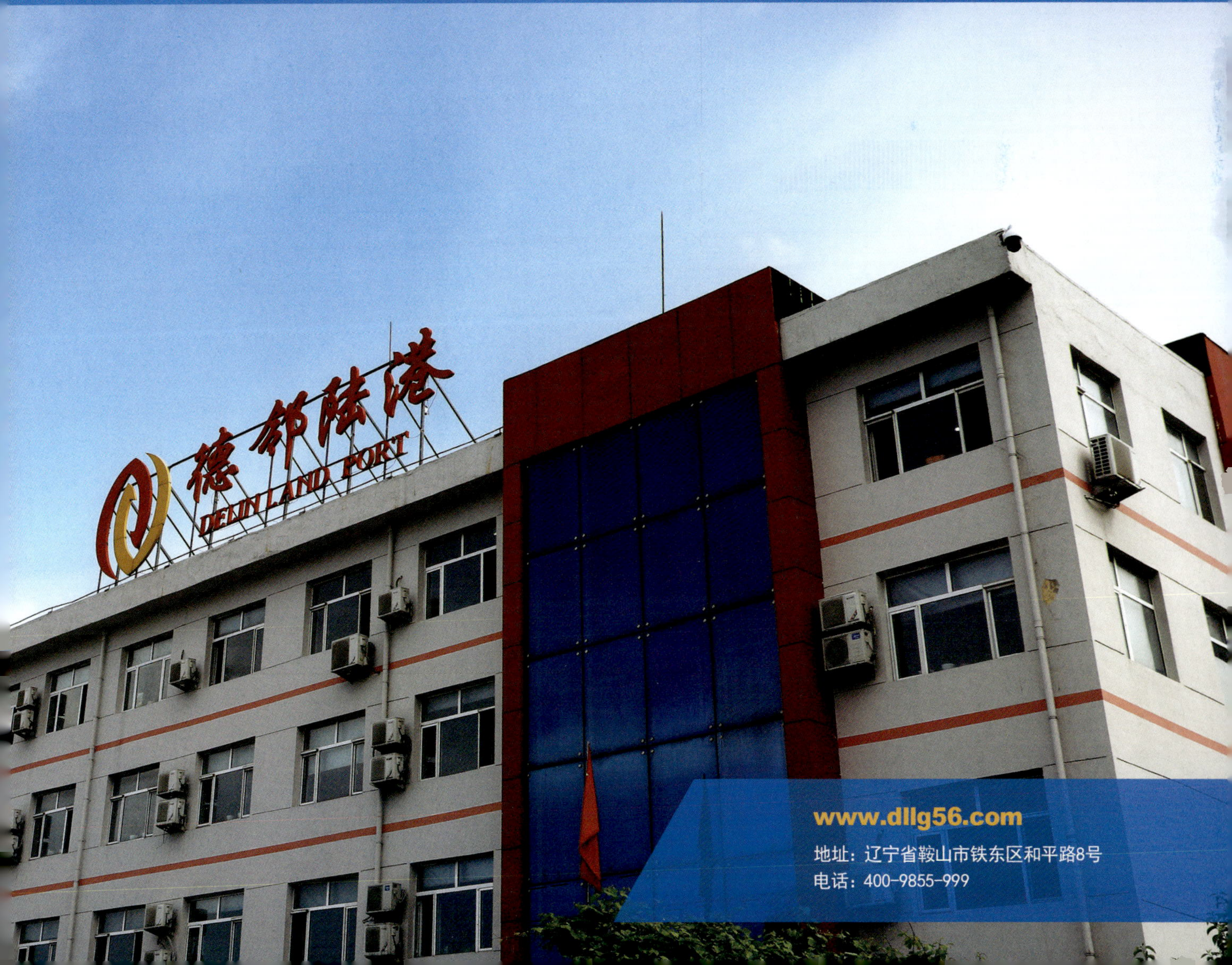

FedEx
Express
The World On Time
N167FE
FedEx

秀山（武陵）现代物流园区

物聚武陵 流通天下

四省通衢处 秀山物流园

一、现代物流强劲有力，集散功能不断提升。自2009年启动秀山（武陵）现代物流园区（以下简称“秀山物流园”）建设以来，累计完成投资115亿元，基本建成武陵山区铁路、快递快运、化工品物流、冷链物流、保税物流五大物流中心，成为渝湘黔鄂毗邻地区核心物流基地。投用渝怀铁路300万吨战略装卸点、集装箱站、化工品专线和韵达快递分拨中心，形成“覆盖城乡、辐射武陵、畅行国内、通达全球”的四级物流网络。建成韵达快递分拨中心，开通直达周边区县的17条武陵物流专线，整合周边12个区县快递包裹到秀山分拨，快递首重包邮降至3元以内，最低至1.8元/单，2021年县域快递上行突破3000万件。与成都铁路局共建秀山铁路集装箱货场扩能升级工程，建成投用后周转能力将提升至10万标准箱/年。常态化开行秀山—广州、重庆冷链物流专线。开行西部陆海新通道武陵山班列，带动武陵山区融入西部陆海新通道联动发展，秀山物流园成功被纳入商贸服务型国家物流枢纽、全市6个区域性综合货运枢纽建设。建成投用保税仓库，黔江海关秀山办事处靠前服务，实现本地报关“零”突破。

地址：重庆市秀山土家族苗族自治县中和街道东风路203号
电话：023－76682202

覆盖城乡 辐射武陵 畅行国内 通达全球

二、电商产业提质发展，融合程度不断提升。秀山物流园按照“集中集聚集群”的思路发展农村电商，让被重山阻隔的“边城”，逐渐成为网货流通集散的中心。“线上线下融合”构建电商平台。自主研发“村头”电商平台，并与重庆市消费帮扶馆实现“双网合一”，成为重庆市消费帮扶的主要渠道。引进“快手”等平台打造全国休闲食品产业带。“一体化产业链”推进产品开发。全县2000余个电商产业扶贫基地，每年有3万亩以上的农产品签订包销订单。建成电商产品加工线61条，销量稳定在全网前十。成功打造“武陵遗风”“秀山毛尖”区域公共品牌，开发“奇麦记”等自有品牌110个，上线本土商品1000余款，年网络销售额上亿元的品牌有5个。“专业化全过程”推进人才培训。设立全日制专科层次电商学院，组建云智电商培训学校，累计培训8万余人次，培养了6500余名营销、美工等技能精英，带动3500余名贫困群众创业就业，全县电商从业人员超过3万人。“全方位无死角”提供电商服务。建立资金扶持、一站服务等机制，帮助电商企业发展壮大。全县有电商主体2500余家、网络店铺25000余个，100余家生产企业、2000多家批发零售商户实现“触网”经营。

三、商贸产业蓬勃发展，辐射能力不断提升。秀山物流园先后建成投用副食品、家居、建材、3C、钢材、五金机电、型材板材、中药材、汽博中心、华南生鲜十大专业市场，市场经营面积达到80余万平方米，入驻经营商户3300余家，年均市场交易额100亿元以上，石材、板材、地砖等产品辐射至周边300公里范围20余个区县。各专业市场运用直播带货、微信小程序等新兴电商模式，与线下促销活动深度融合，助推市场交易额增长20%。成功举办“第十届武陵山商品交易博览会暨西部陆海新通道武陵山区合作发展大会”，秀山在武陵山片区影响力和辐射力持续增强。

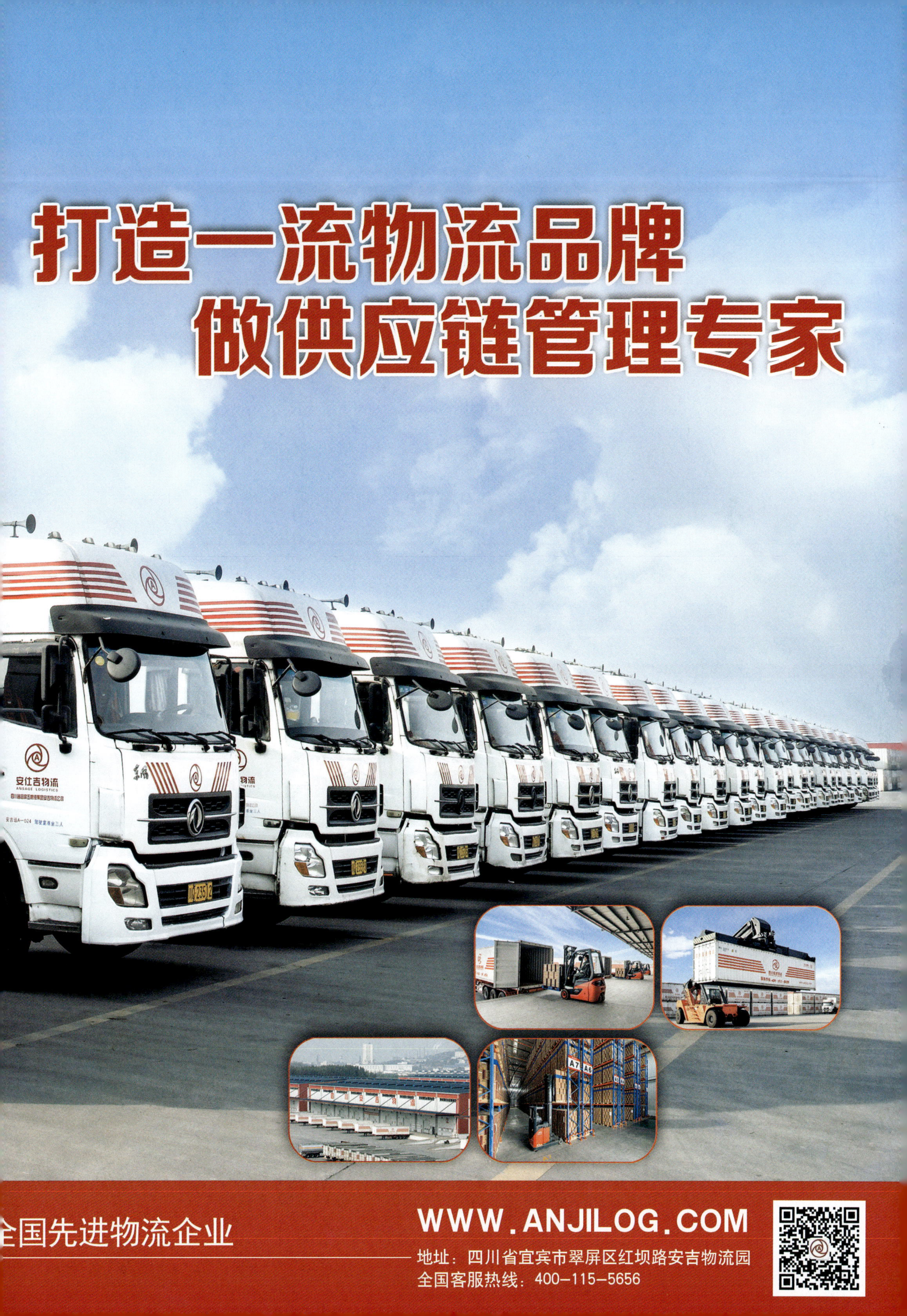
打造一流物流品牌
做供应链管理专家
全国先进物流企业
WWW.ANJILOG.COM
地址：四川省宜宾市翠屏区红坝路安吉物流园
全国客服热线：400-115-5656

打造“工程建设领域世界知名的数智化供应链集成服务商”

中铁物资集团有限公司（以下简称“集团”）隶属于世界500强、国务院国资委监管的特大型中央企业——中国铁建股份有限公司，前身是中国人民解放军铁道兵后勤部，经历抗美援朝战争的洗礼，1984年随铁道兵集体改工并入铁道部，1990年更名为中国铁道建筑总公司物资局，2003年建立现代企业制度，定名为中铁物资集团有限公司。

集团是中国铁建“8+N”产业格局中物资物流板块的专业化旗舰企业，致力于服务工程建设领域产业链供应链安全高效运行，着力布局集采内供、供应链贸易、现代物流、国际业务、新型业务五大产业，上线运营“铁建云采”平台和“盘古智达”智慧物流平台，构筑集采购、仓储、加工、配送、金融、信息于一体的供应链协同平台，构建智慧供应链生态圈。集团注册资本金30亿元，经营规模突破500亿元，资产总额达到260亿元，被商务部、工业和信息化部等8部委评为“全国供应链创新与应用示范企业”。

集团总部设在北京，下辖东北、华东、中南、西南等地区16家全资子公司和7家专业化控股、参股子公司，并在全国主要物流节点城市和重点海外市场设置分支机构，形成了完善的区域网络布局。管理运营中国铁建物资集中采购中心及北京、上海、广州、武汉、西安、成都6大区域中心，为中国铁建所属项目提供物资采购服务。

集团先后参建全国50%以上的铁路工程，涵盖成昆、鹰厦、青藏、京九等普速铁路，京沪、京广、兰新、京沈等高速铁路。广泛参与南水北调、西气东输、西电东送、北京奥运会、上海世博会、港珠澳大桥、香港国际机场、白鹤滩水电站等大型基础设施建设，以及各类城轨、高速公路、市政港口的物资供应和工程物流服务。在国际业务领域，开拓非洲以及东南亚、美洲等铁路物资市场，为雅万高铁提供钢轨出口一体化供应方案，成为中国标准“走出去”的重要实施者。

集团作为中国物流与采购联合会副会长单位、中国城市轨道交通协会理事单位、国内铁路建设用钢轨及建设项目物资采购代理服务商、国家发展和改革委员会批准的成品油专项供应单位，具备国家道路运输“网络货运+普通货运”双重经营许可。近年来，荣获“国家AAAAA级综合服务型物流企业”“银行资信等级AAA级信用企业”“企业信用评价AAA级信用企业”等称号，稳居“中国物流企业50强”前10位。

集团秉承“逢山凿路、遇水架桥”的铁道兵精神，肩负“编织大地经纬、成就美好未来”的企业使命，致力与社会各界竭诚合作，朝着“工程建设领域世界知名的数智化供应链集成服务商”战略定位不断迈进。

单位地址：北京市海淀区西四环中路19号　　网址：CRMG.CRCC.CN　　电话号码：010-51881000

中国物流年鉴

2022（上册）

CHINA LOGISTICS YEARBOOK 2022

中国物流与采购联合会编

中国财富出版社有限公司

图书在版编目（CIP）数据

中国物流年鉴 . 2022. 上册 / 中国物流与采购联合会编 .—北京：中国财富出版社有限公司，2022.11
ISBN 978-7-5047-7794-2

Ⅰ . ①中…　Ⅱ . ①中…　Ⅲ . ①物流—中国—2022—年鉴　Ⅳ . ① F259.22-54

中国版本图书馆 CIP 数据核字（2022）第 201521 号

策划编辑	王　靖	**责任编辑**	白　昕　毕伊宁	**版权编辑**	李　洋
责任印制	尚立业	**责任校对**	杨小静	**责任发行**	敬　东

出版发行	中国财富出版社有限公司		
社　　址	北京市丰台区南四环西路 188 号 5 区 20 楼	**邮政编码**	100070
电　　话	010-52227588 转 2098（发行部）		010-52227588 转 321（总编室）
	010-52227566（24 小时读者服务）		010-52227588 转 305（质检部）
网　　址	http：//www.cfpress.com.cn	**排　　版**	宝蕾元
经　　销	新华书店	**印　　刷**	北京欣欣和一印刷厂
书　　号	ISBN 978-7-5047-7794-2/F · 3480		
开　　本	880mm × 1230mm　1/16	**版　　次**	2022 年 12 月第 1 版
印　　张	47.25　**彩　页**　3	**印　　次**	2022 年 12 月第 1 次印刷
字　　数	1249 千字	**定　　价**	480.00 元（全 2 册）

《中国物流年鉴》（2022）编委会

钟荣钦　台湾物流协会秘书长
姜　旭　北京物资学院物流学院院长、教授
姜超峰　中国物资储运协会名誉会长
袁美仪　香港物流协会会长
徐劲松　马钢集团物流有限公司党委书记、董事长
黄有方　上海海事大学原校长、教授、博士生导师
龚　琰　玖隆钢铁物流有限公司总经理
盖忠琳　山东盖世国际物流集团有限公司党委书记、总经理
董礼华　国家统计局贸易外经统计司司长
蒋兴祥　云南省建设投资控股集团有限公司总经理助理、云南建投物流有限公司党委副书记、董事长
韩　骏　中远海运集团总经理助理兼中远海运物流有限公司董事长、党委书记
韩义勇　广西玉驰智联科技有限公司董事长
裴　亮　中国连锁经营协会会长
薄世久　北京长久物流股份有限公司董事长

特别支持单位

中远海运物流有限公司

郑州银行股份有限公司

北京长久物流股份有限公司

荣庆物流供应链有限公司

联邦快递（中国）有限公司

云南建投物流有限公司

四川安吉物流集团有限公司

山东盖世国际物流集团有限公司

《中国物流年鉴》(2022)

主　　办	中国物流与采购联合会
承　　办	《中国物流与采购》杂志社
主　　编	何黎明
副 主 编	崔忠付　蔡　进　贺登才
编辑部主任	刘乃杰
编　　辑	崔　冬　朱贝特　王国辉　赵雷刚　董　岩
发　　行	高　威
广告设计	阳光设计工作室

编辑部电话	010-83775835　010-63738995(兼传真)
邮　　箱	gwrshk@126.com
发　　行	010-63738995
传　　真	010-63738995

《中国物流年鉴》（2022）供稿者

（按姓氏笔画排序）

马增荣	王　芮	王　萌	王与剑	王方春	王国文	王国清	王盼盼	王继祥	尤晓岚
田　征	冯耕中	吕　华	任　志	刘长庆	刘汉才	刘伟华	刘宇航	刘陶然	刘婷婷
闫　鸣	孙熙军	李　鹏	李红梅	李新波	张　洁	张　浩	张晓东	陈之旋	周　媛
周增宝	赵东月	赵启昕	姜　旭	秦玉鸣	秦华侨	都　丹	贾翔宇	顾宁军	晏庆华
徐　勇	徐金鹏	高　珉	高　峰	高培源	郭肇明	戚丽丽	康译文	蒋卓玲	韩兆轩
焦　飞	谢文卿	谢雨蓉	谢宝贵	樊一江	穆宏志				

国家发展改革委、国家发展改革委综合运输研究所、内蒙古自治区发展改革委、吉林省发展改革委、山东省发展改革委、河南省发展改革委、湖南省发展改革委、海南省发展改革委、四川省发展改革委、山西省工业和信息化厅、青海省工业和信息化厅、内蒙古自治区统计局、吉林省统计局、河南省统计局、四川省统计局、青岛市交通运输局、武汉市交通运输局、中国粮食行业协会、河北省现代物流协会、内蒙古物流协会、黑龙江省物流与供应链商会、安徽省物流协会、河南省物流与采购联合会、湖南省物流与采购联合会、重庆市物流与供应链协会、宁夏现代物流协会、中国仓储与配送协会、中国国际货运代理协会、陕西省道路运输协会、宜昌市物流业发展中心、中国物流信息中心、中物联网络事业部、中物联行业事业部、中物联教育培训部、中物联标准化工作部、中物联评估办、中国物流发展专项基金“宝供物流奖”办公室、中物联汽车物流分会、中物联危化品物流分会、中物联冷链委、中物联托盘委、中汽信息科技（天津）有限公司、中国工程机械工业协会工业车辆分会、上海国际航运研究中心、蜂网投资、北京物资学院、北京交通大学、天津大学、大连理工大学、西安交通大学、西安邮电大学、西安电子科技大学、兰州交通大学、黑龙江省现代物流与供应链产业研究院、武汉现代物流研究院、《物流技术与应用》杂志社、《中国出版传媒商报》社、北京兰格云商科技有限公司、供应链管理专业协会（CSCMP）、中国联合网络通信有限公司云南省分公司、准时达国际供应链管理有限公司、北京中物华兴科技有限公司、浙江创联信息技术股份有限公司、深圳市递四方速递有限公司

《中国物流年鉴》（2022）
广告提供单位

上册

顺丰速运重庆有限公司
云南建投物流有限公司
郑州银行股份有限公司
北京长久物流股份有限公司
德邻陆港供应链服务有限公司
联邦快递（中国）有限公司
荣庆物流供应链有限公司
秀山华渝物流投资有限公司
四川安吉物流集团有限公司
中铁物资集团有限公司
青海省物资产业集团有限公司
玖隆钢铁物流有限公司

下册

马钢集团物流有限公司
中国铁路广州局集团有限公司
山东盖世国际物流集团有限公司
青岛铁路经营集团有限公司
宜昌三峡物流园有限公司
广东秦粤物流股份有限公司
广西玉驰智联科技有限公司
《中国物流与采购》杂志社
中国物流与采购联合会物流信息服务平台分会
《中国储运》杂志社
万联网

第八部分

漯河双汇物流投资有限公司
中远海运物流有限公司
北京长久物流股份有限公司
[托盘篇]
  上海庙航包装科技股份有限公司
  河南富托物流装备有限公司
  名录展示
[铁路篇]
  中国国家铁路集团有限公司及各相关路局、公司
[综合篇]
  岳阳市交投园区—岳阳胥家桥综合物流园
  江苏通湖物流园有限公司
  中国诚通供应链服务有限公司
  中外运物流（云南）有限公司
  陕西卡一车物流科技有限公司
  九江市新雪域置业有限公司
  名录展示

编 辑 说 明

一、《中国物流年鉴》（以下简称《年鉴》）是中国物流与采购联合会主办、《中国物流与采购》杂志社承办的大型文献性工具书。自2002年创办至今，已经连续出版发行二十一年。二十一年来《年鉴》的编纂质量不断提升，赢得了业界广泛好评。《年鉴》具有的权威性、可读性和资料性，使其成为业界人士查询、引用、论证、存档不可或缺的“工具”。

二、2021年是党和国家历史上具有里程碑意义的一年，也是物流业夯实地位、谋定思动、守正创新的一年。

2021年3月12日，《中华人民共和国国民经济和社会发展第十四个五年规划和2035年远景目标纲要》正式发布，其中多处提到物流和供应链，为现代物流发展和供应链创新指明了方向。2021年12月12日，《“十四五”冷链物流发展规划》正式出台，提出到2035年全面建成现代冷链物流体系。数字经济深刻影响行业，习近平总书记在第二届联合国全球可持续交通大会上提出，要大力发展智慧交通和智慧物流，使人享其行、物畅其流。

2021年，物流全行业勠力同心、艰苦奋斗，推进物流平稳健康和可持续发展，实现“十四五”良好开局。全年社会物流总额实现335.2万亿元，物流业总收入11.9万亿元，快递业务件量首次突破1000亿件。全国A级物流企业近8000家，物流企业和个体工商户等市场主体超过600万家，就业人数超过5000万人。货车司机、快递小哥权益保障获得重视。国家发展改革委发布“十四五”首批国家物流枢纽建设名单，国家物流枢纽增至70家。国务院印发《2030年前碳达峰行动方案》，交通运输绿色低碳行动纳入“碳达峰十大行动”之一。

这一年，我们积极应对需求收缩、供给冲击、预期转弱三重压力，围绕构建新发展格局，加快结构调整和产业融合，助力增强产业链供应链韧性。经国务院批准，中国物流集团正式成立，央企物流国家队重组整合拉开序幕。物流行业各细分领域龙头企业加快兼并重组和上市步伐，物流市场集中度进一步提升。平台经济热潮涌动，自动驾驶卡车、配送机器人、数字智能仓库等新一代技术装备加快商业化应用。商务部、中物联等8部门公布首批全国供应链创新与应用示范城市和示范企业，10个城市和94家企业榜上有名。国家发展改革委发文公示物流业制造业深度融合创新发展典型案例名单，一批典型物流企业深度融入制造业供应链，支撑中国制造迈向中高端。

三、2022版《年鉴》的组稿、编纂工作得到了国家发展改革委、商务部、交通运输部、国家统计局等中央部委和部分省市自治区政府部门、物流行业社团、相关行业协会、中国物流信息中心、全国物流标准化技术委员会等机构，以及中远海运物流有限公司、中铁物资集团有限公司、郑州银行股份有限公司、顺丰速运重庆有限公司、山东盖世国际物流集团有限公司、云南建投物流有限公司、中国铁路广州局集团有限公司、荣庆物流供应链有限公司、联邦快递（中国）有限公司、北京长久物流股份有限公司、德邻陆港供应链服务有限公司、青海省物产集团有限公司、四川安吉物流集团有限公司、秀山华渝物流投资有限公司、广东秦粤物流有限公司等知名企业的大力支持，对此我们表示衷心的感谢。

四、对不符合《年鉴》编辑要求的来稿，编辑人员在尊重作者原意的基础上作了谨慎认真的删改。

五、因编辑部人员水平有限，如有不妥之处，恳请批评指正。

六、2022版《年鉴》在框架结构和主体内容上将继续2021版的风格，力求真实地展示行业发展变化的全貌，继续加大数据和图表的内容，继续加强物流业细分领域重点企业的展示，使《年鉴》更具可读性、资料性，成为社会了解行业发展的窗口。

欢迎大家继续对2023版《年鉴》的组稿和编辑工作给予支持!

《中国物流年鉴》编辑部

二〇二二年八月三十日

前　言

2021年是我国“十四五”开局之年，也是党和国家历史上具有里程碑意义的一年。我们隆重庆祝中国共产党建党一百周年，实现第一个百年奋斗目标，开启第二个百年奋斗目标新征程，全方位推进高质量发展。我国物流业总体保持复苏态势，现代物流体系高质量发展取得新成效，为畅通国内大循环、促进国内国际双循环提供了有力支撑，实现了“十四五”良好开局。

一、2021年我国物流发展现状

（一）社会物流需求保持较快恢复

2021年，中国制造业采购经理指数（PMI）均值为50.5%，高于前两年水平，经济复苏带动物流需求增长。全国社会物流总额达到335.2万亿元，同比增长9.2%，高于GDP增速1.1个百分点。社会物流需求基本恢复到正常年份水平。其中，工业品物流总额、单位与居民物品物流总额、农产品物流总额同比分别增长9.6%、10.2%、7.1%，均实现恢复性增长。受益于新冠肺炎疫情防控总体稳定和制造业较强的韧性，全年物流业景气指数平均为53.4%，维持在景气水平。我国出口保持较高增速，工业生产持续增长，工业物流需求旺盛，制造业中出口相关物流以及装备制造、高新制造业物流需求高于平均水平，成为工业物流恢复的重要动力。消费物流增速趋缓，疫情推动网络购物成为居民消费重要渠道，实物商品网上零售额占社会消费品零售总额的比重达24.5%，带动电商快递业务量扩张，全年快递业务量首次突破1000亿件，持续领跑其他细分市场。

（二）物流市场主体活力显著增强

2021年，物流企业和个体工商户等物流市场主体超过600万家，就业人数超过5000万人。其中，A级物流企业接近8000家，规模型5A级企业超过400家。全国物流业总收入11.9万亿元，同比增长15.1%，持续保持较快增长速度。其中，中国物流50强企业收入合计1.4万亿元，占总收入12%左右。疫情下规模型龙头企业抗风险能力显现，市场份额有所扩大，快递快运、冷链物流、航运航空物流、合同物流等细分市场集中度提升。物流资源重组整合步伐加快。经国务院批准，中国物流集团正式成立，物流国家队重组整合拉开序幕。京东物流、东航物流、中铁特货、满帮集团、安能物流等各领域一批龙头企业纷纷上市，资本市场助力打造具有国际竞争力的现代物流企业。

（三）物流设施网络布局力度加大

2021年，全国物流相关固定资产投资超过3.5万亿元，一批重大物流基础设施得到有力支持。国家发展改革委发布“十四五”首批25个国家物流枢纽建设名单，目前全国已经布局建设国家物流枢纽增至70个。以承载城市为战略支点，健全国家物流枢纽网络，重在整合存量物流设施，补齐设施短板，联动交通基础设施，促进枢纽互联成网，加快编织“通道+枢纽+网络”的物流运行体系，打造区域物流产业集聚区，为区域经济转型升级创造低物流成本的投资环境。国家发展改革委印发《国家骨干冷链物流基地建设实施方案》，提出到2025年，布局建设100个左右国家骨干冷链物流基地，推动建成三级冷链物流节点设施网络。第三批示范物流园区名单发布，加强园区互联互通、联动发展。第二批多式联运示范工程通过项目验收，加快货运枢纽布局建设。

（四）国际物流呈现供需两旺

2021年，我国出口集装箱运价综合指数突破3300点大关，“一舱难求”阶段性好转，持续影响国际供应链稳定。国际物流增长较快，全年中欧班列开行约1.5万列，同比增长22%；开行国际货运航班7.4万班，同比增长25.8%；完成国际航线货邮运输量241.5万吨、国际及港澳台快递19.3亿件，同比分别增长20.2%、17.4%。西部陆海新通道班列突破6000列，中老铁路国际货物列车开行，区域物流条件改善彰显开放新优势。受内需转变影响，进口物流下行压力趋升。2021年进口物流量增幅由上年的增长8.9%转为下降1.0%，特别是下半年以来由增转降，主要是大宗进口量趋缓所致。高新技术产品进口量仍然保持较快增长，有力支撑产业结构调整。

（五）科技创新引领作用深化提升

2021年，习近平总书记提出“大力发展智慧交通和智慧物流”，物流行业数字化转型提速。截至2021年年底，全国共有1968家网络货运企业，整合社会零散运力360万辆，全年完成运单量近7000万单，平台经济焕发新活力。物联网、云计算、大数据、人工智能、区块链等新一代信息技术与传统物流融合。无接触配送机器人投入疫区保障生活物资递送，自动驾驶卡车在港口、矿山等物流场景加快商业化落地，全国第一条常态化大型货运无人机专用航线开通，数字物流仓库大幅提升周转效率，海运行业“全球航运商业网络”（GSBN）区块链联盟正式运营，科技创新对物流产业升级的引领带动作用持续增强。

（六）绿色低碳物流影响程度加深

2021年，我国新能源物流车累计销量超过11万辆，较上年翻番。国家出台《新能源汽车产业发展规划（2021—2035年）》，要求重点区域新增或更新物流配送等车辆中新能源比例不低于80%。首批16个绿色货运配送示范城市名单发布，各地大力出台新能源和清洁能源物流车便利通行政策，带动城配新能源物流车购销两旺。国务院印发《2030年前碳达峰行动方案》，交通运输绿色低碳行动纳入“碳达峰十大行动”之一。重型柴油货车国六排放标准正式实施，新能源汽车换电模式应用试点启动，氢能产业示范区带动燃料电池车辆商业场景打造，光伏产业推广利用仓库屋顶太阳能发电获得支持，绿色低碳倒逼产业转型升级。

（七）物流营商环境持续优化改善

2021年，中国物流与采购联合会（以下简称“中物联”）发布《物流企业营商环境调查报告》，超七成企业肯定物流领域审批许可等政务环境的改善。《“十四五”现代流通体系建设规划》正式发布，现代物流体系成为两大支撑之一，助力构建现代流通网络，更好服务双循环新发展格局。《“十四五”冷链物流发展规划》以及商贸物流、数字经济等多项“十四五”专项规划从各自领域对现代物流进行战略部署，现代物流产业地位再上新台阶。国家出台的减税降费、规范执法、便利通行、金融信贷、纾困帮扶等多项政策措施惠及物流业，持续激发和保护市场主体活力。多部门出台文件，多措并举切实维护快递员、货车司机等从业人员的合法权益。

（八）行业基础工作支撑高质量发展

2021年，中共中央、国务院印发了《国家标准化发展纲要》，重点提到要加强现代物流等服务领域标准化。自2003年9月全国物流标准化技术委员会成立以来，已制定并发布国家标准90项、行业标准72项、团体标准27项。由中物联组织起草的我国首个食品冷链物流领域强制性国家标准《食品安全国家标准　食品冷链物流卫生规范》正式实施，对于规范冷链物流服务具有重要作用。中物联推动国家“1+X”证书制度试点工作，全年共完成“1+X”证书考核近3万人，累计考核人数超过9万人，参与试点的院校705所。教育部开展高校一流物流专业建设、物流专业新文科建设试点。目前，全国已有700个本科物流类专业点、1300多个高职物流类专业点和560多个中职物流类专业点。中物联科学技术奖自2002年科技部批准以来，评出获奖成果上千项。中物联设立课题研究计划，通过重大重点课题引导行业研究方向。物流领域产学研结合工作大力推进，产学研基地发挥重要作用，在科技攻关、专利转化、人员培养等方面取得积极成效。

二、当前我国物流业发展面临的形势

当前，我国物流运行面临的国内国际形势较为严峻，给现代物流体系建设带来一定挑战，但也存在重大机遇。需要我们从战略层面积极谋划、妥善应对，开辟一条现代物流高质量发展的道路。

（一）全球产业链供应链调整风险加剧

新冠肺炎疫情对全球产业链供应链的影响持续分化。我国凭借有效的疫情防控措施较快恢复生产，产业链供应链韧性增强，货物进出口总额再创历史新高。但是国际航运运力紧张、电力能源供应不足等问题加剧了供应链的不确定性。随着国外疫情态势逐步转变，全球供应链呈现区域化、本土化、多元化趋势，部分生产需求将加快回流和转移，这对未来一段时间适应全球供应链调整风险、提升现代物流韧性和灵活性提出了挑战。同时，随着中欧班列常态化开行，陆海新通道、中老铁路等国际大通道陆续开辟，“一带一路”国际经贸走廊承接产能转移，有助于维护区域供应链稳定。《区域全面经济伙伴关系协定》（RCEP）正式生效，带来供应链区域合作机会，给现代物流跟随产业链“走出去”带来新的机遇。

（二）要素成本价格上涨压力持续加大

2021年下半年，国内电力、煤炭、成品油等领域出现了阶段性供应紧张。全年成品油价调整出现“15次上涨、6次下跌、4次搁浅”的局面，柴油累计每吨上涨超过1400元，物流企业不堪重负。国家大力推动中小企业普惠金融，但是企业获得感不足。主要原因是物流企业存在大量保证金和运费账期，账期普遍在3个月以上，由于缺乏征信数据和确权手段，无法获得信贷支持导致资金成本居高不下。此外，物流用人难用人贵、用地难用地贵的问题日益突出。《2021年货车司机从业状况调查报告》显示，35岁以下司机占比为25.5%，较2016年调查明显减少，司机“招聘难”成为普遍现象。部分城市规定市区内不再新批物流用地，城市配送中心与城市间距离过远会大幅推高配送成本。2021年社会物流总费用16.7万亿元，同比增长12.5%，运输费用、仓储费用、配送费用等上涨幅度较大，单纯依靠要素降本的空间日益收窄。

（三）产业迈向价值链中高端存在瓶颈

新冠肺炎疫情进一步巩固了我国世界第一制造业大国的地位。随着外部形势变化和经营成本上涨，企业被迫向价值链中高端迈进。产业升级提速对产业链供应链现代化提出更高要求。商务部、中物联等8部门确定了第一批10个全国供应链创新与应用示范城市和94家示范企业，各地积极制定并实施“链长制”方案，优质企业牵头制造业强链补链行动，重在推动经济循环流转和产业关联畅通，维护产业链供应链安全稳定。但是，我国物流配套能力低端化成为重要制约瓶颈。物流业作为重要的生产性服务业，长期处于微利经营，主要是服务功能单一、专业化水平低。物流业与制造业之间更多是简单的供需关系，产业融合成熟度不够。国家发展改革委等部门推进物流业制造业深度融合创新发展，激发制造业释放服务需求，带动物流业效率提升、效益增加，促进物流业以专业服务助力制造业价值链升级，有望实现产业链供应链整体跃迁。

（四）实施扩大内需战略物流短板凸显

我国具有超大规模市场的优势，扩大内需战略正在成为战略基点。2021年，内需对经济增长的贡献率达79.1%，是我国经济增长的第一拉动力。我国人均GDP超过1.2万美元，与高收入国家差距进一步缩小。我国城镇化率超过60%，对内需有很大的拉动力。城乡居民收入差距继续缩小，乡村振兴带动城乡区域协调发展。新一轮扩大内需战略重在围绕做大做强国内市场，把满足国内需求作为出发点，加快构建完整的内需体系，着力打通生产、分配、流通、消费各个环节，增强经济内生动力，这对与内需相适应的物流基础设施和服务能力都提出了更高要求。当前，城市物流普遍面临限行限地问题，特别是城市末端网点短缺，不适应高时效高频次的消费物流需求。区域物流枢纽承载条件不够，不适应标准化大批量的中转物流需求。物流服务交付能力不足，不适应一体化集成式产业物流需求。多层级物流基础设施布局、高标准物流交付能力仍是制约内需扩大的重要短板。

（五）数字经济成为经济发展的新动能

习近平总书记提出，数字经济正在成为重组全球要素资源、重塑全球经济结构、改变全球竞争格局的关键力量，发展数字经济是把握新一轮科技革命和产业变革新机遇的战略选择。数字经济是继农业经济、工业经济之后的主要经济形态，随着新一代信息技术与传统产业融合程度加深，产业边界正在消融，新兴业态的场景革命正在兴起，开放、共享、协同、去中心等特征使得资源配置效率更高，市场响应速度更短，将从根本上改变整个产业生态体系，对企业转型升级带来更多机遇。《“十四五”数字经济发展规划》明确提出，大力发展智慧物流，涉及物流新基建、新技术、新模式、新业态等。但是，在转型过程中也出现了资本无序扩张、不正当竞争、行业垄断和权益保障等问题。中小企业仍然面临数字化鸿沟，存在“不敢转”“不会转”“不能转”等问题。数字化政务等公共服务还存在短板，数据治理、平台治理能力还有待提升，制约了智慧物流健康发展。

（六）碳达峰碳中和带来绿色转型机遇

习近平总书记强调，实现碳达峰、碳中和是一场广泛而深刻的经济社会系统性变革，要把碳达峰、碳中和纳入生态文明建设整体布局。目前，全球有140多个国家以各种形式提出了碳中和承诺，这意味着未来发展范式将发生深刻转变。过去传统的“先发展、后治理”模式被低碳发展模式取代。但是，这也是一项复杂工程和长期任务，不可能毕其功于一役。目前，一些地方出现了“碳冲锋”“一刀切”“运动式减碳”等问题，特别是国四、国五排放车辆的限行区域越来越大，甚至限制柴油货车进入工矿厂区，将长期目标短期化，影响了地区经济运转和民生保障。对于传统物流业来说，绿色转型是否会增加物流成本，需要统筹考虑外部成本、隐性成本、机会成本等来“算总账”，这也将带动物流相关领域碳排放核算监测和评价体系发育。全国碳排放交易市场上线、交通运输绿色低碳行动开展，给物流企业绿色转型的自主变革带来重大机遇。

2021年，我们经受了国际供应链物流“断链”风险和国内物流要素成本上涨等方面的巨大压力。全体物流业界同人发挥战略定力，坚持质量变革、效率变革、动力变革，深化产业链融合和国内外合作，坚定探索现代物流高质量发展道路，对于畅通国民经济循环、助力形成强大国内市场、提升产业链韧性和保障社会民生稳定奠定了重要基础。

《中国物流年鉴》是中国物流与采购联合会主办、《中国物流与采购》杂志社承办的大型文献性工具书。二十多年来，《中国物流年鉴》坚持用数据和事实反映物流业发展变化的轨迹，记录我国物流业发展的历程，赢得了业界好评。面对我国物流业不断发展变化的新形势，《中国物流年鉴》将继续以求真务实、严谨负责的态度做好资料收录工作，宣传行业正能量，特别是宣传在抗击新冠肺炎疫情中做出突出贡献的组织、企业和个人。同时，真诚地希望业界同人提出宝贵意见，使其越做越精、越做越好。

何黎明

二〇二二年八月三十日

目　　录

上　册

第一部分　物流政策法规

第二部分　物流统计

第三部分　物流产业

下　册

第四部分　行业物流

第五部分　地区物流

第六部分　物流技术与装备

第七部分　物流教育、信息化、标准化

第八部分　部分优秀物流企业及经典案例

第九部分　物流综合

第一部分

物流政策法规

国务院和国务院办公厅发文

国务院关于加快建立健全绿色低碳循环发展经济体系的指导意见

国发〔2021〕4号

各省、自治区、直辖市人民政府，国务院各部委、各直属机构：

建立健全绿色低碳循环发展经济体系，促进经济社会发展全面绿色转型，是解决我国资源环境生态问题的基础之策。为贯彻落实党的十九大部署，加快建立健全绿色低碳循环发展的经济体系，现提出如下意见。

一、总体要求

（一）指导思想。以习近平新时代中国特色社会主义思想为指导，深入贯彻党的十九大和十九届二中、三中、四中、五中全会精神，全面贯彻习近平生态文明思想，认真落实党中央、国务院决策部署，坚定不移贯彻新发展理念，全方位全过程推行绿色规划、绿色设计、绿色投资、绿色建设、绿色生产、绿色流通、绿色生活、绿色消费，使发展建立在高效利用资源、严格保护生态环境、有效控制温室气体排放的基础上，统筹推进高质量发展和高水平保护，建立健全绿色低碳循环发展的经济体系，确保实现碳达峰、碳中和目标，推动我国绿色发展迈上新台阶。

（二）工作原则。

坚持重点突破。以节能环保、清洁生产、清洁能源等为重点率先突破，做好与农业、制造业、服务业和信息技术的融合发展，全面带动一二三产业和基础设施绿色升级。

坚持创新引领。深入推动技术创新、模式创新、管理创新，加快构建市场导向的绿色技术创新体系，推行新型商业模式，构筑有力有效的政策支持体系。

坚持稳中求进。做好绿色转型与经济发展、技术进步、产业接续、稳岗就业、民生改善的有机结合，积极稳妥、韧性持久地加以推进。

坚持市场导向。在绿色转型中充分发挥市场的导向性作用、企业的主体作用、各类市场交易机制的作用，为绿色发展注入强大动力。

（三）主要目标。到2025年，产业结构、能源结构、运输结构明显优化，绿色产业比重显著提升，基础设施绿色化水平不断提高，清洁生产水平持续提高，生产生活方式绿色转型成效显著，能源资源配置更加合理、利用效率大幅提高，主要污染物排放总量持续减少，碳排放强度明显降低，生态环境持续改善，市场导向的绿色技术创新体系更加完善，法律法规政策体系更加有效，绿色低碳循环发展的生产体系、流通体系、消费体系初步形成。到2035年，绿色发展内生动力显著增强，绿色产业规模迈上新台阶，重点行业、重点产品能源资源利用效率达到国际先进水平，广泛形成绿色生产生活方式，碳排放达峰后稳中有降，生态环境根本好转，美丽中国建设目标基本实现。

二、健全绿色低碳循环发展的生产体系

（四）推进工业绿色升级。加快实施钢铁、石化、化工、有色、建材、纺织、造纸、皮革等行业绿色化改造。推行产品绿色设计，建设绿色制造体系。大力发展再制造产业，加强再制造产品认证与推广应用。建设资源综合利用基地，促进工业固体废物综合利用。全面推行清洁生产，依法在“双超双有高耗能”行业实施强制性清洁生产审核。完善“散乱污”企业认定办法，分类实施关停取缔、整合搬迁、整改提升等措施。加快实施排污许可制度。加强工业生产过程中危险废物管理。

（五）加快农业绿色发展。鼓励发展生态种植、生态养殖，加强绿色食品、有机农产品认证和管理。发展生态循环农业，提高畜禽粪污资源化利用水平，推进农作物秸秆综合利用，加强农膜污染治理。强化耕地质量保护与提升，推进退化耕地综合治理。发展林业循环经济，实施森林生态标志产品建设工程。大力推进农业节水，推广高效节水技术。推行水产健康养殖。实施农药、兽用抗菌药使用减量和产地环境净化行动。依法加强养殖水域滩涂统一规划。完善相关水域禁渔管理制度。推进农业与旅游、教育、文化、健康等产业深度融合，加快一二三产业融合发展。

（六）提高服务业绿色发展水平。促进商贸企业绿色升级，培育一批绿色流通主体。有序发展出行、住宿等领域共享经济，规范发展闲置资源交易。加快信息服务业绿色转型，做好大中型数据中心、网络机房绿色建设和改造，建立绿色运营维护体系。推进会展业绿色发展，指导制定行业相关绿色标准，推动办展设施循环使用。推动汽修、装修装饰等行业使用低挥发性有机物含量原辅材料。倡导酒店、餐饮等行业不主动提供一次性用品。

（七）壮大绿色环保产业。建设一批国家绿色产业示范基地，推动形成开放、协同、高效的创新生态系统。加快培育市场主体，鼓励设立混合所有制公司，打造一批大型绿色产业集团；引导中小企业聚焦主业增强核心竞争力，培育“专精特新”中小企业。推行合同能源管理、合同节水管理、环境污染第三方治理等模式和以环境治理效果为导向的环境托管服务。进一步放开石油、化工、电力、天然气等领域节能环保竞争性业务，鼓励公共机构推行

能源托管服务。适时修订绿色产业指导目录，引导产业发展方向。

（八）提升产业园区和产业集群循环化水平。科学编制新建产业园区开发建设规划，依法依规开展规划环境影响评价，严格准入标准，完善循环产业链条，推动形成产业循环耦合。推进既有产业园区和产业集群循环化改造，推动公共设施共建共享、能源梯级利用、资源循环利用和污染物集中安全处置等。鼓励建设电、热、冷、气等多种能源协同互济的综合能源项目。鼓励化工等产业园区配套建设危险废物集中贮存、预处理和处置设施。

（九）构建绿色供应链。鼓励企业开展绿色设计、选择绿色材料、实施绿色采购、打造绿色制造工艺、推行绿色包装、开展绿色运输、做好废弃产品回收处理，实现产品全周期的绿色环保。选择100家左右积极性高、社会影响大、带动作用强的企业开展绿色供应链试点，探索建立绿色供应链制度体系。鼓励行业协会通过制定规范、咨询服务、行业自律等方式提高行业供应链绿色化水平。

三、健全绿色低碳循环发展的流通体系

（十）打造绿色物流。积极调整运输结构，推进铁水、公铁、公水等多式联运，加快铁路专用线建设。加强物流运输组织管理，加快相关公共信息平台建设和信息共享，发展甩挂运输、共同配送。推广绿色低碳运输工具，淘汰更新或改造老旧车船，港口和机场服务、城市物流配送、邮政快递等领域要优先使用新能源或清洁能源汽车；加大推广绿色船舶示范应用力度，推进内河船型标准化。加快港口岸电设施建设，支持机场开展飞机辅助动力装置替代设备建设和应用。支持物流企业构建数字化运营平台，鼓励发展智慧仓储、智慧运输，推动建立标准化托盘循环共用制度。

（十一）加强再生资源回收利用。推进垃圾分类回收与再生资源回收“两网融合”，鼓励地方建立再生资源区域交易中心。加快落实生产者责任延伸制度，引导生产企业建立逆向物流回收体系。鼓励企业采用现代信息技术实现废物回收线上与线下有机结合，培育新型商业模式，打造龙头企业，提升行业整体竞争力。完善废旧家电回收处理体系，推广典型回收模式和经验做法。加快构建废旧物资循环利用体系，加强废纸、废塑料、废旧轮胎、废金属、废玻璃等再生资源回收利用，提升资源产出率和回收利用率。

（十二）建立绿色贸易体系。积极优化贸易结构，大力发展高质量、高附加值的绿色产品贸易，从严控制高污染、高耗能产品出口。加强绿色标准国际合作，积极引领和参与相关国际标准制定，推动合格评定合作和互认机制，做好绿色贸易规则与进出口政策的衔接。深化绿色“一带一路”合作，拓宽节能环保、清洁能源等领域技术装备和服务合作。

四、健全绿色低碳循环发展的消费体系

（十三）促进绿色产品消费。加大政府绿色采购力度，扩大绿色产品采购范围，逐步将绿色采购制度扩展至国有企业。加强对企业和居民采购绿色产品的引导，鼓励地方采取补贴、积分奖励等方式促进绿色消费。推动电商平台设立绿色产品销售专区。加强绿色产品和服务认证管理，完善认证机构信用监管机制。推广绿色电力证书交易，引领全社会提升绿色

电力消费。严厉打击虚标绿色产品行为，有关行政处罚等信息纳入国家企业信用信息公示系统。

（十四）倡导绿色低碳生活方式。厉行节约，坚决制止餐饮浪费行为。因地制宜推进生活垃圾分类和减量化、资源化，开展宣传、培训和成效评估。扎实推进塑料污染全链条治理。推进过度包装治理，推动生产经营者遵守限制商品过度包装的强制性标准。提升交通系统智能化水平，积极引导绿色出行。深入开展爱国卫生运动，整治环境脏乱差，打造宜居生活环境。开展绿色生活创建活动。

五、加快基础设施绿色升级

（十五）推动能源体系绿色低碳转型。坚持节能优先，完善能源消费总量和强度双控制度。提升可再生能源利用比例，大力推动风电、光伏发电发展，因地制宜发展水能、地热能、海洋能、氢能、生物质能、光热发电。加快大容量储能技术研发推广，提升电网汇集和外送能力。增加农村清洁能源供应，推动农村发展生物质能。促进燃煤清洁高效开发转化利用，继续提升大容量、高参数、低污染煤电机组占煤电装机比例。在北方地区县城积极发展清洁热电联产集中供暖，稳步推进生物质耦合供热。严控新增煤电装机容量。提高能源输配效率。实施城乡配电网建设和智能升级计划，推进农村电网升级改造。加快天然气基础设施建设和互联互通。开展二氧化碳捕集、利用和封存试验示范。

（十六）推进城镇环境基础设施建设升级。推进城镇污水管网全覆盖。推动城镇生活污水收集处理设施“厂网一体化”，加快建设污泥无害化资源化处置设施，因地制宜布局污水资源化利用设施，基本消除城市黑臭水体。加快城镇生活垃圾处理设施建设，推进生活垃圾焚烧发电，减少生活垃圾填埋处理。加强危险废物集中处置能力建设，提升信息化、智能化监管水平，严格执行经营许可管理制度。提升医疗废物应急处理能力。做好餐厨垃圾资源化利用和无害化处理。在沿海缺水城市推动大型海水淡化设施建设。

（十七）提升交通基础设施绿色发展水平。将生态环保理念贯穿交通基础设施规划、建设、运营和维护全过程，集约利用土地等资源，合理避让具有重要生态功能的国土空间，积极打造绿色公路、绿色铁路、绿色航道、绿色港口、绿色空港。加强新能源汽车充换电、加氢等配套基础设施建设。积极推广应用温拌沥青、智能通风、辅助动力替代和节能灯具、隔声屏障等节能环保先进技术和产品。加大工程建设中废弃资源综合利用力度，推动废旧路面、沥青、疏浚土等材料以及建筑垃圾的资源化利用。

（十八）改善城乡人居环境。相关空间性规划要贯彻绿色发展理念，统筹城市发展和安全，优化空间布局，合理确定开发强度，鼓励城市留白增绿。建立“美丽城市”评价体系，开展“美丽城市”建设试点。增强城市防洪排涝能力。开展绿色社区创建行动，大力发展绿色建筑，建立绿色建筑统一标识制度，结合城镇老旧小区改造推动社区基础设施绿色化和既有建筑节能改造。建立乡村建设评价体系，促进补齐乡村建设短板。加快推进农村人居环境整治，因地制宜推进农村改厕、生活垃圾处理和污水治理、村容村貌提升、乡村绿化美化等。继续做好农村清洁供暖改造、老旧危房改造，打造干净整洁有序美丽的村庄环境。

六、构建市场导向的绿色技术创新体系

（十九）鼓励绿色低碳技术研发。实施绿色技术创新攻关行动，围绕节能环保、清洁生产、清洁能源等领域布局一批前瞻性、战略性、颠覆性科技攻关项目。培育建设一批绿色技术国家技术创新中心、国家科技资源共享服务平台等创新基地平台。强化企业创新主体地位，支持企业整合高校、科研院所、产业园区等力量建立市场化运行的绿色技术创新联合体，鼓励企业牵头或参与财政资金支持的绿色技术研发项目、市场导向明确的绿色技术创新项目。

（二十）加速科技成果转化。积极利用首台（套）重大技术装备政策支持绿色技术应用。充分发挥国家科技成果转化引导基金作用，强化创业投资等各类基金引导，支持绿色技术创新成果转化应用。支持企业、高校、科研机构等建立绿色技术创新项目孵化器、创新创业基地。及时发布绿色技术推广目录，加快先进成熟技术推广应用。深入推进绿色技术交易中心建设。

七、完善法律法规政策体系

（二十一）强化法律法规支撑。推动完善促进绿色设计、强化清洁生产、提高资源利用效率、发展循环经济、严格污染治理、推动绿色产业发展、扩大绿色消费、实行环境信息公开、应对气候变化等方面法律法规制度。强化执法监督，加大违法行为查处和问责力度，加强行政执法机关与监察机关、司法机关的工作衔接配合。

（二十二）健全绿色收费价格机制。完善污水处理收费政策，按照覆盖污水处理设施运营和污泥处理处置成本并合理盈利的原则，合理制定污水处理收费标准，健全标准动态调整机制。按照产生者付费原则，建立健全生活垃圾处理收费制度，各地区可根据本地实际情况，实行分类计价、计量收费等差别化管理。完善节能环保电价政策，推进农业水价综合改革，继续落实好居民阶梯电价、气价、水价制度。

（二十三）加大财税扶持力度。继续利用财政资金和预算内投资支持环境基础设施补短板强弱项、绿色环保产业发展、能源高效利用、资源循环利用等。继续落实节能节水环保、资源综合利用以及合同能源管理、环境污染第三方治理等方面的所得税、增值税等优惠政策。做好资源税征收和水资源费改税试点工作。

（二十四）大力发展绿色金融。发展绿色信贷和绿色直接融资，加大对金融机构绿色金融业绩评价考核力度。统一绿色债券标准，建立绿色债券评级标准。发展绿色保险，发挥保险费率调节机制作用。支持符合条件的绿色产业企业上市融资。支持金融机构和相关企业在国际市场开展绿色融资。推动国际绿色金融标准趋同，有序推进绿色金融市场双向开放。推动气候投融资工作。

（二十五）完善绿色标准、绿色认证体系和统计监测制度。开展绿色标准体系顶层设计和系统规划，形成全面系统的绿色标准体系。加快标准化支撑机构建设。加快绿色产品认证制度建设，培育一批专业绿色认证机构。加强节能环保、清洁生产、清洁能源等领域统计监测，健全相关制度，强化统计信息共享。

（二十六）培育绿色交易市场机制。进一步健全排污权、用能权、用水权、碳排放权等交易机制，降低交易成本，提高运转效率。加

快建立初始分配、有偿使用、市场交易、纠纷解决、配套服务等制度，做好绿色权属交易与相关目标指标的对接协调。

八、认真抓好组织实施

（二十七）抓好贯彻落实。各地区各有关部门要思想到位、措施到位、行动到位，充分认识建立健全绿色低碳循环发展经济体系的重要性和紧迫性，将其作为高质量发展的重要内容，进一步压实工作责任，加强督促落实，保质保量完成各项任务。各地区要根据本地实际情况研究提出具体措施，在抓落实上投入更大精力，确保政策措施落到实处。

（二十八）加强统筹协调。国务院各有关部门要加强协同配合，形成工作合力。国家发展改革委要会同有关部门强化统筹协调和督促指导，做好年度重点工作安排部署，及时总结各地区各有关部门的好经验好模式，探索编制年度绿色低碳循环发展报告，重大情况及时向党中央、国务院报告。

（二十九）深化国际合作。统筹国内国际两个大局，加强与世界各个国家和地区在绿色低碳循环发展领域的政策沟通、技术交流、项目合作、人才培训等，积极参与和引领全球气候治理，切实提高我国推动国际绿色低碳循环发展的能力和水平，为构建人类命运共同体作出积极贡献。

（三十）营造良好氛围。各类新闻媒体要讲好我国绿色低碳循环发展故事，大力宣传取得的显著成就，积极宣扬先进典型，适时曝光破坏生态、污染环境、严重浪费资源和违规乱上高污染、高耗能项目等方面的负面典型，为绿色低碳循环发展营造良好氛围。

国务院

2021年2月2日

国务院反垄断委员会关于平台经济领域的反垄断指南

国反垄发〔2021〕1号

（2021年2月7日国务院反垄断委员会印发）

第一章　总　则

第一条　指南的目的和依据

为了预防和制止平台经济领域垄断行为，保护市场公平竞争，促进平台经济规范有序创新健康发展，维护消费者利益和社会公共利益，根据《中华人民共和国反垄断法》（以下简称《反垄断法》）等法律规定，制定本指南。

第二条　相关概念

（一）平台，本指南所称平台为互联网平台，是指通过网络信息技术，使相互依赖的双边或者多边主体在特定载体提供的规则下交互，以此共同创造价值的商业组织形态。

（二）平台经营者，是指向自然人、法人及其他市场主体提供经营场所、交易撮合、信息交流等互联网平台服务的经营者。

（三）平台内经营者，是指在互联网平台内提供商品或者服务（以下统称商品）的经营者。

平台经营者在运营平台的同时，也可能直接通过平台提供商品。

（四）平台经济领域经营者，包括平台经营者、平台内经营者以及其他参与平台经济的经营者。

第三条　基本原则

反垄断执法机构对平台经济领域开展反垄断监管应当坚持以下原则：

（一）保护市场公平竞争。坚持对市场主体一视同仁、平等对待，着力预防和制止垄断行为，完善平台企业垄断认定的法律规范，保护平台经济领域公平竞争，防止资本无序扩张，支持平台企业创新发展，增强国际竞争力。

（二）依法科学高效监管。《反垄断法》及有关配套法规、规章、指南确定的基本制度、规制原则和分析框架适用于平台经济领域所有市场主体。反垄断执法机构将根据平台经济的发展状况、发展规律和自身特点，结合案件具体情况，强化竞争分析和法律论证，不断加强和改进反垄断监管，增强反垄断执法的针对性和科学性。

（三）激发创新创造活力。营造竞争有序开放包容发展环境，降低市场进入壁垒，引导和激励平台经营者将更多资源用于技术革新、质量改进、服务提升和模式创新，防止和制止排除、限制竞争行为抑制平台经济创新发展和经济活力，有效激发全社会创新创造动力，构筑经济社会发展新优势和新动能。

（四）维护各方合法利益。平台经济发展涉及多方主体。反垄断监管在保护平台经济领域公平竞争，充分发挥平台经济推动资源配置优化、技术进步、效率提升的同时，着力维护平台内经营者、消费者和从业人员等各方主体的合法权益，加强反垄断执法与行业监管统筹协调，使全社会共享平台技术进步和经济发展成果，实现平台经济整体生态和谐共生和健康发展。

第四条 相关市场界定

平台经济业务类型复杂、竞争动态多变，界定平台经济领域相关商品市场和相关地域市场需要遵循《反垄断法》和《国务院反垄断委员会关于相关市场界定的指南》所确定的一般原则，同时考虑平台经济的特点，结合个案进行具体分析。

（一）相关商品市场

平台经济领域相关商品市场界定的基本方法是替代性分析。在个案中界定相关商品市场时，可以基于平台功能、商业模式、应用场景、用户群体、多边市场、线下交易等因素进行需求替代分析；当供给替代对经营者行为产生的竞争约束类似于需求替代时，可以基于市场进入、技术壁垒、网络效应、锁定效应、转移成本、跨界竞争等因素考虑供给替代分析。具体而言，可以根据平台一边的商品界定相关商品市场；也可以根据平台所涉及的多边商品，分别界定多个相关商品市场，并考虑各相关商品市场之间的相互关系和影响。当该平台存在的跨平台网络效应能够给平台经营者施加足够的竞争约束时，可以根据该平台整体界定相关商品市场。

（二）相关地域市场

平台经济领域相关地域市场界定同样采用需求替代和供给替代分析。在个案中界定相关地域市场时，可以综合评估考虑多数用户选择商品的实际区域、用户的语言偏好和消费习惯、相关法律法规的规定、不同区域竞争约束程度、线上线下融合等因素。

根据平台特点，相关地域市场通常界定为中国市场或者特定区域市场，根据个案情况也可以界定为全球市场。

（三）相关市场界定在各类垄断案件中的作用

坚持个案分析原则，不同类型垄断案件对于相关市场界定的实际需求不同。

调查平台经济领域垄断协议、滥用市场支配地位案件和开展经营者集中反垄断审查，通常需要界定相关市场。

第二章 垄断协议

《反垄断法》禁止经营者达成、实施垄断协议。认定平台经济领域的垄断协议，适用《反垄断法》第二章和《禁止垄断协议暂行规定》。对《反垄断法》第十三条、第十四条明确列举的垄断协议，依法予以禁止；对符合《反垄断法》第十五条规定条件的垄断协议，依法予以豁免。

根据《反垄断法》第十三条第（六）项和第十四条第（三）项认定相关行为是否构成垄断协议时，可以考虑平台相关市场竞争状况、平台经营者及平台内经营者的市场力量、对其他经营者进入相关市场的阻碍程度、对创新的影响等因素。

第五条 垄断协议的形式

平台经济领域垄断协议是指经营者排除、限制竞争的协议、决定或者其他协同行为。协议、决定可以是书面、口头等形式。其他协同行为是指经营者虽未明确订立协议或者决定，但通过数据、算法、平台规则或者其他方式实质上存在协调一致的行为，有关经营者基于独立意思表示所作出的价格跟随等平行行为除外。

第六条 横向垄断协议

具有竞争关系的平台经济领域经营者可能通过下列方式达成固定价格、分割市场、限制产（销）量、限制新技术（产品）、联合抵制交易等横向垄断协议：

（一）利用平台收集并且交换价格、销量、成本、客户等敏感信息；

（二）利用技术手段进行意思联络；

（三）利用数据、算法、平台规则等实现协调一致行为；

（四）其他有助于实现协同的方式。

本指南所称价格，包括但不限于商品价格以及经营者收取的佣金、手续费、会员费、推广费等服务收费。

第七条 纵向垄断协议

平台经济领域经营者与交易相对人可能通过下列方式达成固定转售价格、限定最低转售价格等纵向垄断协议：

（一）利用技术手段对价格进行自动化设定；

（二）利用平台规则对价格进行统一；

（三）利用数据和算法对价格进行直接或者间接限定；

（四）利用技术手段、平台规则、数据和算法等方式限定其他交易条件，排除、限制市场竞争。

平台经营者要求平台内经营者在商品价格、数量等方面向其提供等于或者优于其他竞争性平台的交易条件的行为可能构成垄断协议，也可能构成滥用市场支配地位行为。

分析上述行为是否构成《反垄断法》第十四条第（三）项规定的纵向垄断协议，可以综合考虑平台经营者的市场力量、相关市场竞争状况、对其他经营者进入相关市场的阻碍程度、对消费者利益和创新的影响等因素。

第八条 轴辐协议

具有竞争关系的平台内经营者可能借助与平台经营者之间的纵向关系，或者由平台经营者组织、协调，达成具有横向垄断协议效果的轴辐协议。分析该协议是否属于《反垄断法》第十三条、第十四条规制的垄断协议，可以考虑具有竞争关系的平台内经营者之间是否利用技术手段、平台规则、数据和算法等方式，达成、实施垄断协议，排除、限制相关市场竞争。

第九条 协同行为的认定

认定平台经济领域协同行为，可以通过直接证据判定是否存在协同行为的事实。如果直接证据较难获取，可以根据《禁止垄断协议暂行规定》第六条规定，按照逻辑一致的间接证据，认定经营者对相关信息的知悉状况，判定经营者之间是否存在协同行为。经营者可以提供相反证据证明其不存在协同行为。

第十条 宽大制度

反垄断执法机构鼓励参与横向垄断协议的平台经济领域经营者主动报告横向垄断协议有关情况并提供重要证据，同时停止涉嫌违法行为并配合调查。对符合宽大适用条件的经营者，反垄断执法机构可以减轻或者免除处罚。

经营者申请宽大的具体标准和程序等，适用《禁止垄断协议暂行规定》和《国务院反垄断委员会横向垄断协议案件宽大制度适用指南》。

第三章 滥用市场支配地位

《反垄断法》禁止具有市场支配地位的经营者从事滥用市场支配地位行为。认定平台经济领域的滥用市场支配地位行为，适用《反垄断法》第三章和《禁止滥用市场支配地位行为暂行规定》。通常情况下，首先界定相关市场，分析经营者在相关市场是否具有支配地位，再根据个案情况具体分析是否构成滥用市场支配地位行为。

第十一条 市场支配地位的认定

反垄断执法机构依据《反垄断法》第十八条、第十九条规定，认定或者推定经营者具有市场支配地位。结合平台经济的特点，可以具体考虑以下因素：

（一）经营者的市场份额以及相关市场竞争状况。确定平台经济领域经营者市场份额，可以考虑交易金额、交易数量、销售额、活跃用户数、点击量、使用时长或者其他指标在相关市场所占比重，同时考虑该市场份额持续的时间。

分析相关市场竞争状况，可以考虑相关平台市场的发展状况、现有竞争者数量和市场份额、平台竞争特点、平台差异程度、规模经济、潜在竞争者情况、创新和技术变化等。

（二）经营者控制市场的能力。可以考虑该经营者控制上下游市场或者其他关联市场的能力，阻碍、影响其他经营者进入相关市场的能力，相关平台经营模式、网络效应，以及影响或者决定价格、流量或者其他交易条件的能力等。

（三）经营者的财力和技术条件。可以考虑该经营者的投资者情况、资产规模、资本来源、盈利能力、融资能力、技术创新和应用能力、拥有的知识产权、掌握和处理相关数据的能力，以及该财力和技术条件能够以何种程度促进该经营者业务扩张或者巩固、维持市场地位等。

（四）其他经营者对该经营者在交易上的依赖程度。可以考虑其他经营者与该经营者的交易关系、交易量、交易持续时间，锁定效应、用户黏性，以及其他经营者转向其他平台的可能性及转换成本等。

（五）其他经营者进入相关市场的难易程度。可以考虑市场准入、平台规模效应、资金投入规模、技术壁垒、用户多栖性、用户转换成本、数据获取的难易程度、用户习惯等。

（六）其他因素。可以考虑基于平台经济特点认定经营者具有市场支配地位的其他因素。

第十二条 不公平价格行为

具有市场支配地位的平台经济领域经营者，可能滥用市场支配地位，以不公平的高价销售商品或者以不公平的低价购买商品。分析是否构成不公平价格行为，可以考虑以下因素：

（一）该价格是否明显高于或者明显低于其他同类业务经营者在相同或者相似市场条件下同种商品或者可比较商品的价格；

（二）该价格是否明显高于或者明显低于该平台经济领域经营者在其他相同或者相似市场条件下同种商品或者可比较商品的价格；

（三）在成本基本稳定的情况下，该平台经济领域经营者是否超过正常幅度提高销售价格或者降低购买价格；

（四）该平台经济领域经营者销售商品提价幅度是否明显高于成本增长幅度，或者采购商品降价幅度是否明显低于成本降低幅度。

认定市场条件相同或者相似，一般可以考虑平台类型、经营模式、交易环节、成本结构、交易具体情况等因素。

第十三条　低于成本销售

具有市场支配地位的平台经济领域经营者，可能滥用市场支配地位，没有正当理由，以低于成本的价格销售商品，排除、限制市场竞争。

分析是否构成低于成本销售，一般重点考虑平台经济领域经营者是否以低于成本的价格排挤具有竞争关系的其他经营者，以及是否可能在将其他经营者排挤出市场后，提高价格获取不当利益、损害市场公平竞争和消费者合法权益等情况。

在计算成本时，一般需要综合考虑平台涉及多边市场中各相关市场之间的成本关联情况。

平台经济领域经营者低于成本销售可能具有以下正当理由：

（一）在合理期限内为发展平台内其他业务；

（二）在合理期限内为促进新商品进入市场；

（三）在合理期限内为吸引新用户；

（四）在合理期限内开展促销活动；

（五）能够证明行为具有正当性的其他理由。

第十四条　拒绝交易

具有市场支配地位的平台经济领域经营者，可能滥用其市场支配地位，无正当理由拒绝与交易相对人进行交易，排除、限制市场竞争。分析是否构成拒绝交易，可以考虑以下因素：

（一）停止、拖延、中断与交易相对人的现有交易；

（二）拒绝与交易相对人开展新的交易；

（三）实质性削减与交易相对人的现有交易数量；

（四）在平台规则、算法、技术、流量分配等方面设置不合理的限制和障碍，使交易相对人难以开展交易；

（五）控制平台经济领域必需设施的经营者拒绝与交易相对人以合理条件进行交易。

认定相关平台是否构成必需设施，一般需要综合考虑该平台占有数据情况、其他平台的可替代性、是否存在潜在可用平台、发展竞争性平台的可行性、交易相对人对该平台的依赖程度、开放平台对该平台经营者可能造成的影响等因素。

平台经济领域经营者拒绝交易可能具有以下正当理由：

（一）因不可抗力等客观原因无法进行交易；

（二）因交易相对人原因，影响交易安全；

（三）与交易相对人交易将使平台经济领域经营者利益发生不当减损；

（四）交易相对人明确表示或者实际不遵守公平、合理、无歧视的平台规则；

（五）能够证明行为具有正当性的其他理由。

第十五条　限定交易

具有市场支配地位的平台经济领域经营者，可能滥用市场支配地位，无正当理由对交易相对人进行限定交易，排除、限制市场竞争。分析是否构成限定交易行为，可以考虑以下因素：

（一）要求平台内经营者在竞争性平台间进行“二选一”，或者限定交易相对人与其进行独家交易的其他行为；

（二）限定交易相对人只能与其指定的经

营者进行交易，或者通过其指定渠道等限定方式进行交易；

（三）限定交易相对人不得与特定经营者进行交易。

上述限定可能通过书面协议的方式实现，也可能通过电话、口头方式与交易相对人商定的方式实现，还可能通过平台规则、数据、算法、技术等方面的实际设置限制或者障碍的方式实现。

分析是否构成限定交易，可以重点考虑以下两种情形：一是平台经营者通过屏蔽店铺、搜索降权、流量限制、技术障碍、扣取保证金等惩罚性措施实施的限制，因对市场竞争和消费者利益产生直接损害，一般可以认定构成限定交易行为。二是平台经营者通过补贴、折扣、优惠、流量资源支持等激励性方式实施的限制，可能对平台内经营者、消费者利益和社会整体福利具有一定积极效果，但如果有证据证明对市场竞争产生明显的排除、限制影响，也可能被认定构成限定交易行为。

平台经济领域经营者限定交易可能具有以下正当理由：

（一）为保护交易相对人和消费者利益所必须；

（二）为保护知识产权、商业机密或者数据安全所必须；

（三）为保护针对交易进行的特定资源投入所必须；

（四）为维护合理的经营模式所必须；

（五）能够证明行为具有正当性的其他理由。

第十六条　搭售或者附加不合理交易条件

具有市场支配地位的平台经济领域经营者，可能滥用市场支配地位，无正当理由实施搭售或者附加不合理交易条件，排除、限制市场竞争。分析是否构成搭售或者附加不合理交易条件，可以考虑以下因素：

（一）利用格式条款、弹窗、操作必经步骤等交易相对人无法选择、更改、拒绝的方式，将不同商品进行捆绑销售；

（二）以搜索降权、流量限制、技术障碍等惩罚性措施，强制交易相对人接受其他商品；

（三）对交易条件和方式、服务提供方式、付款方式和手段、售后保障等附加不合理限制；

（四）在交易价格之外额外收取不合理费用；

（五）强制收集非必要用户信息或者附加与交易标的无关的交易条件、交易流程、服务项目。

平台经济领域经营者实施搭售可能具有以下正当理由：

（一）符合正当的行业惯例和交易习惯；

（二）为保护交易相对人和消费者利益所必须；

（三）为提升商品使用价值或者效率所必须；

（四）能够证明行为具有正当性的其他理由。

第十七条　差别待遇

具有市场支配地位的平台经济领域经营者，可能滥用市场支配地位，无正当理由对交易条件相同的交易相对人实施差别待遇，排除、限制市场竞争。分析是否构成差别待遇，可以考虑以下因素：

（一）基于大数据和算法，根据交易相对人的支付能力、消费偏好、使用习惯等，实行差异性交易价格或者其他交易条件；

（二）实行差异性标准、规则、算法；

（三）实行差异性付款条件和交易方式。

条件相同是指交易相对人之间在交易安全、交易成本、信用状况、所处交易环节、交易持续时间等方面不存在实质性影响交易的差别。平台在交易中获取的交易相对人的隐私信息、交易历史、个体偏好、消费习惯等方面存在的差异不影响认定交易相对人条件相同。

平台经济领域经营者实施差别待遇行为可能具有以下正当理由：

（一）根据交易相对人实际需求且符合正当的交易习惯和行业惯例，实行不同交易条件；

（二）针对新用户在合理期限内开展的优惠活动；

（三）基于平台公平、合理、无歧视的规则实施的随机性交易；

（四）能够证明行为具有正当性的其他理由。

第四章　经营者集中

《反垄断法》禁止经营者实施具有或者可能具有排除、限制竞争效果的集中。国务院反垄断执法机构依据《反垄断法》《国务院关于经营者集中申报标准的规定》和《经营者集中审查暂行规定》，对平台经济领域的经营者集中进行审查，并对违法实施的经营者集中进行调查处理。

第十八条　申报标准

在平台经济领域，经营者的营业额包括其销售商品和提供服务所获得的收入。根据行业惯例、收费方式、商业模式、平台经营者的作用等不同，营业额的计算可能有所区别。对于仅提供信息匹配、收取佣金等服务费的平台经营者，可以按照平台所收取的服务费及平台其他收入计算营业额；平台经营者具体参与平台一侧市场竞争或者发挥主导作用的，还可以计算平台所涉交易金额。

经营者集中达到国务院规定的申报标准的，经营者应当事先向国务院反垄断执法机构申报，未申报的不得实施集中。涉及协议控制架构的经营者集中，属于经营者集中反垄断审查范围。

第十九条　国务院反垄断执法机构主动调查

根据《国务院关于经营者集中申报标准的规定》第四条，经营者集中未达到申报标准，但按照规定程序收集的事实和证据表明该经营者集中具有或者可能具有排除、限制竞争效果的，国务院反垄断执法机构应当依法进行调查。

经营者可以就未达到申报标准的经营者集中主动向国务院反垄断执法机构申报。

国务院反垄断执法机构高度关注参与集中的一方经营者为初创企业或者新兴平台、参与集中的经营者因采取免费或者低价模式导致营业额较低、相关市场集中度较高、参与竞争者数量较少等类型的平台经济领域的经营者集中，对未达到申报标准但具有或者可能具有排除、限制竞争效果的，国务院反垄断执法机构将依法进行调查处理。

第二十条　考量因素

国务院反垄断执法机构将依据《反垄断法》第二十七条和《经营者集中审查暂行规定》第三章有关规定，评估平台经济领域经营者集中的竞争影响。结合平台经济的特点，可以具体考虑以下因素：

（一）经营者在相关市场的市场份额。计算市场份额，除以营业额为指标外，还可以考虑采用交易金额、交易数量、活跃用户数、点击量、使用时长或者其他指标在相关市场所占比重，并可以视情况对较长时间段内的市场份额进行综合评估，判断其动态变化趋势。

（二）经营者对市场的控制力。可以考虑经营者是否对关键性、稀缺性资源拥有独占权利以及该独占权利持续时间，平台用户黏性、多栖性，经营者掌握和处理数据的能力，对数据接口的控制能力，向其他市场渗透或者扩展的能力，经营者的盈利能力及利润率水平，技术创新的频率和速度、商品的生命周期、是否存在或者可能出现颠覆性创新等。

（三）相关市场的集中度。可以考虑相关平台市场的发展状况、现有竞争者数量和市场份额等。

（四）经营者集中对市场进入的影响。可以考虑市场准入情况，经营者获得技术、知识产权、数据、渠道、用户等必要资源和必需设施的难度，进入相关市场需要的资金投入规模，用户在费用、数据迁移、谈判、学习、搜索等各方面的转换成本，并考虑进入的可能性、及时性和充分性。

（五）经营者集中对技术进步的影响。可以考虑现有市场竞争者在技术和商业模式等创新方面的竞争，对经营者创新动机和能力的影响，对初创企业、新兴平台的收购是否会影响创新。

（六）经营者集中对消费者的影响。可以考虑集中后经营者是否有能力和动机以提高商品价格、降低商品质量、减少商品多样性、损害消费者选择能力和范围、区别对待不同消费者群体、不恰当使用消费者数据等方式损害消费者利益。

（七）国务院反垄断执法机构认为应当考虑的影响市场竞争的其他因素。包括对其他经营者的影响、对国民经济发展的影响等。

对涉及双边或者多边平台的经营者集中，可能需要综合考虑平台的双边或者多边业务，以及经营者从事的其他业务，并对直接和间接网络外部性进行评估。

第二十一条　救济措施

对于具有或者可能具有排除、限制竞争效果的经营者集中，国务院反垄断执法机构应当根据《反垄断法》第二十八条规定作出决定。对不予禁止的经营者集中，国务院反垄断执法机构可以决定附加以下类型的限制性条件：

（一）剥离有形资产，剥离知识产权、技术、数据等无形资产或者剥离相关权益等结构性条件；

（二）开放网络、数据或者平台等基础设施、许可关键技术、终止排他性协议、修改平台规则或者算法、承诺兼容或者不降低互操作性水平等行为性条件；

（三）结构性条件和行为性条件相结合的综合性条件。

第五章　滥用行政权力排除、限制竞争

《反垄断法》禁止行政机关和法律、法规授权的具有管理公共事务职能的组织滥用行政权力排除、限制竞争。对于平台经济领域的滥用行政权力排除、限制竞争行为，反垄断执法机构依法进行调查，并提出处理建议。

第二十二条　滥用行政权力排除、限制竞争行为表现

行政机关和法律、法规授权的具有管理公

共事务职能的组织从事下列行为，排除、限制平台经济领域市场竞争，可能构成滥用行政权力排除、限制竞争行为：

（一）限定或者变相限定单位或者个人经营、购买、使用其指定的平台经济领域经营者提供的商品，或者其他经营者提供的与平台服务相关的商品；

（二）对外地平台经济领域经营者设定歧视性标准、实行歧视性政策，采取专门针对外地平台经济领域经营者的行政许可、备案，或者通过软件、互联网设置屏蔽等手段，阻碍、限制外地平台经济领域经营者进入本地市场，妨碍商品在地区之间的自由流通；

（三）以设定歧视性资质要求、评标评审标准或者不依法发布信息等方式，排斥或者限制外地平台经济领域经营者参加本地的招标采购活动；

（四）对外地平台经济领域经营者实行歧视性待遇，排斥、限制或者强制外地经营者在本地投资或者设立分支机构；

（五）强制或者变相强制平台经济领域经营者从事《反垄断法》规定的垄断行为；

（六）行政机关以规定、办法、决定、公告、通知、意见、会议纪要等形式，制定、发布含有排除、限制竞争内容的市场准入、产业发展、招商引资、招标投标、政府采购、经营行为规范、资质标准等涉及平台经济领域市场主体经济活动的规章、规范性文件和其他政策性文件以及“一事一议”形式的具体政策措施。

第二十三条　公平竞争审查

行政机关和法律、法规授权的具有管理公共事务职能的组织制定涉及平台经济领域市场主体经济活动的规章、规范性文件、其他政策性文件以及“一事一议”形式的具体政策措施，应当按照国家有关规定进行公平竞争审查。

第六章　附　则

第二十四条　指南的解释

本指南由国务院反垄断委员会解释，自发布之日起实施。

中华人民共和国国务院令

第740号

《粮食流通管理条例》已经2021年1月4日国务院第121次常务会议修订通过，现将修订后的《粮食流通管理条例》公布，自2021年4月15日起施行。

总　理　李克强

2021年2月15日

粮食流通管理条例

（2004年5月26日中华人民共和国国务院令第407号公布　根据2013年7月18日《国务院关于废止和修改部分行政法规的决定》第一次修订　根据2016年2月6日《国务院关于修改部分行政法规的决定》第二次修订　2021年2月15日中华人民共和国国务院令第740号第三次修订）

第一章　总　则

第一条　为了保护粮食生产者的积极性，促进粮食生产，维护经营者、消费者的合法权益，保障国家粮食安全，维护粮食流通秩序，根据有关法律，制定本条例。

第二条　在中华人民共和国境内从事粮食的收购、销售、储存、运输、加工、进出口等经营活动（以下统称粮食经营活动），应当遵守本条例。

前款所称粮食，是指小麦、稻谷、玉米、杂粮及其成品粮。

第三条　国家鼓励多种所有制市场主体从事粮食经营活动，促进公平竞争。依法从事的粮食经营活动受国家法律保护。严禁以非法手段阻碍粮食自由流通。

国有粮食企业应当转变经营机制，提高市场竞争能力，在粮食流通中发挥主渠道作用，带头执行国家粮食政策。

第四条　粮食价格主要由市场供求形成。

国家加强粮食流通管理，增强对粮食市场的调控能力。

第五条　粮食经营活动应当遵循自愿、公平、诚信的原则，不得损害粮食生产者、消费者的合法权益，不得损害国家利益和社会公共利益，并采取有效措施，防止和减少粮食损失浪费。

第六条 国务院发展改革部门及国家粮食和储备行政管理部门负责全国粮食的总量平衡、宏观调控和重要粮食品种的结构调整以及粮食流通的中长期规划。国家粮食和储备行政管理部门负责粮食流通的行政管理、行业指导，监督有关粮食流通的法律、法规、政策及各项规章制度的执行。

国务院市场监督管理、卫生健康等部门在各自的职责范围内负责与粮食流通有关的工作。

第七条 省、自治区、直辖市应当落实粮食安全党政同责，完善粮食安全省长责任制，承担保障本行政区域粮食安全的主体责任，在国家宏观调控下，负责本行政区域粮食的总量平衡和地方储备粮等的管理。

县级以上地方人民政府粮食和储备行政管理部门负责本行政区域粮食流通的行政管理、行业指导；县级以上地方人民政府市场监督管理、卫生健康等部门在各自的职责范围内负责与粮食流通有关的工作。

第二章 粮食经营

第八条 粮食经营者，是指从事粮食收购、销售、储存、运输、加工、进出口等经营活动的自然人、法人和非法人组织。

第九条 从事粮食收购的经营者（以下简称粮食收购者），应当具备与其收购粮食品种、数量相适应的能力。

从事粮食收购的企业（以下简称粮食收购企业），应当向收购地的县级人民政府粮食和储备行政管理部门备案企业名称、地址、负责人以及仓储设施等信息，备案内容发生变化的，应当及时变更备案。

县级以上地方人民政府粮食和储备行政管理部门应当加强粮食收购管理和服务，规范粮食收购活动。具体管理办法由省、自治区、直辖市人民政府制定。

第十条 粮食收购者收购粮食，应当告知售粮者或者在收购场所公示粮食的品种、质量标准和收购价格。

第十一条 粮食收购者收购粮食，应当执行国家粮食质量标准，按质论价，不得损害农民和其他粮食生产者的利益；应当及时向售粮者支付售粮款，不得拖欠；不得接受任何组织或者个人的委托代扣、代缴任何税、费和其他款项。

粮食收购者收购粮食，应当按照国家有关规定进行质量安全检验，确保粮食质量安全。对不符合食品安全标准的粮食，应当作为非食用用途单独储存。

第十二条 粮食收购企业应当向收购地的县级人民政府粮食和储备行政管理部门定期报告粮食收购数量等有关情况。

跨省收购粮食，应当向收购地和粮食收购企业所在地的县级人民政府粮食和储备行政管理部门定期报告粮食收购数量等有关情况。

第十三条 粮食收购者、从事粮食储存的企业（以下简称粮食储存企业）使用的仓储设施，应当符合粮食储存有关标准和技术规范以及安全生产法律、法规的要求，具有与储存品种、规模、周期等相适应的仓储条件，减少粮食储存损耗。

粮食不得与可能对粮食产生污染的有毒有害物质混存，储存粮食不得使用国家禁止使用的化学药剂或者超量使用化学药剂。

第十四条 运输粮食应当严格执行国家粮食运输的技术规范，减少粮食运输损耗。不得使用被污染的运输工具或者包装材料运输粮食，不得与有毒有害物质混装运输。

第十五条 从事粮食的食品生产，应当符合食品安全法律、法规和标准规定的条件和要求，对其生产食品的安全负责。

国家鼓励粮食经营者提高成品粮出品率和副产物综合利用率。

第十六条 销售粮食应当严格执行国家粮食质量等有关标准，不得短斤少两、掺杂使假、以次充好，不得囤积居奇、垄断或者操纵粮食价格、欺行霸市。

第十七条 粮食储存期间，应当定期进行粮食品质检验，粮食品质达到轻度不宜存时应当及时出库。

建立粮食销售出库质量安全检验制度。正常储存年限内的粮食，在出库前应当由粮食储存企业自行或者委托粮食质量安全检验机构进行质量安全检验；超过正常储存年限的粮食，储存期间使用储粮药剂未满安全间隔期的粮食，以及色泽、气味异常的粮食，在出库前应当由粮食质量安全检验机构进行质量安全检验。未经质量安全检验的粮食不得销售出库。

第十八条 粮食收购者、粮食储存企业不得将下列粮食作为食用用途销售出库：

（一）真菌毒素、农药残留、重金属等污染物质以及其他危害人体健康的物质含量超过食品安全标准限量的；

（二）霉变或者色泽、气味异常的；

（三）储存期间使用储粮药剂未满安全间隔期的；

（四）被包装材料、容器、运输工具等污染的；

（五）其他法律、法规或者国家有关规定明确不得作为食用用途销售的。

第十九条 从事粮食收购、加工、销售的规模以上经营者，应当按照所在地省、自治区、直辖市人民政府的规定，执行特定情况下的粮食库存量。

第二十条 粮食经营者从事政策性粮食经营活动，应当严格遵守国家有关规定，不得有下列行为：

（一）虚报粮食收储数量；

（二）通过以陈顶新、以次充好、低收高转、虚假购销、虚假轮换、违规倒卖等方式，套取粮食价差和财政补贴，骗取信贷资金；

（三）挤占、挪用、克扣财政补贴、信贷资金；

（四）以政策性粮食为债务作担保或者清偿债务；

（五）利用政策性粮食进行除政府委托的政策性任务以外的其他商业经营；

（六）在政策性粮食出库时掺杂使假、以次充好、调换标的物，拒不执行出库指令或者阻挠出库；

（七）购买国家限定用途的政策性粮食，违规倒卖或者不按照规定用途处置；

（八）擅自动用政策性粮食；

（九）其他违反国家政策性粮食经营管理规定的行为。

第二十一条 国有粮食企业应当积极收购粮食，并做好政策性粮食购销工作，服从和服务于国家宏观调控。

第二十二条 对符合贷款条件的粮食收购者，银行应当按照国家有关规定及时提供收购贷款。

中国农业发展银行应当保证中央和地方储备粮以及其他政策性粮食的信贷资金需要，对国有粮食企业、大型粮食产业化龙头企业和其他粮食企业，按企业的风险承受能力提供信贷资金支持。

政策性粮食收购资金应当专款专用，封闭运行。

第二十三条 所有从事粮食收购、销售、储存、加工的经营者以及饲料、工业用粮企业，应当建立粮食经营台账，并向所在地的县级人民政府粮食和储备行政管理部门报送粮食购进、销售、储存等基本数据和有关情况。粮食经营台账的保存期限不得少于3年。粮食经营者报送的基本数据和有关情况涉及商业秘密的，粮食和储备行政管理部门负有保密义务。

国家粮食流通统计依照《中华人民共和国统计法》的有关规定执行。

第二十四条 县级以上人民政府粮食和储备行政管理部门应当建立粮食经营者信用档案，记录日常监督检查结果、违法行为查处情况，并依法向社会公示。

粮食行业协会以及中介组织应当加强行业自律，在维护粮食市场秩序方面发挥监督和协调作用。

第二十五条 国家鼓励和支持开发、推广应用先进的粮食储存、运输、加工和信息化技术，开展珍惜和节约粮食宣传教育。

县级以上人民政府粮食和储备行政管理部门应当加强对粮食经营者的指导和服务，引导粮食经营者节约粮食、降低粮食损失损耗。

第三章　宏观调控

第二十六条 国家采取政策性粮食购销、粮食进出口等多种经济手段和必要的行政手段，加强对粮食市场的调控，保持全国粮食供求总量基本平衡和市场基本稳定。

第二十七条 国家实行中央和地方分级粮食储备制度。粮食储备用于调节粮食供求、稳定粮食市场，以及应对重大自然灾害或者其他突发事件等情况。

政策性粮食的采购和销售，原则上通过规范的粮食交易中心公开进行，也可以通过国家规定的其他方式进行。

第二十八条 国务院和地方人民政府建立健全粮食风险基金制度。粮食风险基金主要用于支持粮食储备、稳定粮食市场等。

国务院和地方人民政府财政部门负责粮食风险基金的监督管理，确保专款专用。

第二十九条 为保障市场供应、保护种粮农民利益，必要时可由国务院根据粮食安全形势，结合财政状况，决定对重点粮食品种在粮食主产区实行政策性收储。

当粮食价格显著上涨或者有可能显著上涨时，国务院和省、自治区、直辖市人民政府可以按照《中华人民共和国价格法》的规定，采取价格干预措施。

第三十条 国务院发展改革部门及国家粮食和储备行政管理部门会同国务院农业农村、统计、市场监督管理等部门负责粮食市场供求形势的监测和预警分析，健全监测和预警体系，完善粮食供需抽查制度，发布粮食生产、消费、价格、质量等信息。

第三十一条 国家鼓励粮食主产区和主销区以多种形式建立稳定的产销关系，鼓励培育生产、收购、储存、加工、销售一体化的粮食企业，支持建设粮食生产、加工、物流基地或者园区，加强对政府储备粮油仓储物流设施的保护，鼓励发展订单农业。在执行政策性收储时国家给予必要的经济优惠，并在粮食运输方面给予优先安排。

第三十二条 在重大自然灾害、重大疫情或者其他突发事件引起粮食市场供求异常波动时，国家实施粮食应急机制。

第三十三条 国家建立突发事件的粮食应急体系。国务院发展改革部门及国家粮食和储备行政管理部门会同国务院有关部门制定全国的粮食应急预案，报请国务院批准。省、自治区、直辖市人民政府根据本地区的实际情况，制定本行政区域的粮食应急预案。

第三十四条 启动全国的粮食应急预案，由国务院发展改革部门及国家粮食和储备行政管理部门提出建议，报国务院批准后实施。

启动省、自治区、直辖市的粮食应急预案，由省、自治区、直辖市发展改革部门及粮食和储备行政管理部门提出建议，报本级人民政府决定，并向国务院报告。

设区的市级、县级人民政府粮食应急预案的制定和启动，由省、自治区、直辖市人民政府决定。

第三十五条 粮食应急预案启动后，粮食经营者必须按照国家要求承担应急任务，服从国家的统一安排和调度，保证应急的需要。

第三十六条 国家鼓励发展粮食产业经济，提高优质粮食供给水平，鼓励粮食产业化龙头企业提供安全优质的粮食产品。

第四章 监督检查

第三十七条 国家建立健全粮食流通质量安全风险监测体系。国务院卫生健康、市场监督管理以及国家粮食和储备行政管理等部门，分别按照职责组织实施全国粮食流通质量安全风险监测；省、自治区、直辖市人民政府卫生健康、市场监督管理、粮食和储备行政管理等部门，分别按照职责组织实施本行政区域的粮食流通质量安全风险监测。

第三十八条 粮食和储备行政管理部门依照本条例对粮食经营者从事粮食收购、储存、运输活动和政策性粮食的购销活动，以及执行国家粮食流通统计制度的情况进行监督检查。

粮食和储备行政管理部门在监督检查过程中，可以进入粮食经营者经营场所，查阅有关资料、凭证；检查粮食数量、质量和储存安全情况；检查粮食仓储设施、设备是否符合有关标准和技术规范；向有关单位和人员调查了解相关情况；查封、扣押非法收购或者不符合国家粮食质量安全标准的粮食，用于违法经营或者被污染的工具、设备以及有关账簿资料；查封违法从事粮食经营活动的场所。

第三十九条 市场监督管理部门依照有关法律、法规的规定，对粮食经营活动中的扰乱市场秩序行为、违法交易行为以及价格违法行为进行监督检查。

第四十条 县级以上地方人民政府应当加强本行政区域粮食污染监控，建立健全被污染粮食收购处置长效机制，发现区域性粮食污染的，应当及时采取处置措施。

被污染粮食处置办法由国家粮食和储备行政管理部门会同国务院有关部门制定。

第四十一条 任何单位和个人有权对违反本条例规定的行为向有关部门检举。有关部门应当为检举人保密，并依法及时处理。

第五章 法律责任

第四十二条 违反本条例规定，粮食和储备行政管理部门和其他有关部门不依法履行粮食流通管理和监督职责的，对负有责任的领导人员和直接责任人员依法给予处分。

第四十三条 粮食收购企业未按照规定备案或者提供虚假备案信息的，由粮食和储备行政管理部门责令改正，给予警告；拒不改正的，处2万元以上5万元以下罚款。

第四十四条 粮食收购者有未按照规定告知、公示粮食收购价格或者收购粮食压级压价，垄断或者操纵价格等价格违法行为的，由市场监督管理部门依照《中华人民共和国价格法》、《中华人民共和国反垄断法》的有关规定予以处罚。

第四十五条 有下列情形之一的，由粮食和储备行政管理部门责令改正，给予警告，可以并处20万元以下罚款；情节严重的，并处20万元以上50万元以下罚款：

（一）粮食收购者未执行国家粮食质量标准；

（二）粮食收购者未及时向售粮者支付售粮款；

（三）粮食收购者违反本条例规定代扣、代缴税、费和其他款项；

（四）粮食收购者收购粮食，未按照国家有关规定进行质量安全检验，或者对不符合食品安全标准的粮食未作为非食用用途单独储存；

（五）从事粮食收购、销售、储存、加工的粮食经营者以及饲料、工业用粮企业未建立粮食经营台账，或者未按照规定报送粮食基本数据和有关情况；

（六）粮食储存企业未按照规定进行粮食销售出库质量安全检验。

第四十六条 粮食收购者、粮食储存企业未按照本条例规定使用仓储设施、运输工具的，由粮食和储备行政管理等部门按照职责责令改正，给予警告；被污染的粮食不得非法销售、加工。

第四十七条 粮食收购者、粮食储存企业将下列粮食作为食用用途销售出库的，由粮食和储备行政管理部门没收违法所得；违法销售出库的粮食货值金额不足1万元的，并处1万元以上5万元以下罚款，货值金额1万元以上的，并处货值金额1倍以上5倍以下罚款：

（一）真菌毒素、农药残留、重金属等污染物质以及其他危害人体健康的物质含量超过食品安全标准限量的；

（二）霉变或者色泽、气味异常的；

（三）储存期间使用储粮药剂未满安全间隔期的；

（四）被包装材料、容器、运输工具等污染的；

（五）其他法律、法规或者国家有关规定明确不得作为食用用途销售的。

第四十八条 从事粮食的食品生产，不符合食品安全法律、法规和标准规定的条件和要求的，由市场监督管理部门依照《中华人民共和国食品安全法》、《中华人民共和国食品安全法实施条例》等有关规定予以处罚。

第四十九条 从事政策性粮食经营活动，有下列情形之一的，由粮食和储备行政管理部门责令改正，给予警告，没收违法所得，并处50万元以上200万元以下罚款；情节严重的，并处200万元以上500万元以下罚款：

（一）虚报粮食收储数量；

（二）通过以陈顶新、以次充好、低收高转、虚假购销、虚假轮换、违规倒卖等方式，套取粮食价差和财政补贴，骗取信贷资金；

（三）挤占、挪用、克扣财政补贴、信贷资金；

（四）以政策性粮食为债务作担保或者清偿债务；

（五）利用政策性粮食进行除政府委托的政策性任务以外的其他商业经营；

（六）在政策性粮食出库时掺杂使假、以次充好、调换标的物，拒不执行出库指令或者阻挠出库；

（七）购买国家限定用途的政策性粮食，违规倒卖或者不按照规定用途处置；

（八）擅自动用政策性粮食；

（九）其他违反国家政策性粮食经营管理规定的行为。

粮食应急预案启动后，不按照国家要求承担应急任务，不服从国家的统一安排和调度的，依照前款规定予以处罚。

第五十条 对粮食经营活动中的扰乱市场秩序、违法交易等行为，由市场监督管理部门依照有关法律、法规的规定予以处罚。

第五十一条 从事粮食经营活动的企业有违反本条例规定的违法情形且情节严重的，对其法定代表人、主要负责人、直接负责的主管人员和其他直接责任人员处以其上一年度从本企业取得收入的1倍以上10倍以下罚款。

第五十二条 违反本条例规定，阻碍粮食自由流通的，依照《国务院关于禁止在市场经济活动中实行地区封锁的规定》给予处罚。

第五十三条 违反本条例规定，构成违反治安管理行为的，由公安机关依法给予治安管理处罚；构成犯罪的，依法追究刑事责任。

第六章 附 则

第五十四条 本条例下列用语的含义是：

粮食收购，是指向种粮农民、其他粮食生产者或者粮食经纪人、农民专业合作社等批量购买粮食的活动。

粮食加工，是指通过处理将原粮转化成半成品粮、成品粮以及其他食用或者非食用产品的活动。

政策性粮食，是指政府指定或者委托粮食经营者购买、储存、加工、销售，并给予财政、金融等方面政策性支持的粮食，包括但不限于政府储备粮。

粮食经纪人，是指以个人或者家庭为经营主体，直接向种粮农民、其他粮食生产者、农民专业合作社批量购买粮食的经营者。

技术规范，是指尚未制定国家标准、行业标准，国家粮食和储备行政管理部门根据监督管理工作需要制定的补充技术要求。

第五十五条 大豆、油料和食用植物油的收购、销售、储存、运输、加工、进出口等经营活动，适用本条例除第九条第二款以外的规定。

粮食进出口的管理，依照有关法律、法规的规定执行。

第五十六条 本条例自2021年4月15日起施行。

国务院办公厅转发国家发展改革委等单位关于进一步做好铁路规划建设工作意见的通知

国办函〔2021〕27号

各省、自治区、直辖市人民政府，国务院各部委、各直属机构：

国家发展改革委、交通运输部、国家铁路局、中国国家铁路集团有限公司《关于进一步做好铁路规划建设工作的意见》已经国务院同意，现转发给你们，请认真贯彻落实。

国务院办公厅

2021年3月15日

（此件公开发布）

关于进一步做好铁路规划建设工作的意见

国家发展改革委　交通运输部　国家铁路局　中国国家铁路集团有限公司

铁路是关系国计民生的重要基础设施。党的十八大以来，我国铁路快速发展，取得了显著成就，为支撑和引领经济社会发展发挥了重要作用，成为国家现代化建设的重要引擎。与此同时，在铁路规划建设工作中，一些地方存在片面追求高标准、重高速轻普速、重投入轻产出等情况，铁路企业也面临经营压力较大、债务负担较重等问题。为进一步做好铁路规划建设工作，推动铁路高质量发展，现提出以下意见。

一、总体要求

坚持以习近平新时代中国特色社会主义思想为指导，全面贯彻党的十九大和十九届二中、三中、四中、五中全会精神，坚持新发展理念，坚持稳中求进工作总基调，以推动高质量发展为主题，以深化供给侧结构性改革为主线，科学有序推进铁路规划建设，防范化解债务风险，全面增强铁路安全质量效益、服务保障能力和综合发展实力。到2035年，使铁路网络布局结构更加优化完善，铁路债务规模和负债水平处于合理区间，为加快建设交通强国当好先行，为全面建设社会主义现代化国家提供有力支撑。

二、加强规划指导

根据国家经济社会发展和军民融合需要，

综合考虑铁路与公路、水运、民航、城市交通等关系，加强与国土空间规划、区域发展规划的统筹衔接，科学编制铁路发展规划，形成分层分类、功能互补的规划体系。

国家级铁路发展规划包括铁路中长期规划和铁路五年发展规划。铁路中长期规划主要明确发展战略、网络骨架、通道功能等，确定基础设施空间布局，为铁路长远发展留出空间。铁路五年发展规划主要明确发展任务、项目安排、建设标准等，安排铁路规划建设阶段性工作。国家级铁路发展规划要合理布局现代综合交通枢纽，优化高速铁路与普速铁路结构，促进客运与货运协调发展。加快推动铁路进港口、物流园区和大型工矿企业，推动大宗及中长途货物运输向铁路转移。严格控制建设既有高铁的平行线路，既有高铁能力利用率不足80%的，原则上不得新建平行线路。新建铁路项目要严格按照国家批准的规划实施，规划内项目不得随意调整功能定位、建设时序和建设标准，未列入规划的项目原则上不得开工建设。

各地要根据国家级铁路发展规划，按照需求导向、效益为本的原则，编制城际、市域（郊）等区域性铁路发展规划并按程序报批。建立健全铁路建设规划管理机制，科学论证项目建设时机和方案。加强与国家铁路企业的沟通协调，统筹推进干线铁路、城际铁路、市域（郊）铁路和城市轨道交通多网融合、资源共享、支付兼容，具备条件的线路尽快实现安检互信、票制互通。严禁以新建城际铁路、市域（郊）铁路名义违规变相建设地铁、轻轨。

三、合理确定标准

规划建设贯通省会及特大城市、近期双向客流密度2500万人次/年以上、中长途客流比重在70%以上的高铁主通道线路，可采用时速350公里标准。规划建设串联规模较大的地级以上城市、近期双向客流密度2000万人次/年以上、路网功能较突出的高铁线路，可预留时速350公里条件。规划建设近期双向客流密度1500万人次/年以上的高铁区域连接线，可采用时速250公里标准。规划建设城际铁路线路，原则上采用时速200公里及以下标准。除此之外，规划建设中西部地区路网空白区域铁路新线一般采用客货共线标准。有关单位要加强对客流密度等技术指标的论证审核，对数据造假等行为依法依规严肃问责。

高速铁路运营后要尽快按照设计标准达速运行，普速铁路要充分用好通道资源，提高货物运输能力和集装箱多式联运比例，有富余资源的铁路可按照市场化方式适当开行城际列车和市域（郊）列车。

四、分类分层建设

干线铁路由中央与地方共同出资，中国国家铁路集团有限公司发挥主体作用，负责项目建设运营，效益预期较好的项目要积极吸引社会资本参与。城际铁路、市域（郊）铁路、支线铁路及铁路专用线以有关地方和企业出资为主，项目业主可自主选择建设运营方式。中国国家铁路集团有限公司要为项目业主办理与国家铁路接轨手续提供便利条件，及时开展评估论证，在开工前办完接轨手续。

五、有效控制造价

严把铁路建设项目审核关，做深做细前期工作，强化技术经济比选，合理确定建设标准、征拆范围和补偿标准，除国家重大战略需求外，要满足财务平衡的要求，避免盲目攀比、过度超前或重复建设。加强项目管理，鼓励采用自主化技术装备，优化施工组织，严禁擅自增加施工内容、提高标准或扩大规模，需增加中央财政出资的，要履行有关报批程序。新建城际铁路、市域（郊）铁路的功能定位、建设标准等发生重大变化，或线路里程、直接工程费用（扣除物价上涨因素）等与建设规划相比增幅超过20%的，要履行建设规划调整程序。

六、创新投融资体制

全面开放铁路建设运营市场，深化铁路投融资体制改革，分类分步推进铁路企业股份制改造和优质资产上市。制定公开透明、公平合理的路网使用、车站服务、委托运输等费用清算和收益分配规则，保障路网资源统筹配置、公平共享，确保投资者参与项目决策、建设、运营的合法权益。借鉴城市轨道交通开发模式，加强土地综合开发，既有可开发用地可依法依规变更用途，通过转让、出租等方式加快盘活，新增铁路综合开发用地要遵循国土空间规划，与城市建设统一规划、统筹建设、协同管理。

七、防范化解债务风险

妥善处理存量债务，严格控制新增债务。通过多种渠道增加铁路建设资本金来源，确保中西部铁路项目权益性资本金比例原则上不低于50%。中国国家铁路集团有限公司要用好铁路建设基金，增强出资能力。创新铁路债券发行方式，提高直接债务融资比例，有效降低融资成本。进一步理顺铁路运价体系，完善客运票价浮动机制，健全货运价格形成机制。各地要更好发挥地方政府专项债券作用，带动社会资本投资，保障铁路项目合理融资需求。国家有关部门要进一步调整中央预算内投资结构，加大对中西部铁路项目的支持力度。涉及西藏和四川、云南、甘肃、青海涉藏州县以及南疆、重点沿边地区的国家铁路项目，原则上以中央出资为主。科学研究界定铁路公益性运输范围并建立核算和补贴机制。建立健全铁路债务风险监测预警机制，加强地方项目出资能力、运营补亏能力等审核，合理控制债务负担较重、超出财政承受能力地区的铁路建设。

各地区、各有关单位要认真落实本意见要求，加强规划衔接、政策协同、资源统筹，强化联动协调，形成工作合力，共同推动铁路高质量发展。国家发展改革委会同交通运输部、国家铁路局、中国国家铁路集团有限公司等有关部门和单位建立健全工作机制，持续开展跟踪督导，适时组织阶段评估。

国务院关于深化“证照分离”改革进一步激发市场主体发展活力的通知

国发〔2021〕7号

各省、自治区、直辖市人民政府，国务院各部委、各直属机构：

开展“证照分离”改革，是落实党中央、国务院重大决策部署，深化“放管服”改革、优化营商环境的重要举措，对于正确处理政府和市场关系、加快完善社会主义市场经济体制具有重大意义。为深化“证照分离”改革，进一步激发市场主体发展活力，国务院决定在全国范围内推行“证照分离”改革全覆盖，并在自由贸易试验区加大改革试点力度。现就有关事项通知如下：

一、总体要求

（一）指导思想。以习近平新时代中国特色社会主义思想为指导，全面贯彻党的十九大和十九届二中、三中、四中、五中全会精神，持续深化“放管服”改革，统筹推进行政审批制度改革和商事制度改革，在更大范围和更多行业推动照后减证和简化审批，创新和加强事中事后监管，进一步优化营商环境、激发市场主体发展活力，加快构建以国内大循环为主体、国内国际双循环相互促进的新发展格局。

（二）改革目标。自2021年7月1日起，在全国范围内实施涉企经营许可事项全覆盖清单管理，按照直接取消审批、审批改为备案、实行告知承诺、优化审批服务等四种方式分类推进审批制度改革，同时在自由贸易试验区进一步加大改革试点力度，力争2022年底前建立简约高效、公正透明、宽进严管的行业准营规则，大幅提高市场主体办事的便利度和可预期性。

二、大力推动照后减证和简化审批

法律、行政法规、国务院决定设定（以下统称中央层面设定）的涉企经营许可事项，在全国范围内按照《中央层面设定的涉企经营许可事项改革清单（2021年全国版）》（见附件1）分类实施改革；在自由贸易试验区增加实施《中央层面设定的涉企经营许可事项改革清单（2021年自由贸易试验区版）》（见附件2）规定的改革试点举措，自由贸易试验区所在县、不设区的市、市辖区的其他区域参照执行。省级人民政府可以在权限范围内决定采取更大力度的改革举措。地方性法规、地方政府规章设定（以下统称地方层面设定）的涉企经营许可事项，由省级人民政府统筹确定改革方式。

（一）直接取消审批。为在外资外贸、工程建设、交通物流、中介服务等领域破解“准入不准营”问题，在全国范围内取消68项涉企经营许可事项，在自由贸易试验区试点取消14项涉企经营许可事项。取消审批后，企业（含个体工商户、农民专业合作社，下同）取得营业执照即可开展经营，行政机关、企事业单位、行业组织等不得要求企业提供相关行政许可证件。

（二）审批改为备案。为在贸易流通、教育培训、医疗、食品、金融等领域放开市场准入，在全国范围内将15项涉企经营许可事项改为备案管理，在自由贸易试验区试点将15项涉企经营许可事项改为备案管理。审批改为备案后，原则上实行事后备案，企业取得营业执照即可开展经营；确需事前备案的，企业完成备案手续即可开展经营。企业按规定提交备案材料的，有关主管部门应当当场办理备案手续，不得作出不予备案的决定。

（三）实行告知承诺。为在农业、制造业、生产服务、生活消费、电信、能源等领域大幅简化准入审批，在全国范围内对37项涉企经营许可事项实行告知承诺，在自由贸易试验区试点对40项涉企经营许可事项实行告知承诺。实行告知承诺后，有关主管部门要依法列出可量化可操作、不含兜底条款的经营许可条件，明确监管规则和违反承诺后果，一次性告知企业。对因企业承诺可以减省的审批材料，不再要求企业提供；对可在企业领证后补交的审批材料，实行容缺办理、限期补交。对企业自愿作出承诺并按要求提交材料的，要当场作出审批决定。对通过告知承诺取得许可的企业，有关主管部门要加强事中事后监管，确有必要的可以开展全覆盖核查。发现企业不符合许可条件的，要依法调查处理，并将失信违法行为记入企业信用记录，依法依规实施失信惩戒。有关主管部门要及时将企业履行承诺情况纳入信用记录，并归集至全国信用信息共享平台。

（四）优化审批服务。对“重要工业产品（除食品相关产品、化肥外）生产许可证核发”等15项涉企经营许可事项，下放审批权限，便利企业就近办理。对“保安服务许可证核发”等256项涉企经营许可事项，精简许可条件和审批材料，减轻企业办事负担。对“会计师事务所设立审批”等140项涉企经营许可事项，优化审批流程，压减审批时限，提高审批效率。对“海关监管货物仓储审批”等18项设定了许可证件有效期限的涉企经营许可事项，取消或者延长许可证件有效期限，方便企业持续经营。对“互联网上网服务营业场所经营单位设立审批”等13项设定了许可数量限制的涉企经营许可事项，取消数量限制，或者合理放宽数量限制并定期公布总量控制条件、企业存量、申请排序等情况，鼓励企业有序竞争。同时，各地区、各部门要积极回应企业关切，探索优化审批服务的创新举措。

三、强化改革系统集成和协同配套

（一）实施涉企经营许可事项清单管理。按照全覆盖要求，将全部涉企经营许可事项纳入清单管理，并逐项确定改革方式、具体改革举措和加强事中事后监管措施。清单实行分级管理，国务院审改办负责组织编制中央层面设定的涉企经营许可事项清单，省级审改工作机构负责组织编制地方层面设定的涉企经营许可事项清单。清单要动态调整更新并向社会公布，接受社会监督。清单之外，一律不得限制企业进入相关行业开展经营。各地区、各部门要对清单之外限制企业进入特定行业开展经营的管理事项进行全面自查清理，对实施变相审批造成市场分割或者加重企业负担的行为，要严肃督查整改并追究责任。

（二）深化商事登记制度改革。持续推进“先照后证”改革，推动将保留的登记注册前置许可改为后置。开展经营范围规范化登记，市场监管部门牵头编制经营范围规范目录，为企业自主选择经营范围提供服务。经营范围规范目录要根据新产业、新业态的发展及时调整更新。市场监管部门应当告知企业需要办理的涉企经营许可事项，并及时将有关企业登记注册信息推送至有关主管部门。企业超经营范围开展非许可类经营活动的，市场监管部门不予处罚。有关主管部门不得以企业登记的经营范围为由，限制其办理涉企经营许可事项或者其他政务服务事项。在自由贸易试验区试点商事主体登记确认制改革，最大程度尊重企业登记注册自主权。

（三）推进电子证照归集运用。国务院有关部门要制定完善电子证照有关标准、规范和样式，2022年底前全面实现涉企证照电子化。要强化电子证照信息跨层级、跨地域、跨部门共享，有关主管部门应当及时将电子证照归集至全国一体化政务服务平台、全国信用信息共享平台、国家企业信用信息公示系统，有关平台和系统要加快建设全国统一、实时更新、权威可靠的企业电子证照库。要加强电子证照运用，实现跨地域、跨部门互认互信，在政务服务、商业活动等场景普遍推广企业电子亮照亮证。凡是通过电子证照可以获取的信息，一律不再要求企业提供相应材料。

四、创新和加强事中事后监管

（一）适应改革要求明确监管责任。要落实放管结合、并重要求，按照“谁审批、谁监管，谁主管、谁监管”原则，切实履行监管职责，坚决纠正“以批代管”、“不批不管”问题，防止出现监管真空。直接取消审批、审批改为备案的，由原审批部门依法承担监管职责。实行告知承诺、优化审批服务的，由审批部门负责依法监管持证经营企业、查处无证经营行为。实行相对集中行政许可权改革或者综合行政执法改革的地区，按照省级人民政府制定的改革方案确定监管职责、健全审管衔接机制。坚持政府主导、企业自治、行业自律、社会监督，压实企业主体责任，支持行业协会提升自律水平，鼓励新闻媒体、从业人员、消费者、中介机构等发挥监督作用，健全多元共治、互为支撑的协同监管格局。

（二）根据改革方式健全监管规则。国务院有关部门要根据涉企经营许可事项的改革方式，分领域制定全国统一、简明易行的监管规则，建立健全技术、安全、质量、产品、服务等方面的国家标准，为监管提供明确指引。直接取消审批的，有关主管部门要及时掌握新设企业情况，纳入监管范围，依法实施监管。审批改为备案的，要督促有关企业按规定履行备案手续，对未按规定备案或者提交虚假备案材料的要依法调查处理。实行告知承诺的，要重点对企业履行承诺情况进行检查，发现违反承诺的要责令限期整改，逾期不整改或者整改后仍未履行承诺的要依法撤销相关许可，构成违法的要依法予以处罚。下放审批权限的，要同步调整优化监管层级，实现审批监管权责统一。

（三）结合行业特点完善监管方法。对一般行业、领域，全面推行“双随机、一公开”监管，根据企业信用风险分类结果实施差异化监管措施，持续推进常态化跨部门联合抽查。对直接涉及公共安全和人民群众生命健康等特殊行业、重点领域，落实全覆盖重点监管，强化全过程质量管理，守牢安全底线。要充分发挥信用监管基础性作用，建立企业信用与自然人信用挂钩机制，依法依规实施失信惩戒。要建立健全严重违法责任企业及相关人员行业禁入制度，增强监管威慑力。对新技术、新产业、新业态、新模式等实行包容审慎监管，量身定制监管模式，对轻微违法行为依法从轻、减轻或者免予行政处罚。深入推进“互联网+监管”，探索智慧监管，加强监管数据共享，运用大数据、物联网、人工智能等手段精准预警风险隐患。

五、采取有力措施确保改革落地见效

（一）健全改革工作机制。国务院推进政府职能转变和“放管服”改革协调小组负责统筹领导全国“证照分离”改革工作。国务院办公厅、市场监管总局、司法部牵头负责推进改革，做好调查研究、政策解读、协调指导、督促落实、法治保障、总结评估等工作。商务部负责指导各自由贸易试验区做好“证照分离”改革与对外开放政策的衔接。省级人民政府对本地区改革工作负总责，要建立健全审改、市场监管、司法行政、商务（自贸办）等部门牵头，各部门分工负责的工作机制，强化责任落实，扎实推进改革。

（二）加强改革法治保障。要坚持重大改革于法有据，依照法定程序推动改革。配合在全国范围内推行的改革举措，推动修改法律、行政法规有关规定。在自由贸易试验区配合相关改革试点举措，根据全国人民代表大会常务委员会授权决定暂时调整适用《中华人民共和国会计法》等7部法律有关规定，暂时调整适用《互联网上网服务营业场所管理条例》等13部行政法规有关规定（见附件3）。国务院有关部门和地方人民政府要根据法律、行政法规的调整情况，对规章、规范性文件作相应调整，建立与改革要求相适应的管理制度。2022年底前，国务院有关部门要组织对暂时调整适用法律、行政法规有关规定情况开展中期评估。

（三）抓好改革实施工作。国务院有关部门要制定实施方案，对中央层面设定的涉企经营许可事项逐项细化改革举措，并向社会公布。各省、自治区、直辖市人民政府要制定本地区改革实施方案，以省为单位编制地方层面设定的涉企经营许可事项改革清单，并向社会公布。各地区、各部门要做好改革政策工作培训和宣传解读，调整优化业务流程，修订完善工作规则和服务指南，改造升级信息系统，确保改革措施全面落实、企业充分享受改革红利。

本通知实施中的重大问题，省级人民政府、国务院有关部门要及时向国务院请示报告。

附件：1．中央层面设定的涉企经营许可事项改革清单（2021年全国版）（略）

2．中央层面设定的涉企经营许可事项改革清单（2021年自由贸易试验区版）（略）

3．国务院决定在自由贸易试验区暂时调整适用行政法规有关规定目录（略）

国务院

2021年5月19日

（此件公开发布）

国务院办公厅关于加快农村寄递物流体系建设的意见

国办发〔2021〕29号

各省、自治区、直辖市人民政府，国务院各部委、各直属机构：

农村寄递物流是农产品出村进城、消费品下乡进村的重要渠道之一，对满足农村群众生产生活需要、释放农村消费潜力、促进乡村振兴具有重要意义。近年来，农村寄递物流体系建设取得了长足进步，与农村电子商务协同发展效应显著，但仍存在末端服务能力不足、可持续性较差、基础设施薄弱等一些突出问题，与群众的期待尚有一定差距。为加快农村寄递物流体系建设，做好“六稳”、“六保”工作，经国务院同意，现提出如下意见。

一、指导思想

以习近平新时代中国特色社会主义思想为指导，深入贯彻党的十九大和十九届二中、三中、四中、五中全会精神，认真落实党中央、国务院决策部署，立足新发展阶段、贯彻新发展理念、构建新发展格局，坚持以人民为中心的发展思想，健全县、乡、村寄递服务体系，补齐农村寄递物流基础设施短板，推动农村地区流通体系建设，促进群众就业创业，更好满足农村生产生活和消费升级需求，为全面推进乡村振兴、畅通国内大循环作出重要贡献。

二、原则目标

坚持以人民为中心、惠及民生。提升农村寄递服务能力和效率，聚焦农产品进城“最初一公里”和消费品下乡“最后一公里”，助力农民创收增收，促进农村消费升级。

坚持市场主导、政府引导。有效市场和有为政府紧密结合，以市场化方式为主，主动打通政策堵点，引导各类市场主体创新服务模式，积极参与农村寄递物流体系建设。

坚持完善体系、提高效率。强化顶层设计，发挥寄递物流体系优势，促进线上线下融合发展，进一步畅通农村生产、消费循环。

坚持资源共享、协同推进。支持邮政、快递、物流等企业共建共享基础设施和配送渠道，与现代农业、电子商务等深度融合，因地制宜打造一批协同发展示范项目，引领带动农村地区寄递物流水平提升。

到2025年，基本形成开放惠民、集约共享、安全高效、双向畅通的农村寄递物流体系，实现乡乡有网点、村村有服务，农产品运得出、消费品进得去，农村寄递物流供给能力和服务质量显著提高，便民惠民寄递服务基本覆盖。

三、体系建设

（一）强化农村邮政体系作用。在保证邮政普遍服务和特殊服务质量的前提下，加强农村邮政基础设施和服务网络共享，强化邮政网络节点重要作用。创新乡镇邮政网点运营模式，承接代收代办代缴等各类农村公共服务，实现“一点多能”，提升农村邮政基本公共服务能力。发挥邮政网络在边远地区的基础支撑作用，鼓励邮政快递企业整合末端投递资源，满足边远地区群众基本寄递需求。支持邮政企业公平参与农村寄递服务市场竞争，以市场化方式为农村电商提供寄递、仓储、金融一体化服务。（国家邮政局牵头，国家发展改革委、财政部、商务部、国家乡村振兴局、中国邮政集团有限公司等相关单位及各地区按职责分工负责）

（二）健全末端共同配送体系。统筹农村地区寄递物流资源，鼓励邮政、快递、交通、供销、商贸流通等物流平台采取多种方式合作共用末端配送网络，加快推广农村寄递物流共同配送模式，有效降低农村末端寄递成本。推进不同主体之间标准互认和服务互补，在设施建设、运营维护、安全责任等方面实现有效衔接，探索相应的投资方式、服务规范和收益分配机制。鼓励企业通过数据共享、信息互联互通，提升农村寄递物流体系信息化服务能力。（商务部、交通运输部、国家邮政局牵头，国家发展改革委、农业农村部、国家乡村振兴局、供销合作总社、中国邮政集团有限公司等相关单位及各地区按职责分工负责）

（三）优化协同发展体系。强化农村寄递物流与农村电商、交通运输等融合发展。继续发挥邮政快递服务农村电商的主渠道作用，推动运输集约化、设备标准化和流程信息化，2022年6月底前在全国建设100个农村电商快递协同发展示范区，带动提升寄递物流对农村电商的定制化服务能力。鼓励各地区深入推进“四好农村路”和城乡交通运输一体化建设，合理配置城乡交通资源，完善农村客运班车代运邮件快件合作机制，宣传推广农村物流服务品牌。（交通运输部、商务部、国家邮政局、中国邮政集团有限公司等相关单位及各地区按职责分工负责）

（四）构建冷链寄递体系。鼓励邮政快递企业、供销合作社和其他社会资本在农产品田头市场合作建设预冷保鲜、低温分拣、冷藏仓储等设施，缩短流通时间，减少产品损耗，提升农产品流通效率和效益。引导支持邮政快递企业依托快递物流园区建设冷链仓储设施，增加冷链运输车辆，提升末端冷链配送能力，逐步建立覆盖生产流通各环节的冷链寄递物流体系。支持行业协会制定推广电商快递冷链服务标准规范，提升冷链寄递安全监管水平。邮政快递企业参与冷链物流基地建设，可按规定享受相关支持政策。（国家发展改革委、财政部、交通运输部、农业农村部、商务部、国家邮政局、国家乡村振兴局、供销合作总社、中国邮政集团有限公司等相关单位及各地区按职责分工负责）

四、重点任务

（一）分类推进“快递进村”工程。在东中部农村地区，更好发挥市场配置资源的决定性作用，引导企业通过驻村设点、企业合作等方式，提升“快递进村”服务水平。在西部农村地区，更好发挥政府推动作用，引导、鼓励企业利用邮政和交通基础设施网络优势，重点开展邮政与快递、交通、供销多方合作，发挥邮政服务在农村末端寄递中的基础性作用，扩大“快递进村”覆盖范围。引导快递企业完善符合农村实际的分配激励机制，落实快递企业总部责任，保护从业人员合法权益，保障农村快递网络可持续运行。（国家邮政局牵头，国家发展改革委、财政部、人力资源社会保障部、交通运输部、商务部、供销合作总社、中国邮政集团有限公司等相关单位及各地区按职责分工负责）

（二）完善农产品上行发展机制。鼓励支持农村寄递物流企业立足县域特色农产品和现代农业发展需要，主动对接家庭农场、农民合作社、农业产业化龙头企业，为农产品上行提供专业化供应链寄递服务，推动“互联网+”农产品出村进城。发挥农村邮政快递网（站）点辐射带动作用，2022年6月底前建设300个快递服务现代农业示范项目，重点支持脱贫地区乡村特色产业发展壮大，助力当地农产品外销，巩固拓展脱贫攻坚成果。（农业农村部、商务部、国家邮政局牵头，供销合作总社、中国邮政集团有限公司等相关单位及各地区按职责分工负责）

（三）加快农村寄递物流基础设施补短板。各地区依托县域邮件快件处理场地、客运站、货运站、电商仓储场地、供销合作社仓储物流设施等建设县级寄递公共配送中心；整合在村邮政、快递、供销、电商等资源，利用村内现有公共设施，建设村级寄递物流综合服务站。鼓励有条件的县、乡、村布设智能快件（信包）箱。推进乡镇邮政局（所）改造，加快农村邮路汽车化。引导快递企业总部加大农村寄递网络投资，规范管理农村寄递网点，保障网点稳定运行。统筹用好现有资金渠道或专项政策，支持农村寄递物流基础设施改造提升。（国家发展改革委、财政部、交通运输部、农业农村部、商务部、国家邮政局、国家乡村振兴局、供销合作总社、中国邮政集团有限公司等相关单位及各地区按职责分工负责）

（四）继续深化寄递领域“放管服”改革。简化农村快递末端网点备案手续，取消不合理、不必要限制，鼓励发展农村快递末端服务。修订《快递市场管理办法》和《快递服务》等标准，规范农村快递经营行为，鼓励探索符合农村实际的业务模式。鼓励电商企业、寄递企业和社会资本参与村级寄递物流综合服务站建设，吸纳农村劳动力就业创业。加强寄递物流服务监管和运输安全管理，完善消费者投诉申诉机制，依法查处未按约定地址投递、违规收费等行为，促进公平竞争，保障群众合法权益。支持有条件的地区健全县级邮政快递监管工作机制和电商、快递协会组织，加强行业监管和自律。（国家邮政局及各地区按职责分工负责）

五、组织落实

各地区、各相关部门和单位要充分认识加快农村寄递物流体系建设的重要意义，强化责任落实、加强协调配合，按照本意见提出的要求，结合实际研究制定配套措施，及时部署落实。各地区要将农村寄递物流体系建设纳入相关规划和公共基础设施建设范畴，落实地方财政支出责任，支持村级寄递物流综合服务站建设，认真抓好任务落实。各相关部门要建立工作协调机制，研究出台相应支持政策，及时总结推广典型经验做法。国家邮政局要加强工作指导和督促检查，重大情况及时报告国务院。

国务院办公厅

2021年7月29日

（此件公开发布）

国务院关于印发2030年前碳达峰行动方案的通知

国发〔2021〕23号

各省、自治区、直辖市人民政府，国务院各部委、各直属机构：

现将《2030年前碳达峰行动方案》印发给你们，请认真贯彻执行。

国务院

2021年10月24日

（本文有删减）

2030年前碳达峰行动方案

为深入贯彻落实党中央、国务院关于碳达峰、碳中和的重大战略决策，扎实推进碳达峰行动，制定本方案。

一、总体要求

（一）指导思想。以习近平新时代中国特色社会主义思想为指导，全面贯彻党的十九大和十九届二中、三中、四中、五中全会精神，深入贯彻习近平生态文明思想，立足新发展阶段，完整、准确、全面贯彻新发展理念，构建新发展格局，坚持系统观念，处理好发展和减排、整体和局部、短期和中长期的关系，统筹稳增长和调结构，把碳达峰、碳中和纳入经济社会发展全局，坚持“全国统筹、节约优先、双轮驱动、内外畅通、防范风险”的总方针，有力有序有效做好碳达峰工作，明确各地区、各领域、各行业目标任务，加快实现生产生活方式绿色变革，推动经济社会发展建立在资源高效利用和绿色低碳发展的基础之上，确保如期实现2030年前碳达峰目标。

（二）工作原则。

——总体部署、分类施策。坚持全国一盘棋，强化顶层设计和各方统筹。各地区、各领域、各行业因地制宜、分类施策，明确既符合自身实际又满足总体要求的目标任务。

——系统推进、重点突破。全面准确认识碳达峰行动对经济社会发展的深远影响，加强政策的系统性、协同性。抓住主要矛盾和矛盾的主要方面，推动重点领域、重点行业和有条件的地方率先达峰。

——双轮驱动、两手发力。更好发挥政府作用，构建新型举国体制，充分发挥市场机制作用，大力推进绿色低碳科技创新，深化能源和相关领域改革，形成有效激励约束机制。

——稳妥有序、安全降碳。立足我国富煤贫油少气的能源资源禀赋，坚持先立后破，稳住存量，拓展增量，以保障国家能源安全和经济发展为底线，争取时间实现新能源的逐渐替代，推动能源低碳转型平稳过渡，切实保障国家能源安全、产业链供应链安全、粮食安全和群众正常生产生活，着力化解各类风险隐患，防止过度反应，稳妥有序、循序渐进推进碳达峰行动，确保安全降碳。

二、主要目标

“十四五”期间，产业结构和能源结构调整优化取得明显进展，重点行业能源利用效率大幅提升，煤炭消费增长得到严格控制，新型电力系统加快构建，绿色低碳技术研发和推广应用取得新进展，绿色生产生活方式得到普遍推行，有利于绿色低碳循环发展的政策体系进一步完善。到2025年，非化石能源消费比重达到20%左右，单位国内生产总值能源消耗比2020年下降13.5%，单位国内生产总值二氧化碳排放比2020年下降18%，为实现碳达峰奠定坚实基础。

“十五五”期间，产业结构调整取得重大进展，清洁低碳安全高效的能源体系初步建立，重点领域低碳发展模式基本形成，重点耗能行业能源利用效率达到国际先进水平，非化石能源消费比重进一步提高，煤炭消费逐步减少，绿色低碳技术取得关键突破，绿色生活方式成为公众自觉选择，绿色低碳循环发展政策体系基本健全。到2030年，非化石能源消费比重达到25%左右，单位国内生产总值二氧化碳排放比2005年下降65%以上，顺利实现2030年前碳达峰目标。

三、重点任务

将碳达峰贯穿于经济社会发展全过程和各方面，重点实施能源绿色低碳转型行动、节能降碳增效行动、工业领域碳达峰行动、城乡建设碳达峰行动、交通运输绿色低碳行动、循环经济助力降碳行动、绿色低碳科技创新行动、碳汇能力巩固提升行动、绿色低碳全民行动、各地区梯次有序碳达峰行动等“碳达峰十大行动”。

（一）能源绿色低碳转型行动。

能源是经济社会发展的重要物质基础，也是碳排放的最主要来源。要坚持安全降碳，在保障能源安全的前提下，大力实施可再生能源替代，加快构建清洁低碳安全高效的能源体系。

1．推进煤炭消费替代和转型升级。加快煤炭减量步伐，“十四五”时期严格合理控制煤炭消费增长，“十五五”时期逐步减少。严格控制新增煤电项目，新建机组煤耗标准达到国际先进水平，有序淘汰煤电落后产能，加快现役机组节能升级和灵活性改造，积极推进供热改造，推动煤电向基础保障性和系统调节性电源并重转型。严控跨区外送可再生能源电力配套煤电规模，新建通道可再生能源电量比例原则上不低于50%。推动重点用煤行业减煤限煤。大力推动煤炭清洁利用，合理划定禁止散烧区域，多措并举、积极有序推进散煤替代，逐步减少直至禁止煤炭散烧。

2．大力发展新能源。全面推进风电、太

阳能发电大规模开发和高质量发展，坚持集中式与分布式并举，加快建设风电和光伏发电基地。加快智能光伏产业创新升级和特色应用，创新“光伏+”模式，推进光伏发电多元布局。坚持陆海并重，推动风电协调快速发展，完善海上风电产业链，鼓励建设海上风电基地。积极发展太阳能光热发电，推动建立光热发电与光伏发电、风电互补调节的风光热综合可再生能源发电基地。因地制宜发展生物质发电、生物质能清洁供暖和生物天然气。探索深化地热能以及波浪能、潮流能、温差能等海洋新能源开发利用。进一步完善可再生能源电力消纳保障机制。到2030年，风电、太阳能发电总装机容量达到12亿千瓦以上。

3．因地制宜开发水电。积极推进水电基地建设，推动金沙江上游、澜沧江上游、雅砻江中游、黄河上游等已纳入规划、符合生态保护要求的水电项目开工建设，推进雅鲁藏布江下游水电开发，推动小水电绿色发展。推动西南地区水电与风电、太阳能发电协同互补。统筹水电开发和生态保护，探索建立水能资源开发生态保护补偿机制。“十四五”、“十五五”期间分别新增水电装机容量4000万千瓦左右，西南地区以水电为主的可再生能源体系基本建立。

4．积极安全有序发展核电。合理确定核电站布局和开发时序，在确保安全的前提下有序发展核电，保持平稳建设节奏。积极推动高温气冷堆、快堆、模块化小型堆、海上浮动堆等先进堆型示范工程，开展核能综合利用示范。加大核电标准化、自主化力度，加快关键技术装备攻关，培育高端核电装备制造产业集群。实行最严格的安全标准和最严格的监管，持续提升核安全监管能力。

5．合理调控油气消费。保持石油消费处于合理区间，逐步调整汽油消费规模，大力推进先进生物液体燃料、可持续航空燃料等替代传统燃油，提升终端燃油产品能效。加快推进页岩气、煤层气、致密油（气）等非常规油气资源规模化开发。有序引导天然气消费，优化利用结构，优先保障民生用气，大力推动天然气与多种能源融合发展，因地制宜建设天然气调峰电站，合理引导工业用气和化工原料用气。支持车船使用液化天然气作为燃料。

6．加快建设新型电力系统。构建新能源占比逐渐提高的新型电力系统，推动清洁电力资源大范围优化配置。大力提升电力系统综合调节能力，加快灵活调节电源建设，引导自备电厂、传统高载能工业负荷、工商业可中断负荷、电动汽车充电网络、虚拟电厂等参与系统调节，建设坚强智能电网，提升电网安全保障水平。积极发展“新能源+储能”、源网荷储一体化和多能互补，支持分布式新能源合理配置储能系统。制定新一轮抽水蓄能电站中长期发展规划，完善促进抽水蓄能发展的政策机制。加快新型储能示范推广应用。深化电力体制改革，加快构建全国统一电力市场体系。到2025年，新型储能装机容量达到3000万千瓦以上。到2030年，抽水蓄能电站装机容量达到1.2亿千瓦左右，省级电网基本具备5%以上的尖峰负荷响应能力。

（二）节能降碳增效行动。

落实节约优先方针，完善能源消费强度和总量双控制度，严格控制能耗强度，合理控制能源消费总量，推动能源消费革命，建设能源节约型社会。

1．全面提升节能管理能力。推行用能预算管理，强化固定资产投资项目节能审查，对项目用能和碳排放情况进行综合评价，从源头推进节能降碳。提高节能管理信息化水平，完善重点用能单位能耗在线监测系统，建立全国性、行业性节能技术推广服务平台，推动高耗能企业建立能源管理中心。完善能源计量体系，鼓励采用认证手段提升节能管理水平。加强节能监察能力建设，健全省、市、县三级节能监察体系，建立跨部门联动机制，综合运用行政处罚、信用监管、绿色电价等手段，增强节能监察约束力。

2. 实施节能降碳重点工程。实施城市节能降碳工程，开展建筑、交通、照明、供热等基础设施节能升级改造，推进先进绿色建筑技术示范应用，推动城市综合能效提升。实施园区节能降碳工程，以高耗能高排放项目（以下称“两高”项目）集聚度高的园区为重点，推动能源系统优化和梯级利用，打造一批达到国际先进水平的节能低碳园区。实施重点行业节能降碳工程，推动电力、钢铁、有色金属、建材、石化化工等行业开展节能降碳改造，提升能源资源利用效率。实施重大节能降碳技术示范工程，支持已取得突破的绿色低碳关键技术开展产业化示范应用。

3. 推进重点用能设备节能增效。以电机、风机、泵、压缩机、变压器、换热器、工业锅炉等设备为重点，全面提升能效标准。建立以能效为导向的激励约束机制，推广先进高效产品设备，加快淘汰落后低效设备。加强重点用能设备节能审查和日常监管，强化生产、经营、销售、使用、报废全链条管理，严厉打击违法违规行为，确保能效标准和节能要求全面落实。

4. 加强新型基础设施节能降碳。优化新型基础设施空间布局，统筹谋划、科学配置数据中心等新型基础设施，避免低水平重复建设。优化新型基础设施用能结构，采用直流供电、分布式储能、“光伏+储能”等模式，探索多样化能源供应，提高非化石能源消费比重。对标国际先进水平，加快完善通信、运算、存储、传输等设备能效标准，提升准入门槛，淘汰落后设备和技术。加强新型基础设施用能管理，将年综合能耗超过1万吨标准煤的数据中心全部纳入重点用能单位能耗在线监测系统，开展能源计量审查。推动既有设施绿色升级改造，积极推广使用高效制冷、先进通风、余热利用、智能化用能控制等技术，提高设施能效水平。

（三）工业领域碳达峰行动。

工业是产生碳排放的主要领域之一，对全国整体实现碳达峰具有重要影响。工业领域要加快绿色低碳转型和高质量发展，力争率先实现碳达峰。

1. 推动工业领域绿色低碳发展。优化产业结构，加快退出落后产能，大力发展战略性新兴产业，加快传统产业绿色低碳改造。促进工业能源消费低碳化，推动化石能源清洁高效利用，提高可再生能源应用比重，加强电力需求侧管理，提升工业电气化水平。深入实施绿色制造工程，大力推行绿色设计，完善绿色制造体系，建设绿色工厂和绿色工业园区。推进工业领域数字化智能化绿色化融合发展，加强重点行业和领域技术改造。

2. 推动钢铁行业碳达峰。深化钢铁行业供给侧结构性改革，严格执行产能置换，严禁新增产能，推进存量优化，淘汰落后产能。推进钢铁企业跨地区、跨所有制兼并重组，提高行业集中度。优化生产力布局，以京津冀及周边地区为重点，继续压减钢铁产能。促进钢铁行业结构优化和清洁能源替代，大力推进非高炉炼铁技术示范，提升废钢资源回收利用水平，推行全废钢电炉工艺。推广先进适用技术，深挖节能降碳潜力，鼓励钢化联产，探索开展氢冶金、二氧化碳捕集利用一体化等试点示范，推动低品位余热供暖发展。

3. 推动有色金属行业碳达峰。巩固化解电解铝过剩产能成果，严格执行产能置换，严控新增产能。推进清洁能源替代，提高水电、风电、太阳能发电等应用比重。加快再生有色金属产业发展，完善废弃有色金属资源回收、分选和加工网络，提高再生有色金属产量。加快推广应用先进适用绿色低碳技术，提升有色金属生产过程余热回收水平，推动单位产品能耗持续下降。

4. 推动建材行业碳达峰。加强产能置换监管，加快低效产能退出，严禁新增水泥熟料、平板玻璃产能，引导建材行业向轻型化、集约化、制品化转型。推动水泥错峰生产常态化，合理缩短水泥熟料装置运转时间。因地制宜利用风能、太阳能等可再生能源，逐步提高电力、天然气应用比重。鼓励建材企业使用粉煤灰、工业废渣、尾矿渣等作为原料或水泥混合材。加快推进绿色建材产品认证和应用推广，加强新型胶凝材料、低碳混凝土、木竹建材等低碳建材产品研发应用。推广节能技术设备，开展能源管理体系建设，实现节能增效。

5. 推动石化化工行业碳达峰。优化产能规模和布局，加大落后产能淘汰力度，有效化解结构性过剩矛盾。严格项目准入，合理安排建设时序，严控新增炼油和传统煤化工生产能力，稳妥有序发展现代煤化工。引导企业转变用能方式，鼓励以电力、天然气等替代煤炭。调整原料结构，控制新增原料用煤，拓展富氢原料进口来源，推动石化化工原料轻质化。优化产品结构，促进石化化工与煤炭开采、冶金、建材、化纤等产业协同发展，加强炼厂干气、液化气等副产气体高效利用。鼓励企业节能升级改造，推动能量梯级利用、物料循环利用。到2025年，国内原油一次加工能力控制在10亿吨以内，主要产品产能利用率提升至80%以上。

6. 坚决遏制“两高”项目盲目发展。采取强有力措施，对“两高”项目实行清单管理、分类处置、动态监控。全面排查在建项目，对能效水平低于本行业能耗限额准入值的，按有关规定停工整改，推动能效水平应提尽提，力争全面达到国内乃至国际先进水平。科学评估拟建项目，对产能已饱和的行业，按照“减量替代”原则压减产能；对产能尚未饱和的行业，按照国家布局和审批备案等要求，对标国际先进水平提高准入门槛；对能耗量较大的新兴产业，支持引导企业应用绿色低碳技术，提高能效水平。深入挖潜存量项目，加快淘汰落后产能，通过改造升级挖掘节能减排潜力。强化常态化监管，坚决拿下不符合要求的“两高”项目。

（四）城乡建设碳达峰行动。

加快推进城乡建设绿色低碳发展，城市更新和乡村振兴都要落实绿色低碳要求。

1. 推进城乡建设绿色低碳转型。推动城市组团式发展，科学确定建设规模，控制新增建设用地过快增长。倡导绿色低碳规划设计理念，增强城乡气候韧性，建设海绵城市。推广绿色低碳建材和绿色建造方式，加快推进新型建筑工业化，大力发展装配式建筑，推广钢结构住宅，推动建材循环利用，强化绿色设计和绿色施工管理。加强县城绿色低碳建设。推动建立以绿色低碳为导向的城乡规划建设管理机制，制定建筑拆除管理办法，杜绝大拆大建。建设绿色城镇、绿色社区。

2. 加快提升建筑能效水平。加快更新建筑节能、市政基础设施等标准，提高节能降碳要求。加强适用于不同气候区、不同建筑类型的节能低碳技术研发和推广，推动超低能耗建筑、低碳建筑规模化发展。加快推进居住建筑和公共建筑节能改造，持续推动老旧供热管网等市政基础设施节能降碳改造。提升城镇建筑和基础设施运行管理智能化水平，加快推广供热计量收费和合同能源管理，逐步开展公共建筑能耗限额管理。到2025年，城镇新建建筑全面执行绿色建筑标准。

3．加快优化建筑用能结构。深化可再生能源建筑应用，推广光伏发电与建筑一体化应用。积极推动严寒、寒冷地区清洁取暖，推进热电联产集中供暖，加快工业余热供暖规模化应用，积极稳妥开展核能供热示范，因地制宜推行热泵、生物质能、地热能、太阳能等清洁低碳供暖。引导夏热冬冷地区科学取暖，因地制宜采用清洁高效取暖方式。提高建筑终端电气化水平，建设集光伏发电、储能、直流配电、柔性用电于一体的“光储直柔”建筑。到2025年，城镇建筑可再生能源替代率达到8%，新建公共机构建筑、新建厂房屋顶光伏覆盖率力争达到50%。

4．推进农村建设和用能低碳转型。推进绿色农房建设，加快农房节能改造。持续推进农村地区清洁取暖，因地制宜选择适宜取暖方式。发展节能低碳农业大棚。推广节能环保灶具、电动农用车辆、节能环保农机和渔船。加快生物质能、太阳能等可再生能源在农业生产和农村生活中的应用。加强农村电网建设，提升农村用能电气化水平。

（五）交通运输绿色低碳行动。

加快形成绿色低碳运输方式，确保交通运输领域碳排放增长保持在合理区间。

1．推动运输工具装备低碳转型。积极扩大电力、氢能、天然气、先进生物液体燃料等新能源、清洁能源在交通运输领域应用。大力推广新能源汽车，逐步降低传统燃油汽车在新车产销和汽车保有量中的占比，推动城市公共服务车辆电动化替代，推广电力、氢燃料、液化天然气动力重型货运车辆。提升铁路系统电气化水平。加快老旧船舶更新改造，发展电动、液化天然气动力船舶，深入推进船舶靠港使用岸电，因地制宜开展沿海、内河绿色智能船舶示范应用。提升机场运行电动化智能化水平，发展新能源航空器。到2030年，当年新增新能源、清洁能源动力的交通工具比例达到40%左右，营运交通工具单位换算周转量碳排放强度比2020年下降9.5%左右，国家铁路单位换算周转量综合能耗比2020年下降10%。陆路交通运输石油消费力争2030年前达到峰值。

2．构建绿色高效交通运输体系。发展智能交通，推动不同运输方式合理分工、有效衔接，降低空载率和不合理客货运周转量。大力发展以铁路、水路为骨干的多式联运，推进工矿企业、港口、物流园区等铁路专用线建设，加快内河高等级航道网建设，加快大宗货物和中长距离货物运输“公转铁”、“公转水”。加快先进适用技术应用，提升民航运行管理效率，引导航空企业加强智慧运行，实现系统化节能降碳。加快城乡物流配送体系建设，创新绿色低碳、集约高效的配送模式。打造高效衔接、快捷舒适的公共交通服务体系，积极引导公众选择绿色低碳交通方式。“十四五”期间，集装箱铁水联运量年均增长15%以上。到2030年，城区常住人口100万以上的城市绿色出行比例不低于70%。

3．加快绿色交通基础设施建设。将绿色低碳理念贯穿于交通基础设施规划、建设、运营和维护全过程，降低全生命周期能耗和碳排放。开展交通基础设施绿色化提升改造，统筹利用综合运输通道线位、土地、空域等资源，加大岸线、锚地等资源整合力度，提高利用效率。有序推进充电桩、配套电网、加注（气）站、加氢站等基础设施建设，提升城市公共交通基础设施水平。到2030年，民用运输机场场内车辆装备等力争全面实现电动化。

（六）循环经济助力降碳行动。

抓住资源利用这个源头，大力发展循环经济，全面提高资源利用效率，充分发挥减少资源消耗和降碳的协同作用。

1. 推进产业园区循环化发展。以提升资源产出率和循环利用率为目标，优化园区空间布局，开展园区循环化改造。推动园区企业循环式生产、产业循环式组合，组织企业实施清洁生产改造，促进废物综合利用、能量梯级利用、水资源循环利用，推进工业余压余热、废气废液废渣资源化利用，积极推广集中供气供热。搭建基础设施和公共服务共享平台，加强园区物质流管理。到2030年，省级以上重点产业园区全部实施循环化改造。

2. 加强大宗固废综合利用。提高矿产资源综合开发利用水平和综合利用率，以煤矸石、粉煤灰、尾矿、共伴生矿、冶炼渣、工业副产石膏、建筑垃圾、农作物秸秆等大宗固废为重点，支持大掺量、规模化、高值化利用，鼓励应用于替代原生非金属矿、砂石等资源。在确保安全环保前提下，探索将磷石膏应用于土壤改良、井下充填、路基修筑等。推动建筑垃圾资源化利用，推广废弃路面材料原地再生利用。加快推进秸秆高值化利用，完善收储运体系，严格禁烧管控。加快大宗固废综合利用示范建设。到2025年，大宗固废年利用量达到40亿吨左右；到2030年，年利用量达到45亿吨左右。

3. 健全资源循环利用体系。完善废旧物资回收网络，推行“互联网+”回收模式，实现再生资源应收尽收。加强再生资源综合利用行业规范管理，促进产业集聚发展。高水平建设现代化“城市矿产”基地，推动再生资源规范化、规模化、清洁化利用。推进退役动力电池、光伏组件、风电机组叶片等新兴产业废物循环利用。促进汽车零部件、工程机械、文办设备等再制造产业高质量发展。加强资源再生产品和再制造产品推广应用。到2025年，废钢铁、废铜、废铝、废铅、废锌、废纸、废塑料、废橡胶、废玻璃等9种主要再生资源循环利用量达到4.5亿吨，到2030年达到5.1亿吨。

4. 大力推进生活垃圾减量化资源化。扎实推进生活垃圾分类，加快建立覆盖全社会的生活垃圾收运处置体系，全面实现分类投放、分类收集、分类运输、分类处理。加强塑料污染全链条治理，整治过度包装，推动生活垃圾源头减量。推进生活垃圾焚烧处理，降低填埋比例，探索适合我国厨余垃圾特性的资源化利用技术。推进污水资源化利用。到2025年，城市生活垃圾分类体系基本健全，生活垃圾资源化利用比例提升至60%左右。到2030年，城市生活垃圾分类实现全覆盖，生活垃圾资源化利用比例提升至65%。

（七）绿色低碳科技创新行动。

发挥科技创新的支撑引领作用，完善科技创新体制机制，强化创新能力，加快绿色低碳科技革命。

1. 完善创新体制机制。制定科技支撑碳达峰碳中和行动方案，在国家重点研发计划中设立碳达峰碳中和关键技术研究与示范等重点专项，采取“揭榜挂帅”机制，开展低碳零碳负碳关键核心技术攻关。将绿色低碳技术创新成果纳入高等学校、科研单位、国有企业有关绩效考核。强化企业创新主体地位，支持企业承担国家绿色低碳重大科技项目，鼓励设施、数据等资源开放共享。推进国家绿色技术交易中心建设，加快创新成果转化。加强绿色低碳技术和产品知识产权保护。完善绿色低碳技术和产品检测、评估、认证体系。

2. 加强创新能力建设和人才培养。组建碳达峰碳中和相关国家实验室、国家重点实验室和国家技术创新中心，适度超前布局国家重大科技基础设施，引导企业、高等学校、科研单位共建一批国家绿色低碳产业创新中心。创新人才培养模式，鼓励高等学校加快新能源、储能、氢能、碳减排、碳汇、碳排放权交易等学科建设和人才培养，建设一批绿色低碳领域未来技术学院、现代产业学院和示范性能源学院。深化产教融合，鼓励校企联合开展产学合作协同育人项目，组建碳达峰碳中和产教融合发展联盟，建设一批国家储能技术产教融合创新平台。

3. 强化应用基础研究。实施一批具有前瞻性、战略性的国家重大前沿科技项目，推动低碳零碳负碳技术装备研发取得突破性进展。聚焦化石能源绿色智能开发和清洁低碳利用、可再生能源大规模利用、新型电力系统、节能、氢能、储能、动力电池、二氧化碳捕集利用与封存等重点，深化应用基础研究。积极研发先进核电技术，加强可控核聚变等前沿颠覆性技术研究。

4. 加快先进适用技术研发和推广应用。集中力量开展复杂大电网安全稳定运行和控制、大容量风电、高效光伏、大功率液化天然气发动机、大容量储能、低成本可再生能源制氢、低成本二氧化碳捕集利用与封存等技术创新，加快碳纤维、气凝胶、特种钢材等基础材料研发，补齐关键零部件、元器件、软件等短板。推广先进成熟绿色低碳技术，开展示范应用。建设全流程、集成化、规模化二氧化碳捕集利用与封存示范项目。推进熔盐储能供热和发电示范应用。加快氢能技术研发和示范应用，探索在工业、交通运输、建筑等领域规模化应用。

（八）碳汇能力巩固提升行动。

坚持系统观念，推进山水林田湖草沙一体化保护和修复，提高生态系统质量和稳定性，提升生态系统碳汇增量。

1. 巩固生态系统固碳作用。结合国土空间规划编制和实施，构建有利于碳达峰、碳中和的国土空间开发保护格局。严守生态保护红线，严控生态空间占用，建立以国家公园为主体的自然保护地体系，稳定现有森林、草原、湿地、海洋、土壤、冻土、岩溶等固碳作用。严格执行土地使用标准，加强节约集约用地评价，推广节地技术和节地模式。

2. 提升生态系统碳汇能力。实施生态保护修复重大工程。深入推进大规模国土绿化行动，巩固退耕还林还草成果，扩大林草资源总量。强化森林资源保护，实施森林质量精准提升工程，提高森林质量和稳定性。加强草原生态保护修复，提高草原综合植被盖度。加强河湖、湿地保护修复。整体推进海洋生态系统保护和修复，提升红树林、海草床、盐沼等固碳能力。加强退化土地修复治理，开展荒漠化、石漠化、水土流失综合治理，实施历史遗留矿山生态修复工程。到2030年，全国森林覆盖率达到25%左右，森林蓄积量达到190亿立方米。

3. 加强生态系统碳汇基础支撑。依托和拓展自然资源调查监测体系，利用好国家林草生态综合监测评价成果，建立生态系统碳汇监测核算体系，开展森林、草原、湿地、海洋、土壤、冻土、岩溶等碳汇本底调查、碳储量评估、潜力分析，实施生态保护修复碳汇成效监测评估。加强陆地和海洋生态系统碳汇基础理论、基础方法、前沿颠覆性技术研究。建立健全能够体现碳汇价值的生态保护补偿机制，研究制定碳汇项目参与全国碳排放权交易相关规则。

4．推进农业农村减排固碳。大力发展绿色低碳循环农业，推进农光互补、“光伏+设施农业”、“海上风电+海洋牧场”等低碳农业模式。研发应用增汇型农业技术。开展耕地质量提升行动，实施国家黑土地保护工程，提升土壤有机碳储量。合理控制化肥、农药、地膜使用量，实施化肥农药减量替代计划，加强农作物秸秆综合利用和畜禽粪污资源化利用。

（九）绿色低碳全民行动。

增强全民节约意识、环保意识、生态意识，倡导简约适度、绿色低碳、文明健康的生活方式，把绿色理念转化为全体人民的自觉行动。

1．加强生态文明宣传教育。将生态文明教育纳入国民教育体系，开展多种形式的资源环境国情教育，普及碳达峰、碳中和基础知识。加强对公众的生态文明科普教育，将绿色低碳理念有机融入文艺作品，制作文创产品和公益广告，持续开展世界地球日、世界环境日、全国节能宣传周、全国低碳日等主题宣传活动，增强社会公众绿色低碳意识，推动生态文明理念更加深入人心。

2．推广绿色低碳生活方式。坚决遏制奢侈浪费和不合理消费，着力破除奢靡铺张的歪风陋习，坚决制止餐饮浪费行为。在全社会倡导节约用能，开展绿色低碳社会行动示范创建，深入推进绿色生活创建行动，评选宣传一批优秀示范典型，营造绿色低碳生活新风尚。大力发展绿色消费，推广绿色低碳产品，完善绿色产品认证与标识制度。提升绿色产品在政府采购中的比例。

3．引导企业履行社会责任。引导企业主动适应绿色低碳发展要求，强化环境责任意识，加强能源资源节约，提升绿色创新水平。重点领域国有企业特别是中央企业要制定实施企业碳达峰行动方案，发挥示范引领作用。重点用能单位要梳理核算自身碳排放情况，深入研究碳减排路径，“一企一策”制定专项工作方案，推进节能降碳。相关上市公司和发债企业要按照环境信息依法披露要求，定期公布企业碳排放信息。充分发挥行业协会等社会团体作用，督促企业自觉履行社会责任。

4．强化领导干部培训。将学习贯彻习近平生态文明思想作为干部教育培训的重要内容，各级党校（行政学院）要把碳达峰、碳中和相关内容列入教学计划，分阶段、多层次对各级领导干部开展培训，普及科学知识，宣讲政策要点，强化法治意识，深化各级领导干部对碳达峰、碳中和工作重要性、紧迫性、科学性、系统性的认识。从事绿色低碳发展相关工作的领导干部要尽快提升专业素养和业务能力，切实增强推动绿色低碳发展的本领。

（十）各地区梯次有序碳达峰行动。

各地区要准确把握自身发展定位，结合本地区经济社会发展实际和资源环境禀赋，坚持分类施策、因地制宜、上下联动，梯次有序推进碳达峰。

1．科学合理确定有序达峰目标。碳排放已经基本稳定的地区要巩固减排成果，在率先实现碳达峰的基础上进一步降低碳排放。产业结构较轻、能源结构较优的地区要坚持绿色低碳发展，坚决不走依靠“两高”项目拉动经济增长的老路，力争率先实现碳达峰。产业结构偏重、能源结构偏煤的地区和资源型地区要把节能降碳摆在突出位置，大力优化调整产业结构和能源结构，逐步实现碳排放增长与经济增长脱钩，力争与全国同步实现碳达峰。

2．因地制宜推进绿色低碳发展。各地区要结合区域重大战略、区域协调发展战略和主体功能区战略，从实际出发推进本地区绿色低碳发展。京津冀、长三角、粤港澳大湾区等区域要发挥高质量发展动力源和增长极作用，率先推动经济社会发展全面绿色转型。长江经济带、黄河流域和国家生态文明试验区要严格落实生态优先、绿色发展战略导向，在绿色低碳发展方面走在全国前列。中西部和东北地区要着力优化能源结构，按照产业政策和能耗双控要求，有序推动高耗能行业向清洁能源优势地区集中，积极培育绿色发展动能。

3．上下联动制定地方达峰方案。各省、自治区、直辖市人民政府要按照国家总体部署，结合本地区资源环境禀赋、产业布局、发展阶段等，坚持全国一盘棋，不抢跑，科学制定本地区碳达峰行动方案，提出符合实际、切实可行的碳达峰时间表、路线图、施工图，避免"一刀切"限电限产或运动式"减碳"。各地区碳达峰行动方案经碳达峰碳中和工作领导小组综合平衡、审核通过后，由地方自行印发实施。

4．组织开展碳达峰试点建设。加大中央对地方推进碳达峰的支持力度，选择100个具有典型代表性的城市和园区开展碳达峰试点建设，在政策、资金、技术等方面对试点城市和园区给予支持，加快实现绿色低碳转型，为全国提供可操作、可复制、可推广的经验做法。

四、国际合作

（一）深度参与全球气候治理。大力宣传习近平生态文明思想，分享中国生态文明、绿色发展理念与实践经验，为建设清洁美丽世界贡献中国智慧、中国方案、中国力量，共同构建人与自然生命共同体。主动参与全球绿色治理体系建设，坚持共同但有区别的责任原则、公平原则和各自能力原则，坚持多边主义，维护以联合国为核心的国际体系，推动各方全面履行《联合国气候变化框架公约》及其《巴黎协定》。积极参与国际航运、航空减排谈判。

（二）开展绿色经贸、技术与金融合作。优化贸易结构，大力发展高质量、高技术、高附加值绿色产品贸易。加强绿色标准国际合作，推动落实合格评定合作和互认机制，做好绿色贸易规则与进出口政策的衔接。加强节能环保产品和服务进出口。加大绿色技术合作力度，推动开展可再生能源、储能、氢能、二氧化碳捕集利用与封存等领域科研合作和技术交流，积极参与国际热核聚变实验堆计划等国际大科学工程。深化绿色金融国际合作，积极参与碳定价机制和绿色金融标准体系国际宏观协调，与有关各方共同推动绿色低碳转型。

（三）推进绿色"一带一路"建设。秉持共商共建共享原则，弘扬开放、绿色、廉洁理念，加强与共建"一带一路"国家的绿色基建、绿色能源、绿色金融等领域合作，提高境外项目环境可持续性，打造绿色、包容的"一带一路"能源合作伙伴关系，扩大新能源技术和产品出口。发挥"一带一路"绿色发展国际联盟等合作平台作用，推动实施《"一带一路"绿色投资原则》，推进"一带一路"应对气候变化南南合作计划和"一带一路"科技创新行动计划。

五、政策保障

（一）建立统一规范的碳排放统计核算体

系。加强碳排放统计核算能力建设，深化核算方法研究，加快建立统一规范的碳排放统计核算体系。支持行业、企业依据自身特点开展碳排放核算方法学研究，建立健全碳排放计量体系。推进碳排放实测技术发展，加快遥感测量、大数据、云计算等新兴技术在碳排放实测技术领域的应用，提高统计核算水平。积极参与国际碳排放核算方法研究，推动建立更为公平合理的碳排放核算方法体系。

（二）健全法律法规标准。构建有利于绿色低碳发展的法律体系，推动能源法、节约能源法、电力法、煤炭法、可再生能源法、循环经济促进法、清洁生产促进法等制定修订。加快节能标准更新，修订一批能耗限额、产品设备能效强制性国家标准和工程建设标准，提高节能降碳要求。健全可再生能源标准体系，加快相关领域标准制定修订。建立健全氢制、储、输、用标准。完善工业绿色低碳标准体系。建立重点企业碳排放核算、报告、核查等标准，探索建立重点产品全生命周期碳足迹标准。积极参与国际能效、低碳等标准制定修订，加强国际标准协调。

（三）完善经济政策。各级人民政府要加大对碳达峰、碳中和工作的支持力度。建立健全有利于绿色低碳发展的税收政策体系，落实和完善节能节水、资源综合利用等税收优惠政策，更好发挥税收对市场主体绿色低碳发展的促进作用。完善绿色电价政策，健全居民阶梯电价制度和分时电价政策，探索建立分时电价动态调整机制。完善绿色金融评价机制，建立健全绿色金融标准体系。大力发展绿色贷款、绿色股权、绿色债券、绿色保险、绿色基金等金融工具，设立碳减排支持工具，引导金融机构为绿色低碳项目提供长期限、低成本资金，鼓励开发性政策性金融机构按照市场化法治化原则为碳达峰行动提供长期稳定融资支持。拓展绿色债券市场的深度和广度，支持符合条件的绿色企业上市融资、挂牌融资和再融资。研究设立国家低碳转型基金，支持传统产业和资源富集地区绿色转型。鼓励社会资本以市场化方式设立绿色低碳产业投资基金。

（四）建立健全市场化机制。发挥全国碳排放权交易市场作用，进一步完善配套制度，逐步扩大交易行业范围。建设全国用能权交易市场，完善用能权有偿使用和交易制度，做好与能耗双控制度的衔接。统筹推进碳排放权、用能权、电力交易等市场建设，加强市场机制间的衔接与协调，将碳排放权、用能权交易纳入公共资源交易平台。积极推行合同能源管理，推广节能咨询、诊断、设计、融资、改造、托管等“一站式”综合服务模式。

六、组织实施

（一）加强统筹协调。加强党中央对碳达峰、碳中和工作的集中统一领导，碳达峰碳中和工作领导小组对碳达峰相关工作进行整体部署和系统推进，统筹研究重要事项、制定重大政策。碳达峰碳中和工作领导小组成员单位要按照党中央、国务院决策部署和领导小组工作要求，扎实推进相关工作。碳达峰碳中和工作领导小组办公室要加强统筹协调，定期对各地区和重点领域、重点行业工作进展情况进行调度，科学提出碳达峰分步骤的时间表、路线图，督促将各项目标任务落实落细。

（二）强化责任落实。各地区各有关部门要深刻认识碳达峰、碳中和工作的重要性、紧迫性、复杂性，切实扛起责任，按照《中共中央　国务院关于完整准确全面贯彻新发展理念做好碳达峰碳中和工作的意见》和本方案确定的主要目标和重点任务，着力抓好各项任务落实，确保政策到位、措施到位、成效到位，落实情况纳入中央和省级生态环境保护督察。各相关单位、人民团体、社会组织要按照国家有关部署，积极发挥自身作用，推进绿色低碳发展。

（三）严格监督考核。实施以碳强度控制为主、碳排放总量控制为辅的制度，对能源消费和碳排放指标实行协同管理、协同分解、协同考核，逐步建立系统完善的碳达峰碳中和综合评价考核制度。加强监督考核结果应用，对碳达峰工作成效突出的地区、单位和个人按规定给予表彰奖励，对未完成目标任务的地区、部门依规依法实行通报批评和约谈问责。各省、自治区、直辖市人民政府要组织开展碳达峰目标任务年度评估，有关工作进展和重大问题要及时向碳达峰碳中和工作领导小组报告。

国务院联防联控机制综合组交通管控与运输保障专班关于进一步做好煤炭、天然气等能源物资运输保障工作的通知

交运明电〔2021〕274号

各省、自治区、直辖市及新疆生产建设兵团联防联控机制交通管控与运输保障专班：

为深入贯彻党中央、国务院决策部署，进一步做好煤炭、天然气等能源物资运输保障工作，支撑保障国民经济健康平稳运行，经国务院联防联控机制综合组同意，现就有关事项通知如下：

一、充分认识做好能源物资运输保障工作的重要意义

当前，国内煤炭、天然气等能源供应持续偏紧，加之今冬明春采暖季到来，全国煤炭、天然气等用能需求仍将保持高位运行。党中央、国务院对供暖季能源保供工作作出系统部署安排，要求确保今冬明春能源供应稳定。同时，近期我国部分地区出现聚集性疫情，疫情防控形势仍较为严峻，对煤炭、天然气等能源物资保通保畅保运工作带来较大挑战。各地交通管控与运输保障工作专班要充分认识做好煤炭、天然气等能源物资运输保障工作的极端重要性，进一步提高政治站位，主动担当作为，加强工作会商，压实工作责任，在严密防范疫情通过交通运输环节传播扩散的同时，全力做好煤炭、天然气等能源物资运输保障工作。

二、切实做好能源物资运输车辆通行保障

各地交通管控与运输保障工作专班要主动向本地党委、政府汇报，严格落实《关于进一步做好应对新冠肺炎疫情交通管控与运输保障工作的通知》（联防联控机制综发〔2021〕29号）等文件要求，实行分级分类交通管控，保障交通网络畅通，不得擅自层层加码、搞“一刀切”。对于来自中高风险地区所在地市的货运车辆，各地公路疫情防控检查站点在对司乘人员进行体温检测、查验48小时内核酸检测阴性结果（纸质或者电子形式检测报告均有效）的基础上保障顺畅通行；对于来自其他地市的车辆不得限制通行。煤炭、天然气等能源物资运输车辆在疫情防控检查站点遇有交通阻滞等情况的，各地交通管控与运输保障工作专班要及时组织公安、交通运输部门加强指挥疏导，保障优先通行。

三、加强能源物资运输从业人员健康服务

各地交通管控与运输保障工作专班要按照当地联防联控机制的统一部署，优先为从事煤炭、天然气等能源物资运输的从业人员实施加强免疫接种。有条件的地区可依托煤场、高速公路收费站、服务区、物流园区、“司机之家”等货车司机集中的场所增设流动核酸检测点，提高核酸检测效率，为煤炭、天然气等能源物资运输人员开展核酸检测提供便利。同时加强交通组织，避免车流人流交叉，保障便捷高效通行。要认真贯彻落实《国务院办公厅关于做好公路交通保通保畅工作确保人员车辆正常通行的通知》等有关疫情防控的决策部署，对于短期向中高风险地区运送煤炭、天然气等能源物资的司机、装卸工等司乘人员，在严格落实消杀、封闭管理等各项防控措施且具有48小时内核酸检测阴性结果的，原则上不需采取隔离措施。

四、研究优化能源物资运输组织方式

各省级交通管控与运输保障工作专班要按照“交通便利、规模合理、功能齐备、衔接顺畅”的原则，依托物流园区、货运枢纽等各类存量资源，研究在城市周边合理布局具有货物中转储存、车辆消毒停放、人员休息就餐等功能的物资中转调运站。要健全完善运行机制与工作流程，根据疫情防控需要及时启用，确保进出疫情中高风险区域能源物资的有序中转、高效分拨和快速转运。河北、山西、内蒙古、山东、陕西、甘肃、青海、宁夏、新疆等省份交通管控与运输保障工作专班之间要加强沟通协作，创新接驳运输、中转调运等组织模式，提高煤炭、天然气等能源物资运输车辆中转效率。

五、加强应急运输保障队伍建设及值班值守

各地交通管控与运输保障工作专班要依托辖区内骨干运输物流企业研究建立涵盖各种运输方式的应急物资运输储备力量，健全完善涵盖企业、人员、装备等内容的应急运输储备台账，提高交通运输系统应对突发事件应急物资运输保障能力。要充分发挥交通运输行业协会、商会的桥梁纽带作用，健全社会应急物资运输力量动员机制，形成分级应对、梯次补充、协同联动的应急物资运输保障工作格局。划定区县或者城市市区为疫情中高风险地区的，所在省份及周边省份交通管控与运输保障专班要及时向社会公布24小时应急运输保障电话，实行24小时专人值守，受理和解决煤炭、天然气等能源物资运输车辆通行中的相关问题，切实保障顺畅高效通行。

六、加强货运物流行业疫情防控

各地交通管控与运输保障工作专班要依职责督促从事煤炭、天然气等能源物资运输的道路货物运输企业按照最新版《道路货运车辆、从业人员、场站新冠肺炎疫情防控工作指南》等要求，严格落实佩戴口罩、消毒或洗手、体温测量、核酸检测、接种疫苗等从业人员防护措施，做好运输装备及场站消杀等各项工作。对于国际道路货运车辆驾驶员，各沿边省份交通运输主管部门要按照《公路口岸汽车出入境

运输新冠肺炎疫情防控工作指南》要求，严格落实“人物分离”，对国际道路货物运输驾驶员、装卸员和一线管理人员采取人员相对固定、封闭管理、定期核酸检测等举措，避免其与家庭和社区人员接触，加强对作业场地、运输车辆和货物定期消杀。对于发自或途经疫情发生地区能源物资的车辆、人员，要坚持“保安全、保供应”并重，严格执行当地疫情防控规定，实行全程“点对点”闭环运输，确保“封闭式管理、人员不接触、车辆严消毒”，切实防止新冠肺炎疫情通过货运物流渠道传播扩散。

山西、内蒙古、陕西、新疆等煤炭主产区省份，河北、山东、贵州、甘肃、青海、宁夏等涉疫省份交通管控与运输保障工作专班，应于2021年10月30日前，将本《通知》部署的各项工作推进落实情况报国务院联防联控机制综合组交通管控与运输保障专班。此后，每周二、周五12：00前报送煤炭、天然气道路运输保障工作情况、存在的问题，重大突发情况即时报。其他煤炭、天然气等道路运输受阻的省份，也应及时报送相关信息。

疫苗及其半成品和原材料、医疗物资、农资产品、生产生活物资、抢险救灾物资等其他重点物资运输保障工作，参照本通知要求执行。

联系电话：010-65292831，传真：010-65290939。

国务院联防联控机制综合组
交通管控与运输保障专班
2021年10月28日

（此件公开发布）

国务院应对新型冠状病毒感染肺炎疫情联防联控机制关于加强口岸城市新冠肺炎疫情防控工作的通知

国办发明电〔2021〕14号

各省、自治区、直辖市及新疆生产建设兵团应对新型冠状病毒感染肺炎疫情联防联控机制（领导小组、指挥部），国务院应对新型冠状病毒感染肺炎疫情联防联控机制各成员单位，国家疾控局：

近期我国发生多起本土聚集性疫情，均是境外疫情经口岸城市输入，暴露出一些地方疫情监测预警不及时、跨境货车司机和冷链等高风险岗位人员闭环管理不落实、定期核酸检测流于形式、冷链物品各环节消杀不到位、集中隔离场所管理不规范、疫情应急处置不够科学精准、民生保障存在薄弱环节等问题。为深入贯彻党的十九届六中全会精神和习近平总书记重要指示，落实党中央、国务院决策部署，加快补齐口岸城市防控短板弱项，毫不放松、科学精准做好防控工作，织密扎牢外防输入防线，统筹好疫情防控和经济社会发展，现通知如下。

一、完善口岸城市疫情防控机制。各口岸城市要学习借鉴上海市建立空港管理委员会的经验，在本地联防联控机制（领导小组、指挥部）框架下，建立由1名负责同志牵头，卫生健康、疾控、海关、移民边检、民航、交通运输等部门和单位参与的口岸防控专班，落实属地责任，明确各环节职责分工和责任人，统筹各方力量做好疫情防控工作。有条件的口岸城市可研究在辖区内设置疫情防控缓冲区，缓冲区内实行相对严格的管控措施，缓冲区外落实好疫情常态化防控要求。

二、健全疫情监测预警体系。各口岸城市要密切跟踪相关国家和地区疫情走势，整合各方面对入境人员、入境物品、重点场所环境开展核酸检测的数据，加强阳性结果分析。对来自疫情严重国家和地区的人员和物品，相关方面要及时按规定采取加密核酸检测、限制入境流量、航班熔断等措施。对入境口岸通道、隔离场所、定点医院、冷链相关企业等高风险岗位人员每隔1天开展1次核酸检测，对其他工作人员每周开展2次核酸检测，对工作人员家属每周开展1次核酸检测，均纳入当地应检尽检、免费检测范围；可根据当地疫情风险，适当扩大重点区域和人员核酸筛查范围。坚持人员、物品、环境同监测，建立健全多点触发的监测预警网络，重点加强药店、基层诊所、民营医院管理，强化首诊报告责任。对有发热、干咳、乏力、嗅觉味觉减退等症状患者和呼吸科就诊患者，陆地边境口岸城市医疗卫生机构要将核酸检测列为必查项目。

三、落实边境管控措施。陆地边境口岸城市要督促跨境运输企业落实“人货分离、分段运输”的要求，实行甩挂、接驳、吊装等非接触式货物交接模式；确需入境的驾驶员应全程不下车、当日返回，不得与境内人员接触；严格做好入境人员“点对点、一站式”转运工作。加大对非法出入境活动的打击力度，加快推进陆地边境、口岸两翼物理拦阻设施建设，强化东北方向界江界河封冻期联防联控，严防非法越境输入疫情。坚持非必要不登轮、不登陆、不搭靠，减少国际航行船舶登轮人员数量，确需登轮的人员要避免与船员接触并做好个人防护。对船舶上发现的核酸检测阳性人员，各口岸城市要按规定接收并及时转运至定点医疗机构，未转运或实施终末消毒前，不得采取登轮作业的方式装卸货物。海关、公安、海警、市场监管等部门要强化协调联动，按职责加大主动打击冻品走私的力度。

四、加强高风险岗位人员防控。各口岸城市要排查明确本地直接接触入境人员、物品、环境的高风险岗位人员范围，督促相关单位登记造册，落实规范防护、闭环管理、高频次核酸检测、每日健康监测零报告等措施；相关人员闭环管理期间，不得与非闭环管理人员接触。推广“14+7+7”（14天封闭管理作业+7天集中隔离医学观察+7天居家健康监测）的做法，做好轮班工作，各地可结合实际对封闭管理作业时间作适当调整。对实行轮班制后一线工作人员不足的地区，有关省份要统筹力量予以支持。

五、严格人员流动管控。从各省（自治区、直辖市）确定口岸城市范围并公告之日起至2022年3月15日，离开陆地边境口岸城市（与香港、澳门有口岸相连的除外）人员需持有48小时内核酸检测阴性证明，前往陆地边境口岸城市人员抵达后至少进行1次核酸检测。加强社会责任和法律义务提醒，发热患者、健康码“黄码”等人员核酸检测未出结果前不流动、不聚集。陆地边境口岸城市要做好旅游限流、风险提示等工作。文化和旅游部门要按照“谁组织、谁负责”的原则，督促旅行社加强对团队游人员的核酸检测。

六、加强进口冷链食品等风险防范。进口冷链食品入境量较大的口岸城市要发挥政府主导作用，建设集中监管仓，对进口冷链食品入库统一消杀、统一检测。海关、交通运输、市场监管、疾控等部门要按职责督促相关企业落实进口冷链食品入境、仓储、生产、加工、运输、销售等各环节疫情防控要求，依托信息化手段推动全链条追溯。各口岸城市口岸防控专班协调推动有关方面对入境航班乘客托运和手提行李做好消毒工作。引导公众提高防护意识，尽可能减少从疫情严重国家和地区邮购、快递物品，邮政、快递企业要切实做好物品消毒工作。各省（自治区、直辖市）要抓紧组织本辖区口岸城市开展一次冷链相关企业风险排查，全面评估和整改各环节风险漏洞，并于2021年12月15日前将排查整改情况报送国务院联防联控机制综合组。

七、提升疫情防控和处置能力。各省（自治区、直辖市）要统筹资源和力量，支持防控任务重的口岸城市加强疾控机构、定点医院、发热门诊、基层医疗卫生机构、集中隔离点等建设，提高流调溯源、基因测序、核酸检测、集中隔离、医疗救治等能力，确保落实“应检尽检、应隔尽隔、应治尽治”的要求；对口岸通道、货场、道路、机场等基础设施及时进行升级改造，满足口岸卫生检疫、边防检查、人员闭环管理、入境货物分段运输等防疫要求。口岸城市要加强组织，尽可能提高新冠病毒疫苗全程接种和加强免疫接种覆盖率。卫生健康、疾控部门要会同药监等部门建立对核酸检测机构的评价、监管机制，开展检查抽查，依法严惩弄虚作假等违法违规行为，确保核酸检测质量可靠、结果真实。科学精准做好集中隔离、协查管控、赋码管理、区域封控等工作，避免“一刀切”。加强各省（自治区、直辖市）和各口岸城市的疫情防控信息化支撑，通过建立完善口岸防控、边境管控、冷链防控等数据闭环，支撑对入境人员、货物等的“人”、“物”同防和闭环管理，提升区域协查的及时性和精准度。

八、做好民生保障工作。各口岸城市要将疫情防控与民生保障工作同步研究、同步部署，公布并畅通民生保障热线，定期排查基本生活物资供应、价格等方面的苗头隐患，及时解决和主动回应群众反映的突出问题。加强市场监管，严厉打击哄抬物价、囤积居奇等行为。做好困难群众救助工作，保障群众基本生活。加强宣传引导，争取广大群众对防疫措施的理解和支持，动员群众积极参与创建无疫小区、无疫村。有关省份要结合实际加大对口岸城市的支持力度，及时帮助解决民生保障方面的实际困难。

九、加强组织实施和监督检查。做好口岸城市疫情防控工作关键在落实，落实的关键在细节。各省（自治区、直辖市）、各有关部门要把加强口岸城市疫情防控作为当前一项重要政治任务，对照本通知要求，抓紧制定本省（自治区、直辖市）、本部门实施方案，周密组织实施；要将防控措施落实情况融入本地区本行业日常监督和执法检查，发现问题限期整改。要指导口岸城市按照“一地一方案”的要求，制定具体工作方案，落实各项政策措施。口岸防控专班每周将口岸相关人员、物品、环境核酸检测以及高风险岗位人员闭环管理等各项重点防控措施的落实情况，上报所在地联防联控机制（领导小组、指挥部）。卫生健康、疾控部门要强化卫生监督执法，加强对重点场所、重要环节的监督。国务院联防联控机制综合组要会同有关部门，指导有关省份针对边境口岸防控、高风险岗位人员闭环管理、核酸检测质量和效率、隔离点管理等开展专项督查。要健全疫情防控责任制，对履职不力、失职渎职的，依法依规追究责任。

本通知所指的口岸城市包括开放的陆路、水路、航空口岸所在县（市、区、旗）、所在市（地、州、盟）及所在直辖市，具体范围由各省（自治区、直辖市）根据疫情防控需要确定并及时公告。

国务院应对新型冠状病毒感染肺炎
疫情联防联控机制
2021年11月25日

（本文有删减）

部委发文

交通运输部关于服务构建新发展格局的指导意见

各省、自治区、直辖市、新疆生产建设兵团及计划单列市交通运输厅（局、委），部属各单位，部内各司局：

为深入贯彻落实以习近平同志为核心的党中央关于构建以国内大循环为主体、国内国际双循环相互促进的新发展格局重大战略部署，充分发挥交通运输在构建新发展格局中支撑保障和先行作用，提出以下指导意见。

一、总体要求

（一）指导思想。

以习近平新时代中国特色社会主义思想为指导，深入贯彻党的十九大和十九届二中、三中、四中、五中全会精神，坚定不移贯彻新发展理念，坚持稳中求进工作总基调，以推动高质量发展为主题，以深化供给侧结构性改革为主线，以改革创新为根本动力，以满足人民日益增长的美好生活需要为根本目的，统筹发展和安全，巩固拓展疫情防控和经济社会发展交通运输成果，把握节奏、优化结构，内提质效、外保安畅、内外连通，着力“强网络、建体系、抓创新、促开放、优治理”，实现“扩大循环规模、提高循环效率、增强循环动能、保障循环安畅、降低循环成本”，加快建设交通强国，支撑扩大内需战略，推动形成强大国内市场，为构建新发展格局提供有力支撑保障，为全面建设社会主义现代化国家当好先行。

（二）基本原则。

——坚持当好先行。牢牢把握交通“先行官”定位，进一步解放思想、开拓进取，发挥好交通运输在国民经济中的先导性、基础性、战略性和服务性作用，为构建新发展格局和全面建设社会主义现代化国家当好先行。

——坚持服务人民。坚持以人民为中心，把实现好、维护好、发展好最广大人民根本利益作为发展的出发点和落脚点，建设人民满意交通，提升便民惠民水平，为人民群众带来更多的获得感、幸福感、安全感。

——坚持改革创新。深化交通运输重点领域改革，推动政策创新、机制变革、规制完善，实现创新驱动发展。提升交通运输治理水平，破除交通运输在服务构建新发展格局中的制度性障碍。

——坚持开放合作。提高对外开放水平，推动交通运输在更大范围、更宽领域、更深层次对外开放和国际合作，利用好国内国际两个市场两种资源，助力构筑互利共赢的产业链、供应链合作体系。

——坚持系统观念。加强前瞻性思考、全局性谋划、战略性布局、整体性推进，提升交通运输服务构建新发展格局的系统性、协同性，强化跨部门、跨区域、跨领域协作，形成更大合力。

——坚持安全发展。坚持总体国家安全观，统筹发展和安全，增强机遇意识和风险意识，树立底线思维，主动堵漏洞、强弱项，保障交通运输关键领域安全可控，有效防范化解各类风险挑战。

（三）发展目标。

经过多方共同努力，现代化高质量的国家综合立体交通网加快形成，现代交通物流体系加速完善，交通运输跨界跨业融合深度发展，交通运输开放合作水平显著提高，统一开放的交通运输市场加快建立，交通运输成为形成完整内需体系的坚实支撑、国内国际双循环相互促进的重要纽带、产业链供应链安全稳定的保障基石，交通运输在构建新发展格局中的支撑保障和先行作用充分发挥。

二、完善综合交通网络，扩大循环规模

（一）建设现代化高质量综合立体交通网。以高效率为导向，推进国家综合立体交通网主骨架建设，打通综合运输大通道“堵点”，增强区域间、城市群间、省际间、城乡间以及国际间交通运输联系。稳步推进高速铁路建设，加强中西部地区干线铁路建设。推动高速公路、普通国省道待贯通路段建设和拥挤路段扩容改造。促进区域港口合理分工、协同发展，推进国家内河高等级航道网建设。推动形成分层衔接、覆盖广泛的航路航线网络。加强邮路建设，完善寄递网络。

（二）加快提升城市群、都市圈交通承载能力。以京津冀、长三角、粤港澳大湾区、成渝地区双城经济圈等为重点，加快构建以轨道交通、高速公路为骨干的一体化、多层次、便捷顺畅交通网。强化城市群重要节点城市间、都市圈中心城市与周边地区间的交通运输联系，推进运输服务同城化、一体化、城乡运输均等化。在具备条件的区域引导干线铁路、城际铁路、市域（郊）铁路和城市轨道交通“四网融合”，建设城市轨道交通应急演练中心。完善快速公路网络，提升重要节点城市间、中心城市和卫星城市间、城市与郊区新城间以及人口稠密县域间的通达水平。强化部门协同，保障公路与城市道路顺畅衔接。建立健全城市群交通运输协同发展体制机制。

（三）推动完善农村交通基础设施网络。推动“四好农村路”高质量发展，推进具备条件的地区较大人口规模自然村（组）通硬化路，加强通村公路和村内主干道连接，鼓励农村公路建设项目尽量向进村入户倾斜，提升农村公路通达深度。以通乡镇公路升级改造为重点，构建便捷高效的农村公路骨干网络，加强农村公路与国省干线公路、城市道路以及其他运输方式的衔接。鼓励地方根据特色产业发展和出行需求，合理确定农村公路建设标准，提升城乡运输服务水平，推进农村一二三产业融合发展，服务农业农村现代

化，集中支持一批乡村振兴重点帮扶县交通发展，实现巩固拓展交通运输脱贫攻坚成果同乡村振兴有效衔接。改善农村地区水运基础设施条件，推进开发性铁路建设、通用机场建设。

（四）推进综合交通枢纽提档升级。加强部门协同，注重规划指导和存量资源利用，调动地方人民政府积极性，推进一体化、智能化、绿色化的综合交通枢纽系统建设。推进国际铁路枢纽场站、国际枢纽海港、国际航空枢纽、国际邮件快件处理中心建设，打造具有国际影响力的国际性综合交通枢纽集群。以国家级综合交通枢纽城市为重点，推动建设一批辐射范围广、设施设备先进、集疏运系统完善、服务优质、与产业衔接紧密的综合交通枢纽，有效支撑区域经济发展。鼓励通过完善接驳服务或设施改造等方式盘活存量站场资源，实现综合交通功能。推进区域综合交通枢纽建设。因地制宜发展枢纽经济。

（五）促进形成优势互补的区域格局。补齐西部地区交通基础设施短板，推进西部陆海新通道高质量发展，提升承接产业转移交通能力，打造形成东西双向互济对外开放通道网络。推动东北地区交通运输提质增效，强化与京津冀等地区通道能力建设，推进与周边国家互联互通，打造面向东北亚对外开放的交通枢纽。发挥中部地区承东启西、连通南北地理位置优势，推进中部地区大通道大枢纽建设。引导东部地区率先建成现代化综合交通体系，推动沿海港口发挥在国内国际双循环相互促进中的战略链接作用。增强交通运输对京津冀、长江经济带、粤港澳大湾区、长三角、黄河流域、成渝地区双城经济圈等区域融入新发展格局的支撑。

（六）稳定和拓展交通投资空间。做好交通项目“保在建、促新开、强储备”工作，努力保持交通投资规模合理增长。优化交通投资结构，加大对国家综合立体交通网建设的支持力度。按照“强基础、增动能、利长远”的原则，推进川藏铁路、西部陆海新通道、沿边沿江沿海通道、跨海跨湾通道、综合交通枢纽等重大项目建设。稳定和扩大交通资金来源，完善车购税、成品油消费税等交通专项资金政策，推动发行国家公路建设长期债券，争取政府债券、金融信贷和社会资金支持交通运输发展。

三、构建现代物流体系，提高循环效率

（七）进一步优化运输结构。以多式联运为重点，以基础设施立体互联为基础，努力推动形成“宜铁则铁、宜公则公、宜水则水、宜空则空”的运输局面，发展绿色运输，推进大宗货物及中长途货物“公转铁”“公转水”，优化运输结构取得更大进展。深化多式联运示范工程，推广多式联运运单，推进多式联运“一单制”。发展铁路和内河集装箱运输，形成与产业布局相适应的大宗物资、集装箱多式联运骨干通道。完善港站枢纽集疏运体系。推进多式联运信息共享，完善多式联运标准规范。培育全过程负责、一体化服务、网络化布局的多式联运经营人。

（八）推进交通物流与制造业深度融合。提升交通物流服务制造业的能力，推动运输链融入供应链、产业链，提升价值链。完善港站枢纽布局，加强与产业集聚区衔接，培育壮大交通运输经济产业集群。引导和鼓励交通物流企业发展高品质、专业化、全链条定制物流服务。支持发展面向大型厂矿、制造业基地的“点对点”直达货运列车。鼓励发展面向高附加值制造业的航空运输服务。加快实施“快递进厂”工程。

（九）持续提升专业物流服务能力。促进

冷链物流发展，提升设施设备水平，强化冷藏保温车运输管理，完善冷链运输标准规范，推动形成全程温控、标准规范的冷链物流服务体系。促进电商物流发展，提升邮政快递服务能力，完善农村邮政快递服务网络，建设上接县、下联村的递送节点。完善城市快递末端服务体系，持续推广智能快件箱（信包箱）和末端公共服务站投递，规范末端投递行为。促进农村物流发展，推进"快递进村"，推动邮快合作，促进快递服务直投到村。完善县、乡、村三级农村物流网络，引导乡镇客运站拓展商贸、物流、邮政快递等功能，推广农村物流服务品牌。提升城市配送效率，深化城市绿色货运配送示范工程创建，创新配送模式，推进配送车辆标准化、清洁化、专业化发展。

（十）加快建设应急物资运输保障体系。完善应急物资运输任务执行机制，分级制定交通运输保障应急预案。以规模化、网络化、专业化物流企业为重点，推动建立国家和地区应急运输储备力量。依托综合交通枢纽、国家物流枢纽以及国家区域性公路交通应急装备物资储备中心等资源，推动建立层次清晰、分工合理的应急物资运输设施体系。构建互联共享的应急物资运输信息系统，建设部省两级应急运输指挥调度平台。

四、坚持创新驱动发展，增强循环动能

（十一）推进新型交通基础设施建设。加强第五代移动通信技术（5G）、人工智能、物联网、卫星等在交通运输领域的应用。推进交通基础设施数字化建设和改造，积极发展智能铁路、智慧公路、智慧航道、智慧港口、智能航运、智慧民航、智慧邮政、智慧地铁、智慧物流，完善标准规范和配套政策。推进自动驾驶、智能航运、高速磁悬浮技术研发与试点示范工作，推进无人机基地智慧寄递网络、地下物流配送系统、交通运输天地一体化信息网、综合交通大数据中心、重点科研平台建设。

（十二）促进新业态新模式发展。发挥好"交通+"优势，激发新业态新模式发展活力。在规范中进一步促进道路定制客运、网络预约出租汽车、小微型客车分时租赁、互联网租赁自行车等的发展。引导即时寄递发展。深化高铁快运试点，优化开行线路，改善高铁车站设施条件，发展专业化载运工具，推动高铁快运发展。规范网络货运发展，推广无人配送、分时配送，推动物流组织模式创新。鼓励高速公路服务区根据自身特色和条件，适度拓展文化、旅游、消费以及客运中转、物流服务等功能。鼓励创建以交通资源为特色的自主品牌体育赛事活动。

（十三）促进消费扩容提质。鼓励具备条件的综合客运枢纽、大型地铁站结合实际引入商贸、餐饮、购物、寄递服务等关联性消费产业。推进联运票务一站式服务，创新旅客联运产品，提升旅客联程运输水平。不断满足老年人、残疾人等群体需求，提高无障碍便利出行服务水平。鼓励发展邮轮经济、水上旅游、旅游专列、低空飞行旅游、通用航空。推进运输装备迭代升级，推广应用新能源汽车。推进新能源、清洁能源动力船舶发展。换代升级普速列车客车。拓展交通一卡通和ETC的使用范围。

（十四）培育交通运输产业链优势。加强自主创新，瞄准新一代信息技术、人工智能、智能制造、新材料、新能源等世界科技前沿，加强前瞻性、颠覆性技术研究，推动交通运输科技高水平自立自强。强化汽车、民用飞行

器、船舶等装备动力传动系统研发，突破高效率、大推力/大功率发动机装备设备关键技术。发展时速160公里及以上快捷货运列车及高铁动车组货柜。合理统筹安排时速600公里级高速磁悬浮系统、时速400公里级高速轮轨（含可变轨距）客运列车系统、低真空管（隧）道高速列车等技术储备研发。

五、推进更高水平对外开放，保障循环安畅

（十五）建设面向全球的运输服务网络。发展多元化的国际运输通道，进一步完善口岸铁路、口岸公路、界河航道等布局。推动中欧班列境内“卡脖子”路段升级改造，推进中欧、中亚班列集结中心建设和改造，打造欧亚国际运输走廊。推动西部陆海新通道、中欧陆海快线高质量发展。深化与“一带一路”相关国家的交通合作。强化与21世纪海上丝绸之路沿线国家合作，推进海外港口建设经营。建设世界一流港口和世界级港口群、机场群，推进长三角共建辐射全球的航运枢纽。服务区域全面经济伙伴关系协定（RCEP）实施，增强交通运输保障能力。实施自由便利开放的运输政策，加快海南自由贸易港建设。

（十六）建立安全可靠的国际物流供应链体系。发挥国际物流保障协调工作机制作用，推动《关于推进现代国际物流供应链发展的指导意见》落地实施，保障产业链供应链安全稳定。增强国际航空货运运力，鼓励扩大全货机规模。加快国际寄递能力建设，畅通国际寄递物流供应链。培育壮大具有国际竞争力的现代物流企业。建设国际物流供应链服务保障信息系统，促进供需信息有效对接。确保“出口货物出得去，进口货物进得来”。

（十七）提高国际运输应急处突能力。提升交通运输保障国家经济安全的能力，做好应对极端情况下的预案。构建“陆海空天”一体化水上交通运输安全保障体系，提高体系的安全性和韧性。提升国际运输通道安全风险防控和应急保障能力。提升我国战略性物资国际运输保障能力。健全双重预防机制，有效防范化解重大风险。

六、优化政府治理，降低循环成本

（十八）深化重点领域改革。强化交通运输领域反垄断和防止资本无序扩张工作，实施统一的市场准入负面清单制度，推动形成统一开放的交通运输市场。推动交通运输国有企业混合所有制改革，深化铁路行业竞争性环节市场化改革，推动邮政普遍服务业务与竞争性业务分业经营。健全交通运输民营经济、中小企业发展政策制度。深化收费公路制度改革。建立常态化交通运输政企沟通机制。

（十九）进一步优化营商环境。持续深化交通运输“放管服”改革，加强和规范事中事后监管。各自建立中央层面设定的交通运输行政许可事项清单。扩展“证照分离”改革试点覆盖面。推进部省政务数据和相关信息互通共享，实现跨省高频服务事项“一网通办”。构建以信用为基础的交通运输新型监管机制。巩固交通运输领域降费成果，持续减轻企业负担。优化交通运输领域市场化法治化国际化营商环境。

（二十）推动行业治理高效能。坚持法治引领，深化交通运输法治政府部门建设。健全适应综合交通运输一体化发展的体制机制，深化铁路、公路、航道管理体制改革。深化交通运输综合行政执法改革。推动铁路、公路、水

路、民航、邮政等领域法规制修订。加快综合交通运输、现代物流、安全应急、绿色交通、新基建、新业态新模式等重点领域标准制定。

七、保障措施

（二十一）坚持党的全面领导。要深入学习领会构建新发展格局的重大意义和深刻内涵，增强“四个意识”、坚定“四个自信”、做到“两个维护”，提高把握新发展阶段、贯彻新发展理念、构建新发展格局的政治能力、战略眼光、专业水平。

（二十二）强化规划政策支持。要将本单位的工作纳入服务构建新发展格局中统筹考虑和谋划，加强规划对接和政策支持，确保党中央、国务院决策部署落到实处。对于符合交通强国建设试点要求的重点工作，交通运输部将按程序纳入试点。

（二十三）加强人才队伍建设。围绕服务构建新发展格局需求，培养具有国际竞争力的青年科技人才后备军。加强创新型、应用型、技能型人才培养。大力弘扬劳模精神、劳动精神、工匠精神，努力建设高素质劳动大军。

（二十四）切实抓好贯彻落实。各级交通运输主管部门要加强组织协调，强化部门联动，细化实化举措，针对重大事项制定实施方案，在工作中调动各方积极性，形成服务构建新发展格局的工作合力。

交通运输部

2021年1月22日

邮件快件包装管理办法

（中华人民共和国交通运输部令2021年第1号）

《邮件快件包装管理办法》已于2021年2月3日经第2次部务会议通过，现予公布，自2021年3月12日起施行。

部　长　李小鹏

2021年2月8日

邮件快件包装管理办法

第一章　总　则

第一条　为了加强邮件快件绿色包装管理，保证邮件快件包装质量，规范邮件快件包装行为，保障用户合法权益和寄递安全，节约资源、保护环境，根据《中华人民共和国邮政法》《中华人民共和国固体废物污染环境防治法》《快递暂行条例》等法律、行政法规，制定本办法。

第二条　本办法适用于国内邮件快件包装物（以下简称包装物）的使用、包装操作和相应的监督管理工作。

第三条　本办法所称包装物，包含单个邮件快件使用的封装用品、胶带、填充材料以及用于盛放多个邮件快件的邮政业用品用具，不含邮件快件内件物品的商品、产品包装等。

本办法所称封装用品，包括邮件快件封套、包装箱、包装袋等。

本办法所称邮件快件包装操作（以下简称包装操作），是指为了保护邮件快件安全或者方便储存、运输，使用合适包装物、按照一定的技术方法对邮件快件进行包装的操作活动。

第四条　国务院邮政管理部门和省、自治区、直辖市邮政管理机构以及按照国务院规定设立的省级以下邮政管理机构（以下统称邮政管理部门）负责包装物使用、包装操作的监督管理工作。

邮政管理部门应当与有关部门相互配合，健全共建共治协同机制，完善邮件快件包装治理体系。

第五条　包装邮件快件应当坚持实用、安全、环保原则，符合寄递生产作业和保障安全的要求，节约使用资源，避免过度包装，防止污染环境。

第六条 禁止使用不符合法律、行政法规以及国家有关规定的材料包装邮件快件。

第七条 邮政企业、快递企业、经营邮政通信业务的企业（以下统称寄递企业）应当依法建立健全包装管理制度，明确包装管理机构和人员，落实包装管理责任，加强从业人员培训。

使用统一的商标、字号或者寄递详情单经营寄递业务的，商标、字号或者寄递详情单所属企业应当对邮件快件包装实行统一管理，监督使用其商标、字号或者寄递详情单的企业执行邮件快件包装管理制度。

第八条 鼓励寄递企业采用先进技术，提升包装的自动化、信息化和智能化水平。

第九条 鼓励寄递企业与制造业、农业、商贸业等相关企业加强协同，推进一体化包装和简约包装，共同落实有关包装管理要求。

第十条 支持建立邮件快件包装实验室，开展邮件快件包装研发，推行科学的包装方法和技术。

鼓励寄递企业与包装生产企业、科研院校等合作，加强产学研衔接，促进邮件快件包装产品、技术、模式创新和应用。

第十一条 依法成立的行业组织应当加强行业自律，督促企业执行有关包装管理的法律、法规、规章、标准和规范，引导企业推广绿色包装。

第二章 包装选用

第十二条 寄递企业应当严格执行包装物管理制度，采购使用符合国家规定的包装物。

第十三条 寄递企业应当按照规定使用环保材料对邮件快件进行包装，优先采用可重复使用、易回收利用的包装物，优化邮件快件包装，减少包装物的使用，并积极回收利用包装物。

邮政管理部门应当加强与有关部门的配合，推进对包装物依法实行绿色产品认证，逐步健全行业绿色认证体系。鼓励寄递企业采购使用通过绿色产品认证的包装物。

第十四条 寄递企业应当遵守国家有关禁止、限制使用不可降解塑料袋等一次性塑料制品的规定。

鼓励寄递企业积极回收塑料袋等一次性塑料制品，使用可循环、易回收、可降解的替代产品。

第十五条 寄递企业使用的包装物应当具备保护邮件快件内件物品的功能，并方便封装、运输和拆解。

鼓励寄递企业通过信息化技术与包装物相结合等措施，提升包装实用性。

第十六条 寄递企业使用的包装物中的铅、汞、镉、铬总量以及苯类溶剂残留应当符合国家规定。

禁止使用有毒物质作为邮件快件填充材料。

第十七条 鼓励寄递企业建立可循环包装物信息系统，在分拣、转运、投递等环节提升可循环包装物的使用效率。

鼓励寄递企业之间、寄递企业与包装物供应商等市场主体之间健全共享机制，扩大可循环包装物的应用范围。

第十八条 寄递企业应当根据包装箱内装物最大质量和最大综合内尺寸，选用合适的包装箱。

第十九条 寄递企业应当优先使用宽度较小的胶带，在已有粘合功能的封套、包装袋上减免使用胶带。鼓励寄递企业使用免胶带设计的包装箱。

第二十条 寄递企业应当优化邮件快件包装，加强结构性设计，减少使用填充材料。

第二十一条 寄件人自备包装物、不需要寄递企业提供的，其自备包装物应当符合法律、行政法规以及国务院和国务院有关部门关于禁止寄递物品和限制寄递物品的规定。

前款规定的寄件人为协议用户的，寄递企业应当向其书面告知，其自备的包装物应当符合国家规定。

第二十二条 具备条件的寄递企业应当全面推广使用电子运单，设计、使用电子运单应当注意保护用户信息安全。

第三章 包装操作

第二十三条 寄递企业应当根据相关法律法规以及强制性标准制修订本单位包装操作规范，并按国务院邮政管理部门的规定备案。

第二十四条 寄递企业应当建立并实施从业人员岗前培训、在岗培训制度，加强包装操作知识技能培训。

第二十五条 寄递企业应当按照环保、节约的原则，根据邮件快件内件物品的性质、尺寸、重量，合理进行包装操作，防止过度包装，不得过多缠绕胶带，尽量减少包装层数、空隙率和填充物。

第二十六条 寄递企业应当规范操作和文明作业，避免抛扔、踩踏、着地摆放邮件快件等行为，防止包装物破损。

第二十七条 包装物发生破损时，寄递企业应当按照规范包装要求及时修补并做好邮件快件内件物品的防护。

第二十八条 鼓励寄递企业在其营业场所、处理场所设置包装物回收设施设备，建立健全相应的工作机制和业务流程，对包装物进行回收再利用。

第二十九条 鼓励寄递企业对回收后外形完好、质量达标的包装箱、填充材料等包装物进行再利用；对无法再利用的包装物，按有关规定妥善处理。

第四章 监督管理

第三十条 邮政管理部门应当依照本办法规定加强对寄递企业的监督检查。监督检查以下列事项为重点：

（一）寄递企业建立健全和执行包装管理制度的情况；

（二）寄递企业落实包装操作规范的情况；

（三）寄递企业开展相关培训的情况。

第三十一条 邮政管理部门实施监督检查，可以采取下列措施：

（一）进入寄递企业或者涉嫌发生违反本办法活动的其他场所实施现场检查；

（二）向有关单位和个人了解情况；

（三）查阅、复制有关文件、资料、凭证。

邮政管理部门实施现场检查，可以采取现场监测、采集样品等措施。邮政管理部门对样品进行检测、检验的，应当明确检测、检验的期间，并书面告知当事人。邮政管理部门委托符合法定条件的专业技术组织进行检验、检测的，不免除邮政管理部门的告知义务。

邮政管理部门工作人员对监督检查中知悉的商业秘密，负有保密义务。

第三十二条　邮政管理部门根据履行监督管理职责的需要，可以要求寄递企业报告包装物中一次性塑料制品的使用等情况。

寄递企业报送的信息和数据应当真实、完整。

第三十三条　邮政管理部门建立实施包装物编码管理制度，推动包装物溯源管理。

第三十四条　寄递企业应当协助配合邮政管理部门依法开展的监督检查，如实说明情况并提供文件、资料，不得拒绝或者阻碍。

第三十五条　寄递企业使用的包装物不符合国家规定要求的，邮政管理部门应当责令寄递企业停止使用。

第三十六条　邮政管理部门可以组织评估寄递企业包装管理情况。

第三十七条　邮政管理部门依法记录寄递企业包装违法失信行为信息，并纳入邮政业信用管理。

第三十八条　单位或者个人可以向邮政管理部门举报寄递企业使用不符合国家规定的包装物等违法行为。

邮政管理部门接到举报后，应当及时依法处理。

第五章　法律责任

第三十九条　商标、字号或者寄递详情单所属经营快递业务的企业违反本办法第七条第二款规定，未对邮件快件包装实施统一管理的，由邮政管理部门依照《快递暂行条例》第四十一条的规定予以处罚。

第四十条　寄递企业违反本办法第十六条规定，使用包装物不符合国家规定，或者使用有毒物质作为填充材料的，由邮政管理部门责令限期改正；逾期未改正的，处5000元以上1万元以下的罚款。

第四十一条　寄递企业违反本办法第二十一条第二款规定，未向协议用户书面告知包装物要求的，由邮政管理部门责令限期改正，可以处5000元以下的罚款。

第四十二条　寄递企业违反本办法第二十三条规定，未制定包装操作规范，或者未按要求备案的，由邮政管理部门责令限期改正，可以处3000元以上1万元以下的罚款。

第四十三条　寄递企业违反本办法第二十四条规定，未对从业人员进行包装操作培训的，由邮政管理部门责令限期改正，可以处5000元以上1万元以下的罚款。

第四十四条　寄递企业违反本办法第二十五条规定，对邮件快件的包装操作明显超出邮件快件内件物品包装需求的，由邮政管理部门责令改正，可以处1000元以上5000元以下的罚款。

第四十五条　违反本办法第十四条、第三十二条规定，未遵守国家有关禁止、限制使用不可降解塑料袋等一次性塑料制品的规定，或者未按照邮政管理部门要求报告塑料袋等一次性塑料制品的使用情况的，依照《中华人民共和国固体废物污染环境防治法》第一百零六条的规定执行。

第六章　附　则

第四十六条　经营国际寄递业务的寄递企业应当采取必要措施规范进境邮件快件包装，优先使用环保材料，避免外源性包装污染。

第四十七条　本办法自2021年3月12日起施行。

附件：邮件快件包装管理办法（略）

交通运输部办公厅关于加快推广应用道路运输电子证照提升数字化服务与监管能力的通知

交办运〔2021〕25号

各省、自治区、直辖市、新疆生产建设兵团交通运输厅（局、委）：

为深入贯彻落实国务院关于深化“放管服”改革、推进“互联网+政务服务”决策部署，根据《交通运输部关于印发2021年工作要点和更贴近民生实事的通知》（交办发〔2021〕1号）部署安排，现就加快推广应用道路运输电子证照提升数字化服务与监管能力有关事宜通知如下：

一、总体要求

坚持以人民为中心，贯彻新发展理念，坚持“公益便民、强化服务、整体设计、分布实施”的原则，加快推进全国道路运输电子证照系统建设。聚焦经营性道路客货运输、道路危险货物运输、巡游出租汽车和网络预约出租汽车等重点领域，全面推广应用道路运输经营许可证、从业人员从业资格证和车辆道路运输证电子证照，促进跨地区、跨部门互信互认和共享共用，提升道路运输安全监管能力和便民利民惠民服务水平，推动运输服务高质量发展。

二、工作目标

（一）2021年底，力争实现以下目标：

1.完成全国道路运输电子证照部级系统（以下简称部级电子证照系统）开发，系统上线试运行，完成与道路运政管理信息系统（以下简称运政系统）等相关系统的对接联网与业务协同。

2.完成全国道路运输电子证照省级系统（以下简称省级电子证照系统）基础软件开发。

3.完成至少5个省份省级电子证照系统建设试点，实现部省两级电子证照系统联网运行，推进与运政系统等相关系统的对接联网与业务协同。

（二）2022年底，力争实现以下目标：

1.完成全国各省份省级电子证照系统的部署和安装，实现部省两级电子证照系统联网运行，实现与运政系统等相关系统的对接联网与业务协同。

2.完成全国道路运输电子证照系统建设，在全国范围内实现道路运输电子证照实时交互共享和互信互认。

三、总体架构

（一）全国道路运输电子证照系统。全国道路运输电子证照系统按照整体设计、部省融合的思路，统一标准、统一软件、统一操作流程。部级电子证照系统负责实时归集各地制发的电子证照，为电子证照跨地区、跨部门交互共享提供支撑；省级电子证照系统负责生成并制发道路运输电子证照，为各省份电子证照查询核验与执法监督提供保障。

（二）道路运输电子证照系统与相关信息系统的关系。电子证照系统通过与运政系统的紧密对接，形成运政业务数据管理闭环。运政系统是电子证照系统生成发放证照的管理依据，负责为道路运输领域证照业务事项办理与相关数据的有效归集提供支撑；电子证照系统应紧密对接国家、部和各省政务服务平台，以及网上便民运政系统、部移动客户端和微信公众号，进一步拓宽道路运输证照监管与服务应用范围，实现业务申请办理、电子证照领取、出示以及证照信息核验等功能。

四、主要任务

（一）制定电子证照标准和技术规范。依据《道路运输电子证照　从业资格证》（JT/T 1290—2019）、《道路运输电子证照　经营许可证》（JT/T 1291—2019）、《道路运输电子证照　运输证》（JT/T 1292—2019），规范道路运输电子证照的类型及文件要求、外观样式和信息内容。制定《道路运输电子证照系统工程应用技术规范》（以下简称《技术规范》），明确系统总体架构，以及部级电子证照系统、省级电子证照系统与相关信息系统之间的数据交互技术要求，为推广应用道路运输电子证照提供技术指导。

（二）统一开发电子证照系统。根据相关标准规范要求，采用国产密码算法技术，建设开发部级电子证照系统，同时推进与部级运政系统、网上便民运政系统、部移动客户端和微信公众号、国家政务服务平台等相关信息系统的对接工作。统一开发省级电子证照系统基础软件。

（三）组织开展省级电子证照系统建设。各省级交通运输主管部门原则上应使用由部统一开发免费发放的省级电子证照系统。已建成或正在建设电子证照系统的省份，要确保本省份电子证照系统建设符合部颁标准与《技术规范》要求，确保能够实现电子证照信息共享与跨省域互信互认。各省级交通运输主管部门应按照《国家政务服务平台统一电子印章　印章技术要求》等标准规范要求，组织建设电子印章系统，推动统一系统所用的电子印章样式，支撑电子证照印章签署功能，确保电子证照来源的真实性、完整性以及签署行为的不可否认性。电子印章系统建设存在困难的省份，可免费使用由部统一开发的电子印章系统。

（四）有序推进部省电子证照体系构建。在至少5个省份开展省级电子证照系统试点建设应用，完成与部级电子证照系统的联网对接。其余省份在充分借鉴吸收试点省份经验的基础上，依据《技术规范》及3项配套行业标准，组织开展省级电子证照系统建设，实现与部级电子证照系统的联网运行，完成省级电子证照系统与运政系统、各级政务服务平台以及相关信息系统的对接联网与业务协同。

（五）全面推广应用电子证照。在经营性道路客货运输、道路危险货物运输、巡游出租汽车和网络预约出租汽车等领域全面推广道路运输经营许可证、从业资格证与道路运输证的电子证照应用。对于已持有纸质或IC卡证照的，可结合证照业务办理的补发、换发、变更等环节，通过线上线下多种方式免费申请办理电子证照，并由原许可机关制发；对于新申请道路运输电子证照的，按照有关规定作出予以许可的决定后，由许可机关免费制发电子证照。各地交通运输部门可在电子证照正式应用后，自行决定是否停发纸质或IC卡证照，如予以保留，证照的印制发放工作由各省级交通运输主管部门负责组织实施。

在跨地区业务办理、执法检查时，各地交通运输部门应对行政相对人通过各级政务服务平台、部移动客户端和微信公众号出示道路运输电子证照，或出示下载打印的纸质凭证等亮证行为的合规性予以认可，并可在线对电子证照的真实性进行核验。

（六）强化电子证照系统安全维护。严格按照《中华人民共和国网络安全法》和国家网络安全等级保护制度要求，加强部级电子证照系统运行网络和信息安全管理，严格保护个人隐私和个人信息安全，个人信息采集过程中应遵循“最少够用”原则，防止采集的个人信息以任何形式泄露、损毁、丢失或用于其他用途。做好部级电子证照系统的数据备份，按照“谁主管、谁负责，谁运维、谁负责”的原则，落实信息安全责任。各省级交通运输主管部门应按照网络安全等级保护第三级要求，加强本省份省级电子证照系统的网络安全防护，确保系统安全稳定运行。各省级交通运输主管部门要进一步加强对电子证照数据共享接口的安全防护，对数据共享中涉及到的敏感数据进行脱敏或加密处理，确保数据使用安全。

（七）开展电子证照系统运行考核。制定出台《道路运输电子证照系统运行服务质量考核管理办法》，定期对业务办理、数据质量、联网运行等情况进行量化考核，并公布考核结果。各省级交通运输主管部门要加强督促指导，确保电子证照系统高效稳定运行。

五、实施步骤

（一）系统开发阶段（2021年3月—2021年6月）。

本阶段完成系统建设开发工作。编制印发《技术规范》，指导电子证照系统开发建设。统一开发部级电子证照系统、省级电子证照系统基础软件，推进与网上便民运政系统、部级运政系统等相关系统的升级改造和对接。各省份编制工作实施方案，明确任务目标、责任部门、建设计划及具体措施，并报部备案。

（二）试点建设阶段（2021年7月—2021年12月）。

本阶段推进试点省份电子证照系统的部署，同时完成部级电子证照系统上线试运行。按照“建成一个、对接一个、应用一个”的原则，推进完成至少5个试点省份省级电子证照系统与部级电子证照系统的对接联网，以及与其他相关系统的业务协同。试点省份形成试点总结报告，于2021年12月底前报部。

（三）全面建设阶段（2022年1月—2022年12月）。

本阶段在试点工作的基础上，全面推进电子证照系统建设与应用工作。2022年6月底前，组织完成部级电子证照系统以及各省份省级电子证照系统上线运行；2022年底前，在道路运输领域全面推广应用电子证照。

六、保障措施

（一）加强组织领导。交通运输部负责统筹道路运输电子证照推广应用有关工作，并对各地工作推进情况进行督促指导。各省级交通运输主管部门要切实加强组织领导，明确管理部门负责人和技术支持负责人，并制定工作实施方案，统筹抓好工作落实，确保建设成效。请各省级交通运输主管部门于2021年4月9日前将任务台账以及分管领导、技术支持负责人和经办人信息报部。

（二）明确责任分工。交通运输部公路科学研究院负责建设开发和运行维护部级电子证照系统，统一开发省级电子证照系统基础软件。中国交通通信信息中心负责部级道路运政系统、网上便民运政系统与部级电子证照系统的对接与升级改造工作。交通运输部职业资格中心负责协助做好道路运输从业资格证电子证照使用的监督和管理。各省级交通运输主管部门负责做好本省份电子证照系统部署及其与相关信息系统的对接，并组织做好电子证照推广应用工作。

（三）加强运维保障。加大电子证照系统软硬件和网络运行监控力度，组建专业的运维团队，落实运维绩效考核管理。各省级交通运输主管部门要做好省级电子证照系统的运行维护，确保系统安全、稳定和高效运行。

（四）强化资金保障。各省级交通运输主管部门要按照道路运输电子证照推广应用有关要求，积极争取当地政府财政性资金支持，为电子证照系统安装部署、运行维护、网络安全建设等提供资金保障。

（五）做好宣传推广。系统上线运行后，通过多种媒体渠道加强宣传引导，为推广应用道路运输电子证照营造良好舆论氛围。各地交通运输部门要通过门户网站、微信公众号等媒体渠道，以及在办事窗口、运输场站、高速公路服务区张贴海报等多种方式，积极做好宣传推广工作，引导广大道路运输经营者和从业人员积极使用道路运输电子证照。

交通运输部办公厅

2021年3月16日

商务部等8单位关于开展全国供应链创新与应用示范创建工作的通知

各省、自治区、直辖市、计划单列市及新疆生产建设兵团商务、工业和信息化、生态环境、农业农村、市场监管部门，中国人民银行各分行、营业管理部、各省会（首府）中心支行、各副省级城市中心支行，各银保监局，中国物流与采购联合会各分支机构：

为深入贯彻党的十九届五中全会和中央财经委员会第八次会议精神，进一步落实好《国务院办公厅关于积极推进供应链创新与应用的指导意见》（国办发〔2017〕84号）部署，按照《商务部等8部门关于开展供应链创新与应用试点的通知》（商建函〔2018〕142号）要求，在供应链创新与应用试点基础上，深入开展好全国供应链创新与应用示范创建工作，特制定工作方案如下：

一、总体要求

（一）指导思想

以习近平新时代中国特色社会主义思想为指导，全面贯彻党的十九大和十九届二中、三中、四中、五中全会精神，贯彻新发展理念，以供给侧结构性改革为主线，将供应链思维融入经济发展全局，推动政府治理机制创新，促进供应链协同化、标准化、数字化、绿色化、全球化发展，着力构建产供销有机衔接和内外贸有效贯通的现代供应链体系，巩固提升全球供应链地位，推动经济高质量发展，为加快构建以国内大循环为主体、国内国际双循环相互促进的新发展格局提供有力支撑。

（二）总体目标

通过供应链创新与应用示范创建，力争用5年时间培育一批全国供应链创新与应用示范城市和示范企业，实现我国供应链发展新目标：一是供应链优势培育取得新成效，现代信息技术深入供应链各环节，创新链、供应链与实体产业深度融合，培育供应链新技术、新模式、新理念、新增长点，产业链供应链新竞争优势加速形成，供应链创新生态全面建立；二是供应链效率效益得到新提高，各产业供应链组织方式和流程优化，各类要素资源在供应链上高效连接、顺畅流转，实现全链条效率和效益系统化提升；三是供应链安全稳定达到新水平，供应链弹性韧性有效提升，自我修复能力明显增强，在关乎国民经济安全稳定的基础、关键和核心领域，涌现一批核心企业、专业领域单项冠军企业，有力增强重点行业供应链控制力和保障力，保障全球供应链地位；四是供应链治理效能得到新提升，以供应链思维融入政府治理理念，体制机制改革加速探索，跨部门、跨行业、跨区域政策措施适应性、协调性更加凸显，经济发展活力有效激发。

（三）基本原则

坚持创新引领。以创新引领发展为根本路径，优化供应链创新生态，集聚供应链创新资源，以供应链创新推动形成产业转型发展竞争新优势，培育壮大发展新动能。

坚持统筹协同。统筹大中小企业协同发展，既要注重“大而强”核心企业，也要兼顾“小而精”中小企业，突出宽领域、多维度的代表性。建立全局视野和系统思维，以供应链关键环节推动上下游全链条整合，以区域核心节点促进城市间供应链一体化协同。着眼国内大循环畅通高效，统筹国内国际双循环融合衔接。

坚持融合发展。将现代供应链理念融入实体产业体系、组织管理、经营机制、业态模式等各领域，重塑和改造产业链、价值链，为传统产业转型与实体经济发展注入新动能，全面提升产业链供应链发展层次。

坚持巩固深化。巩固供应链创新与应用试点成果，结合新问题、新形势、新要求，深化拓展试点范围和任务，优化完善供应链治理机制和发展环境，形成培育供应链创新动能的长效机制。

二、示范任务

（一）示范城市主要任务

1.完善供应链治理体系建设。探索适应现代供应链发展特点的管理体制，推动形成跨部门、跨区域的供应链法治体系、行政管理体系、社会治理体系，加速供应链治理能力现代化；完善现代供应链发展政策支持体系，鼓励供应链前沿技术、基础应用、先进模式等研究与推广；提高供应链要素供给质量和水平，加大人才引进、教育培训力度；加强重点产业供应链领域产学研对接和成果示范应用，打通创新链条。

2.健全产业供应链生态。分行业做好供应链战略设计和精准施策，推动全产业链优化升级；针对重点产业集群推动“延链”“补链”“强链”“固链”建设，实现产业链横向配套、纵向延伸，提高产业集群竞争力；加大供应链链主企业和专业领域单项冠军企业培育力度，增强关键环节、重要标准和核心技术控制力，形成供应链竞争新优势；围绕重点产业加快研发设计、信息咨询、检测认证、会计、法律、物流等生产性服务业发展，形成互促互进的产业供应链生态。

3.推动区域供应链一体化。通过产业集群对接、产业园区共建等方式，加强区域产业供应链合作，推动形成合理分工、高效协同、优势互补的区域产业供应链格局；加强区域供应链政策协调统一，积极探索利益共享、税收分成等区域合作新机制，推动区域供应链一体化布局，资源要素无障碍高效流动；推进区域供应链基础设施统筹规划，促进相关系统、流程、标准、单证有效对接，全面提高区域综合流转能力；搭建区域供应链公共服务平台，推动市场监管、税务、海关等信息集成共享和业务协同，打破部门间应用和数据壁垒。

4.推动提升全球供应链地位。持续优化营商环境，通过稳定外资存量、促进外资增量、优化利用外资结构等方式，巩固提升重点产业全球供应链地位；加快推动跨境电商等新业态新模式发展，优化公共海外仓布局，提高市场开拓、供需匹配、资源整合能力，培育全球供应链竞争新优势；搭建“走出去”平台，加强“走出去”供应链配套能力建设，提高对外投资合作水平，优化全球供应链布局。

5.提高供应链安全发展水平。加强供应链

风险监测与预警分析，运用现代信息技术手段提高风险识别能力，做好风险处置，提供精准服务和政策协调；统筹各方力量，强化国际物流通道建设，提高海外物流运输保障能力，确保国际循环安全可靠；健全应急保供体系，充实保供企业队伍，完善应急商品数据库，优化应急投放网络，健全联保联供机制，维护市场平稳运行；加快建立反应迅速、抗冲击能力强的应急物流体系。

（二）示范企业主要任务

1. 提高供应链管理水平。运用现代供应链管理思维和方法，推动设计、采购、制造、运营、物流、销售、消费信息交互等流程再造，加快企业供应链数字化升级，提升企业内部信息、物料、资金、产品等流转配置效率，推动经营成本降低；建立企业间供应链战略合作伙伴关系，加强信息共享、服务支持、并行工程、群体决策等方面协同管理，打造大中小企业协同发展的供应链协作体系；推动标准实施应用，提高关键产品和过程的质量保障能力。加强企业间供应链标准对接，在信息管理、物流作业流程、商业流程、服务流程等方面加快形成统一互认规范体系。

2. 强化供应链创新引领。加快物联网、大数据、边缘计算、区块链、5G、人工智能、增强现实/虚拟现实等供应链新技术集成应用，推进数字化供应链加速发展；推广应用需求预测系统、自动排产系统、智能补货系统、分销管理系统，提高供应链透明度与可控性；建设和完善各类供应链平台，充分发挥供应链平台的资源集聚、供需对接和信息服务功能，构建产业供应链发展新生态。

3. 拓展供应链专业服务。发挥技术优势、市场优势、平台优势，积极赋能中小企业，提供购销管理、质量管理、追溯服务等；探索拓展供应链专业服务，提供原材料供应、采购执行、仓储管理、库存管理、订单开发、产品代销、出口代理等专项服务或集成服务；鼓励金融机构积极发展流程型、智能型供应链金融业务，为上下游企业提供基于供应链的授信、保理、结算、保险等金融服务。

4. 积极布局全球供应链。加快推动供应链条向海外延伸，提升境外战略矿产资源获取力及保障力，实施更高水平的走出去，向全球价值链中高端跃升，提升全球竞争力；积极开展返程投资，提升具有自主知识产权的核心关键技术研发水平，形成国内与国外整合式经营、资本国际化运作的新局面；积极加强全球物流枢纽和通道资源掌控，在海外关键节点布局仓储物流中心、分拨中心，强化与国内航空、海运等国际物流企业协同发展，形成高效安全的国际物流供应链网络。

5. 推动供应链绿色发展。推动企业环境和碳排放信息公开，引导督促企业选择绿色供应商，实施绿色采购，针对重点行业积极打造绿色供应链；提高仓储物流设备自动化、智能化建设水平，优化仓储作业流程，合理调度运输车辆，优化路径，减少车辆空载，推广共同配送、单元化载具循环共用等运作模式，推动物流链降本增效；推广利用绿色包装，提高绿色商品销售比例，主动宣传绿色消费理念，引领绿色消费新风尚。

6. 加强供应链风险防范。增强供应链风险防范意识，建立基于突发事件的供应链安全防控措施；建立供应链风险预警系统，制定和实施多元化发展战略，着力在网络布局、流程管控、物流保障、应急储备、技术和人员管理等方面增强供应链弹性，提升风险防范和抵御能力，促进供应链全链条安全、稳定、可持续发展。

三、组织实施

（一）组织申报。各省级商务主管部门牵头组织报送本地示范城市和示范企业申报材料，对城市、企业提交的材料进行核选后，择优向商务部（流通发展司）推荐报送；国资委直接管理的中央企业，由企业集团总部直接报送商务部（流通发展司）。按照《商务部等8部门关于开展供应链创新与应用试点的通知》（商建函〔2018〕142号）要求，第一批示范城市和示范企业从试点城市和试点企业中推荐确定，请各省级商务主管部门于2021年4月12日前报送本地示范城市和示范企业申报材料，后续批次报送时间另行通知。

（二）申报材料。申报单位按要求填报《全国供应链创新与应用示范创建（城市、企业）申报书》（见附件1）。申报材料要重点参照示范申报指标（见附件2）进行撰写，并提供其他可体现申报单位供应链创新与应用效果的典型数据和材料。同时，提供一份可复制推广的典型经验精简版材料，不超过1500字。申报材料和典型经验材料电子版通过商务部业务系统统一平台报送。

（三）专家评审。商务部会同相关单位组织专家对申报示范城市和示范企业的申报材料进行评估，必要时组织专家对有关企业进行现场调研、核实，并据此拟定全国供应链创新与应用示范城市和示范企业建议名单。

（四）结果公示。将拟定的示范城市和示范企业名单在商务部网站公布，任何单位或个人对名单有不同意见的，均可向商务部提出异议。如确有必要，由商务部会同相关单位组织专家进行复审。

（五）公布名单。在公示期间，对拟定的示范城市和示范企业名单无异议或者异议不成立的，由商务部会同相关单位确定为全国供应链创新与应用示范城市和示范企业，并以商务部文件形式予以发布。

（六）建立动态管理机制。商务部会同相关单位根据《全国供应链创新与应用示范管理办法》（另行制定）组织专家开展年度示范城市和示范企业工作绩效评价，及时发现问题，总结典型经验，提出下一步工作意见，并向示范城市和示范企业反馈评价结果。必要时组织专家对有关企业进行现场调研、抽查和核实，形成最终评价结果和反馈意见。对于工作积极性不高、示范作用不明显、有重大违法违规行为及重大负面社会影响的企业，及时取消示范资格。

各级商务、工业和信息化、生态环境、农业农村、市场监管部门，中国人民银行各分行、营业管理部、各省会（首府）城市中心支行、各副省级城市中心支行和各银保监局要加强对全国供应链创新与应用示范创建工作的业务指导，加大对示范的政策支持力度，共同做好示范的组织实施、监督、评估和总结推广等工作。要及时梳理总结试点中出现的典型案例，及时推广示范形成的先进模式和经验，扩大示范效果。在推进全国供应链创新与应用示范创建工作中遇到问题要及时向商务部反映，商务部将会同相关单位对本工作方案进行调整完善。

联系人及联系方式：

商务部：蔡少锋、肖荣臣

电话：010-85093775、85093671

工业和信息化部：郦水清、孟燕

电话：010-68205284、68205273

生态环境部：石峰、童莉

电话：010-65645236、65645231

农业农村部：张益、白玲

电话：010–59191409、59191598

人民银行：高婧、江会芬

电话：010–66195495、66194231

市场监管总局：刘振华

电话：010–82262049

银保监会：尹豪，蔡幸

电话：010–66278139，66278324

中国物流与采购联合会：马天琦，彭新良

电话：010–83775733，83775877

附件：1. 全国供应链创新与应用示范创建（城市、企业）申报书（略）

2. 全国供应链创新与应用示范（城市、企业）申报指标（略）

商务部

工业和信息化部

生态环境部

农业农村部

人民银行

市场监管总局

银保监会

中国物流与采购联合会

2021年3月30日

交通运输部办公厅 国家发展改革委办公厅 工业和信息化部办公厅 农业农村部办公厅 商务部办公厅 市场监管总局办公厅 国家邮政局办公室 中华全国供销合作总社办公厅 关于做好标准化物流周转箱推广应用有关工作的通知

各省、自治区、直辖市、新疆生产建设兵团交通运输厅（局、委）、发展改革委、经信委（工信委）、农业农村厅、商务厅、市场监管局、邮政管理局、供销社：

为深入贯彻落实2020年中央经济工作会议和中央财经委第八次会议精神，按照《国务院办公厅转发国家发展改革委等部门关于加快推进快递包装绿色转型意见的通知》（国办函〔2020〕115号）有关要求，加快推进物流包装绿色转型，着力构建现代物流体系，为服务构建新发展格局提供有力支撑，现决定在全国推广应用标准化物流周转箱。有关事项通知如下：

一、充分认识推广应用标准化物流周转箱的重要意义

标准化物流周转箱是指具有可折叠、可循环反复使用、技术性能好、质量高且符合国家标准的小型箱式集装器，可广泛应用于农副产品、商超配送、邮政快递等多个领域。近年来，随着物流业的持续快速发展，物流包装材料使用量不断增加，造成大量资源消耗和环境污染，且包装标准不统一，严重影响了物流运输和流通效率。标准化物流周转箱循环共用可以有效替代现有纸箱、塑料袋、泡沫箱等传统包装材料，大幅减少一次性包装物用量，实现物流包装可循环、减量化，有利于改善市场环境、推进生态文明建设。同时，物流周转箱作为标准化包装和装载单元，可以实现模块化作业、集装化运输、智能化分拣，是推进物流业实现绿色化、模块化、机械化作业的关键要素。加快推广物流周转箱循环共用，对降低货物损耗、提高流通效率，支撑物流业高质量发展具有重要意义。各地区、各有关部门要按照市场主导、政府引导的原则，加强部门协同联动和政策支持，充分调动市场主体的积极性，切实采取有效措施，健全标准体系、完善基础

设施、扩大应用范围，加快构建标准化物流周转箱循环共用体系。

二、建立健全物流周转箱标准规范体系

（一）推动健全完善物流周转箱标准体系。加快制定发布果蔬类周转箱（600mm×400mm模数）尺寸系列、循环共用管理规范等国家标准，发挥标准规范引领作用，面向果蔬产品流通领域加大标准化物流周转箱推广应用力度。持续健全完善农副产品、商超配送、邮政快递等领域周转箱相关标准，加大标准宣贯力度，促进标准规范的有效实施，推进各物流领域周转箱的循环共用。

（二）开展物流周转箱绿色产品认证。深入实施快递包装绿色产品认证制度，按照可重复使用型快递包装产品类别，对物流周转箱产品开展绿色产品认证，对通过认证的物流周转箱产品加施绿色产品标识。鼓励生产企业申请物流周转箱绿色产品认证，引导采购方选购使用获得绿色认证的物流周转箱产品。

（三）推进物流包装塑料污染治理。按照《国家发展改革委 生态环境部关于进一步加强塑料污染治理的意见》（发改环资〔2020〕80号）等文件精神，减少使用不可降解的塑料包装袋、一次性包装箱，加强对塑料制品生产企业监督检查，督促其严格执行有关法律法规，生产符合国家标准要求的塑料制品，不得违规添加对人体、环境有害的化学添加剂，加强可循环、易回收产品研发，有效增加绿色产品供给。

三、加快完善物流周转箱循环共用体系

（四）推进物流周转箱循环共用试点示范。各地交通运输部门要将标准化物流周转箱循环共用列入交通强国建设试点、城市绿色货运配送示范工程、农村物流服务品牌创建的重要内容，推动标准化物流周转箱循环共用在试点省份、示范城市、试点项目中先行先试。通过推广应用标准化车辆、标准化托盘、标准化周转箱，提高运输装备的现代化、标准化水平。要积极引导相关企业不断优化仓储、运输等环节作业管理，实现农产品从产地采摘到销地销售的“零倒箱”作业，在仓储、中转环节减少手工劳动，实现机械化、自动化装卸搬运，大幅度提高物流效率，降低物流成本。不断总结试点示范工作经验，加快典型模式的复制推广，逐步建立标准化物流周转箱的全国周转体系，推动由区域向全国布局发展，提高使用效率、降低使用成本。

（五）充分发挥龙头骨干企业示范引领作用。鼓励和引导交通运输、连锁商超、大型集贸市场、物流仓储、电商及邮政快递、农资流通等龙头骨干企业，推广使用标准化物流周转箱，提高物流周转箱循环共用的应用比例，逐步建立生产—仓储—中转—消费之间的循环使用体系，逐步从点对点的小循环扩大到多个网点之间的大循环，使周转箱在物流领域的广泛应用更好地服务和支撑社会生产、流通、消费的国民经济大循环。鼓励企业使用商品和物流一体化包装，建立可循环物流配送器具回收体系，实现标准化物流周转箱快速高效循环周转。

（六）推进供应链上下游企业联营合作。采取有效措施，引导生产制造、商贸流通、物流配送、邮政快递等上下游企业加强合作，推动建立标准化物流周转箱产业联盟，促进供应链各主体间、各要素间、各环节间的一体化运营、协同化共用，培育壮大生态圈，做大做强

产业链，共同培育做大标准化物流周转箱生产研发、循环共用市场。鼓励有条件的企业开展标准化物流周转箱租赁服务业务。

四、加大信息技术应用和配套设施建设

（七）加大信息技术推广应用。积极引导物流周转箱生产流通企业搭建物流周转箱信息系统，加强对物流周转箱使用的动态监测与管理。鼓励物流周转箱采用物联网、5G、射频识别（RFID）等先进技术，完善货物收发、运输等流通环节配套设施设备，实现果蔬等产品从生产到最终消费全链条的监控与可追溯，确保食品安全。

（八）逐步健全物流周转箱配套设施。各地在物流园区、货运场站、冷链设施、农产品产地仓储设施规划建设时，应统筹考虑标准化物流周转箱应用的需求，完善相关配套设施，拓展各类服务功能，满足物流周转箱仓储、装卸、维修、消毒以及预冷等各项服务需求，保障物流周转箱的清洁卫生，为标准化物流周转箱的推广应用提供有效支撑。

五、加强政策支持和宣传引导

各地相关部门要高度重视标准化物流周转箱的推广应用工作，将其作为构建现代物流体系、推进物流业降本增效、加快绿色发展转型、支撑构建新发展格局的有力抓手，并纳入“十四五”相关专项规划，落实责任分工，采取鼓励支持政策，符合鲜活农产品运输“绿色通道”政策要求的标准化周转箱运输车辆免收车辆通行费，引导标准化物流周转箱的推广应用。要充分发挥中国物流与采购联合会、中国道路运输协会、中国快递协会、中国仓储与配送协会、中国包装联合会、中国集装箱行业协会、中国果品流通协会、中国循环经济协会等行业协会作用，加强对标准化物流周转箱推广应用的宣传培训，创新应用场景，扩大应用范围，为标准化物流周转箱的推广应用创造有利的政策和市场环境。

交通运输部办公厅
国家发展改革委办公厅
工业和信息化部办公厅
农业农村部办公厅
商务部办公厅
市场监管总局办公厅
国家邮政局办公室
中华供销合作总社办公厅
2021年4月1日

（此件公开发布）

交通运输部 公安部 国家卫生健康委 中国民用航空局 国家药品监督管理局 中国国家铁路集团有限公司关于进一步做好新冠病毒疫苗货物运输组织和服务保障工作的通知

各省、自治区、直辖市、新疆生产建设兵团交通运输厅（局、委）、公安厅（局）、卫生健康委、药品监督管理局，民航各地区管理局、各运输航空公司、各机场公司，各铁路局集团公司（专业运输公司）：

为深入贯彻落实国务院应对新型冠状病毒感染肺炎疫情联防联控机制关于新冠病毒疫苗（以下简称疫苗）工作的部署安排，进一步做好疫苗货物运输组织和服务保障工作，现就有关事项通知如下：

一、提高思想认识，强化责任担当

疫苗是战胜疫情的关键技术手段，是保障人民生命健康的重要医疗资源。目前，国药中生北京公司、国药中生武汉公司、北京科兴中维公司的灭活疫苗和天津康希诺公司的腺病毒载体疫苗已获批附条件上市，安徽智飞龙科马公司的重组疫苗已获批紧急使用。当前和未来一段时间，疫苗接种需求持续旺盛，特别是随着疫苗产能不断提升，疫苗及其原液、半成品跨区域运输保障任务日趋繁重。各地各部门要进一步提高政治站位，统一思想认识，强化责任担当，密切沟通协作，推动供需有效对接，优化运输组织调度和服务保障举措，加强运输全过程安全质量管控，完善应急处置措施，为疫苗生产、供应和接种提供坚实的运输服务保障。

二、密切部门协同，做好供需对接

各地交通运输主管部门要会同当地卫生健康、药监等部门，及时了解本地疫苗货物运输需求，推动骨干医药冷链道路运输企业主动做好与重点疫苗生产企业、疾病预防控制机构的运输组织对接，形成对接顺畅、联系紧密、供需匹配的运输组织协作机制；要指导医药冷链道路运输企业遴选经验丰富、专业素质强的人员成立疫苗运输保障团队，强化技术培训，做好冷藏车、冷藏箱或者保温箱等设备的储备，及时响应运输需求。

各铁路运输企业、机场公司要加强与重点疫苗生产企业及配送单位的对接，主动靠前服务，一旦有疫苗运输需求，要及时响应，全力做好疫苗货物运输保障工作。各地交通运输主管部门要会同铁路、民航等部门指导疫苗冷链物流骨干企业，进一步拓展运输服务网络，增加对中西部地区的服务覆盖面。同时，要研究完善公铁、公航联运和海峡等水域疫苗运输车辆滚装运输措施，发挥多式联运的组合效率，提高综合运输保障能力。

三、优化组织模式，便利车辆通行

近期，国务院应对新型冠状病毒感染肺炎疫情联防联控机制综合组交通管控与运输保障工作专班建立了疫苗货物道路运输调运单制度。在符合当地疫情防控工作要求的情况下，对持有新冠病毒疫苗货物道路运输调运单系统统一编码《新冠病毒疫苗货物道路运输调运单》的合法疫苗货物道路运输车辆，各地交通运输主管部门及各公安检查站点要在车辆通行、人员休息等方面提供必要的服务保障，不得随意拦截和查扣。如遇交通拥堵、车辆滞留等紧急情况，要积极采取措施保障其优先通行。同时，各省级交通运输主管部门要督促指导收费公路经营管理单位，严格落实《交通运输部关于做好新冠病毒疫苗货物运输车辆免费不停车便捷通行服务工作的通知》（交公路明电〔2021〕48号）要求，对执行疫苗货物运输任务的车辆免收车辆通行费。

各地卫生健康部门要指导疾病预防控制中心加强与配送单位的沟通协作，积极采用统一配送、夜间配送等运输组织模式，提高配送效率。各地公安交通管理部门要优化疫苗配送管控措施，在确保城市道路交通安全顺畅的前提下，尽量减少通行限制；对疫苗配送车辆申请在禁限行时段、路段通行的，要及时核发通行证或通行码，为疫苗配送车辆提供通行便利。

四、落实主体责任，加强过程监管

各地药监部门要会同卫生健康等部门依法督促疫苗上市许可持有人、生产企业和配送单位严格遵守《中华人民共和国疫苗管理法》《疫苗储存和运输管理规范》等法律法规和相关标准规范，落实质量管理责任，对国内使用疫苗制剂进行信息化追溯。各有关部门要依法督促疫苗上市许可持有人、生产企业和配送单位采取有效措施，确保疫苗货物道路运输全过程处于规定的温度环境，严格落实疫苗配送单位不随意转包运输等要求。

各地交通运输、公安、卫生健康等部门要按照职责分工，督促指导疫苗货物道路运输企业、配送单位强化运输人员安全教育，严防运输过程中流向失控。各有关部门要依职责指导疫苗上市许可持有人、生产企业、道路运输企业和配送单位加强对疫苗货物运输过程监管，严格落实驾驶员、押运员在运输过程中不随意开箱、杜绝无关人员接触疫苗货物等要求；督促驾驶员文明守法驾驶，杜绝超速、超载、疲劳驾驶等违法行为，切实保障疫苗货物运输安全顺畅。发生交通事故的，公安交通管理部门要依法依规快速处置，并将事故情况及时通报疫苗货物配送单位、运输企业和当地卫生健康部门。

五、明晰技术要求，提升服务质量

各地交通运输、卫生健康、药监等部门及民航各地区管理局，要按照职责分工，指导疫苗上市许可持有人、生产企业、道路运输企业和配送单位，以及各运输航空公司、各机场公司、地面服务代理人等运营主体，参照《新冠病毒疫苗货物道路运输技术指南》（交运明电〔2021〕29号）、《新冠病毒疫苗航空运输保障指南（第二版）》（局发明电〔2021〕397号），切实做好疫苗货物运输前期准备、运输过程、应急响应等工作，进一步明晰疫苗发货、装载、运输、验货、交付、仓储、组装、驳运等环节的作业要求，强化包装、标志、运输文件、车辆、人员及温控等各要素的质量管理，提升疫苗货物运输服务能力和水平。

六、提高应急能力，防范风险隐患

各地药监部门、卫生健康等部门要按照职责分工，依法督促疫苗上市许可持有人、生产企业与配送单位强化风险防范意识，进一步完善疫苗质量安全事件处置方案，健全应急处置联络机制，适时开展应急演练，确保突发事件及时有效处置。各地交通运输主管部门要会同公安部门依据各自职责，依法督促从事疫苗货物道路运输企业落实安全生产责任，完善车辆定期维护、从业人员培训等安全运营管理制度，加强隐患排查，确保疫苗运输车辆车况良好；针对运输过程中可能出现的恶劣天气、交通事故、设备故障等意外或者紧急情况，完善应急处置预案，建立协调机制，确保响应及时、信息畅通、处置有效。

交通运输部
公安部
国家卫生健康委
中国民用航空局
国家药品监督管理局
中国国家铁路集团有限公司
2021年4月12日

（此件公开发布）

抄送：国务院应对新型冠状病毒感染肺炎疫情联防联控机制综合组，外交部、工业和信息化部、商务部、海关总署、国家市场监督管理总局、国家国际发展合作署，中国物流与采购联合会、中国道路运输协会，各重点新冠病毒疫苗生产企业，交通运输部公路科学研究院，交通运输部公路局、水运局、国际合作司、应急办，中央纪委国家监委驻交通运输部纪检监察组。

农业农村部办公厅 财政部办公厅关于全面推进农产品产地冷藏保鲜设施建设的通知

各省、自治区、直辖市及计划单列市农业农村（农牧）厅（局、委）、财政厅（局），新疆生产建设兵团农业农村局、财政局，北大荒农垦集团有限公司、广东省农垦总局：

加强农产品产地冷藏保鲜设施建设，是加快形成“双循环”新发展格局下的有效举措，是现代农业重大牵引性工程和促进产业消费“双升级”的重要内容，对提高重要农副产品供给保障能力、巩固拓展脱贫攻坚成果同乡村振兴有效衔接、提升乡村产业链供应链现代化水平具有重要意义。根据中央经济工作会议、中央农村工作会议和2021年中央一号文件精神，现就全面推进农产品产地冷藏保鲜设施建设工作有关事宜通知如下。

一、主要目标

以习近平新时代中国特色社会主义思想为指导，坚持供给侧结构性改革和注重需求侧管理，充分发挥市场在资源配置中的决定性作用，坚持“农有、农用、农享”的原则，围绕鲜活产品，聚焦新型主体，相对集中布局，标准规范引领，农民自愿自建，政府以奖代补，助力降损增效，推动产地冷藏保鲜能力、商品化处理能力和服务带动能力显著提升，促进“互联网+”农产品出村进城加快实施、农产品产销对接更加顺畅、小农户与大市场有效衔接，更好满足城乡居民需求。

二、建设重点

（一）实施区域

实行扩面推广与典型示范相结合，中央财政支持将农产品产地冷藏保鲜设施建设区域扩大至全国31个省（自治区、直辖市）及新疆生产建设兵团、北大荒农垦集团有限公司、广东省农垦总局、中国融通农业发展集团有限公司（以下简称“各省”），聚焦鲜活农产品主产区、特色农产品优势区和832个脱贫县，选择产业重点县（市、区）（以下简称“县”），重点围绕蔬菜、水果，兼顾地方优势特色品种开展设施建设，鼓励向832个脱贫县倾斜。在此基础上，择优选择100个产业基础好、主体积极性高、政策支持力度大的蔬菜、水果等产业重点县，中央财政支持开展农产品产地冷藏保鲜整县推进试点，同时支持北大荒农垦集团有限公司、广东省农垦总局、中国融通农业发展集团有限公司推进试点，推动形成绿色、高效、全链条的农产品产地冷藏保鲜服务网络。

（二）建设内容

1.通风贮藏库。在马铃薯、甘薯、山药、大白菜、胡萝卜、生姜等耐贮型农产品主产区，充分利用自然冷源，因地制宜建设地下、半地下贮藏窖或地上通风贮藏库，采用自然通风和机械通风相结合的方式保持适宜贮藏温度。

2.机械冷库。在果蔬及其他种植类农产品主产区，根据贮藏规模、自然气候和地质条件等，采用土建式或组装式建筑结构，配备机械制冷设备，新建保温隔热性能良好、低温环境适宜的冷库和果蔬速冻库；也可对闲置的房屋、厂房、窑洞等进行保温隔热改造，安装制冷设备，改建为机械冷库。

3.气调贮藏库。在苹果、梨、香蕉等呼吸跃变型农产品主产区，建设气密性较高、可调节气体浓度和组分的气调贮藏库，配备有关专用气调设备，对商品附加值较高的产品进行气调贮藏。

4.预冷及配套设施设备。根据产品特性、市场发展和储运加工的实际需要，规模较大的设施，可配套建设强制通风预冷、差压预冷或真空预冷等预冷库或预冷设施，配备必要的称量、清洗、分级、检测、信息采集等设备以及新建贮藏设施专用的供配电设备。

（三）支持对象

依托县级以上示范家庭农场和农民合作社示范社（832个脱贫县可不受示范等级限制），已登记的农村集体经济组织，以及北大荒农垦集团有限公司、广东省农垦总局下属农场，中国融通农业发展集团有限公司（以下简称“建设主体”）实施。试点县可因地制宜鼓励引导农业龙头企业、农业产业化联合体，以及可有效实现联农带农、“农超对接”的相关市场主体，积极参与农产品产地冷藏保鲜设施建设。

（四）补助标准

根据农业生产发展资金有关要求，采取“双限”适当支持。按照不超过建设设施总造价的30%进行补贴，832个脱贫县不高于40%，单个主体（不含农垦农场和中国融通农业发展集团有限公司）补贴规模最高不超过100万元，具体补贴标准由地方制定。对每个农产品产地冷藏保鲜整县推进试点县（以下简称“试点县”）给予重点补奖，原则上第一年安排补助资金2000万元，具体由各地结合实际并根据规定的支持对象和补助标准确定，下一年重点根据试点县农产品产地冷藏保鲜服务网络绩效评价结果，再适当安排奖励资金继续支持。对农民合作社获得的财政直接补助形成的资产要量化到全体成员并记载在成员账户中；对农村集体经济组织获得的财政直接补助形成的资产要量化为集体成员持有的股份。

三、组织实施

按照自愿申报、自主建设、定额补助、先建后补的程序，支持建设主体新建或改扩建设施。各地要准确把握政策，完善工作流程，实行申请、审核、公示到补助发放全过程线上管理，确保公开公平公正。

（一）编报实施方案。省级农业农村部门要摸清底数，会同财政部门编制省级整体实施方案，明确基本情况、思路目标、空间布局、建设内容和任务、资金支持和进度安排等，于4月30日前报农业农村部、财政部备案。要按照《农产品产地冷藏保鲜整县推进试点县工作方案》（附后）的要求，认真开展遴选并组织试点县编制实施方案，于4月30日前汇总后上报农业农村部、财政部进行审核，对未通过审核的直接取消试点资格，项目不再递补，资金予以抵扣。

（二）组织立项申报。省级农业农村部门、财政部门应及时发布实施方案、补助控制标准等重点信息，县级农业农村部门、财政部门应在申报工作启动前10个工作日向社会公布相关事宜，指导相关主体下载农业农村部新型农业经营主体信息直报系统App或农业农村部重点农产品市场信息平台农产品仓储保鲜冷链物流信息系统App，开展申报工作。坚持建设主体自愿申报，按规定提交申请资料，对真实性、完整性和有效性负责，并承担相关法律责任。

（三）自主开展建设。建设主体要按照本地技术方案要求，自主选择具有专业资质和良好信誉的施工单位开展建设、采购符合标准的设施设备。建设主体对建设和采购的设施设备拥有所有权，同时承担安全建设运营的主要责任。

（四）及时组织核验。建设主体提出验收申请后，县级农业农村部门、财政部门应会同相关部门，对设施建设的规范性、申报内容的一致性、技术方案的符合性等开展核验，有条件的县可委托第三方评估机构验收。鼓励各地探索将合法收据、普通发票和完整建设记录等纳入核验凭据范围。

（五）兑付补助资金。县级农业农村部门、财政部门应按照职责分工和时限要求，及时向验收通过的建设主体发放补助资金，并公示补助发放情况。对享受补助的冷藏保鲜设施，应设立专门的标识和编号。

北大荒农垦集团有限公司、广东省农垦总局、中国融通农业发展集团有限公司参照上述要求做好相关工作，实施方案按规定报农业农村部、财政部进行审核。

四、工作要求

（一）强化组织领导。省级农业农村部门、财政部门要高度重视，明确职责分工，密切沟通配合，形成工作合力；要科学确定实施区域，强化信息手段运用，加强全过程管理。任务实施县、农垦农场等要切实落实主体责任，主要负责同志要牵头抓总，建立健全联合工作机制，成立工作专班，切实做好各项建设工作。鼓励开展“一站式”服务，保证工作方向不偏，资金规范使用，建设取得实效。

（二）加大政策支持。各地要统筹用好中央和地方财政资金支持开展设施建设。要主动协调金融机构加大信贷支持，充分发挥全国农业信贷担保体系作用，鼓励创设冷藏保鲜设施建设专属信贷产品。切实落实农业设施用地政策，鼓励通过入股、租用等方式将村集体闲置房屋、废弃厂房或经营性建设用地等用于设施建设。在明确设施产权归建设主体所有、合理确定合作方式和收益分配的基础上，鼓励与批发市场、邮政快递、电商平台等企业开展合作，试点示范支持一批田头公益市场。

（三）高效使用资金。省级财政部门要会同农业农村部门切实加强资金监管，定期调度和报送资金使用进度。对于资金结转量大、工作推进慢的地区将调减或不再安排下一年任务资金；对于绩效考核结果较差或出现严重负面影响的试点县将采取通报整改、扣减资金或终止试点资格等措施进行处理。加强与中央财政衔接推进乡村振兴补助资金管理支持项目的衔接，区分重点、统筹安排，避免交叉重复。

（四）严格风险防控。各地要建立设施建设内部控制规程，规范业务流程，强化监督制约，开展廉政教育。任务实施县要压实建设主体责任，严格核验程序，确保设施质量。对倒卖补助指标、套取补助资金、搭车收费等严重违规行为，要坚决查处。省级农业农村部门要对2020年度设施建设情况进行全面自查，逐项梳理查找风险点和不足，制定防控举措和解决办法，并于2021年6月30日前将自查情况报农业农村部市场与信息化司。

（五）加强宣传示范。各地要通过发放明白纸、张贴宣传画、现场教学和建设样板库等方式，开展专业化、全程化、实用化培训，提升政策实施效果。鼓励各地结合实际开展农产品产地市场信息数据采集，加强与邮政、快递、电商等企业合作，促进区域内设施资源整合，实现上游产品和下游服务高效对接，拓展延伸产业链供应链。要及时总结先进经验，综合运用报纸杂志、广播电视、互联网等渠道强化宣传，指导试点县做好总结评估，推出一批机制创新、政策创新、模式创新的典型案例，切实发挥试点示范带动作用。

附件：1.农产品产地冷藏保鲜整县推进试点县工作方案

2.农产品产地冷藏保鲜整县推进试点县数量控制表

农业农村部办公厅　财政部办公厅

2021年4月19日

附件1

农产品产地冷藏保鲜整县推进试点县工作方案

为加快建设现代农产品流通体系，提升农产品产地仓储保鲜冷链物流能力，有序推动农产品产地冷藏保鲜整县推进试点县（以下简称"试点县"）建设，制定本工作方案。

一、试点目标

在农产品主产区、特色农产品优势区、832个脱贫县以及"互联网+"农产品出村进城试点县，建设一批规模化、现代化的农产品产地冷藏保鲜设施，培育形成一批一体化运作、网络化经营、专业化服务的农产品产地冷藏保鲜设施运营主体，探索一批符合我国国情的农产品产地冷藏保鲜设施运行模式，基本建成与现代农业产业发展相适应的农产品冷链物流体系，促进产业链不同环节的分工协作、优势互补，实现农产品产销衔接、优质优价，农产品供给质量和能力明显提高，农民就业增收渠道进一步拓宽，更好满足人民群众消费需要。

二、试点县遴选

（一）试点县基本条件。一是产业基础好。产业资源特色鲜明、比较优势明显、产品市场认可、产业发展规模适度，主导种植类农产品在全国具有较强代表性和竞争力（该品种在省内产业规模排名前5），农产品质量安全工作基础扎实，具有较为系统的产、加、销标准体系，有影响力较大的农产品区域公用品牌，农业社会化服务体系健全完善，具备了一定的产后分选、预冷、仓储、保鲜和低温运输等设施设备，水、电、路、网等农业基础设施条件配套较好。二是主体积极性高。从事种植类农产品生产经营主体冷藏保鲜设施需求大、建设积极性高、经营管理水平好、创新能力强，具有一批市级以上示范性新型农业经营主体，与农产品批发市场、邮政快递企业、大型电商物流企业等形成了长期合作关系，行业上下游衔接紧密，经过试点能够形成收储运加全程低温一体化。三是政策支持力度大。政府高度重视，制定了加快农产品冷链物流发展相关规划或实施方案，在产业发展、财政投入等方面措施有力，在设施建设、金融支持、用地用电等方面加强技术指导、开辟绿色通道、提高审核效率，引导区域农产品冷链物流系统化发展，保障试点顺利进行。

（二）试点县申报安排。一是申报数量。各省根据农业农村部、财政部下达的试点县数量控制表，择优开展整县试点。二是工作程序。省级农业农村部门、财政部门负责本地试点县工作的统筹安排和组织协调，县级政府自愿申报，省级农业农村部门会同财政部门审核遴选确定。三是材料报送。县级申报主体需编制“农产品产地冷藏保鲜整县推进试点县实施方案”，经省级农业农村部门、财政部门审核报农业农村部、财政部审核。

三、试点县建设重点任务

试点县建设主体使用中央财政资金开展设施建设的，应严格按照《农业农村部办公厅、财政部办公厅关于全面推进农产品产地冷藏保鲜设施建设工作的通知》规定的建设内容、支持对象和补助标准执行。同时，应统筹加大地方财政支持，引导金融和社会资本投入，打造绿色、高效、全链条的农产品产地冷藏保鲜服务网络。重点包括四方面内容。

（一）建设农产品产地冷藏保鲜基础设施。加强统筹规划，以市场为导向推进集群集聚建设，逐步形成农产品产地冷藏保鲜基础设施网络。支持家庭农场、农民合作社、已登记的农村集体经济组织等建设规模适度的分选、预冷、冷藏、冷冻等设施设备，推动有条件的主体开展产后处理、源头保鲜、产地储藏、市场交易、物流配送等服务。以现有的农业产业园、示范园、电商孵化园或物流园区等为平台，引导市场主体建设或改造具有集中采购和跨区域配送能力的产地低温直销配送中心，衔接产区、对接市场，为农产品主产区提供线上线下融合的分拣包装、贮藏保鲜、分拨配送等低温直销和品牌增值服务，打造区域冷链物流中心节点。

（二）培育农产品产地冷藏保鲜设施运营主体。坚持设施建设与规范经营、政策支持相结合的原则，培育壮大农产品仓储保鲜冷链物流运营主体队伍，提高农产品市场流通效率。鼓励和支持新型农业经营主体，应用现代管理理念、标准和技术，建设和运营对接产业需求和市场供给的农产品冷藏保鲜设施和产地低温直销配送中心，开展低温处理、集中储藏、规模配送等专业化、全程化服务。引导各类电子商务平台通过联合合作、平台对接、资源共享等市场化方式，推进仓储、运输、分拨、配送等资源集聚，实现精准服务和高效运营。

（三）建立农产品产地冷藏保鲜营销体系。积极发展“新型农业经营主体 + 田头市场 + 批发市场”等模式，推动形成集中仓储、共同配送、仓配一体等新机制，满足城乡居民个性化、高品质生活需要。大力发展“互联网 +”农产品冷链物流，以信息平台为窗口开展业务协作，实现上游产品和下游服务的高效对接，促进区域内分散的冷藏保鲜设施资源合理配置。鼓励发展生鲜电商、蔬果宅配、前置仓、产地仓等新型流通业态和直销配送、集中配送、共同配送等配送方式，提升农产品短链流通能力。

（四）增强农产品产地冷藏保鲜支撑能力。加强与科研院校、农业企业的合作，重点解决保鲜技术、专用设备、温控标准等关键问题，提升产地仓储、保鲜、装卸及商品化处理等作业效率和管理水平。充分发挥农民合作社、产业化龙头企业和农产品批发市场骨干作用，通过高频次、市场化、规模化等农产品仓储保鲜冷链物流交易活动，探索构建适应跨地域、反季节、大流通和多产融合的标准，逐步形成统一规范、符合市场需求、覆盖全产业链的集成技术和业态流程标准体系。开展农产品产地市场信息采集，依托农产品仓储保鲜冷链物流运营主体，促进产品供给、市场需求、储运业务、订单追踪等信息集成共享、高效流动，确保相关数据对接我部农产品仓储保鲜冷链物流信息系统。

附件2

农产品产地冷藏保鲜整县推进试点县数量控制表

省份	数量（个）	省份	数量（个）
河北省	4	湖南省	6
山西省	2	广东省	4
内蒙古自治区	3	广西壮族自治区	6
辽宁省	2	重庆市	4
吉林省	4	四川省	5
黑龙江省	2	贵州省	5
江苏省	4	云南省	2
浙江省	4	西藏自治区	1
安徽省	4	陕西省	6
福建省	2	甘肃省	6
江西省	3	青海省	1
山东省	5	宁夏回族自治区	4
河南省	4	新疆维吾尔自治区	1
湖北省	5	新疆生产建设兵团	1
总计	100		

国家发展改革委　粮食和储备局关于印发《粮食等重要农产品仓储设施中央预算内投资专项管理办法》的通知

发改经贸规〔2021〕568号

各省、自治区、直辖市及计划单列市、新疆生产建设兵团发展改革委、粮食和储备局，供销合作总社，中国储备粮管理集团有限公司、中粮集团有限公司、北大荒农垦集团有限公司：

为贯彻落实党中央、国务院决策部署，发挥中央预算内投资引导带动作用，规范粮食等重要农产品仓储设施专项管理，提高中央预算内投资使用效率，根据《政府投资条例》和中央预算内投资管理的相关规定，我们研究制定了《粮食等重要农产品仓储设施中央预算内投资专项管理办法》，现印发给你们，请按照执行。

国家发展改革委粮食和储备局

2021年4月22日

附件：《粮食等重要农产品仓储设施中央预算内投资专项管理办法》

附件

粮食等重要农产品仓储设施中央预算内投资专项管理办法

第一章 总 则

第一条 为规范粮食等重要农产品仓储设施专项（以下简称“本专项”）管理，提高中央预算内投资使用效率，根据《政府投资条例》（国务院令第 712 号）、《中央预算内投资补助和贴息项目管理办法》（国家发展改革委令第 45 号）等有关规定，制定本办法。

第二条 本专项根据国家粮食安全和乡村振兴等重大战略实施和重要农产品市场调控需要，按照中央和地方事权划分原则，安排粮食、棉花、食糖以及其他重要农产品仓储设施中央预算内投资。

第三条 本专项以投资补助方式将中央预算内投资下达到中央企业（含中央本级单位）的具体项目或将资金规模切块下达地方。

第二章 支持范围

第四条 本专项重点支持以下项目建设：

（一）中央储备粮食仓储物流设施项目。

（二）中央储备棉花、食糖直属库仓储设施项目。

（三）与地方政府粮食储备配套的粮食仓储物流设施项目，政策性粮食收购有仓容缺口区域的粮食仓储设施项目，以及位于粮食物流重点线路、节点上的粮食仓储物流项目。

（四）根据党中央、国务院决策部署，需国家支持的其他重要农产品仓储物流设施项目。

第三章 补助标准

第五条 国家发展改革委根据专家评审核算的相关设施投资测算中央预算内投资安排方案。

第六条 中央储备直属粮食仓储物流项

目、棉花和食糖仓储项目补助比例不高于核算后相关设施投资的 50%，其他中央企业和地方项目补助比例不高于 30%。西藏自治区及青海、四川、云南、甘肃省涉藏州县（以下简称“四省涉藏州县”）粮食仓储设施项目给予全额补助。西藏自治区及四省涉藏州县的其他项目以及新疆地区的项目补助比例不高于50%。

第七条 中央储备直属粮食仓储物流项目、棉花和食糖仓储项目，单个项目补助资金不超过2.5 亿元；其他项目，单个项目补助资金不超过 1 亿元，且均为一次性安排。

第四章 项目申报与审核

第八条 中央企业、省级发展改革部门会同省级粮食等相关部门组织有关单位按照本办法规定，编制三年滚动投资计划和年度投资计划。中央企业组织所属企业，省级发展改革部门会同粮食等有关部门组织市县发展改革等部门，对项目进行实地调研，审核项目真实性、建设必要性、技术可行性和资金合理性等，并将通过审核的项目录入国家重大建设项目库。

第九条 中央企业、省级发展改革部门应按照本专项当年投资计划编制要求向国家发展改革委提出中央预算内投资计划申请。省级发展改革部门申请中央预算内投资计划应符合当地财政承受能力和政府投资能力，确保不造成地方政府债务风险，并按照《国家发展改革委关于规范中央预算内投资资金安排方式及项目管理的通知》（发改投资规〔2020〕518 号）明确的直接投资、资本金注入、补助、贷款贴息等资金安排方式，根据所申报项目的具体情况提出拟采取的资金安排方式。

第十条 拟申报的项目应符合以下条件：

（一）符合国家和地方粮食仓储物流设施布局建设相关要求；

（二）已列入三年滚动投资计划并录入国家重大建设项目库；

（三）依法获得审批（核准、备案）和相关前期手续，项目建设自筹资金已落实；

（四）拟新建项目中央预算内投资计划下达后即可按期开工建设；已开工建设但申报时实际完成投资比例未超过 70%；

（五）未获得过其他中央财政性资金支持；

（六）项目单位未列入严重失信主体名单；

（七）有关法律法规政策规定的其他条件。

第十一条 中央企业应在本专项当年投资计划申报时限内向国家发展改革委提交中央预算内投资申请文件和资金申请报告。省级发展改革部门应在本专项当年投资计划申报时限内按照国家发展改革委要求报送中央预算内投资申请文件及项目单行材料。

第十二条 中央企业项目资金申请报告需附每个项目资金申请报告，地方申报项目需提交具体项目单行材料。西藏、新疆上报的粮食仓储设施项目可合并编写单行材料；其他类型项目应按具体项目编写单行材料。

第十三条 国家发展改革委会同粮食和储备局组织专家对中央企业资金申请报告和地方粮食项目单行材料进行评审。专家根据本办法规定，提出符合本专项支持方向且通过评审的项目清单，并核算相关设施投资。

第十四条 国家发展改革委根据专家评审

结果及其核算投资，确定地方拟纳入中央预算内投资支持范围的项目清单，由省级发展改革部门对项目建设条件及前期手续进行复核。除西藏自治区、四省涉藏州县及新疆地区粮食仓储设施项目外，其他项目核算投资低于1000万元的项目不纳入支持范围。

第五章　计划编制下达

第十五条　国家发展改革委根据储备调控需要和专家评审意见，结合上年度审计、项目管理、日常调度等情况，根据本办法有关规定确定拟支持中央企业项目清单和中央预算内投资规模。

第十六条　中央企业应按照国家发展改革委确定的项目清单，督促项目建设单位依法依规办理相关手续，在规定时间内向国家发展改革委报送申请下达投资计划和绩效目标请示。中央企业报送的下达投资计划请示中需明确所报项目各项建设条件已落实，以及每个项目的项目单位（法人）和项目责任人、日常监管直接责任单位和监管责任人，并同时通过重大建设项目库进行报备。

第十七条　国家发展改革委会同粮食和储备局对符合条件的中央企业粮食项目下达年度中央预算内投资计划和绩效目标，一并批复资金申请报告；中央企业其他项目年度中央预算内投资计划和绩效目标及资金申请报告由国家发展改革委下达批复。中央企业收到年度中央预算内投资计划和绩效目标后，应在10个工作日内转发下达给项目单位。

第十八条　国家发展改革委会同粮食和储备局根据专家核算投资和地方复核意见，综合考虑本专项年度中央预算内投资规模及上年度审计、项目管理、日常调度情况等因素，统筹平衡后测算确定地方年度中央预算内投资切块规模。测算切块规模低于500万元的省当年不予安排中央预算内投资。

第十九条　省级发展改革部门根据国家发展改革委测算确定的分省中央预算内投资切块规模向国家发展改革委报送申请下达中央预算内投资计划和绩效目标请示。

第二十条　国家发展改革委以切块方式向省级发展改革部门下达分省年度中央预算内投资计划和绩效目标。收到年度中央预算内投资计划后，省级发展改革部门可组织专家对通过审核的项目前期手续落实、相关设施投资等情况进行再复核，要在20个工作日内按照统一标准将投资计划和绩效目标分解下达到条件成熟、依法依规应办理的相关手续齐全的具体项目，并按照《国家发展改革委关于规范中央预算内投资资金安排方式及项目管理的通知》（发改投资规〔2020〕518号）有关规定明确各项目的具体资金安排方式。投资计划下达表通过重大建设项目库生成，表中需注明每个项目的项目单位（法人）和项目责任人、日常监管直接责任单位和监管责任人，并在“备注”栏注明每个项目的核算投资。

第二十一条　中央企业转发、省级发展改革部门分解下达投资计划后，应将相关文件及时报国家发展改革委备案，并通过重大建设项目库进行项目报备。

第二十二条　日常监管直接责任单位应为项目直接管理单位（对项目单位财务或人事管

理行使管理职责的上一级单位），没有直接管理单位的，则为当地行业主管部门。监管责任人由日常监管直接责任单位派出，是日常监管的直接责任人。日常监管直接责任单位及监管责任人对项目申报、建设管理、信息报送等履行日常监管职责。

第六章　项目管理

第二十三条　中央预算内投资项目的财务管理按照财政部门的有关管理规定执行。中央企业和地方各级发展改革部门要配合有关部门做好资金拨付工作，确保中央预算内投资和其他资金按期拨付。项目单位应开设资金专户或专账，单独核算，按规定用途使用资金。严禁转移、侵占或者挪用中央预算内投资。除中央预算内投资之外的项目建设所需其他资金，应及时足额落实到位。

第二十四条　中央企业、地方各级发展改革部门负责监督指导项目单位按规定落实项目建设进度，协调解决项目建设中存在的问题，保证项目建设质量。

第二十五条　项目单位不得擅自改变主要建设内容、降低建设标准。因建设主体、建设内容、建设规模、总投资等发生重大变更导致项目无法实施确需调整投资计划的，中央企业项目应及时报请国家发展改革委进行调整；地方项目由省级发展改革部门负责调整并报国家发展改革委备案，如需调整到其他专项，应报国家发展改革委进行调整。中央企业、省级发展改革部门要及时在重大建设项目库中对投资计划调整的项目进行更新更正。

第二十六条　中央企业、省级发展改革部门负责督促指导项目单位每月 10 日前填报项目建设进度，包括项目开工情况、投资完成情况、工程形象进度等数据，负责审核项目单位填报的数据；负责依托重大建设项目库对项目实施情况按月调度，对项目建设信息反映出来的问题及时进行预警。

第二十七条　项目完工后，项目单位应及时按照《建设工程质量管理条例》等有关规定做好竣工验收工作，并按程序及时将验收结果报中央企业或省级发展改革部门备案。上报内容包括：实际建设内容、建设规模、竣工决算、建设进度总结等。

第七章　监督检查

第二十八条　国家发展改革委组织对本专项绩效目标实现情况进行评估考核。中央储备粮食企业粮食项目评估考核由国家发展改革委会同粮食和储备局负责。

第二十九条　国家发展改革委通过投资项目在线审批监管平台和重大项目建设库对项目进行动态监管，对发现的问题督促项目单位及时整改。其中，中央储备粮食企业粮食项目由国家发展改革委会同粮食和储备局负责。中央企业、省级发展改革部门会同省级粮食部门按照职责分工负责项目建设事中事后监管，组织项目现场检查，督促日常监管直接责任单位和监管责任人履行日常监管职责，逐项整改监督检查发现的问题，重大问题应按要求及时报告国家发展改革委。项目单位应当自觉接受审计、纪检监察、财政等部门依据职能分工进行的监督检查，及时提供有关档案资料。

第三十条 项目出现下列情形之一的，国家发展改革委可根据情节采取通报批评、约谈相关中央企业和省级发展改革部门负责人、责令限期整改、在一定时期和范围内不再受理其报送的资金申请报告或核减下年度中央预算内投资规模等处罚措施，在粮食安全省长责任制考核中予以扣分。

（一）下达投资计划后一年内未开工或建设进度缓慢、超期未完工的；

（二）未按规定审核筛选复核，造成投资计划下达后项目调整的；

（三）项目申报、审核、分解下达年度计划出现严重失误的；

（四）项目调度不及时、重大项目库数据填报失误的；

（五）发生重大安全质量事故的；

（六）其他违反法律法规和本办法有关规定的行为。

第三十一条 项目单位出现下列情形之一的，国家发展改革委可采取责令整改、暂停或停止拨付、收回中央预算内补助资金、在一定时期和范围内不再受理其报送的资金申请报告或核减其下年度中央预算内投资规模等处罚措施。同时，将相关信息纳入全国信用信息共享平台并依法在“信用中国”网站公开，在粮食安全省长责任制考核中予以扣分，情节严重的提请有关机关依法追究相关责任人行政或法律责任。

（一）提供虚假情况、骗取投资补助资金的；

（二）转移、侵占或者挪用投资补助资金的；

（三）擅自改变主要建设内容和建设标准的；

（四）项目建设规模、标准和内容发生重大变化不及时报告的；

（五）其他违反法律法规和本办法有关规定的行为。

第八章 附 则

第三十二条 本办法中所称“省”“省级”包括省、自治区、直辖市和计划单列市、新疆生产建设兵团。

第三十三条 本办法由国家发展改革委负责解释。

第三十四条 本办法自发布之日起施行，有效期 5 年。原《粮食安全保障调控和应急设施中央预算内投资专项管理办法》（发改经贸规〔2017〕1987号）同时废止。

关于进一步加强农产品供应链体系建设的通知

财办建〔2021〕37号

各省、自治区、直辖市财政厅（局）、商务主管部门：

为深入贯彻党的十九届五中全会精神，切实落实《中共中央 国务院关于全面推进乡村振兴加快农业农村现代化的意见》要求和中央农村工作会议部署，加快构建农产品现代流通体系，提升农产品流通效率，保障市场供应，助力乡村振兴，促进消费升级，为构建新发展格局提供有力支撑，财政部、商务部决定进一步加强农产品供应链体系建设。现将有关事项通知如下：

一、总体要求

（一）工作思路。

深入贯彻习近平新时代中国特色社会主义思想，坚持以人民为中心的发展思想，坚持新发展理念，紧紧围绕畅通国内大循环、助力构建新发展格局，遵循“强节点、建链条、优网络”工作思路，以省（自治区、直辖市）为实施主体开展农产品供应链体系建设，着力完善农产品流通骨干网络，强化长期稳定的产销对接机制，加快建设畅通高效、贯通城乡、安全规范的农产品现代流通体系。重点抓住跨区域农产品批发市场和干线冷链物流，补齐农产品流通设施短板，打通农产品流通“大动脉”；完善产区“最初一公里”初加工设施设备，提升农贸市场、菜市场“最后一公里”惠民功能，畅通农产品流通“微循环”。

（二）工作目标。

通过2年时间，加快形成农商联系更为紧密、产销衔接更为畅通的农产品供应链体系，具体绩效指标如下：

1.推进农产品市场尤其是公益性农产品市场建设，提升公益性农产品市场地市级覆盖率。

2.加快补齐冷链设施短板，提高本地区农产品冷链流通率。

3.完善农产品零售网络，提升农产品零售网点覆盖率。

4.加强产地商品化处理设施建设，增强农产品产地预冷能力。

5.强化农产品产销对接机制，增加面向乡村振兴重点帮扶县的农产品销售专档、专区、专柜数量。

6.完善农产品流通骨干网，提高中央财政支持的农产品批发市场在本地区农产品流通规模中的占比。

二、工作内容

（一）升级改造公益性农产品批发市场。支持公益性农产品批发市场改造交易区和内部道路等公共设施，满足分区、分类经营和批零分离、人车分流要求。完善通风、排水和垃圾处理等设施，改善环境卫生。加快完善检验检测、产品溯源等设施设备，严把农产品入市质量安全关。开展信息化和智能化改造，推动实施电子结算，加强买卖双方经营和交易信息登记管理，促进人、车、货可视化、数字化管理。

（二）发展农产品冷链物流。支持农产品流通企业建设规模适度的预冷、贮藏保鲜等设施，加快节能型冷藏设施应用。鼓励农产品批发市场建设冷链加工配送中心和中央厨房等，增强流通主渠道冷链服务能力。推动农产品冷链技术装备标准化，推广可循环标准化周转箱，促进农产品冷链各环节间有序衔接。

（三）加强产地流通基础设施建设。支持在产地就近建设改造集配中心、冷库、产地仓等设施，配备清洗、分拣、烘干、分级、包装等设备，增强产地商品化处理和错峰销售能力，提高产地移动型、共享型商品化处理设施利用率。

（四）完善农产品零售网点。支持农贸市场、菜市场、社区菜店等农产品零售市场实施环境改造，完善分区布局，进一步增强检验检测、冷藏保鲜、产品追溯等便民惠民服务能力，完善供应链末端公益功能。发展智慧农贸市场，支持市场配置智能电子秤、信息化管理等设备设施，对品种、价格、销售量等交易信息统一管理。鼓励有条件的市场进行超市化改造。

（五）强化产销对接长效机制。重点面向乡村振兴重点帮扶县，支持农产品批发市场、连锁超市、生鲜电商等各类农产品流通企业，进一步做大做实农产品销售专柜、专区、专档，拓宽农产品营销渠道。

三、中央财政支持政策

（一）支持原则。中央财政资金主要立足于弥补市场失灵，做好基础性、公共性工作，发挥其对社会资本的引导作用，提高农产品供应链上下游协同性和运行效率，加快完善全国农产品流通骨干网。确定支持省份可根据支持内容清单，结合本地实际选择支持方向，应至少支持1家公益性农产品批发市场建设（政府支持并拥有较强控制力，具有保障市场供应、稳定市场价格、促进食品安全、推动绿色环保等公益功能的农产品市场），并避免支持项目与发展改革委安排的中央基建投资项目重复。

（二）支持对象。确定支持省份可统筹安排使用资金，加强农产品供应链体系建设，支持对象近3年内未发生安全生产事故。纳入支持范围的农产品批发市场应符合以下标准：位于全国农产品流通骨干网的重要节点，东部地区年交易额不低于150亿元、年交易量不低于100万吨、至少辐射周边5个省份；中西部省份年交易额不低于80亿元、年交易量不低于50万吨、至少辐射周边3个省份。

（三）支持标准。对确定支持的省份，按照东、中、西部确定不同的支持标准，资金分两年安排，2021年先行拨付部分资金，2022年根据工作开展情况，通过绩效评价后再拨付剩余资金。

（四）支持方式。各地可采用《中央财政服务业发展资金管理办法》（财建〔2019〕50号）规定的方式对符合要求的主体予以支持，鼓励按照“菜单式、全公开、可追溯、问绩效”方式管理，强化绩效评价结果运用，采用以事后绩效评价结果为依据的“以奖代补”方式。鼓励创新财政政策，支持跨区域联动项目，对在外地注册法人但在本地有实体的非法人机构，及在本地注册法人但在周边地区建设实体的机构，可在本地申报项目。省级财政、商务主管部门要加强项目管理，杜绝同一项目重复申报、重复支持。

四、工作程序

（一）提前下达资金。为增强预算编制的完整性，加快转移支付资金预算支出进度，中央财政于2020年四季度通过农产品供应链体系建设资金提前下达了部分预算。商务部、财政部采取因素法，综合考虑工作基础、既有工作开展情况等因素初步选择支持省份，安排资金。

（二）组织地方申报。有意愿省份（包括收到提前下达资金的省份）根据本通知要求，结合本地实际情况，制定实施方案，于5月20日前报商务部、财政部，申请中央财政资金支持。实施方案应按照2年工作周期进行编制，要思路清晰、重点突出、目标明确、措施有效、责任明晰、数字详实，具体包括以下内容：一是本地区农产品供应链发展现状，重点结合拟支持方向，提出需要着力补齐的短板和弱项。二是提出任务内容、资金支持方式和重点、资金管理、工作机构及保障措施等内容。三是按支持年度明确提出中央财政资金绩效指标（参照附件1），根据支持内容，分类确定不同支持领域可量化的考核评价指标。四是其他需要上报符合实际需要的事项。

（三）开展竞争性评审。在地方报送实施方案的基础上，商务部、财政部组织开展评审，以竞争性择优方式确定最终支持省份。此前收到提前下达预算但本次未申报的省份，以及未通过评审进入最终支持范围的省份，将予以清算，收回此前已下达预算。

五、有关工作要求

（一）切实加强组织领导。省级财政、商务主管部门要充分认识农产品供应链建设工作的重要意义，切实加强组织领导和顶层设计，建立各相关部门参与的工作协调机制，结合地方实际细化目标任务，明确责任分工，制定详细的实施步骤和时间进度安排，加强统筹协调，确保工作顺利推进。

（二）完善工作推进机制。自2014年起，各地以各种形式接受过中央财政资金补助的农产品流通企业，原则上都应纳入本地区农产品流通骨干队伍。2021—2022年度中央财政资金的使用要更加注重队伍和机制建设，接受中央财政资金支持的公益性农产品批发市场和当地政府签订协议，明确应急保供、稳定价格、安全环保等公益性职责，增强民生保障能力。同时，各地要按照商务部等有关部门要求，积极报送农产品供应链体系相关数据，发挥数据资源在农产品供应链体系建设中决策参考作用。

（三）严格项目资金监管。各级商务、财政主管部门要按照全面实施预算绩效管理的要求，做好事前绩效评估、绩效目标管理和绩效监控、绩效评价等全过程绩效管理工作。省级商务、财政主管部门是农产品供应链建设工作的责任主体，要严格落实主体责任，认真履行本地区有关项目申报、评审、执行、验收、评价等职能，建立健全资金及项目管理制度，完善事前、事中和事后全过程预算绩效管理体系，保障财政资金的安全和效率。

（四）切实做好绩效评价。省级商务、财政主管部门要及时上报工作进展情况，于每个季度首月10个工作日前将上季度资金拨付及项目进展情况表（见附件2）报商务部、财政部，于2022年3月31日前将工作中期进展情况进行自评，形成自评报告报商务部、财政部。省级商务、财政主管部门应在工作结束后进行综合绩效自评，并于3个月内形成绩效自评报告报商务部、财政部。商务部、财政部将适时委托第三方机构对工作开展情况和成果进行绩效评价（绩效评价指标体系见附件3）。

（五）做好宣传总结推广。省级商务、财政主管部门要及时跟进工作进展情况，总结发现工作推进过程中出现的先进经验和典型案例，重点总结机制创新、政策创新、模式创新等经验成果，加大典型案例宣传和推广力度，扩大政策效果，推动工作成效由点到面拓展。

附件：1.区域绩效目标表（略）

2.资金拨付及项目进展情况表（略）

3.绩效评价指标体系（略）

财政部办公厅　商务部办公厅

2021年5月10日

关于开展2021年电子商务进农村综合示范工作的通知

财办建〔2021〕38号

有关省、自治区、直辖市财政厅（局）、商务主管部门、乡村振兴（扶贫协作）部门：

为贯彻落实中央一号文件部署，深入推进电子商务进农村，推动城乡生产与消费有效对接，服务构建新发展格局，全面推进乡村振兴，财政部、商务部、国家乡村振兴局决定2021年继续开展电子商务进农村综合示范（以下称综合示范）。现就有关事项通知如下：

一、指导思想

以习近平新时代中国特色社会主义思想为指导，深入贯彻落实党的十九大和十九届二中、三中、四中、五中全会精神，坚持以人民为中心的发展思想，因地制宜、分类施策，以提升农村电商应用水平为重点，线上线下融合为抓手，健全农村电商公共服务体系，推动县域商业体系转型升级，完善县乡村三级物流配送体系，培育新型农村市场主体，畅通农产品进城和工业品下乡双向渠道，促进农民收入和农村消费双提升，巩固拓展脱贫攻坚成果，推进乡村振兴。

二、基本原则与目标

（一）基本原则。

市场主导，政府引导。发挥市场对资源配置的决定性作用，充分激发农村市场主体活力和内生动力。政府优化政策供给、提升服务和治理水平，营造公平营商环境和放心消费环境。

聚焦短板，巩固提升。推动资源要素向农村市场倾斜，补齐流通短板。统筹衔接电商、物流、商贸流通等现有资源，拓展提升服务功能，推动农村流通设施和服务融入现代流通体系。

因地制宜，鼓励创新。尊重乡土文化特点和农产品生产流通规律，挖掘产业优势，突出区域特色。尊重基层首创精神，分层分类，鼓励地方立足区域实际，大胆开拓创新。

加强统筹，抓好落实。健全中央统筹、省负总责、市县抓落实的工作机制。中央部门加强协作，完善顶层设计和政策支持体系。各地结合实际细化政策措施，加强指导监督和绩效管理，确保资金安全、政策落地、农村受益。

（二）发展目标。

扩大电子商务进农村覆盖面，健全农村商贸流通体系，促进农村消费，培育一批各具特色、经验可复制推广的示范县。示范地区物流成本明显降低，农村网络零售额和农产品网络零售额年均增速高于全国平均水平，农产品进城和工业品下乡有效畅通，助力农民增收致富。西部地区可结合实际，制定合理可行的发展目标。

三、中央财政资金支持方式和重点

中央财政继续支持开展电子商务进农村综合示范，其中，2020年四季度提前下达的资金，主要用于拨付2021年示范县资金以及2019年示范县尾款；2021年下达资金，主要用于预拨2020年示范县尾款和拨付农村电商典型激励县奖励资金。鼓励各地优先采取贷款贴息、购买服务、以奖代补等支持方式，加快资金拨付进度，提高资金使用效益，通过中央财政资金撬动社会资本，共同推动农村电商高质量发展，促进农村商贸流通体系转型升级。中央财政资金重点支持以下方向：

（一）完善农村电子商务公共服务体系。立足农副、手工、民俗、乡村旅游等特色产业，统筹加工、包装、品控、营销、金融、物流等服务，加强品牌和标准建设，拓宽农产品销售渠道。整合邮政、供销、快递、金融、政务等资源，拓展农村电商站点代买代卖、小额存取、信息咨询、职业介绍等便民服务功能，鼓励多站合一、服务共享，增强便民综合服务能力。

（二）健全县乡村三级物流配送体系。支持邮政、快递、物流、商贸流通等企业开展市场化合作，发展农村物流共同配送，在整合县域电商快递基础上，搭载日用消费品、农资下乡和农产品进城双向配送服务，推动物流统仓共配，降低物流成本。支持建设和改造县级物流配送中心、乡镇快递物流站点，提高自动化和信息化水平，辐射周边乡村。

（三）推动农村商贸流通企业转型升级。支持邮政、供销、农村传统商贸流通企业运用大数据、云计算、移动互联网等现代信息技术，加快数字化、连锁化转型升级，实现线上线下融合发展；支持有实力的电商、邮政、快递和连锁流通企业向农村下沉供应链，为农村中小企业和零售网点等提供集中采购、统一配送、库存管理等服务，弥补农村市场缺位和基础短板，打造适应本地消费需求的现代流通服务体系。

（四）培育农村电商创业带头人。依托县域电商公共服务体系等，完善产品包装、摄影美工、直播带货、网店运营等课程，加强对具备条件的返乡农民工、大学生、退伍军人、合作社社员等的实操技能培训，发挥电商致富的示范性、引领性。注重培训后续跟踪服务，提高创业就业转化率。

各省（自治区、直辖市，以下统称省）可从本地实际出发，因地制宜细化建设内容和支持标准。根据《财政部关于印发〈服务业发展资金管理办法〉的通知》（财建〔2019〕50号）等规定，中央财政资金不得用于网络交易平台、楼堂馆所建设、征地拆迁、购买流量、人员经费等经常性开支以及提取工作经费等。此外，应避免支持项目与发展改革委安排的中央基建投资项目重复。

省级财政部门要会同商务、乡村振兴（扶贫协作）部门，按照《财政部关于推进地方盘活财政存量资金有关事项的通知》（财预〔2015〕15号）有关规定，督促地方提高资金使用效率，并做好本省示范县长期闲置的中央财政资金统筹安排工作，对2019年及以前年份已下达资金中未安排使用部分统一收回，统筹用于支持农村流通领域。

四、申报范围

2021年以省为单位统一申报，择优选择农村电商基础较好的县（不含市辖区，属于脱贫县的区除外），西部省份优先支持乡村振兴重点帮扶县。以前年度支持过的示范县可二次申报，需满足资金拨付率达到90%以上、项目验收基本完成、工作成效突出等条件。继续支持西藏自治区以整区推进形式开展工作。

根据《国务院办公厅关于对真抓实干成效明显地方进一步加大激励支持力度的通知》（国办发〔2018〕117号）精神，对今年确定的陕西省武功县等10个农村电商典型激励县不需评审，直接纳入综合示范范围，通过2021年下达资金予以支持。

五、工作程序

（一）提前下达资金。

为增强预算编制的完整性，加快转移支付资金预算支出进度，中央财政于2020年四季度提前下达了2021年部分专项资金。资金分配采取因素法，选取因素包括各省农村网络零售额、前期支持数量、资金拨付率、绩效评价得分等指标。

（二）报送工作方案。

按照自愿原则，各地以不超过提前下达资金150%的规模制定并报送工作方案。其中，新增示范县应通过竞争性选择产生，拟预拨尾款的2020年示范县应根据预算执行进度、绩效评价自评情况等择优产生。各地于2021年5月20日前将省级工作方案一并报送商务部、财政部、国家乡村振兴局。逾期或未按规定报送的，视同自动放弃。

（三）确定支持规模。

商务部、财政部、国家乡村振兴局组织对地方上报的工作方案进行评审，根据方案得分，并结合前期工作情况，确定各省示范县名额和具体资金支持规模，按照“多退少补”原则据实调整下达资金。各省按照确定的资金规模，进一步完善工作方案，并于2021年6月25日前，将最终工作方案，以省级人民政府函形式报送三部门。各省工作方案将是三部门监督检查的重要依据。

六、工作要求

（一）加强组织领导。各省要加强对综合示范的组织领导，建立多部门协调机制，加大政策协同力度，从本地实际出发，研究出台土地、资金、人才等配套措施，推进政策落地。省级商务主管部门要按照商务部统一要求，围绕推进乡村振兴，组织做好农村电商、商贸流通调查摸底，为后续工作预作准备。

（二）健全责任机制。省级主管部门是本省综合示范的第一责任主体，对选择的县和本省工作负总责。要因地制宜制定实施方案，细化资金支持方向和奖补标准，明确项目建设要求和验收办法，做好政策的承上启下，组织好对示范县的绩效评价，及时报送工作情况。示范县是综合示范的直接责任主体，负责自主统筹资金和项目，推动政策落地、发挥实效。

（三）强化工作指导。省级主管部门要建立日常指导监督机制，委托会计师事务所等第三方机构加强绩效管理，督促示范县合理加快资金拨付进度，依法依规竞争选择承办单位，加强对承办单位履约能力的考核，重视项目建成后运营和服务效果。对前期纪检、审计、绩效评价等发现问题，要建立问题清单，督促示范县一一整改到位。指导示范县引入纪检、审计等力量，增加财评、监理等环节，加强事前事中管理。要指导二次支持县加强资金、物流、品牌等资源整合，不断提高农村电商的产业化、规模化和可持续发展水平，避免重复建设。

（四）做好信息公开。省级主管部门应在部门政府网站做好政务公开，提供举报监督渠道；督促示范县在政府网站及时、全面、集中公开综合示范实施方案、资金项目等信息；督促示范县和承办单位与商务部信息系统进行对接，及时更新项目建设、资金拨付等情况；指导示范县与项目承办主体达成协议，凡接受财政补贴的承办主体，必须按要求提供项目有关交易和活动信息，同时依法保护承办主体的信息安全。未提供完整信息的项目不得验收。加快推进智慧乡村服务应用，加强农村电商、产品、消费等数据处理和应用，不断提升管理水平。

（五）加强宣传推广。各地要善于利用各种媒体，加大宣传力度，营造正向舆论氛围，引导企业加大投入，群众积极参与，不断提升电子商务进农村综合示范和农村商贸流通的社会参与度。要建立工作机制，及时总结前期工作实施成效，发现推广典型经验做法，加强地区间的交流与借鉴，增强辐射带动效应。

附件：工作方案基本要求（略）

财政部办公厅　商务部办公厅　国家乡村振兴局综合司

2021年5月11日

商务部　发展改革委　工业和信息化部　农业农村部　海关总署　市场监管总局　中国贸促会关于印发《商品市场优化升级专项行动计划（2021—2025）》的通知

【发布单位】流通发展司

【发布文号】商流通函〔2021〕159号

【发文日期】2021年5月13日

各省、自治区、直辖市、计划单列市及新疆生产建设兵团商务、发展改革、工业和信息化、农业农村、市场监管部门，海关总署广东分署、各直属海关，各省、自治区、直辖市、新疆生产建设兵团、副省级市贸促会、各行业贸促会：

为深入贯彻落实《中共中央　国务院关于新时代加快完善社会主义市场经济体制的意见》《中共中央办公厅　国务院办公厅关于印发〈建设高标准市场体系行动方案〉的通知》等文件精神，推进商品市场创新发展，畅通国内大循环，促进国内国际双循环，商务部、发展改革委、工业和信息化部、农业农村部、海关总署、市场监管总局、中国贸促会联合制定了《商品市场优化升级专项行动计划（2021—2025）》，现印发给你们，请结合本地区、本部门实际，认真组织实施。

商务部　发展改革委　工业和信息化部　农业农村部

海关总署　市场监管总局　中国贸促会

2021年5月11日

商品市场优化升级专项行动计划（2021—2025）

为深入贯彻落实《中共中央　国务院关于新时代加快完善社会主义市场经济体制的意见》《中共中央办公厅　国务院办公厅关于印发〈建设高标准市场体系行动方案〉的通知》等文件精神，推进商品市场创新发展，畅通国内大循环，促进国内国际双循环，商务部、发展改革委、工业和信息化部、农业农村部、海关总署、市场监管总局、中国贸促会联合开展商品市场优化升级专项行动。

一、总体要求

（一）指导思想。

以习近平新时代中国特色社会主义思想为指导，全面贯彻党的十九大和十九届二中、三中、四中、五中全会精神，按照高标准市场体系建设要求，充分发挥商品市场在流通中的枢纽节点作用，加强产业链供应链协同，提高流通效率，促进消费潜力释放，加快形成更加高效的现代流通体系，为构建新发展格局提供有力支撑。

（二）基本原则。

坚持市场主导、政府引导。充分发挥市场在资源配置中的决定性作用，激发商品市场主体活力，加快创新发展。更好发挥政府部门在规划、标准、政策、监管等方面的作用，营造良好发展环境。

坚持突出重点、分类指导。按照构建现代流通体系的总体要求，聚焦问题、补足短板、巩固优势，明确优化升级方向。按照农产品、工业消费品和生产资料市场不同特点，结合区域发展实际，加强分类指导。

坚持以点带面、有序推进。完善商品市场重点联系机制，以重点联系商品市场为基础，兼顾商品市场类型与区域布局，选择有基础、有潜力、有意愿的地区分批开展试点，取得经验成效后逐步拓展、全面推进。

（三）主要目标。

通过专项行动，将商品市场打造成为商品流通的重要平台、扩大内需的重要载体、优化供给的重要引擎，基本建成适应经济高质量发展、服务新发展格局的现代商品市场体系。到2025年，培育一批商品经营特色突出、产业链供应链服务功能强大、线上线下融合发展的全国商品市场示范基地，产销衔接机制更加稳定，产业辐射带动作用更加显著，商品流通效率有效提升。有条件的地方培育一批区域性示范基地。

二、主要任务

（一）优化市场环境。

1. 升级市场基础设施。完善仓储、分拣、加工、配送、冷链等物流设施设备，探索构建标准托盘、周转箱循环共用系统。推进电子交易结算系统、公共信息平台、大数据中心等数字设施建设，促进互联互通。鼓励设施设备节能改造，推进绿色市场建设。

2. 优化市场交易环境。鼓励商品市场完善信用记录、分级、激励约束等管理制度，探索构建以信用为基础的市场监管长效机制。指导商品市场持续优化交易服务，完善公平交易机制，畅通交易主体权益保护渠道。支持商品市场加强质量检测，提升产品质量安全。

3. 规范市场运营管理。推进商品市场标准化、规范化建设，鼓励结合实际制定市场建设、管理、运营、服务等相关标准。完善商品质量监控、知识产权保护、公共卫生防疫、安全生产监管等制度。健全应急保障响应机制，增强市场调节能力，有效发挥保供骨干企业队伍作用。

（二）提升服务能力。

4. 提高综合服务能力。强化统计监测、指数发布等公共服务，完善交易结算、检验检测、仓储物流等基础服务，提升展览展示、营销推广、培训交流、信息数据等专业服务，拓展信贷保险、信用担保、仓单质押、融资租赁等金融服务，探索构建多层次、全方位的综合服务体系。

5. 强化产销衔接能力。鼓励农产品市场与生产基地、零售企业对接，发展订单农业，推进农商互联。鼓励工业消费品市场加强消费需求研判，通过以销定产和定制化模式，引导生产企业优化供给。鼓励生产资料市场结合区域资源禀赋和产业优势，提高市场竞争力，促进更高水平供需平衡。

6. 提升品牌孵化能力。引导商品市场拓展品牌策划、设计包装、孵化运营、宣传推广等功能，加强品牌培育与运营。指导商品市场通过品牌创建活动，吸引国内外品牌企业入驻，提升商品品牌化、特色化水平。鼓励有条件的商品市场与生产企业合作，开发自有品牌商品。

7. 拓展平台整合能力。引导商品市场与特色产业集聚区、物流园区、配送中心对接合作，整合生产、销售、金融、物流等资源和需求，通过自建或共建等方式，打造供应链综合服务平台，带动产业升级和效率提升。搭建开放平台与中小商户共享，探索建立利益联结机制，带动商户做大做强。

（三）促进创新融合。

8. 引导市场业态创新。鼓励农产品市场加强业务流程优化，建立供求信息传导机制，引导按需生产。鼓励工业消费品市场创新营销方式，通过设立消费体验馆、新品发布中心、创意设计坊、电商直播基地等，推动跨界融合发展。鼓励生产资料市场探索交易模式创新，依法合规发展电子交易。

9. 促进市场协同联动。优化商品市场区域规划布局，支持产地型、集散型和销地型商品市场加强纵向联动。鼓励商品市场品牌输出，通过兼并收购、加盟合作、渠道下沉等方式，推进品牌化、连锁化运营。指导商品市场按照区域产业发展定位，巩固差异化经营优势，促进市场横向协作。

10. 推动数字化转型。引导商品市场应用互联网、物联网、大数据、区块链和人工智能等现代信息技术，加快传统交易场景数字化重构。鼓励商品市场依托行业大数据平台，衔接匹配上游供应与下游需求，打通产业链各环节，打造适应数字经济发展的新型商品集散中心。

11. 推进内外贸一体化。指导商品市场加强主体培育、品牌建设和融合创新，深入推进市场采购贸易方式试点建设。支持有条件、有实力、有国际竞争力的商品市场“走出去”，探索与境外经贸合作区优势互补、联动发展。鼓励商品市场与跨境电商综试区、自由贸易试验区和自由贸易港协作，发展跨境电商。鼓励商品市场组织产销对接活动，按照“同线同标同质”要求，支持出口产品转内销。

三、保障措施

（一）加强组织领导。商品市场示范基地培育是建设高标准市场体系行动的重要任务，各地要高度重视，在当地政府领导下，建立商务、发展改革、工业和信息化、农业农村、海关、市场监管等部门和贸促机构共同参与的协调推进机制，加强对优化升级专项行动的统筹协调、支持引导和服务保障。

（二）开展试点探索。商务部等部门在具备条件的地区分批开展试点，适时开展绩效评价（评价指标见附件1）。试点地区原则上应有列入商务部重点联系的商品市场，或农业农村部认定的国家级农产品产地专业市场，并具备与商品市场相关的产业基础，西部、东北地区可适当放宽条件。省级商务主管部门会同有关部门组织试点城市申报，指导试点城市制定专项行动实施方案（参考要点见附件2）。首批试点申报截止时间为2021年6月20日。

（三）加强政策支持。各地商务、发展改革、工业和信息化、农业农村、海关、市场监管等部门和贸促机构要因地制宜、精准施策，在规划编制、新型基础设施建设、创新创业、品牌建设、贸易便利化、电商直播、市场监管、产销活动组织、房屋租金、办展参展等方面给予相应的政策支持。

（四）强化支撑体系。各地要充分发挥行业协会、专业机构、高校智库等作用，加强统计监测、行业研究和培训指导。引导商品市场按照行业类型和经营特点，与现代流通企业、数字商务企业、农业企业、制造业企业等加强合作交流，组织开展多种形式的对接活动。

（五）加强总结宣传。推动专项行动取得可复制、可考核成果，总结创新发展经验模式和典型做法，组织市场互动交流，多渠道宣传报道，发挥示范引领作用。各地商务主管部门于每年11月底前将工作进展和典型案例，报送至商务部。

联系方式：

商务部流通发展司

电 话：010-85093815　85093759

传 真：010-85093749

商务部流通产业促进中心

电 话：010-51190862　51190870

传 真：010-51190867

附件：1.商品市场优化升级试点评价指标（略）

2.商品市场优化升级专项行动实施方案参考要点（略）

关于印发《全国一体化大数据中心协同创新体系算力枢纽实施方案》的通知

发改高技〔2021〕709号

各省、自治区、直辖市及计划单列市、新疆生产建设兵团发展改革委、网信办、工业和信息化主管部门、通信管理局、能源局：

根据《关于加快构建全国一体化大数据中心协同创新体系的指导意见》（发改高技〔2020〕1922号）部署要求，为加快推动数据中心绿色高质量发展，建设全国算力枢纽体系，国家发展改革委会同有关部门研究制定了《全国一体化大数据中心协同创新体系算力枢纽实施方案》。现印发给你们，请结合实际，认真抓好贯彻落实。

国家发展改革委

中央网信办

工业和信息化部

国家能源局

2021年5月24日

附件

全国一体化大数据中心协同创新体系算力枢纽实施方案

党的十八大以来，我国数字经济蓬勃发展，对构建现代化经济体系、实现高质量发展的支撑作用不断凸显。随着各行业数字化转型升级进度加快，特别是5G等新技术的快速普及应用，全社会数据总量爆发式增长，数据资源存储、计算和应用需求大幅提升，迫切需要推动数据中心合理布局、供需平衡、绿色集约和互联互通，构建数据中心、云计算、大数据一体化的新型算力网络体系，促进数据要素流通应用，实现数据中心绿色高质量发展。根据《关于加快构建全国一体化大数据中心协同创新体系的指导意见》（发改高技〔2020〕1922号）部署要求，为加快建设全国一体化大数据中心算力枢纽体系，制定本方案。

一、总体要求

（一）指导思想。

以习近平新时代中国特色社会主义思想为指导，全面贯彻党的十九大和十九届二中、三中、四中、五中全会精神，深入落实习近平总书记关于建设全国一体化大数据中心的重要讲话精神，坚持新发展理念，坚持改革创新、先行先试，推动数据中心、云服务、数据流通与治理、数据应用、数据安全等统筹协调、一体设计，加快打造一批算力高质量供给、数据高效率流通的大数据发展高地。

（二）基本原则。

加强统筹。加强数据中心统筹规划和规范管理，开展数据中心、网络、土地、用能、水、电等方面的政策协同，促进全国范围数据中心合理布局、有序发展，避免一哄而上、供需失衡。

绿色集约。推动数据中心绿色可持续发展，加快节能低碳技术的研发应用，提升能源利用效率，降低数据中心能耗。加大对基础设施资源的整合调度，推动老旧基础设施转型升级。

自主创新。以应用研究带动基础研究，加强对大数据关键软硬件产品的研发支持和大规模应用推广，尽快突破关键核心技术，提升大数据全产业链自主创新能力。

安全可靠。加强对基础网络、数据中心、云平台、数据和应用的一体化安全保障，提高大数据安全可靠水平。加强对个人隐私等敏感信息的保护，确保基础设施和数据的安全。

（三）发展思路。

统筹围绕国家重大区域发展战略，根据能源结构、产业布局、市场发展、气候环境等，在京津冀、长三角、粤港澳大湾区、成渝，以及贵州、内蒙古、甘肃、宁夏等地布局建设全国一体化算力网络国家枢纽节点（以下简称“国家枢纽节点”），发展数据中心集群，引导数据中心集约化、规模化、绿色化发展。国家枢纽节点之间进一步打通网络传输通道，加快实施“东数西算”工程，提升跨区域算力调度水平。同时，加强云算力服务、数据流通、数据应用、安全保障等方面的探索实践，发挥示范和带动作用。国家枢纽节点以外的地区，统筹省内数据中心规划布局，与国家枢纽节点加强衔接，参与国家和省之间算力级联调度，开展算力与算法、数据、应用资源的一体化协同创新。

二、节点定位

对于京津冀、长三角、粤港澳大湾区、成渝等用户规模较大、应用需求强烈的节点，重点统筹好城市内部和周边区域的数据中心布局，实现大规模算力部署与土地、用能、水、电等资源的协调可持续，优化数据中心供给结构，扩展算力增长空间，满足重大区域发展战略实施需要。

对于贵州、内蒙古、甘肃、宁夏等可再生能源丰富、气候适宜、数据中心绿色发展潜力较大的节点，重点提升算力服务品质和利用效率，充分发挥资源优势，夯实网络等基础保障，积极承接全国范围需后台加工、离线分析、存储备份等非实时算力需求，打造面向全国的非实时性算力保障基地。

对于国家枢纽节点以外的地区，重点推动面向本地区业务需求的数据中心建设，加强对数据中心绿色化、集约化管理，打造具有地方特色、服务本地、规模适度的算力服务。加强与邻近国家枢纽节点的网络联通。后续，根据发展需要，适时增加国家枢纽节点。

三、数据中心布局

按照绿色、集约原则，加强对数据中心的统筹规划布局，结合市场需求、能源供给、网络条件等实际，推动各行业领域的数据中心有序发展。原则上，将大型和超大型数据中心布局到可再生能源等资源相对丰富的区域，优化网络、能源等资源保障。在城市城区范围，为规模适中、具有极低时延要求的边缘数据中心留出发展空间，确保城市资源高效利用。

（一）数据中心集群。

引导超大型、大型数据中心集聚发展，构建数据中心集群，推进大规模数据的“云端”分析处理，重点支持对海量规模数据的集中处理，支撑工业互联网、金融证券、灾害预警、远程医疗、视频通话、人工智能推理等抵近一线、高频实时交互型的业务需求，数据中心端到端单向网络时延原则上在 20 毫秒范围内。贵州、内蒙古、甘肃、宁夏节点内的数据中心集群，优先承接后台加工、离线分析、存储备份等非实时算力需求。

起步阶段，对于京津冀、长三角、粤港澳大湾区、成渝等跨区域的国家枢纽节点，原则上布局不超过 2 个集群。对于贵州、内蒙古、甘肃、宁夏等单一行政区域的国家枢纽节点，原则上布局 1 个集群。集群应注重集约化发展，明确数据中心建设规模、节能水平、上架率等准入标准，避免盲目投资建设。

（二）城市内部数据中心。

在城市城区内部，加快对现有数据中心的改造升级，提升效能。支持发展高性能、边缘数据中心。鼓励城区内的数据中心作为算力“边缘”端，优先满足金融市场高频交易、虚拟现实/增强现实（VR/AR）、超高清视频、车联网、联网无人机、智慧电力、智能工厂、智能安防等实时性要求高的业务需求，数据中心端到端单向网络时延原则上在10毫秒范围内。

四、国家枢纽节点重点任务

（一）加强绿色集约建设。

以数据中心集群布局等为抓手，加强绿色数据中心建设，强化节能降耗要求。推动数据中心采用高密度集成高效电子信息设备、新型机房精密空调、液冷、机柜模块化、余热回收利用等节能技术模式。在满足安全运维的前提下，鼓励选用动力电池梯级利用产品作为储能和备用电源装置。加快推动老旧基础设施转型升级。完善覆盖电能使用效率、算力使用效率、可再生能源利用率等指标在内的数据中心综合节能评价标准体系。

（二）推动核心技术突破。

加大服务器芯片、操作系统、数据库、中间件、分布式计算与存储、数据流通模型等软硬件产品的规模化应用。支持和推广大数据基础架构、分布式数据操作系统、大数据分析等方面的平台级原创技术。组织科研院所、高校、企业、技术社区等力量协同研发和应用关键技术产品，提升大数据全产业链自主创新能力。

（三）加快网络互联互通。

建设数据中心集群之间，以及集群和主要城市之间的高速数据传输网络，优化通信网络结构，扩展网络通信带宽，减少数据绕转时延。建立数据中心网络监测体系，推动数据中心与网络高效供给对接和协同发展。在国家枢纽节点内建立合理的网络结算机制，降低长途传输费用。围绕数据中心集群，稳妥有序推进国家新型互联网交换中心、国家互联网骨干直连点建设，促进互联网企业、云服务商、电信运营商等多方流量互联互通。

（四）加强能源供给保障。

推动数据中心充分利用风能、太阳能、潮汐能、生物质能等可再生能源。支持数据中心集群配套可再生能源电站。扩大可再生能源市场化交易范围，鼓励数据中心企业参与可再生能源市场交易。支持数据中心采用大用户直供、拉专线、建设分布式光伏等方式提升可再生能源电力消费。保障数据中心用地和用水资源。

（五）强化能耗监测管理。

建立健全数据中心能耗监测机制和技术体系。加强数据中心能耗指标统筹，从省区市层面对数据中心集群进行统一能耗指标调配，鼓励通过用能权交易配置能耗指标。探索开展跨省能耗和效益分担共享合作。鼓励数据中心在完成最低消纳责任权重的基础上，努力完成激励性消纳责任权目标。

（六）提升算力服务水平。

支持政府部门和企事业单位整合内部算力资源，对集群和城区内部的数据中心进行一体化调度。支持在公有云、行业云等领域开展多云管理服务，加强多云之间、云和数据中心之间、云和网络之间的一体化资源调度。支持建设一体化准入集成验证环境，进一步打通跨行业、跨地区、跨层级的算力资源，构建算力服务资源池。

（七）促进数据有序流通。

建设数据共享、数据开放、政企数据融合应用等数据流通共性设施平台，建立健全数据流通管理体制机制。试验多方安全计算、区块链、隐私计算、数据沙箱等技术模式，构建数据可信流通环境，提高数据流通效率。探索数据资源分级分类，研究制定相关规范标准。

（八）深化数据智能应用。

开展一体化城市数据大脑建设，为城市产

业结构调整、经济运行监测、社会服务与治理、交通出行、生态环境等领域提供大数据支持。选择公共卫生、自然灾害、市场监管等突发应急场景，试验开展“数据靶场”建设，探索不同应急状态下的数据利用规则和协同机制。

（九）确保网络数据安全。

完善海量数据汇聚融合的风险识别与防护技术、数据脱敏技术、数据安全合规性评估认证、数据加密保护机制及相关技术监测手段，同步规划、同步建设、同步使用安全技术措施，保障业务稳定和数据安全。加快推进全国互联网数据中心、云平台等数据安全技术监测手段建设，提升敏感数据泄露监测、数据异常流动分析等技术保障能力。

五、保障措施

（一）加快推动落实。

各相关地区要高度重视，建立健全统筹协调和工作推进机制，明确责任部门，抓紧编制国家枢纽节点建设方案，统筹规划数据中心整合集约化建设，细化绿色发展目标，明确数据中心集群的布局、选址、规模、网络、用能，以及数据中心绿色节能等建设准入标准，提出深化各行业算力资源联通调度、促进数据资源流通应用等方面的政策改革举措和重大工程建议，报国家发展改革委、中央网信办、工业和信息化部和国家能源局。

（二）加强政策支持。

发展改革委、中央网信办、工业和信息化部、国家能源局等部门组织相关评估机构和专家，加强对相关建设方案的评估指导。加大政策协同和支持力度，推动相关政策试点、工程试点优先在国家枢纽节点落地。重点围绕国家枢纽节点布局国家新型互联网交换中心、国家互联网骨干直连点等网络设施。对于符合条件且纳入国家枢纽节点数据中心集群范围的建设项目，积极协调安排能耗指标予以适当支持。依托国家政务信息化工程建设加强对政务大数据中心布局引导。对国家枢纽节点开展综合发展质量评估。

（三）加强工程保障。

组织开展全国一体化大数据中心协同创新体系重大示范工程，在数据中心直连网络、一体化算力服务、数据流通和应用等领域开展试点示范，支持服务器芯片、云操作系统等关键软硬件产品规模化应用。支持开展“东数西算”示范工程，深化东西部算力协同。支持对大数据中心相关技术平台研制、资源接入调度、产业应用等共性技术和机制的集成验证。

关于加快推动区块链技术应用和产业发展的指导意见

工信部联信发〔2021〕62号

各省、自治区、直辖市及计划单列市、新疆生产建设兵团工业和信息化主管部门、网信办：

区块链是新一代信息技术的重要组成部分，是分布式网络、加密技术、智能合约等多种技术集成的新型数据库软件，通过数据透明、不易篡改、可追溯，有望解决网络空间的信任和安全问题，推动互联网从传递信息向传递价值变革，重构信息产业体系。为贯彻落实习近平总书记在中央政治局第十八次集体学习时的重要讲话精神，发挥区块链在产业变革中的重要作用，促进区块链和经济社会深度融合，加快推动区块链技术应用和产业发展，提出以下意见。

一、总体要求

（一）指导思想

以习近平新时代中国特色社会主义思想为指导，深入贯彻落实党的十九大和十九届二中、三中、四中、五中全会精神，立足新发展阶段、贯彻新发展理念、构建新发展格局，围绕制造强国和网络强国战略部署，以培育具有国际竞争力的产品和企业为目标，以深化实体经济和公共服务领域融合应用为路径，加强技术攻关，夯实产业基础，壮大产业主体，培育良好生态，实现产业基础高级化和产业链现代化。推动区块链和互联网、大数据、人工智能等新一代信息技术融合发展，建设先进的区块链产业体系。

（二）基本原则

应用牵引。发挥市场优势，以应用需求为导向，积极拓展应用场景，推进区块链在重点行业、领域的应用，以规模化的应用带动技术产品迭代升级和产业生态的持续完善。

创新驱动。坚持把区块链作为核心技术自主创新的重要突破口，明确主攻方向，加大投入力度，推动协同攻关，提升创新能力；坚持补短板和锻长板并重，推动产业加速向价值链中高端迈进。

生态培育。充分发挥企业在区块链发展中的主体作用，加快培育具有国际竞争力的产品和企业，构建先进产业链，打造多方共赢的产业体系。

多方协同。推动整合产学研用金各方力量，促进资源要素快捷有效配置。加强政府、企业、高校、研究机构的协同互动，探索合作共赢新模式。

安全有序。坚持发展与安全并重，准确把

握区块链技术产业发展规律，加强政策统筹和标准引导，强化安全技术保障能力建设，实现区块链产业科学发展。

（三）发展目标

到2025年，区块链产业综合实力达到世界先进水平，产业初具规模。区块链应用渗透到经济社会多个领域，在产品溯源、数据流通、供应链管理等领域培育一批知名产品，形成场景化示范应用。培育3～5家具有国际竞争力的骨干企业和一批创新引领型企业，打造3～5个区块链产业发展集聚区。区块链标准体系初步建立。形成支撑产业发展的专业人才队伍，区块链产业生态基本完善。区块链有效支撑制造强国、网络强国、数字中国战略，为推进国家治理体系和治理能力现代化发挥重要作用。

到2030年，区块链产业综合实力持续提升，产业规模进一步壮大。区块链与互联网、大数据、人工智能等新一代信息技术深度融合，在各领域实现普遍应用，培育形成若干具有国际领先水平的企业和产业集群，产业生态体系趋于完善。区块链成为建设制造强国和网络强国，发展数字经济，实现国家治理体系和治理能力现代化的重要支撑。

二、重点任务

（一）赋能实体经济

1.深化融合应用。发挥区块链在优化业务流程、降低运营成本、建设可信体系等方面的作用，培育新模式、新业态、新产业，支撑数字化转型和产业高质量发展。

2.供应链管理。推动企业建设基于区块链的供应链管理平台，融合物流、信息流、资金流，提升供应链效率，降低企业经营风险和成本。通过智能合约等技术构建新型协作生产体系和产能共享平台，提高供应链协同水平。

3.产品溯源。在食品医药、关键零部件、装备制造等领域，用区块链建立覆盖原料商、生产商、检测机构、用户等各方的产品溯源体系，加快产品数据可视化、流转过程透明化，实现全生命周期的追踪溯源，提升质量管理和服务水平。

4.数据共享。利用区块链打破数据孤岛，实现数据采集、共享、分析过程的可追溯，推动数据共享和增值应用，促进数字经济模式创新。利用区块链建设涵盖多方的信用数据平台，创新社会诚信体系建设。

（二）提升公共服务

1.推动应用创新。推动区块链技术应用于数字身份、数据存证、城市治理等公共服务领域，支撑公共服务透明化、平等化、精准化，提升人民群众生活质量。

2.政务服务。建立基于区块链技术的政务数据共享平台，促进政务数据跨部门、跨区域的共同维护和利用，在教育就业、医疗健康和公益救助等公共服务领域开展应用，促进业务协同办理，深化“一网通办”改革，为人民群众带来更好的政务服务体验。

3.存证取证。利用区块链建立数字化可信证明，在司法存证、不动产登记、行政执法等领域建立新型存证取证机制。发挥区块链在版权保护领域的优势，完善数字版权的确权、授权和维权管理。

4.智慧城市。利用区块链促进城市间在信息、资金、人才、征信等方面的互联互通和生产要素的有序流动。深化区块链在信息基础设施建设领域的应用，实现跨部门、跨行业的集约部署和共建共享，支撑智慧城市建设。

（三）夯实产业基础

1.坚持标准引领。推动区块链标准化组织

建设，建立区块链标准体系。加快重点和急需标准制定，鼓励制定团体标准，深入开展标准宣贯推广，推动标准落地实施。积极参加区块链全球标准化活动和国际标准制定。

2.构建底层平台。在分布式计算与存储、密码算法、共识机制、智能合约等重点领域加强技术攻关，构建区块链底层平台。支持利用传感器、可信网络、软硬件结合等技术加强链上链下数据协同。推动区块链与其他新一代信息技术融合，打造安全可控、跨链兼容的区块链基础设施。

3.培育质量品牌。鼓励区块链企业加强质量管理，推广先进质量工程技术和方法，提高代码质量和开发效率。发展第三方质量评测服务，构建区块链产品和服务质量保障体系。引导企业主动贯标，开展质量品牌建设活动。

4.强化网络安全。加强区块链基础设施和服务安全防护能力建设，常态化开展区块链技术对重点领域安全风险的评估分析。引导企业加强行业自律，建立风险防控机制和技术防范措施，落实安全主体责任。

5.保护知识产权。加强区块链知识产权管理，培育一批高价值专利、商标、软件著作权，形成具有竞争力的知识产权体系。鼓励企业探索通过区块链专利池、知识产权联盟等模式，建立知识产权共同保护机制。

（四）打造现代产业链

1.研发区块链“名品”。整合产学研用专业力量，开展区块链产品研发，着力提升产品创新水平。面向防伪溯源、数据共享、供应链管理、存证取证等领域，建设一批行业级联盟链，加大应用推广力度，打造一批技术先进、带动效应强的区块链“名品”。

2.培育区块链“名企”。统筹政策、市场、资本等资源，培育一批具有国际竞争力的区块链“名企”，发挥示范引领作用。完善创新创业环境，培育孵化区块链初创企业；鼓励在细分领域深耕，走专业化发展道路，打造一批独角兽企业。引导大企业开放资源，为中小企业提供基础设施，构建多方协作、互利共赢的产业生态。

3.创建区块链“名园”。鼓励地方结合资源禀赋，突出区域特色和优势，按照“监管沙盒”理念打造区块链发展先导区。支持基础条件好的园区建设区块链产业“名园”，优化政策、人才、应用等产业要素配置，通过开放应用场景等方式，支持区块链企业集聚发展。

4.建立开源生态。加快建设区块链开源社区，围绕底层平台、应用开发框架、测试工具等，培育一批高质量开源项目。完善区块链开源推进机制，广泛汇聚开发者和用户资源，大力推广成熟的开源产品和应用解决方案，打造良性互动的开源社区新生态。

5.完善产业链条。坚持补短板和锻长板并重，开展强链补链，构建现代化的产业链。针对薄弱环节，组织上下游企业协同攻关，夯实产业基础；建立先进的产业链管理体系，增强产业链韧性。

（五）促进融通发展

1.推进“区块链+工业互联网”。推动区块链与标识解析融合创新，构建基于标识解析的区块链基础设施，提升“平台+区块链”技术融合应用能力，打造基于区块链技术的工业互联网新模式、新业态。

2.推进“区块链+大数据”。加快建设基于区块链的认证可溯大数据服务平台，促进数据合规有序的确权、共享和流动，充分释放数据资源价值。发展基于区块链的数据管理、分析应用等，提升大数据管理和应用水平。

3.推进“区块链+云计算”。基于云计算

构建区块链应用开发、测试验证和运行维护环境，为区块链应用提供灵活、易用、可扩展的支撑，降低区块链应用开发门槛。

4. 推进“区块链 + 人工智能”。发展基于区块链的人工智能训练、算法共享等技术和方法，推动分布式人工智能模式发展。探索利用人工智能技术提升区块链运行效率和节点间协作的智能化水平。

三、保障措施

（一）积极推进应用试点。

支持具有一定产业基础的地方，面向实体经济和民生服务等重点领域，选择成熟的应用场景，遴选一批推广能力强的单位开展区块链应用试点，形成一批应用效果好的区块链底层平台、产品和服务。

（二）加大政策支持力度。

依托国家产业发展工程，支持区块链产业发展。通过组织区块链大赛等方式，丰富行业应用。支持符合条件的区块链企业享受软件税收优惠政策。探索利用首版次保险补偿、政府采购等政策，促进区块链研发成果的规模化应用。

（三）引导地方加快探索。

鼓励地方立足实际，研究制定支持区块链产业发展的政策措施，从用地、投融资、人才等方面强化产业发展的要素保障，建立区块链产品库和企业库。支持区块链发展先导区创建“中国软件名园”。

（四）构建公共服务体系。

支持专业服务机构发展区块链培训、测试认证、投融资等服务，完善产业公共服务体系。加强创业创新载体建设，加快对各类创新型区块链企业的孵化，支持中小企业成长。

（五）加强产业人才培养。

依托“新工科”和特色化示范性软件学院建设，支持高校设置区块链专业课程，开展区块链专业教育。通过建设人才实训基地等方式，加强区块链职业技术教育。培育产业领军型人才和高水平创新团队，形成一批区块链领域的“名人”。

（六）深化国际交流合作。

围绕“一带一路”战略部署，建设区块链国际合作交流平台，在技术标准、开源社区、人才培养等领域加强区块链国际合作。鼓励企业拓展国际交流合作渠道，提升国际化发展水平和层次。

工业和信息化部

中央网络安全和信息化委员会办公室

2021年5月27日

交通运输部　公安部　生态环境部　住房城乡建设部关于深入开展坚决整治违规设置妨碍货车通行的道路限高限宽设施和检查卡点工作的通知

交公路函〔2021〕224号

各省、自治区、直辖市、新疆生产建设兵团交通运输厅（局、委）、公安厅（局）、生态环境厅（局、委）、住房和城乡建设厅（局、委），天津、重庆市城管委（局）：

为贯彻落实《政府工作报告》部署要求，深入开展坚决整治违规设置妨碍货车通行的道路限高限宽设施和检查卡点工作，进一步改善道路通行条件，促进货运行业健康稳定发展，根据有关法律法规和规定，现将有关事项通知如下：

一、总体要求

以习近平新时代中国特色社会主义思想为指导，全面贯彻党的十九大和十九届二中、三中、四中、五中全会精神，坚持以人民为中心的发展思想，坚持系统观念，统筹发展和安全，对照“六个必须”标准（见附件1），深入查找薄弱环节，坚决整治违规设置妨碍货车通行的道路限高限宽设施和检查卡点，实现违规设施和卡点全面清除、保留设施和卡点全面公示、新增设施和卡点全面规范、安全监管措施全面创新，不断改善道路通行条件，保障道路货运物流畅通，促进货运行业健康稳定发展，切实增强人民群众的获得感、幸福感、安全感。专项整治工作坚持以下原则：

（一）坚持依法严治。严格按照有关法律法规和技术标准，对违规设置的坚决拆除取缔，依法保留的精准分类管理，新增设置的严格审批把关，确保路网畅通。

（二）坚持标本兼治。从全局高度和发展角度，既立足当前、解决突出问题，又着眼长远、健全长效机制，统筹推进专项整治工作，兼顾安全监管和服务便民。

（三）坚持社会共治。加强部门协作，强化社会监督，不断完善政府主抓、部门协作、纵横协调、全民参与的共治格局，确保整治到位，防止“反弹回潮”。

（四）坚持创新慧治。坚持用发展的办法解决问题，不断推进技术、管理和服务创新，强化部门数据资源共享，增强远程精准监管能力，提升路网管理服务水平。

二、工作任务

（一）强化全路网复核。各省级交通运输、公安、生态环境、住房和城乡建设（城市道路管理）主管部门要在2020年专项整治行动的基础上，对照“六个必须”标准，以省级汇总清单为基数，以审核系统PC端为载体，分别组织本行业相关单位开展“回头看”，对本省份公路和城市道路既有限高限宽设施和检查卡点开展拉网式、地毯式复查，确保不漏一处、不留隐患，重点核查五个方面内容：是否对违规设置的设施和卡点做到应拆尽拆；是否对依法保留的设施全部设置公示牌；是否存在违法新增或恢复设置设施和卡点等“反弹回潮”现象；是否存在拆除限高限宽设施后又违规设置检查卡点的情况；是否存在虚报瞒报、弄虚作假、消极怠工、拒不配合的情况。根据复核结果，更新省级汇总清单，形成问题清单（见附件2）。

（二）强化全清单整治。各省级交通运输、公安、生态环境、住房和城乡建设（城市道路管理）主管部门要按照“谁主管、谁负责，谁设置、谁清理”的原则，分别对照问题清单，全面组织清理整治，切实做到“五个坚决”：坚决拆除未依法设置公示牌或设置主体不明确的限高限宽设施；坚决整治违法新增或恢复设置设施和卡点的行为；坚决纠正设施拆除后又违规设置卡点的行为；坚决查处虚报瞒报、弄虚作假的单位或个人；坚决曝光消极怠工、拒不配合的单位或个人。

（三）强化全社会监督。各省级交通运输、公安、生态环境、住房和城乡建设（城市道路管理）主管部门要指导相关单位，按要求继续做好省级汇总清单公示工作，接受全社会监督。要共同细化行业检查、协会评估、公众举报、通报抄告、反馈评价等“五个机制”（见附件3），组织开展监督检查、明察暗访等活动，检查整治结果。充分发挥行业协会、货运企业、货车司机等监督作用，通过随机抽检、实地查看方式，评估整治效果。在依托本行业现有服务监督、投诉举报渠道的基础上，引导公众使用全国统一的投诉举报小程序（见附件4），及时受理投诉举报，一经发现违规设置问题，对于本行业的，要按要求严肃查处，绝不姑息；对于其他行业的，及时抄告相关部门核实处置，确保群众投诉件件有着落、事事有回音、结果可评价。

（四）强化全过程规范。各省级交通运输主管部门要按照有关技术要求，指导相关单位切实做好公路限高限宽设施和检查卡点规范设置工作，对于依法保留但不符合要求的，要进一步完善和规范；对于在现有公路上确需新增的，要按照相关规定设置；在公路设计阶段设计的，要遵守有关规定，纳入基本建设程序管理，严格落实“三同时”制度。各省级交通运输、公安、住房和城乡建设（城市道路管理）主管部门要研究建立公路变更城市道路路产路权和养护责任移交制度，合理确定公路和城市道路边界，梳理移交路段清单，明确公路绕城路线，规范移交程序，优化限行限速管理，统筹保障城市交通安全和公路干线畅通。各地公安部门要按照有关要求，进一步优化城市配送车辆通行管理，最大限度便捷货车通行。各省级生态环境部门要及时提供空气质量监测站点信息，配合交通运输、公安、住房和城乡建设（城市道路管理）部门做好相关工作。

（五）强化全链条创新。各地交通运输、公安、生态环境、住房和城乡建设（城市道路管理）部门要充分利用信息化手段，积极推行“互联网+监管”，准确记录限高限宽设施和检查卡点位置、权属信息，科学合理布设电子抓拍、不停车检测、视频监控等技术监控设施，构建现代路网监控网络，加快推进部门数据交换和共享，提升大数据分析应用和远程精准监管能力。积极探索与第三方导航平台合作，强化限高限宽设施提示，防止误闯引发意外事故。

三、实施步骤

（一）安排部署阶段，2021年6月15日前。结合本地实际，制定具体实施方案，细化行业检查、协会评估、公众举报、通报抄告、反馈评价机制。

（二）全面整治阶段，2021年6月16日至7月31日。分行业开展整治工作，全面拆除取缔违规设施和卡点，保留设施全面安装公示牌。形成问题清单和整治清单。

（三）监督完善阶段，2021年8月1日至9月30日。分行业全面公示依法保留设施和卡点，强化社会监督，开展行业检查、部门互查、协会评估、群众举报等活动。定期报送投诉举报及处理反馈情况。

（四）总结评估阶段，2021年10月1日至10月31日。分行业做好总结评估，研究建立相关制度，会同相关部门健全长效机制，按照行业归口分别报送。

四、保障措施

（一）加强组织领导。各省级交通运输、公安、生态环境、住房和城乡建设（城市道路管理）主管部门要在省级党委、政府的统一领导下，切实扛起整治工作主体责任，明确责任单位和人员，加强部门沟通协作，制定本地实施方案，细化工作措施、目标和时间安排，加强监督检查，切实抓好落实，确保取得实效。坚决反对形式主义，对在整治工作中走过场、做样子的相关责任人，一律严肃问责。

（二）加强技术指导。各省级交通运输、公安、生态环境、住房和城乡建设（城市道路管理）主管部门要委托技术支持单位，为区域内整治工作提供技术指导；利用统一开发的信息采集、审核、投诉等系统，全面记录本行业整治工作全过程，发现违法违规问题，按程序回溯倒查，依法追究相关单位和人员责任。建立道路限高限宽设施和检查卡点信息动态调整机制，定期对设施和卡点信息进行调整。

（三）加强宣传引导。各省级交通运输、公安、生态环境、住房和城乡建设（城市道路管理）主管部门要在用好传统媒体基础上，充分发挥新媒体力量，大力宣传整治目的和意义，及时展示整治工作效果，坚决曝光典型反面案例，形成强大声势，最大限度争取群众理解和支持，营造良好舆论氛围。

（四）加强信息报送。各省级交通运输、公安、生态环境、住房和城乡建设（城市道路管理）主管部门要明确专人负责信息报送工作（见附件5）。自2021年6月18日起至监督完善阶段结束，每周五12时前报送本周工作进展情况。联络人名单、实施方案、细化的工作机制于2021年6月18日前，问题清单、整治清单于2021年8月6日前，总结报告、媒体曝光、制度文件等材料于2021年10月15日前分别报送。

联系人及联系方式：

交通运输部：王岱岳，010-65292751，传真：010-65292781，信息报送邮箱：lwglc@mot.gov.cn。

公安部：姜育慧，010-66263130，传真：010-66263333，信息报送邮箱：jgjglxj@sina.

com。

生态环境部：卢威严，010–65645581，传真：010–65645587，信息报送邮箱：jidongche@mee.gov.cn。

住房城乡建设部：张旭亮，010–58933961，传真：010–58933981，信息报送邮箱：zhangxul@mohurd.gov.cn。

交通运输部　公安部

生态环境部　住房城乡建设部

2021年5月31日

附件下载：1.附件1“六个必须”标准（略）

2.附件2 道路限高限宽设施和检查卡点问题及整治清单（略）

3.附件3 五个机制（略）

4.附件4“前路无限”投诉举报小程序使用说明（略）

5.附件5 整治工作联络人名单（略）

交通运输部　国家发展改革委　财政部关于印发《全面推广高速公路差异化收费实施方案》的通知

交公路函〔2021〕228号

现将《全面推广高速公路差异化收费实施方案》印发给你们，请结合实际，认真组织实施。

交通运输部　国家发展改革委　财政部

2021年6月2日

全面推广高速公路差异化收费实施方案

为贯彻落实2021年《政府工作报告》部署要求，进一步提高高速公路网通行效率和服务水平，促进物流降本增效，制定本方案。

一、总体要求

以习近平新时代中国特色社会主义思想为指导，深入贯彻落实党中央、国务院决策部署，进一步深化交通运输领域供给侧结构性改革，坚持系统观念，统筹全路网资源，深度挖掘空间，因地制宜施策，创新服务模式，强化技术支撑，完善政策引导，全面推广高速公路差异化收费，持续提升高速公路网通行效率，降低高速公路出行成本，促进物流业降本增效，让社会公众更多分享高速公路改革发展的红利。

全面推广高速公路差异化收费应坚持以下原则：

——坚持政府引导、合力推动。突出政府引导作用，加强顶层设计和沟通协调，引导高速公路经营管理单位自主积极参与，协同科学高效推广差异化收费，不断提升公路网资源综合利用效率。

——坚持因地制宜、分类施策。鼓励各地因地制宜、因路制宜，深入分析研究测算，分类精准施策，在不削弱高速公路偿债能力的基础上，探索实施适合本地特点的差异化收费模式和配套政策措施，充分发挥调流、降费、提效的功能，努力实现多方共赢。

——坚持改革创新，完善机制。着力推进收费公路制度和管理服务创新，强化联网收费系统技术支撑，探索建立收费标准动态调整机制，简化审批流程，强化政策引导，不断优化完善高速公路差异化收费长效机制。

二、重点任务

各地应在深入总结高速公路差异化收费试点工作经验的基础上，充分考虑本地公路网结构及运行特点等因素，选择适合的差异化收费方式，创新服务模式，科学精准制定差异化收费方案，全面推广差异化收费。

（一）分路段差异化收费。进一步优化完善分路段差异化收费模式，稳步扩大差异化收费实施范围。重点在普通国省干线公路或城市道路拥堵严重但平行高速公路交通流量较小的路段、平行高速公路之间交通量差异较大的路段以及交通量明显低于设计能力的路段，实施灵活多样的差异化收费，利用价格杠杆，均衡路网交通流量分布，提高区域路网整体运行效率，促进区域物流运输降本增效。

（二）分车型（类）差异化收费。继续深化分车型（类）差异化优惠政策。强化技术创新和管理创新，结合实际情况，对不同车型（类）普通货车或国际标准集装箱运输车辆、危险货物运输罐式车辆等专用运输车辆实施差异化收费，提高专业运输效率，支持物流运输转型升级，促进实体经济发展。

（三）分时段差异化收费。重点针对交通量波峰波谷明显、承担较多通勤功能的高速公路路段，在不同时段执行差异化的收费标准，引导客、货运车辆错峰出行，缓解高峰时段交通拥堵，均衡路网时空分布，提升路网通畅水平。

（四）分出入口差异化收费。通过大数据分析论证，重点针对邻近港口和大型工矿企业的高速公路出入口、交通量差异较大的相邻平行路段、城市周边高速公路项目等特定区间、特定出入口实施分出入口差异化收费，扩大精准调流降费的实施效果。

（五）分方向差异化收费。重点针对资源省份货物单向运输特征明显的高速公路，可对上行方向和下行方向实施差异化收费，利用价格杠杆，引导车辆科学合理地使用公路资源。

（六）分支付方式差异化收费。进一步完善ETC电子支付优惠模式，通过加大ETC电子支付优惠力度，鼓励引导车辆安装使用ETC不停车快捷通行高速公路，提高路网通行效率，促进物流提质增效。

三、实施步骤

（一）方案制定阶段，2021年6月底前。各地交通运输、发展改革和财政主管部门要高度重视，组织协调高速公路经营管理单位，总结试点经验，全面分析排查，选择具备条件的高速公路，深入分析测算，科学制定差异化收费方案，确保符合相关法规规定和公平竞争审查制度要求，报省级人民政府依法批准后实施。

（二）组织实施阶段，2021年9月底前。各地交通运输、发展改革和财政主管部门要督促指导高速公路经营管理单位，按照省级人民政府批准的方案，认真组织实施，切实做好政策发布和宣传解读、费率调整等相关工作；结合收费公路车辆通行费优惠政策调查月报制度，按月上报差异化收费政策实施情况；加强动态跟踪，及时妥善解决出现的问题，确保差异化收费工作科学规范开展，并取得切实成效。

（三）总结评估阶段，2021年12月中旬。各地交通运输、发展改革、财政主管部门要根据实施情况，组织开展第三方评估，分析评估方案的实施成效，适时优化完善相关政策措施，建立完善高速公路差异化收费长效机制，形成总结评估报告并于12月15日前报交通运输部、国家发展改革委、财政部。

四、保障措施

（一）强化政策支持保障。各地在制定和实施推广高速公路差异化收费政策工作中，要坚持以现行收费标准为基础、差异化下浮的原则，要统一规范优化调整收费政策，防止收费标准频繁调整变化，保障全国高速公路联网收费系统安全稳定运行。对经营性高速公路实施差异化收费的，应按照合同或协议约定，落实相关保障政策，依法保护各方合法权益。

（二）探索定价方式改革。各地可结合实际，在具备条件的地区，选择部分经营性收费高速公路开展通行费定价方式改革试点，将现行政府定价调整为指导价，以现有政府定价收费标准为上限，赋予高速公路经营管理单位一定的定价自主权。

（三）加强政策宣传解读。各地相关部门和单位要加强高速公路差异化收费政策宣传解读和收费标准信息公开，充分利用地图导航等工具，强化通行路径推荐和车辆通行费估算功能，进一步提高收费透明度，服务公众高品质出行。

实施过程中遇到重大问题要及时向省级人民政府和交通运输部、国家发展改革委、财政部报告。

国家发展改革委关于印发《城乡冷链和国家物流枢纽建设中央预算内投资专项管理办法》的通知

发改经贸规〔2021〕817号

各省、自治区、直辖市及计划单列市、新疆生产建设兵团发展改革委：

为贯彻落实党中央、国务院关于加强物流基础设施建设的决策部署，规范城乡冷链和国家物流枢纽建设中央预算内投资专项管理，发挥中央预算内投资引导带动作用，根据《政府投资条例》和中央预算内投资管理相关规定，我们研究制定了《城乡冷链和国家物流枢纽建设中央预算内投资专项管理办法》，现印发给你们，请按照执行。

国家发展改革委

2021年6月7日

附件

城乡冷链和国家物流枢纽建设中央预算内投资专项管理办法

第一章　总　则

第一条　为规范城乡冷链和国家物流枢纽建设中央预算内投资（简称本专项）项目管理，提高投资效率效益，根据《政府投资条例》（国务院令第712号）、《中央预算内投资补助和贴息项目管理办法》（国家发展改革委令2016年第45号）、《关于规范中央预算内投资资金安排方式及项目管理的通知》（发改投资规〔2020〕518号）等有关规定，制定本办法。

第二条　本专项由国家发展改革委组织实施。各省、自治区、直辖市及计划单列市、新疆生产建设兵团发展改革委（简称省级发展改革委）、中央管理企业等为项目汇总申报单位，按照国家发展改革委有关要求，负责本地区、本系统的项目储备、申报和管理等工作。

第二章　支持方向和标准

第三条　本专项主要用于以下方向项目建设：

（一）物流基础设施补短板项目。重点支持已纳入年度建设名单的国家物流枢纽、国家骨干冷链物流基地内的公共性、基础性设施补短板项目，包括多式联运转运设施项目，高标准公共仓储设施新建、改扩建及智能化改造项目，保税仓储设施项目，公共物流信息平台和信息化提升项目等。

（二）冷链物流设施项目。重点支持服务于肉类屠宰加工及流通的冷链物流设施项目（不含屠宰加工线等生产设施），公共冷库新建、改扩建、智能化改造及相关配套设施项目。

（三）按照党中央、国务院决策部署，需要支持的其他物流基础设施项目。

第四条　拟申报项目应按照相关规定通过全国投资项目在线审批监管平台完成审批、核准或备案程序（地方政府投资项目应完成项目可行性研究报告或者初步设计审批），取得土地、规划、环评等前期手续。申报时项目实际完成投资比例原则上不超过70%。项目存在以下情况之一的不予支持：

（一）未依法获得审批（核准、备案）和相关前期手续；

（二）已获得其他中央财政性资金支持；

（三）项目单位被依法列入严重失信主体名单。

第五条 单个项目支持标准原则上不超过项目按本办法第九条核定投资的30%，最高不超过5000万元。中央预算内投资均为一次性安排，其他专项已安排中央预算内投资的项目，本专项不再重复安排。

第三章 申报程序和计划下达

第六条 汇总申报单位根据国家发展改革委印发的年度项目申报通知要求，按照集中力量办大事、急事、难事，“少而精”的原则，负责筛选符合本专项支持方向、各方面建设条件成熟的项目，组织做好项目申报工作。

第七条 省级发展改革委应结合地方财政承受能力、政府投资能力和本地区建设需求合理申报投资计划。脱离当地实际、其他建设资金不落实、无法如期完工的不得申报。

第八条 拟申报的中央管理企业项目需编制项目资金申请报告。拟申报的地方项目，省级发展改革委指导项目单位编写单行材料。

第九条 项目汇总申报单位对拟申报项目进行严格审查，并对审查结果和申报材料的真实性、合规性负责。重点包括：

（一）申报项目是否符合支持范围；

（二）是否获得其他中央财政性资金；

（三）项目单位是否被依法列入严重失信主体名单；

（四）申报投资是否符合安排标准；

（五）项目是否完成审批（核准、备案）和相关前期手续；

（六）项目是否落实除拟申请本专项之外的其他资金；

（七）项目单位和监管单位“两个责任”填报是否规范等；

（八）对计划新开工项目，要重点审核前期工作条件是否成熟，确保如期开工建设；对在建项目，要重点审核各项建设手续是否完备；

（九）组织专家对每个项目进行评审，核定符合本专项支持范围的投资规模。

第十条 汇总申报单位应在本专项当年投资计划申报时限内及时向国家发展改革委报送项目申报材料。其中，中央管理企业需报送项目申报请示文件和每个项目的资金申请报告，地方项目需报送项目申报请示文件和每个项目的单行材料。

第十一条 国家发展改革委组织专家对汇总申报单位报送的材料进行评审，研究形成符合支持方向的项目清单。同时，综合考虑本专项资金总规模、符合支持方向的项目情况、区域分布等，研究确定单个项目支持金额核算标准。

第十二条 汇总申报单位对符合支持方向的项目清单中项目的建设条件、前期手续等进行复核，并在规定时限内向国家发展改革委报送申请下达中央预算内投资计划和绩效目标的请示文件。

第十三条 国家发展改革委结合汇总申报单位复核意见以及上年度项目管理、监督检查、审计等情况，统筹平衡后研究形成年度中央预算内投资计划和绩效目标，按程序报批后下达。中央管理企业项目按项目下达年度中央预算内投资计划。地方项目以切块方式下达年度中央预算内投资计划。

第十四条 收到年度中央预算内投资计划和绩效目标后，相关中央管理企业按照规定时限转发下达并报国家发展改革委备案；省级发展改革委在符合支持方向的项目清单范围内，将投资计划和绩效目标安排到具体项目并下达投资分解计划，按照规定时限报国家发展改革委备案。转发下达或分解下达时，要充分发挥中央预算内投资的投资引导和补足作用，支持社会投资积极性不强的公共性、基础性项目建设。同一类项目支持标准应统一。

第十五条 中央管理企业项目的中央预算内投资资金安排方式为投资补助。相关省级发展改革委在下达投资分解计划时，应按照《政府投资条例》《关于规范中央预算内投资资金安排方式及项目管理的通知》等要求明确具体安排方式，可采取直接投资、资本金注入或投资补助。

第十六条 相关中央管理企业在申请下达投资计划和绩效目标的请示文件中、省级发展改革委在下达投资分解计划时，应明确每个项目的项目单位（法人）和项目责任人、日常监管直接责任单位和监管责任人，并通过全国投资项目在线审批监管平台（国家重大建设项目库）进行报备。其中，日常监管直接责任单位原则上是项目直接管理单位（对项目单位财务或人事管理行使管理职责的上一级单位），没有直接管理单位的则为当地行业主管部门。监管责任人由日常监管直接责任单位派出，是日常监管的直接责任人。日常监管直接责任单位及监管责任人对项目申报、建设管理、信息报送等履行日常监管职责。

第四章 项目管理和监督检查

第十七条 中央预算内投资支持项目的财务管理按照财政部门有关管理规定执行。除中央预算内投资支持之外的项目建设所需其他资金，应及时足额到位。相关中央管理企业、省级发展改革委要配合有关部门做好资金拨付工作，确保中央预算内投资和其他资金按期拨付。严禁转移、侵占或者挪用中央预算内投资。

第十八条 国家发展改革委根据加强中央预算内投资项目事中事后监管有关规定，组织有关部门和项目单位通过日常在线调度或实地查看等方式，加大对项目落地实施、建设资金落实、项目开工建设等关键环节及绩效目标执行情况的监督管理力度，相关结果将作为下一年度投资计划安排的重要参考依据。

第十九条 相关中央管理企业、省级发展改革委应组织有关部门和项目单位，通过自查、现场督察、在线监管等多种方式，加大对前期工作程序、转发计划、项目落地实施、地方建设投资落实、计划执行进度等关键环节及绩效目标执行情况的监督检查力度。协调解决项目建设中存在的问题，加快项目建设进度，确保项目建设质量。要切实履行信息填报、管理督导责任，督促项目单位及时填报项目实施进展情况，加强数据审核，确保数据准确，依托全国投资项目在线审批监管平台（国家重大建设项目库）进行按月调度，每月 10 日前填报已支持项目开工情况、投资完成情况、工程形象进度等数据。

第二十条 项目单位需严格执行国家有关政策要求，落实项目法人责任制、招标采购制度、工程监理制度、竣工验收制度，不得擅自改变主要建设内容、降低建设标准。项目完成后，项目单位应及时按照《建设工程质量管理条例》等有关规定做好竣工验收工作，按程序及时将验收结果报相关中央管理企业或省级发展改革委备案。

第二十一条 相关中央管理企业、省级发展改革委要加大监督检查、评估督导等工作力度，督促日常监管直接责任单位和监管责任人切实履行日常监管职责。对当年投资计划项目，应至少开展一次现场检查。对监督检查、评估督导等发现的问题要逐项督促整改，其中重大问题要及时报告国家发展改革委。

第二十二条 项目单位应当自觉接受审计、监察、财政等部门依据职能分工进行的监督检查，如实提供与项目有关的文件资料和情况，不得销毁、隐匿、转移、篡改、伪造或者无故拖延、拒绝提供有关文件资料。

第二十三条 本专项已下达的年度投资计划原则上不得调整。如因建设主体、建设内容、建设规模、总投资等发生重大变更或因某些原因导致项目无法实施继而确需调整投资计划的，中央管理企业项目由国家发展改革委调整；地方项目由相关省级发展改革委按程序调整，并报国家发展改革委备案。对涉及投资计划调整的项目，要及时在全国投资项目在线审批监管平台（国家重大建设项目库）中进行调整并开展调度。

第二十四条 国家发展改革委将不定期抽查项目建设情况，并积极配合相关部门开展评估督导、审计、检查、第三方评估等工作。

（一）对评估督导、审计、检查中发现存在资金不落实、投资计划执行和建设进度慢等问题较多的，区分不同情况采取约谈、现场督办等给予严肃处理；

（二）对存在用已完工项目申报、虚报投资规模、建设内容与申报内容不符、挪用中央预算内投资等问题，将及时调整投资计划，并根据有关项目管理规定进一步采取扣减、收回、暂停安排中央预算内投资等措施予以警示和惩戒，相关信息依法依规纳入全国信用信息共享平台。同时，可视情节轻重提请或移交有关机关依法追究有关责任人的行政或者法律责任。

第五章 附 则

第二十五条 本办法由国家发展改革委负责解释。

第二十六条 本办法自发布之日起施行，有效期五年，并将根据党中央、国务院有关工作要求及时进行修订。

关于加强投资数据资源共享持续深化投资审批“一网通办”的指导意见

发改投资〔2021〕1119号

各省、自治区、直辖市及计划单列市、新疆生产建设兵团发展改革委、自然资源主管部门、环境保护厅（局）、交通运输厅（局、委）、水利（水务）厅（局）、能源局：

加强审批数据资源共享、推进投资审批“一网通办”是投资审批制度改革的关键所在，也是深化投资领域“放管服”改革的重要基础。近年来，各地方、各有关部门坚持“制度+技术”并重，以全国投资项目在线审批监管平台（以下简称投资在线平台）为依托，大力推进投资审批制度改革，构建形成了以投资在线平台为主干，以各行业领域审批系统为支撑，覆盖国家、省、市、县四级的投资审批系统“一张网”，在优化审批流程、加强投资调度和监管、促进利企便民等方面发挥着越来越重要的作用。但同时也发现，一些领域、一些地方仍然存在着数据共享机制不健全、共享信息不充分、“一网通办”不平衡等问题，严重制约了投资审批制度改革的深入推进。为贯彻落实党中央、国务院决策部署，进一步加强投资在线平台与自然资源、生态环境、交通运输、水利、能源等领域的投资数据资源共享，深化投资审批“一网通办”，现提出如下意见。

一、总体要求

以习近平新时代中国特色社会主义思想为指导，深入贯彻党的十九大和十九届二中、三中、四中、五中全会精神，坚持以投资在线平台为依托，以固定资产投资项目代码为基础，着力健全纵横贯通的投资在线审批体系，着力优化高效便捷的投资审批服务，着力推进跨层级、跨地域、跨部门的审批数据共享和业务协同，2021年底争取实现各级自然资源、生态环境、交通运输、水利等部门审批系统与投资在线平台的互联共享，并持续深化投资审批权责“一张清单”、投资数据“一体共享”、审批事项“一网通办”，助力投资审批制度改革向纵深推进，为全面改善投资环境、继续发挥投资关键作用提供有力支撑。

二、完善工作机制，优化纵横贯通的审批体系

（一）拓展环评审批信息共享区域。中央投资在线平台在实现与全国环评统一申报和审批系统互联互通基础上，要根据环评系统推进情况逐步实现与全国各省、自治区、直辖市的

审批数据共享。对于已应用全国统建环评统一申报和审批系统的地方，由国家层面实现数据集中共享，并通过投资在线平台按需向地方共享审批数据。对于市县有数据共享需要的，各省级投资在线平台要做好数据“下行”共享，便于基层开展数据利用和监测分析。

（二）加大自然资源和交通运输、水利领域审批信息共享力度。中央投资在线平台要增加与自然资源部智能审批系统有关用地审批数据的共享频次，确保每周至少批量共享一次。积极推进国土空间基础信息平台建设，为各相关部门的项目选址、审批、监管提供自然资源和国土空间数据的基础支撑服务，并逐步与投资在线平台实现互联共享。进一步提升交通运输审批事项业务协同水平，实现航道通航条件影响评价审核、国家重点公路建设项目初步设计审批、国家重点水运工程设计文件审查等数据的实时共享。完善水利部政务服务平台数据接口，实现投资在线平台与水利部政务服务平台取水许可审批、水土保持方案审批和洪水影响评价审批等信息实时共享。

（三）完善纵横贯通的审批数据共享机制。纵向上，对于规划许可、交通运输、水利、节能审查等审批管理权限属于地方的审批结果数据，由各地负责实现本地投资在线平台与相关部门审批系统（或各地政务服务共享平台）的互联互通，地方投资在线平台要及时将汇集的数据上传至中央投资在线平台，由中央投资在线平台将相关数据共享至各有关部门，便于开展数据利用和监测分析。横向上，中央投资在线平台要重点加强与全国信用信息共享平台在投资主体、中介机构基础信息和信用信息方面的实时共享。以修订公共资源交易平台系统数据规范为契机，深化固定资产投资项目代码及审批、核准、备案信息在公共资源交易领域的应用。中央投资在线平台要完善共享服务响应工作机制，对于各地方、各有关部门的共享数据需求，要及时回应，拟定共享工作方案并贯彻落实。

三、健全共享标准，推进投资审批数据实时共享

（四）健全审批数据共享交换标准。以投资在线平台地方与中央平台对接数据清单（V3.2.3）为基础，逐步推动将投资审批系统数据对接技术标准上升为国家标准，为实现投资在线平台与相关行业审批系统的数据共享提供基础支撑。落实《国务院办公厅关于建立健全政务数据共享协调机制加快推进数据有序共享的意见》（国办发〔2021〕6号）部署，对于按规定已纳入政务数据供需对接清单的政务数据，统一通过全国一体化政务服务平台和国家数据共享交换平台在线开展对接。

（五）强化审批共享数据核验和深度应用。依托投资在线平台完善投资审批共享数据核验机制，进一步提高数据准确性、及时性，通过统一的固定资产投资项目代码，实现每一项目的审批、核准和备案信息与相应的用地、规划许可、环评、招标采购等结果数据，以及建设实施信息自动关联共享，构建投资审批、招标采购、建设、竣工等项目全建设周期信息数据全景图，助力投资精准调度和智慧监管。

四、拓展平台功能，增强各方面改革获得感

（六）强化固定资产投资项目代码和项目信息基础表单应用。各地方要严格落实《固定资产投资项目代码管理规范》及代码编码国家

标准要求，在办理项目审批事项、下达资金时，必须核验项目代码及项目信息。项目审批文件、招标投标、公共资源交易、监督检查、后评价、行政处理、行政处罚、信息公开等涉及使用项目名称时，应当同时标注项目代码。抓紧实施项目基础信息表单，投资在线平台在项目赋码时同步形成项目基础信息表单，并为各行业审批系统提供共享服务。企业在办理有关行业审批手续时，可以申请调用投资在线平台项目基础信息表单，无须再重复填报。加快推进项目代码二维码应用场景，便利实时核验项目基础信息、审批信息和建设信息等。

（七）推广电子印章和电子证照复用。投资在线平台要积极推广应用电子印章、电子证照下载和复用，尤其对营业执照、取水许可、工程规划许可、资质资格证书等常用高频投资审批管理事项以及相关申报材料等，探索电子证照“一次生成、统一流转、互认共用”，进一步减少企业重复提交、部门重复核验，提升投资审批服务便利化水平。

（八）精准优化涉企审批服务。依托投资在线平台开发审批服务在线应用、移动应用，为企业提供申报、查询、办理的全流程“掌上办”服务。鼓励创新应用人工智能识别技术，通过提取高频需求关键词，找准投资审批服务的热点、堵点、痛点问题，精准获知企业群众办事需求和咨询内容，自动推送“全流程”事项办理方案，优化咨询服务，助力企业投资项目决策和实施。

五、深化“一网通办”，促进投资审批更加高效便捷

（九）深入推进投资审批“全程网办”。各级投资在线平台和行业审批系统，要加快与国家政务服务平台的统一身份认证体系互通，自然人、法人统一身份识别，实现企业一次登录，投资审批“一张网”“全网漫游”。优化在线审批系统功能，加快推进投资审批“全覆盖、全流程、全在线”。除法律法规有明确规定外，凡是项目单位提交且通过投资在线平台能够查询到的材料，不得再要求项目单位重复提交；凡是投资在线平台已收取规范化电子版材料的，不得再要求申请人重复提交纸质版材料；凡是依托投资在线平台能够实现网上核验的证明材料，不得再要求现场核验。

（十）加快实施投资审批“一网通办”“好差评”制度。各地方投资在线平台要认真落实国务院关于建立政务服务“好差评”制度的部署，设置审批“一网通办”“好差评”评价功能模块或环节，方便企业和群众及时对审批服务作出评价。建立健全差评和投诉问题调查核实、督促整改和反馈机制，并明确相应奖惩规则，切实抓好差评服务整改，以“好差评”制度实施督促投资审批“一网通办”落地落实落细。

六、完善保障机制，强化督促落实

（十一）统筹系统建设。各地方要按照精简集约、高效利用的原则要求，对于能够通过投资在线平台拓展相关功能满足专业审批需要的，一般不得新建专业审批系统；投资在线平台要主动作为、跟进服务，及时协助有关部门加快完善行业审批系统；对于已经建成的行业审批系统，要进一步加强与投资在线平台的系统对接、数据共享，不断完善审批服务功能，优化审批服务流程。

（十二）加强组织领导和督促检查。各级发展改革部门要加强对本区域投资审批数据共享和投资审批“一网通办”工作的统筹指导，

与自然资源、生态环境、交通运输、水利、能源等部门加强协同配合，健全工作机制，完善配套措施，及时协调解决共享工作推进过程中的矛盾和问题。国家发展改革委将会同自然资源部、生态环境部、交通运输部、水利部、国家能源局等加强对各地的督促指导，及时总结推广各地深化投资审批数据共享、促进利企便民的好经验好做法；对于工作不力的地方将专门予以通报，并督促全面整改。

国家发展改革委
自然资源部
生态环境部
交通运输部
水利部
国家能源局
2021年7月28日

农业农村部办公厅关于做好跨省份道路运输动物指定通道有关工作的通知

农办牧〔2021〕38号

各省、自治区、直辖市农业农村（农牧）、畜牧兽医厅（局、委），新疆生产建设兵团农业农村局：

为深入贯彻落实《中华人民共和国动物防疫法》、《国务院办公厅关于加强非洲猪瘟防控工作的意见》（国办发〔2019〕31号）、《国务院办公厅关于促进畜牧业高质量发展的意见》（国办发〔2020〕31号）有关要求，加强动物运输活动防疫管理，降低非洲猪瘟等重大动物疫病跨区域传播风险，现就加强跨省份道路运输动物指定通道（以下简称“指定通道”）建设、管理等工作通知如下。

一、完善指定通道布局，构筑动物疫病防控有效屏障

各省份要按照科学规划、合理布局、安全便民、管理可行的原则，尽快确定并公布指定通道；已经确定指定通道的，要定期开展本省份及周边区域动物疫病、路网布局、畜禽流通等情况的分析研判，并综合考虑已有站点资源、监管力量配备、工作条件保障等因素，适时调整完善指定通道布局；要根据本地区实际，探索建设过省境运输动物指定通道制度，创新监管方式，推动过省境运输动物规范便捷通行。

二、规范动物运输监管，防范动物疫病跨区域传播

各有关地区要加强对经指定通道运输动物的监督检查，查验动物检疫证明是否有效、牲畜耳标是否佩戴齐全、运输车辆是否按规定备案、动物健康状况有无异常以及证物是否相符等。对于无违法违规情况且动物临床健康的，要在动物检疫证明上加盖专用印章；发现违法违规行为的，要依法处理或者按照职责分工移送有关部门；发现动物临床健康状况异常的，要及时采取隔离观察、采样检测等措施；发现动物疫病的，要规范报告并处置；发现未经指定通道跨省份道路运输动物的，以及违反有关规定接收动物的，要依法依规进行处理。

三、着力创新监管机制，织密动物运输监管信息化网络

各省份要完善动物检疫证明电子出证系统，及时采集、更新指定通道及有关检查站名

称、位置坐标等基础信息，建立指定通道监管信息实时采集、上传功能，并将数据共享至兽医卫生综合信息平台，实现指定通道基础信息便捷查询和监管信息启运地、途经地、目的地全程共享，为加强动物调运监管提供支撑。

四、强化工作条件保障，提升动物运输监管能力

各地要强化指定通道的条件保障，配齐配强工作力量，安排足够的监督执法、动物防疫及辅助人员。可以安排官方兽医、特聘动物防疫专员等参与相关工作，满足24小时值守需求；要改善检查站的办公和生活条件，配备必要的办公、监督检查和应急等设备物资以及必要的安全防护器具；要根据本地区动物疫病防控需要，配备必要的防疫消毒设施设备，指导承运人做好动物运输车辆的防疫消毒，特别是要做好冬季严寒时节车辆防疫消毒工作；要推动落实检查站工作人员畜牧兽医医疗卫生津贴等相关待遇。

五、加强法律宣传贯彻，推动指定通道制度有效落实

各地要把宣传解读指定通道制度作为动物防疫法宣贯的一项重要内容，广泛开展多种形式的宣传活动，宣讲制度内容及相关法律责任，提高生产经营主体守法意识，营造良好工作氛围。要规范设置指定通道引导标志，在显要位置公示设立依据、工作职责、工作程序、动物运输管理要求、监督检查人员和监督电话等信息。要重点在检疫申报点等场所开展宣传，指导生产经营主体利用信息化手段查询、了解指定通道基础信息，规范开展动物运输活动。

农业农村部办公厅

2021年9月26日

关于加强交通运输新业态从业人员权益保障工作的意见

交运发〔2021〕122号

为深入贯彻落实党中央、国务院决策部署，加强交通运输新业态从业人员权益保障工作，推动交通运输新业态规范健康持续高质量发展，更好服务广大人民群众，提出如下意见。

一、总体要求

以习近平新时代中国特色社会主义思想为指导，全面贯彻党的十九大和十九届二中、三中、四中、五中、六中全会精神，坚持稳中求进工作总基调，立足新发展阶段，完整、准确、全面贯彻新发展理念，服务构建新发展格局，坚持以人民为中心的发展思想，坚持系统观念，统筹发展和安全，紧紧围绕解决交通运输新业态从业人员最关心最直接最现实的权益保障问题，注重标本兼治，完善治理体系，着力规范交通运输新业态企业经营行为，维护公平竞争市场秩序，健全完善从业人员权益保障制度，营造良好从业就业环境，全力维护从业人员合法权益，促进交通运输新业态规范健康持续高质量发展。

二、主要任务

（一）完善平台和从业人员利益分配机制。各地相关部门要督促网络预约出租汽车（以下简称网约车）平台企业向驾驶员和乘客等相关方公告计价规则、收入分配规则，每次订单完成后，在驾驶员端应同时列明订单的乘客支付总金额、驾驶员劳动报酬，并显示乘客支付总金额减去驾驶员劳动报酬后与乘客支付总金额的比例（俗称“抽成”），保障驾驶员知情权和监督权。督促网约车平台企业加强与经营服务所在地工会组织、行业协会的沟通协商，合理设定抽成比例上限并在移动客户端和媒体上公开发布。督促网约车平台企业在确定和调整计价规则、收入分配规则等经营策略前，公开征求从业人员代表及工会组织、行业协会的意见，并提前一个月向社会公布。

（二）支持从业人员参加社会保险。完善社会保险经办服务，提高交通运输新业态从业人员参保和享受待遇的服务便捷性。强化网约车驾驶员职业伤害保障，鼓励网约车平台企业积极参加职业伤害保障试点，为网约车驾驶员在线服务期间劳动安全提供保障。督促网约车平台企业依法为符合劳动关系情形的网约车驾驶员参加社会保险，引导和支持不完全符合确立劳动关系情形的网约车驾驶员参加相应的社会保险。

（三）保障从业人员合理劳动报酬。相关行业主管部门、工会组织、行业协会等要持续关注行业运行情况及网约车驾驶员劳动报酬水平，并适时公开发布，引导驾驶员形成合理收入预期。各级工会组织要根据工作性质、劳动强度、工作任务、当地职工平均工资、市场经营状况等因素，与网约车平台企业、行业协会协商确定驾驶员劳动报酬计算规则和标准并向社会公布。督促网约车平台企业向提供正常劳动的网约车驾驶员支付不低于当地最低工资标准的劳动报酬。

（四）保障从业人员获得合理休息。各地相关部门要督促网约车平台企业科学确定驾驶员工作时长和劳动强度，保障其有足够休息时间。督促网约车平台企业持续优化派单机制，提高车辆在线服务期间的运营效率，不得以冲单奖励等方式引诱驾驶员超时劳动。

（五）改善从业环境和工作条件。各地相关部门要优化审批流程，为符合准入条件的网约车平台企业、车辆和驾驶员办理许可提供便利。积极推进出租汽车综合服务区建设，在医院、居民集中居住区、重要商业区、综合交通枢纽等场所设置出租汽车临时停靠点，允许巡游出租汽车和网约车临时停靠，破解出租汽车驾驶员“就餐难、停车难、如厕难”等问题。督促网约车平台企业加强对从业人员职业技能、劳动安全、运营服务的教育培训；加强对用工合作单位的管理，不得以高额风险抵押金、保证金转嫁经营风险，不得将驾驶员服务计分与服务时长、派单机制等挂钩，不得变相违法阻碍驾驶员自由选择服务平台。

（六）加强对从业人员的人文关怀。各地相关部门要密切关注交通运输新业态从业人员在工作、生活中遇到的困难和问题，广泛开展多种形式的送温暖等关心关爱驾驶员活动。鼓励交通运输新业态企业加强对从业人员的人文关怀，建立优秀从业人员奖励制度，提升从业人员行业归属感和职业荣誉感。

（七）促进网约车平台企业合规发展。各地交通运输主管部门要督促网约车平台企业严格遵守法规规定，不得接入未获得网约车许可的驾驶员和车辆。督促网约车平台企业在驾驶员和车辆新注册时，应要求提供网约车驾驶员和车辆许可证件，对无法提供的不予注册，并提醒依法依规办理相应许可。严厉打击非法营运行为，鼓励运用信息化手段加强精准执法。

（八）维护公平竞争市场秩序。加强对交通运输新业态企业的事前事中事后全链条监管，强化交通运输新业态运行监测，及时预警垄断风险，加大反垄断、反不正当竞争监管执法力度。防范资本在交通运输新业态领域无序扩张，依法严厉查处低价倾销、“大数据杀熟”、诱导欺诈等违法违规行为。落实交通运输新业态企业主体责任，引导企业自觉开展公平竞争，鼓励企业主动向社会作出公平竞争信用承诺。

（九）畅通投诉举报渠道。充分发挥12328交通运输服务监督电话、12315消费维权电话作用，及时处理从业人员和社会公众对管理部门乱收费、乱罚款、违规执法等投诉举报，并及时向社会公开处理情况，确保件件能解决、事事有回音。督促交通运输新业态企业建立首问负责制，及时受理并妥善处理从业人员和消费者投诉，不得敷衍推诿，切实保障从业人员和消费者合法权益。

（十）强化工会组织保障作用。各地工会组织要将网约车驾驶员作为推动建会入会的重点群体，进一步拓宽入会渠道，最大限度吸收交通运输新业态从业人员加入工会组织，搭建从业人员与新业态企业交流沟通平台，探索建立从业人员与新业态企业平等协商机制。

三、保障措施

（十一）完善协同联动机制。充分发挥交通运输新业态协同监管部际联席会议机制作用，进一步加强政策衔接和协同配合，及时协调解决交通运输新业态从业人员权益保障工作中遇到的各类问题。各地要参照交通运输新业态协同监管部际联席会议机制，于2021年底前在省级和地市级层面建立或完善多部门协同监管联席会议机制。

（十二）压实各方责任。各地要切实履行交通运输新业态从业人员权益保障属地管理责任，加强统筹协调，细化任务措施，抓好工作落实。压紧压实交通运输新业态企业在从业人员权益保障方面的主体责任，对交通运输新业态企业直接管理和由用工合作单位组织用工的各类从业人员，由交通运输新业态企业依法依规承担从业人员权益保障主体责任。督促交通运输新业态企业明确告知从业人员有关权利和义务及劳动保障相关法律政策，并为其落实提供便利，符合确立劳动关系情形的，应依法签订劳动合同。

（十三）加强宣传引导。加强政策宣传解读，加大对交通运输新业态企业积极履行社会责任、关心关爱从业人员及从业人员先进事迹等正面信息的宣传力度。组织开展“最美出租汽车司机”宣传活动，讲好典型故事，弘扬行业正能量。

交通运输部
中央宣传部
中央网信办
国家发展改革委
公安部
人力资源社会保障部
国家市场监督管理总局
中华全国总工会
2021年11月17日

民航局关于促进公共航空危险品运输高质量发展的指导意见

民航发〔2021〕53号

发展公共航空危险品运输，对服务经济社会发展、满足人民生活需要、保障航空安全和提升航空物流服务质量具有重要意义。为贯彻落实“十四五”期间深化民航改革工作的意见和相关规划要求，进一步改革创新，高水平建设公共航空危险品运输服务体系，切实满足新时期人民群众对高品质航空货物运输服务的需求与期待，支持构建以国内大循环为主体、国内国际双循环相互促进的新发展格局，现提出以下意见。

一、现实基础

“十三五”以来，在党中央、国务院的坚强领导下，全行业坚持新发展理念，坚持稳中求进工作总基调，坚持“一二三三四”总体工作思路，克服新冠肺炎疫情严重冲击，公共航空危险品运输实现安全持续增长，显示出较好的发展潜力与前景。

（一）安全形势平稳可控。全行业未发生因危险品运输导致的民用航空地面事故和航空器飞行事故，危险品事故征候发生率显著下降，客舱内旅客随身携带锂电池起火事件均得到及时妥善处置。

（二）生产运行稳步增长。“十三五”期间，全行业累计完成危险品运输总量309.5万吨，年均增速达到4.9%，完成危险品运输吞吐量合计411.6万吨，年均增长7.9%，比全国运输机场货邮吞吐量年均增速高5.1个百分点。

（三）经济社会贡献显著。“十三五”期间，全国民航运输机场累计完成锂电池等产品运输345.1万吨，有力支持了我国电子产品和新能源产业发展；累计运输放射性物质13260吨、感染性物质196.7吨，有效满足人民医疗服务及公共卫生安全防控需求；圆满完成了G20杭州峰会、厦门金砖国家峰会、新冠肺炎疫情防控等重大运输保障任务中的涉及危险品物资运输。

（四）管理体系逐步完善。出台了一系列行业标准及配套文件，形成了具有中国特色的管理理念与管理模式，积极参与危险品运输国际标准制定，共有16份提案建议被国际标准采纳，公共航空运输危险品逐步实现法制化、标准化、国际化。

同时，我国公共航空危险品运输仍存在一些问题，主要体现在：公众危险品运输安全意识有待提升；基础设施设备综合保障能力不足、信息化水平偏低；危险品应急处置能力存在短板；危险品运输国际竞争力不强；新业态新模式的快速发展与供应链风险管控能力不足的矛盾日益凸显，治理体系与治理能力有待完善。当前，我国国民经济和社会发展进入新阶段，生产与消费转型升级加快，人民群众对危险品运输安全保障和服务能力的要求不断提高，对照多领域民航强国建设要求，公共航空危险品运输面临着新的机遇与挑战，要加快补齐基础设施短板，全面提升运行效率效益，更高质量、更优水平、更大力度地推动公共航空危险品运输安全发展，形成新发展格局，助力全行业实现高质量发展。

二、总体要求

（一）指导思想

以习近平新时代中国特色社会主义思想为指导，深入贯彻习近平总书记关于民航安全工作的重要指示批示精神，坚持发展为了人民理念和航空安全底线，坚持稳中求进工作总基调，以推动高质量发展为主题，以深化供给侧改革为主线，贯彻落实“十四五”时期民航“一二三三四”总体工作思路，加强安全可控的供应链建设，鼓励管理创新、模式创新、技术创新，强化对关联产业、公共卫生安全等支持作用，持续提升公共航空危险品运输服务保障能力、应急处置能力和现代化治理能力，切实满足人民群众日益增长的航空运输需求，为多领域民航强国建设提供有力支撑和坚强保障。

（二）基本原则

坚持系统观念，加强全局谋划。把系统观念贯穿公共航空危险品运输服务、人民群众安全认知、行业生产运行各领域和全过程，强化政府引导与支持，压实企业主体责任，充分发挥社会组织作用，构建公共航空危险品运输多领域多方位全链条的协同发展格局。

坚持安全底线，夯实发展基础。牢固树立安全发展理念，深刻把握公共航空危险品运输发展规律，正确处理好安全与发展的关系，健全安全生产责任体系，认真践行“六个起来”要求，加强战略预判和风险预警，完善现代化公共航空危险品运输治理体系和治理能力。

坚持以人为本，提供优质服务。以需求为导向，不断丰富服务种类、拓展服务内容，打造精准化、专业化、特色化服务产品，努力满足人民群众多样化个性化的航空服务需求，有力保障关键产业、抗震救灾、疫情防控等特殊航空运输任务。

坚持创新驱动，厚植发展优势。充分发挥市场在资源配置中的决定性作用，加强行业与地方、行业与产业等深度融合，鼓励网络通信、人工智能、虚拟现实、高端装备等新技术新产品应用，大力提升公共航空危险品运输核心竞争力，加快推动创新力强、附加值高、安全可靠的供应链建设。

（三）主要目标

到2025年，基本建成安全、高效、便捷、优质的公共航空危险品运输服务体系。安全理念持续强化，服务模式不断创新，管理更加精细化、全链条化，航空公司与机场运行保障更加高效、有力，对国民经济和产业发展带动作用显著。

——安全管理体系持续完善。全行业危险品航空运输征候五年滚动平均值不超过0.15起/万吨。新型风险缓解措施研究能力明显提升，推行公共航空危险品运输认证制度，持续完善危险品运输安全管理和信用管理。建立相对完善的公共航空危险品运输应急处置协调机制，打造专业化的应急处置队伍。

——保障能力显著增强。年货邮吞吐量超过1万吨的机场具备全类项危险品货物常态化运输保障能力，其他机场具备涉及公共安全、公共卫生、应急救援等重大紧急情况相关危险品的应急运输保障能力。

——综合服务能力加快提升。全行业危险品运输量年均保持较快增长。培育2～3家在危险品运输领域具有国际竞争力的航空企业。危险品运输信息化、可视化、单证标准化水平显著提高，运输便利化和效率大幅提升。持续参与国际标准制定修订，提升我国民航国际话语权。

到2035年，公共航空危险品运输保持长期安全平稳运行，行业安全文化理念持续深入，综合保障能力显著提升，国际国内运输网络更加完备，全方位满足危险品常态化运输和应急运输需求，建成现代化公共航空危险品运输治理体系和治理能力。

三、主要任务

（一）推进法规标准建设

完善法规体系。积极参与安全生产、危险物品、行政执法等相关领域法律规章研究起草，深化对新业态、新模式衍生的相关法律问题研究，修订《公共航空运输危险品管理规定》，制定完善相关配套规范性文件。围绕贯彻落实《安全生产法》《消防法》《邮政法》《生物安全法》《民用航空安全保卫条例》《危险化学品安全管理条例》《放射性物品运输安全管理条例》等法律法规，进一步完善有关规划建设、监督执法、应急处置等制度，确保各环节法规执行协调一致，逐步形成体系健全、行之有效的法规体系。

提高标准建设水平。系统化建设中国民航公共航空危险品运输标准体系，积极开展危险品多式联运、操作自动化、信息单证标准化工作，制定危险品货物存储场所规划设计、建设验收标准。探索新品类运输标准研究，促进制造业产品运输安全设计。强化与各部委、各行业的沟通协调，支持和推动不同专业不同环节危险品运输统一标准，统筹推进重点项目实施。制定国际标准工作计划，深化国际标准研究，推动各方积极参与联合国和国际民航组织危险品运输标准制定，持续提出高质量国际标准提案，保障我国运输及制造业利益。开展灵活多样的国际交流合作，积极参与组建相关标准技术工作组。

（二）夯实安全保障基础

强化安全管理体系建设。严格落实企业主体责任，持续完善并有效运行包括危险品管理在内的安全管理体系，加大隐患排查整治力度，提升企业法定自查效能，建立健全全员安全生产责任制和安全生产规章制度，加大对危险品运输资金、设施设备、人员的投入保障力度，开展安全绩效评价，严格落实安全生产法律法规制度及危险品运输要求。

创新安全运输技术。促进新一代信息技术、安检技术、监控监测技术与危险品运输深度融合，推进智慧货运建设。推广特种功能危险品运输包装和高端装备应用。强化科研攻关对重大运输保障的支撑作用，推进危险品运输领域科技成果转化和新技术应用，依托现有资源建设一批危险品运输研究和科技成果转化基地。

加强各岗位人员培训。强化企业各级管理人员和专业人员关于危险品运输内容的培训，明确培训要求，强调实操技能，夯实“三基”建设。鼓励利用互联网、虚拟现实、情景再现等技术实施多样化培训，提高培训效果。完善危险品运输培训管理，统一教员考核标准。鼓励开展教员交流学习活动，提升行业整体水平。

支持信用管理体系建设。推行公共航空危险品运输安全信用管理，建立健全惩戒措施和信息公开制度，出台公共航空危险品运输安全信用建设指南，纳入托运人及其代理人、承运人及其代理人、机场管理机构、鉴定机构、培训机构等主体，推动企业危险品运输信用信息互联互通，形成社会共同参与、共同治理的新局面，营造良好诚信氛围。在高端仪器、医药、生物制品、新能源、电子产品、集成电路等重点行业以及应急物资等领域推行托运人白名单制度。

（三）提升运输保障水平

打造通畅的运输网络。建设公共航空危险品运输国际枢纽，布局国内运输网络，提升重点机场服务保障能力。强化中小机场安全保障和运输作业基础设施设备的配备，创新中小机场设施设备保障模式，探索设备共享和远程使用。规范和明确危险品运输链条各环节操作要求和安全标准，加强对一线人员工作的指导，确保按照各项要求和标准准确执行。关注新业态发展，配合衔接通航危险品中转和无人机运输，多渠道解决“最后一公里”问题。

提升专业化服务能力。培育服务保障能力强、专业化操作水平高的航空物流企业，支持其参与重要物资进出口运输业务。建设一批标准化、专业化、智慧化的危险品货物临时存储场所，规范危险品货物装卸操作，强化运输环境控制。密切关注人民生活需求和区域性产业发展，引导重点机场提升差异化专业服务保障能力。

创新业务发展模式。推动区域产业发展和危险品运输的融合，主动对接专业产品，提供精准优质航空运输服务。加强国家战略性新兴产业航空运输服务能力，推广多专业一体化、全链条服务模式。创新针对例外数量、有限数量危险品货物运输管理模式，更好地满足高端制造业个性化的危险品货物运输需求。

加强信息化支撑作用。深度参与工业和信息化部牵头的全国危险化学品监管信息共享平台建设。推动承运人、地面服务代理人等主体之间的数据交换，延长信息链条，逐步消除信息盲区，提升跟踪查询等信息服务水平。探索高危危险品追溯制度，加强危险品运输全链条管理。推动相关部门实现检验检测报告电子化，建立统一的报告查询平台。规范危险品货物品名申报和运输数据报送，鼓励引导企业及时主动研判和报送不安全事件信息，深化数据挖掘和数据加工，加强前瞻性趋势预判和风险预警研究，防范风险传导、叠加、演变和升级，建立精准高效的安全监管长效机制。

（四）提高应急处置能力

保障应急运输顺畅。研究建立应急状态公共航空危险品运输协调机制，提升重大突发事件紧急运输响应能力。统筹研究从业人员专业防护设备配备标准。加强与应急管理部门和其他运输方式的协作，保障紧急情况下危险品运输的安全和顺畅。

夯实应急处置基础。完善公共航空危险品运输事故应急预案，优化危险品应急响应和处置方案，推广处置专业设备应用，增强应急培训和演练实效性。实现与地方政府的专业救援、危险品处置队伍、危险废物处置单位的有效对接，形成实质性救援和处置联动，定期组织联合演练，提升协调联动和处置能力，避免二次事故发生。

增强新型风险识别管控能力。有效识别现代航空物流、以邮件快件为主的货运航空公司和专业性货运机场面临的危险品运输风险。对新型危险品及新业务模式，开展系统的风险评估，制定针对性的风险缓解措施。科学评估公共卫生安全对危险品运输的影响，准确识别和管控疫情常态化运行带来的人员、设施设备和管理等方面的安全风险。

（五）强化安全监督管理

严格落实"六个起来"。提高政治站位，牢固树立安全发展理念，精准把握安全形势，盯牢安全风险管控和安全管理体系建设，切实提升各环节源头管控能力，加大对隐瞒夹带行为的防范惩戒力度，督促航空公司、机场及其货站、安检等部门严格收运检查，严格落实多次违规单位的管控措施，综合运用信用管理、大数据筛查和安检新技术等手段规避或降低危险物品违规上机的风险。提高公共航空危险品运输事件调查能力，完善调查取样和防护装备配备，强化安全责任意识，严格落实各项安全工作。

持续推进监管创新。进一步强化监察员队伍建设，完善监察设备、规范监察活动、保障任务落实。进一步创新监管方式，适度引入远程监管和协同监管，推动法治化、现代化监察。进一步督促企业开展法定自查，建立法定自查和风险评估体系，探索实施企业检查员制度，鼓励社会第三方参与风险评估工作，弥补监管资源不足。建设全民航危险品运输监管平台，持续提升监管智慧化水平。

充分发挥行业自律作用。充分发挥行业协会、安全生产服务机构等社会力量的作用，促进行业自律。探索建立中小企业第三方安全服务机制，提高安全运行管理专业化、社会化服务供给。研究推进公共航空危险品运输认证制度，规范货物运输检验检测、包装使用操作、人员培训、货运代理等行为，参照国际标准完善相关认证体系建设，加强与国际标准认证体系的互认。

推动部门协同治理。推动部际联席会议制度协调解决危险化学品监管、检验检测机构管理、包装质量管理、培训质量评价等涉及多行业、多领域的重点难点问题。持续在多行业推行源头管理，加强与政府、行业、企业间的协同合作和信息共享，畅通信息沟通渠道，共享安全信息。积极参加全国部际物流安全管理领导小组会议和寄递渠道安全领导小组会议，开展联合执法检查，对故意隐瞒夹带、扰乱民航秩序的各类主体强化协同治理，加大打击力度。

四、保障措施

（一）加强组织协调

加强对公共航空危险品运输的统筹规划和组织领导，健全工作落实机制，明确任务的责任主体，制定实施方案。加强对危险品运输全链条的监督和指导，依法依规厘清权责边界、推进改革试点，为企业提升危险品运输保障能力提供支持。加强与地方政府部门、行业协会协调联动，有计划推进危险品运输能力提升工作，确保各项工作举措和要求落实到位。

（二）加大投入力度

加大对公共航空危险品运输安全以及服务能力提升的基础研究、技术创新、应急处置等方面的资金、人力和软硬件投入，切实落实民航局关于推动新型基础设施建设有关实施意见和五年行动方案。航空公司、机场以及服务保障单位有效增加对安全和服务的投入，特别注重对新技术新设备的投入，借助科技提升服务保障水平。

（三）强化人才保障

加强危险品航空运输领域人才培养和梯队

建设，重点培养和支持兼具国际化视野和我国实践经验的领域专家。完善民航局危险品专家组工作制度，支持鼓励行业专家的研究工作，充分发挥专家在国际标准制定修订、国内政策标准研究、风险评估、服务咨询等方面的作用。鼓励成立地区和企业专家团队，为区域和企业提供危险品运输技术支持。

（四）营造安全文化氛围

进一步解放思想，树立安全运输、科学运输的理念，破除“危险品不能运”的误区，完善政策措施，做到“有所为，有所不为”，为公共航空危险品运输高质量发展创造良好环境。提高危险品运输从业人员的敬畏意识和职业素养，开展“三个敬畏”宣传教育，举办危险品运输知识技能和安全宣传创意等竞赛，大力弘扬劳模精神、劳动精神、工匠精神。积极搭建新媒体矩阵，统筹行业危险品运输安全宣传资源，加大宣传力度，持续提升人民群众危险品运输安全意识，营造良好舆论氛围。

中国民用航空局

2021年12月13日

“十四五”现代物流相关规划

《中华人民共和国国民经济和社会发展第十四个五年规划和2035年远景目标纲要》摘编

中华人民共和国国民经济和社会发展第十四个五年（2021—2025年）规划和2035年远景目标纲要，根据《中共中央关于制定国民经济和社会发展第十四个五年规划和二〇三五年远景目标的建议》编制，主要阐明国家战略意图，明确政府工作重点，引导规范市场主体行为，是我国开启全面建设社会主义现代化国家新征程的宏伟蓝图，是全国各族人民共同的行动纲领。

第一篇　开启全面建设社会主义现代化国家新征程

“十四五”时期是我国全面建成小康社会、实现第一个百年奋斗目标之后，乘势而上开启全面建设社会主义现代化国家新征程、向第二个百年奋斗目标进军的第一个五年。

第一章　发展环境

我国进入新发展阶段，发展基础更加坚实，发展条件深刻变化，进一步发展面临新的机遇和挑战。

第一节　决胜全面建成小康社会取得决定性成就

“十三五”时期是全面建成小康社会决胜阶段。面对错综复杂的国际形势、艰巨繁重的国内改革发展稳定任务特别是新冠肺炎疫情严重冲击，以习近平同志为核心的党中央不忘初心、牢记使命，团结带领全党全国各族人民砥砺前行、开拓创新，奋发有为推进党和国家各项事业。全面深化改革取得重大突破，全面依法治国取得重大进展，全面从严治党取得重大成果，国家治理体系和治理能力现代化加快推进，中国共产党领导和我国社会主义制度优势进一步彰显。

经济运行总体平稳，经济结构持续优化，国内生产总值突破100万亿元。创新型国家建设成果丰硕，在载人航天、探月工程、深海工程、超级计算、量子信息、“复兴号”高速列车、大飞机制造等领域取得一批重大科技成果。决战脱贫攻坚取得全面胜利，5575万农村贫困人口实现脱贫，困扰中华民族几千年的绝对贫困问题得到历史性解决，创造了人类减贫史上的奇迹。农业现代化稳步推进，粮食年产量连续稳定在1.3万亿斤以上。1亿农业转移人口和其他常住人口在城镇落户目标顺利实现，区域重大战略扎实推进。污染防治力度加大，主要污染物排放总量减少目标超额完成，资源利用效率显著提升，生态环境明显改善。金融风险处置取得重要阶段性成果。对外开放持续扩大，共建“一带一路”成果丰硕。人民生活水平显著提高，教育公平和质量较大提升，高等教育进入普及化阶段，城镇新增就业超过6000万人，建成世界上规模最大的社会保障体系，基本医疗保险覆盖超过13亿人，基本养老保险覆盖近10亿人，城镇棚户区住房改造开工超过2300万套。新冠肺炎疫情防控取得重大战略成果，应对突发事件能力和水平大幅提高。公共文化服务水平不断提高，文化事业和文化产业繁荣发展。国防和军队建设水平大幅提升，军队组织形态实现重大变革。国家安全全面加强，社会保持和谐稳定。

“十三五”规划目标任务胜利完成，我国经济实力、科技实力、综合国力和人民生活水平跃上新的大台阶，全面建成小康社会取得伟大历史性成就，中华民族伟大复兴向前迈出了新的一大步，社会主义中国以更加雄伟的身姿屹立于世界东方。

第二节　我国发展环境面临深刻复杂变化

当前和今后一个时期，我国发展仍然处于重要战略机遇期，但机遇和挑战都有新的发展变化。当今世界正经历百年未有之大变局，新一轮科技革命和产业变革深入发展，国际力量对比深刻调整，和平与发展仍然是时代主题，人类命运共同体理念深入人心。同时，国际环境日趋复杂，不稳定性不确定性明显增加，新冠肺炎疫情影响广泛深远，世界经济陷入低迷期，经济全球化遭遇逆流，全球能源供需版图深刻变革，国际经济政治格局复杂多变，世界进入动荡变革期，单边主义、保护主义、霸权主义对世界和平与发展构成威胁。

我国已转向高质量发展阶段，制度优势显著，治理效能提升，经济长期向好，物质基础雄厚，人力资源丰富，市场空间广阔，发展韧性强劲，社会大局稳定，继续发展具有多方面优势和条件。同时，我国发展不平衡不充分问题仍然突出，重点领域关键环节改革任务仍然艰巨，创新能力不适应高质量发展要求，农业基础还不稳固，城乡区域发展和收入分配差距较大，生态环保任重道远，民生保障存在短板，社会治理还有弱项。

必须统筹中华民族伟大复兴战略全局和世界百年未有之大变局，深刻认识我国社会主要矛盾变化带来的新特征新要求，深刻认识错综复杂的国际环境带来的新矛盾新挑战，增强机遇意识和风险意识，立足社会主义初级阶段基本国情，保持战略定力，办好自己的事，认识和把握发展规律，发扬斗争精神，增强斗争本领，树立底线思维，准确识变、科学应变、主动求变，善于在危机中育先机、于变局中开新局，抓住机遇，应对挑战，趋利避害，奋勇前进。

第八章　深入实施制造强国战略

第四节　实施制造业降本减负行动

强化要素保障和高效服务，巩固拓展减税降费成果，降低企业生产经营成本，提升制造业根植性和竞争力。推动工业用地提容增效，推广新型产业用地模式。扩大制造业中长期贷款、信用贷款规模，增加技改贷款，推动股权投资、债券融资等向制造业倾斜。允许制造业企业全部参与电力市场化交易，规范和降低港口航运、公路铁路运输等物流收费，全面清理规范涉企收费。建立制造业重大项目全周期服务机制和企业家参与涉企政策制定制度，支持建设中小企业信息、技术、进出口和数字化转型综合性服务平台。

第十章　促进服务业繁荣发展

聚焦产业转型升级和居民消费升级需要，扩大服务业有效供给，提高服务效率和服务品质，构建优质高效、结构优化、竞争力强的服务产业新体系。

第一节　推动生产性服务业融合化发展

以服务制造业高质量发展为导向，推动生产性服务业向专业化和价值链高端延伸。聚焦提高产业创新力，加快发展研发设计、工业设计、商务咨询、检验检测认证等服务。聚焦提高要素配置效率，推动供应链金融、信息数据、人力资源等服务创新发展。聚焦增强全产业链优势，提高现代物流、采购分销、生产控制、运营管理、售后服务等发展水平。推动现代服务业与先进制造业、现代农业深度融合，深化业务关联、链条延伸、技术渗透，支持智能制造系统解决方案、流程再造等新型专业化服务机构发展。培育具有国际竞争力的服务企业。

第十二章　畅通国内大循环

第三节　强化流通体系支撑作用

深化流通体制改革，畅通商品服务流通渠道，提升流通效率，降低全社会交易成本。加快构建国内统一大市场，对标国际先进规则和最佳实践优化市场环境，促进不同地区和行业标准、规则、政策协调统一，有效破除地方保护、行业垄断和市场分割。建设现代物流体系，加快发展冷链物流，统筹物流枢纽设施、骨干线路、区域分拨中心和末端配送节点建设，完善国家物流枢纽、骨干冷链物流基地设施条件，健全县乡村三级物流配送体系，发展高铁快运等铁路快捷货运产品，加强国际航空货运能力建设，提升国际海运竞争力。优化国际物流通道，加快形成内外联通、安全高效的物流网络。完善现代商贸流通体系，培育一批具有全球竞争力的现代流通企业，支持便利店、农贸市场等商贸流通设施改造升级，发展无接触交易服务，加强商贸流通标准化建设和绿色发展。加快建立储备充足、反应迅速、抗冲击能力强的应急物流体系。

第十五章　打造数字经济新优势

第二节　加快推动数字产业化

培育壮大人工智能、大数据、区块链、云计算、网络安全等新兴数字产业，提升通信设备、核心电子元器件、关键软件等产业水平。构建基于5G的应用场景和产业生态，在智能交通、智慧物流、智慧能源、智慧医疗等重点领域开展试点示范。鼓励企业开放搜索、电商、社交等数据，发展第三方大数据服务产业。促进共享经济、平台经济健康发展。

第三节　推进产业数字化转型

实施“上云用数赋智”行动，推动数据赋能全产业链协同转型。在重点行业和区域建设若干国际水准的工业互联网平台和数字化转型促进中心，深化研发设计、生产制造、经营管理、市场服务等环节的数字化应用，培育发展个性定制、柔性制造等新模式，加快产业园区数字化改造。深入推进服务业数字化转型，培育众包设计、智慧物流、新零售等新增长点。加快发展智慧农业，推进农业生产经营和管理服务数字化改造。

第二十三章　提高农业质量效益和竞争力

第三节　丰富乡村经济业态

发展县域经济，推进农村一二三产业融合发展，延长农业产业链条，发展各具特色的现代乡村富民产业。推动种养加结合和产业链再造，提高农产品加工业和农业生产性服务业发展水平，壮大休闲农业、乡村旅游、民宿经济等特色产业。加强农产品仓储保鲜和冷链物流设施建设，健全农村产权交易、商贸流通、检验检测认证等平台和智能标准厂房等设施，引导农村二三产业集聚发展。完善利益联结机制，通过“资源变资产、资金变股金、农民变股东”，让农民更多分享产业增值收益。

第二十四章 实施乡村建设行动

第二节 提升乡村基础设施和公共服务水平

以县域为基本单元推进城乡融合发展，强化县城综合服务能力和乡镇服务农民功能。健全城乡基础设施统一规划、统一建设、统一管护机制，推动市政公用设施向郊区乡村和规模较大中心镇延伸，完善乡村水、电、路、气、邮政通信、广播电视、物流等基础设施，提升农房建设质量。推进城乡基本公共服务标准统一、制度并轨，增加农村教育、医疗、养老、文化等服务供给，推进县域内教师医生交流轮岗，鼓励社会力量兴办农村公益事业。提高农民科技文化素质，推动乡村人才振兴。

第二十八章 完善城镇化空间布局

第三节 优化提升超大特大城市中心城区功能

统筹兼顾经济、生活、生态、安全等多元需要，转变超大特大城市开发建设方式，加强超大特大城市治理中的风险防控，促进高质量、可持续发展。有序疏解中心城区一般性制造业、区域性物流基地、专业市场等功能和设施，以及过度集中的医疗和高等教育等公共服务资源，合理降低开发强度和人口密度。增强全球资源配置、科技创新策源、高端产业引领功能，率先形成以现代服务业为主体、先进制造业为支撑的产业结构，提升综合能级与国际竞争力。坚持产城融合，完善郊区新城功能，实现多中心、组团式发展。

第四节 完善大中城市宜居宜业功能

充分利用综合成本相对较低的优势，主动承接超大特大城市产业转移和功能疏解，夯实实体经济发展基础。立足特色资源和产业基础，确立制造业差异化定位，推动制造业规模化集群化发展，因地制宜建设先进制造业基地、商贸物流中心和区域专业服务中心。优化市政公用设施布局和功能，支持三级医院和高等院校在大中城市布局，增加文化体育资源供给，营造现代时尚的消费场景，提升城市生活品质。

第三十九章　加快发展方式绿色转型

第三节　大力发展绿色经济

坚决遏制高耗能、高排放项目盲目发展，推动绿色转型实现积极发展。壮大节能环保、清洁生产、清洁能源、生态环境、基础设施绿色升级、绿色服务等产业，推广合同能源管理、合同节水管理、环境污染第三方治理等服务模式。推动煤炭等化石能源清洁高效利用，推进钢铁、石化、建材等行业绿色化改造，加快大宗货物和中长途货物运输“公转铁”、“公转水”。推动城市公交和物流配送车辆电动化。构建市场导向的绿色技术创新体系，实施绿色技术创新攻关行动，开展重点行业和重点产品资源效率对标提升行动。建立统一的绿色产品标准、认证、标识体系，完善节能家电、高效照明产品、节水器具推广机制。深入开展绿色生活创建行动。

第五十一章　构建基层社会治理新格局

第二节　健全社区管理和服务机制

推动社会治理和服务重心下移、资源下沉，提高城乡社区精准化精细化服务管理能力。推进审批权限和公共服务事项向基层延伸，构建网格化管理、精细化服务、信息化支撑、开放共享的基层管理服务平台，推动就业社保、养老托育、扶残助残、医疗卫生、家政服务、物流商超、治安执法、纠纷调处、心理援助等便民服务场景有机集成和精准对接。完善城市社区居委会职能，督促业委会和物业服务企业履行职责，改进社区物业服务管理。构建专职化、专业化的城乡社区工作者队伍。

第五十七章　促进国防实力和经济实力同步提升

同国家现代化发展相协调，搞好战略层面筹划，深化资源要素共享，强化政策制度协调，完善组织管理、工作运行、政策制度、人才队伍、风险防控体系，构建一体化国家战略体系和能力。推动重点区域、重点领域、新兴领域协调发展，集中力量实施国防领域重大工程。促进军事建设布局与区域经济发展布局有机结合，更好服务国家安全发展战略需要。深化军民科技协同创新，加强海洋、空天、网络空间、生物、新能源、人工智能、量子科技等领域军民统筹发展，推动军地科研设施资源共享，推进军地科研成果双向转化应用和重点产业发展。强化基础设施共建共用，加强新型基础设施统筹建设，加大经济建设项目贯彻国防要求力度。加快建设现代军事物流体系和资产管理体系。加强军地人才联合培养，健全军地人才交流使用、资格认证等制度。优化国防科技工业布局，加快标准化通用化进程。推进武器装备市场准入、空中交通管理等改革。完善国防动员体系，加强应急应战协同，健全强边固防机制，强化全民国防教育，巩固军政军民团结。维护军人军属合法权益，让军人成为全社会尊崇的职业。

中共中央　国务院印发《国家综合立体交通网规划纲要》

新华社北京2月24日电 近日，中共中央、国务院印发了《国家综合立体交通网规划纲要》，并发出通知，要求各地区各部门结合实际认真贯彻落实。

《国家综合立体交通网规划纲要》全文如下。

为加快建设交通强国，构建现代化高质量国家综合立体交通网，支撑现代化经济体系和社会主义现代化强国建设，编制本规划纲要。规划期为2021至2035年，远景展望到本世纪中叶。

一、规划基础

（一）发展现状

改革开放特别是党的十八大以来，在以习近平同志为核心的党中央坚强领导下，我国交通运输发展取得了举世瞩目的成就。基础设施网络基本形成，综合交通运输体系不断完善；运输服务能力和水平大幅提升，人民群众获得感明显增强；科技创新成效显著，设施建造、运输装备技术水平大幅提升；交通运输建设现代化加快推进，安全智慧绿色发展水平持续提高；交通运输对外开放持续扩大，走出去步伐不断加快。交通运输发展有效促进国土空间开发保护、城乡区域协调发展、生产力布局优化，为经济社会发展充分发挥基础性、先导性、战略性和服务性作用，为决胜全面建成小康社会提供了有力支撑。

与此同时，我国交通运输发展还存在一些短板，不平衡不充分问题仍然突出。综合交通网络布局仍需完善，结构有待优化，互联互通和网络韧性还需增强；综合交通统筹融合亟待加强，资源集约利用水平有待提高，交通运输与相关产业协同融合尚需深化，全产业链支撑能力仍需提升；综合交通发展质量效率和服务水平不高，现代物流体系有待完善，科技创新能力、安全智慧绿色发展水平还要进一步提高；交通运输重点领域关键环节改革任务仍然艰巨。

（二）形势要求

当前和今后一个时期，我国发展仍处于重要战略机遇期，但机遇和挑战都有新的发展变化。当今世界正经历百年未有之大变局，新一轮科技革命和产业变革深入发展，国际力量对比深刻调整，和平与发展仍是时代主题，人类命运共同体理念深入人心。同时国际环境日趋复杂，不稳定性不确定性明显增加，新冠肺炎疫情影响广泛深远，经济全球化遭遇逆流，世界进入动荡变革期。我国已转向高质量发展阶段，制度优势显著，经济长期向好，市场空间广阔，发展韧性增强，社会大局稳定，全面建设社会主义现代化国家新征程开启，但发展不平衡不充分问题仍然突出。

国内国际新形势对加快建设交通强国、构建现代化高质量国家综合立体交通网提出了新的更高要求，必须更加突出创新的核心地位，注重交通运输创新驱动和智慧发展；更加突出统筹协调，注重各种运输方式融合发展和城乡区域交通运输协调发展；更加突出绿色发展，注重国土空间开发和生态环境保护；更加突出高水平对外开放，注重对外互联互通和国际供应链开放、安全、稳定；更加突出共享发展，注重建设人民满意交通，满足人民日益增长的美好生活需要。要着力推动交通运输更高质量、更有效率、更加公平、更可持续、更为安全的发展，发挥交通运输在国民经济扩大循环规模、提高循环效率、增强循环动能、降低循环成本、保障循环安全中的重要作用，为全面建设社会主义现代化国家提供有力支撑。

（三）运输需求

旅客出行需求稳步增长，高品质、多样化、个性化的需求不断增强。预计2021至2035年旅客出行量（含小汽车出行量）年均增速为3.2%左右。高铁、民航、小汽车出行占比不断提升，国际旅客出行以及城市群旅客出行需求更加旺盛。东部地区仍将是我国出行需求最为集中的区域，中西部地区出行需求增速加快。

货物运输需求稳中有升，高价值、小批量、时效强的需求快速攀升。预计2021至2035年全社会货运量年均增速为2%左右，邮政快递业务量年均增速为6.3%左右。外贸货物运输保持长期增长态势，大宗散货运量未来一段时期保持高位运行状态。东部地区货运需求仍保持较大规模，中西部地区增速将快于东部地区。

二、总体要求

（一）指导思想

以习近平新时代中国特色社会主义思想为指导，深入贯彻党的十九大和十九届二中、三中、四中、五中全会精神，统筹推进“五位一体”总体布局，协调推进“四个全面”战略布局，坚持稳中求进工作总基调，立足新发展阶段，贯彻新发展理念，构建新发展格局，以推动高质量发展为主题，以深化供给侧结构性改革为主线，以改革创新为根本动力，以满足人民日益增长的美好生活需要为根本目的，统筹发展和安全，充分发挥中央和地方两个积极性，更加注重质量效益、一体化融合、创新驱动，打造一流设施、技术、管理、服务，构建便捷顺畅、经济高效、绿色集约、智能先进、安全可靠的现代化高质量国家综合立体交通网，加快建设交通强国，为全面建设社会主义现代化国家当好先行。

（二）工作原则

——服务大局、服务人民。立足全面建设社会主义现代化国家大局，坚持适度超前，推进交通与国土空间开发保护、产业发展、新型城镇化协调发展，促进军民融合发展，有效支撑国家重大战略。立足扩大内需战略基点，拓展投资空间，有效促进国民经济良性循环。坚持以人民为中心，建设人民满意交通，不断增强人民群众的获得感、幸福感、安全感。

——立足国情、改革开放。准确把握新发展阶段要求和资源禀赋气候特征，加强资源节约集约利用，探索中国特色交通运输现代化发展模式和路径。充分发挥市场在资源配置中的决定性作用，更好发挥政府作用，深化交通运输体系改革，破除制约高质量发展的体制机制障碍，构建统一开放竞争有序的交通运输市场。服务“一带一路”建设，加强国际互联互通，深化交通运输开放合作，提高全球运输网络和物流供应链体系安全性、开放性、可靠性。

——优化结构、统筹融合。坚持系统观念，加强前瞻性思考、全局性谋划、战略性布局、整体性推进。加强规划统筹，优化网络布局，创新运输组织，调整运输结构，实现供给和需求更高水平的动态平衡。推动融合发展，加强交通运输资源整合和集约利用，促进交通运输与相关产业深度融合。强化衔接联通，提升设施网络化和运输服务一体化水平，提升综合交通运输整体效率。

——创新智慧、安全绿色。坚持创新核心地位，注重科技赋能，促进交通运输提效能、扩功能、增动能。推进交通基础设施数字化、网联化，提升交通运输智慧发展水平。统筹发展和安全，加强交通运输安全与应急保障能力建设。加快推进绿色低碳发展，交通领域二氧化碳排放尽早达峰，降低污染物及温室气体排放强度，注重生态环境保护修复，促进交通与自然和谐发展。

（三）发展目标

到2035年，基本建成便捷顺畅、经济高效、绿色集约、智能先进、安全可靠的现代化高质量国家综合立体交通网，实现国际国内互联互通、全国主要城市立体畅达、县级节点有效覆盖，有力支撑“全国123出行交通圈”（都市区1小时通勤、城市群2小时通达、全国主要城市3小时覆盖）和“全球123快货物流圈”（国内1天送达、周边国家2天送达、全球主要城市3天送达）。交通基础设施质量、智能化与绿色化水平居世界前列。交通运输全面适应人民日益增长的美好生活需要，有力保障国家安全，支撑我国基本实现社会主义现代化。

到本世纪中叶，全面建成现代化高质量国家综合立体交通网，拥有世界一流的交通基础设施体系，交通运输供需有效平衡、服务优质均等、安全有力保障。新技术广泛应用，实现数字化、网络化、智能化、绿色化。

国家综合立体交通网2035年主要指标表

序号	指标		目标值
1	便捷顺畅	享受1小时内快速交通服务的人口占比	80%以上
2		中心城区至综合客运枢纽半小时可达率	90%以上
3	经济高效	多式联运换装1小时完成率	90%以上
4		国家综合立体交通网主骨架能力利用率	60%-85%
5	绿色集约	主要通道新增交通基础设施多方式国土空间综合利用率提高比例	80%
6		交通基础设施绿色化建设比例	95%
7	智能先进	交通基础设施数字化率	90%
8	安全可靠	重点区域多路径连接比率	95%以上
9		国家综合立体交通网安全设施完好率	95%以上

图表：中共中央 国务院印发《国家综合立体交通网规划纲要》

——国家综合立体交通网2035年主要指标表 新华社发

出行安全便捷舒适，物流高效经济可靠，实现“人享其行、物优其流”，全面建成交通强国，为全面建成社会主义现代化强国当好先行。

三、优化国家综合立体交通布局

（一）构建完善的国家综合立体交通网

国家综合立体交通网连接全国所有县级及以上行政区、边境口岸、国防设施、主要景区等。以统筹融合为导向，着力补短板、重衔接、优网络、提效能，更加注重存量资源优化利用和增量供给质量提升。完善铁路、公路、水运、民航、邮政快递等基础设施网络，构建以铁路为主干，以公路为基础，水运、民航比较优势充分发挥的国家综合立体交通网。

到2035年，国家综合立体交通网实体线网总规模合计70万公里左右（不含国际陆路通道境外段、空中及海上航路、邮路里程）。其中铁路20万公里左右，公路46万公里左右，高等级航道2.5万公里左右。沿海主要港口27个，内河主要港口36个，民用运输机场400个左右，邮政快递枢纽80个左右。

专栏一：2035年发展目标

便捷顺畅。享受快速交通服务的人口比重大幅提升，除部分边远地区外，基本实现全国县级行政中心15分钟上国道、30分钟上高速公路、60分钟上铁路，市地级行政中心45分钟上高速铁路、60分钟到机场。基本实现地级市之间当天可达。中心城区至综合客运枢纽半小时到达，中心城区综合客运枢纽之间公共交通转换时间不超过1小时。交通基础设施无障碍化率大幅提升，旅客出行全链条便捷程度显著提高，基本实现“全国123出行交通圈”。

经济高效。国家综合立体交通网设施利用更加高效，多式联运占比、换装效率显著提高，运输结构更加优化，物流成本进一步降低，交通枢纽基本具备寄递功能，实现与寄递枢纽的无缝衔接，基本实现“全球123快货物流圈”。

绿色集约。综合运输通道资源利用的集约化、综合化水平大幅提高。基本实现交通基础设施建设全过程、全周期绿色化。单位运输周转量能耗不断降低，二氧化碳排放强度比2020年显著下降，交通污染防治达到世界先进水平。

智能先进。基本实现国家综合立体交通网基础设施全要素全周期数字化。基本建成泛在先进的交通信息基础设施，实现北斗时空信息服务、交通运输感知全覆盖。智能列车、智能网联汽车（智能汽车、自动驾驶、车路协同）、智能化通用航空器、智能船舶及邮政快递设施的技术达到世界先进水平。

安全可靠。交通基础设施耐久性和有效性显著增强，设施安全隐患防治能力大幅提升。交通网络韧性和应对各类重大风险能力显著提升，重要物资运输高效可靠。基本建成陆海空天立体协同的交通安全监管和救助体系。交通安全水平达到世界前列，有效保障人民生命财产和国家总体安全。

图表：中共中央　国务院印发《国家综合立体交通网规划纲要》
——专栏一：2035年发展目标　新华社发

专栏二：国家综合立体交通网布局

1. 铁路。国家铁路网包括高速铁路、普速铁路。其中，高速铁路7万公里（含部分城际铁路），普速铁路13万公里（含部分市域铁路），合计20万公里左右。形成由“八纵八横”高速铁路主通道为骨架、区域性高速铁路衔接的高速铁路网；由若干条纵横普速铁路主通道为骨架、区域性普速铁路衔接的普速铁路网；京津冀、长三角、粤港澳大湾区、成渝地区双城经济圈等重点城市群率先建成城际铁路网，其他城市群城际铁路逐步成网。研究推进超大城市间高速磁悬浮通道布局和试验线路建设。

2. 公路。包括国家高速公路网、普通国道网，合计46万公里左右。其中，国家高速公路网16万公里左右，由7条首都放射线、11条纵线、18条横线及若干条地区环线、都市圈环线、城市绕城环线、联络线、并行线组成；普通国道网30万公里左右，由12条首都放射线、47条纵线、60条横线及若干条联络线组成。

3. 水运。包括国家航道网和全国主要港口。国家航道网由国家高等级航道和国境国际通航河流航道组成。其中，“四纵四横两网”的国家高等级航道2.5万公里左右；国境国际通航河流主要包括黑龙江、额尔古纳河、鸭绿江、图们江、瑞丽江、澜沧江、红河等。全国主要港口合计63个，其中沿海主要港口27个、内河主要港口36个。

4. 民航。包括国家民用运输机场和国家航路网。国家民用运输机场合计400个左右，基本建成以世界级机场群、国际航空（货运）枢纽为核心，区域枢纽为骨干，非枢纽机场和通用机场为重要补充的国家综合机场体系。按照突出枢纽、辐射区域、分层衔接、立体布局，先进导航技术为主、传统导航技术为辅的要求，加快繁忙地区终端管制区建设，加快构建结构清晰、衔接顺畅的国际航路航线网络；构建基于大容量通道、平行航路、单向循环等先进运行方式的高空航路航线网络；构建基于性能导航为主、传统导航为辅的适应各类航空用户需求的中低空航路航线网络。

5. 邮政快递。包括国家邮政快递枢纽和邮路。国家邮政快递枢纽主要由北京天津雄安、上海南京杭州、武汉（鄂州）郑州长沙、广州深圳、成都重庆西安等5个全球性国际邮政快递枢纽集群、20个左右区域性国际邮政快递枢纽、45个左右全国性邮政快递枢纽组成。依托国家综合立体交通网，布局航空邮路、铁路邮路、公路邮路、水运邮路。

图表：中共中央　国务院印发《国家综合立体交通网规划纲要》
——专栏二：国家综合立体交通网布局　新华社发

（二）加快建设高效率国家综合立体交通网主骨架

国家综合立体交通网主骨架由国家综合立体交通网中最为关键的线网构成，是我国区域间、城市群间、省际间以及连通国际运输的主动脉，是支撑国土空间开发保护的主轴线，也是各种运输方式资源配置效率最高、运输强度最大的骨干网络。

依据国家区域发展战略和国土空间开发保护格局，结合未来交通运输发展和空间分布特点，将重点区域按照交通运输需求量级划分为3类。京津冀、长三角、粤港澳大湾区和成渝地区双城经济圈4个地区作为极，长江中游、山东半岛、海峡西岸、中原地区、哈长、辽中南、北部湾和关中平原8个地区作为组群，呼包鄂榆、黔中、滇中、山西中部、天山北坡、兰西、宁夏沿黄、拉萨和喀什9个地区作为组团。按照极、组群、组团之间交通联系强度，打造由主轴、走廊、通道组成的国家综合立体交通网主骨架。国家综合立体交通网主骨架实体线网里程29万公里左右，其中国家高速铁路5.6万公里、普速铁路7.1万公里；国家高速公路6.1万公里、普通国道7.2万公里；国家高等级航道2.5万公里。

加快构建6条主轴。加强京津冀、长三角、粤港澳大湾区、成渝地区双城经济圈4极之间联系，建设综合性、多通道、立体化、大容量、快速化的交通主轴。拓展4极辐射空间和交通资源配置能力，打造我国综合立体交通协同发展和国内国际交通衔接转换的关键平台，充分发挥促进全国区域发展南北互动、东西交融的重要作用。

加快构建7条走廊。强化京津冀、长三角、粤港澳大湾区、成渝地区双城经济圈4极的辐射作用，加强极与组群和组团之间联系，建设京哈、京藏、大陆桥、西部陆海、沪昆、成渝昆、广昆等多方式、多通道、便捷化的交通走廊，优化完善多中心、网络化的主骨架结构。

加快构建8条通道。强化主轴与走廊之间的衔接协调，加强组群与组团之间、组团与组团之间联系，加强资源产业集聚地、重要口岸的连接覆盖，建设绥满、京延、沿边、福银、二湛、川藏、湘桂、厦蓉等交通通道，促进内外连通、通边达海，扩大中西部和东北地区交通网络覆盖。

专栏三：国家综合立体交通网主骨架布局

6条主轴：

京津冀—长三角主轴。路径1：北京经天津、沧州、青岛至杭州。路径2：北京经天津、沧州、济南、蚌埠至上海。路径3：北京经天津、潍坊、淮安至上海。路径4：天津港至上海港沿海海上路径。

京津冀—粤港澳主轴。路径1：北京经雄安、衡水、阜阳、九江、赣州至香港（澳门）。支线：阜阳经黄山、福州至台北。路径2：北京经石家庄、郑州、武汉、长沙、广州至深圳。

京津冀—成渝主轴。路径1：北京经石家庄、太原、西安至成都。路径2：北京经太原、延安、西安至重庆。

长三角—粤港澳主轴。路径1：上海经宁波、福州至深圳。路径2：上海经杭州、南平至广州。路径3：上海港至湛江港沿海海上路径。

长三角—成渝主轴。路径1：上海经南京、合肥、武汉、万州至重庆。路径2：上海经九江、武汉、重庆至成都。

粤港澳—成渝主轴。路径1：广州经桂林、贵阳至成都。路径2：广州经永州、怀化至重庆。

7条走廊：

京哈走廊。路径1：北京经沈阳、长春至哈尔滨。路径2：北京经承德、沈阳、长春至哈尔滨。支线1：沈阳经大连至青岛。支线2：沈阳至丹东。

京藏走廊。路径1：北京经呼和浩特、包头、银川、兰州、格尔木、拉萨至亚东。支线：秦皇岛经大同至鄂尔多斯。路径2：青岛经济南、石家庄、太原、银川、西宁至拉萨。支线：黄骅经忻州至包头。

大陆桥走廊。路径1：连云港经郑州、西安、西宁、乌鲁木齐至霍尔果斯／阿拉山口。路径2：上海经南京、合肥、南阳至西安。支线：南京经平顶山至洛阳。

西部陆海走廊。路径1：西宁经兰州、成都／重庆、贵阳、南宁、湛江至三亚。路径2：甘其毛都经银川、宝鸡、重庆、毕节、百色至南宁。

沪昆走廊。路径1：上海经杭州、上饶、南昌、长沙、怀化、贵阳、昆明至瑞丽。路径2：上海经杭州、景德镇、南昌、长沙、吉首、遵义至昆明。

成渝昆走廊。路径1：成都经攀枝花、昆明至磨憨／河口。路径2：重庆经昭通至昆明。

广昆走廊。路径1：深圳经广州、梧州、南宁、兴义、昆明至瑞丽。路径2：深圳经湛江、南宁、文山至昆明。

8条通道：

绥满通道。绥芬河经哈尔滨至满洲里。支线1：哈尔滨至同江。支线2：哈尔滨至黑河。

京延通道。北京经承德、通辽、长春至珲春。

沿边通道。黑河经齐齐哈尔、乌兰浩特、呼和浩特、临河、哈密、乌鲁木齐、库尔勒、喀什、阿里至拉萨。支线1：喀什至红其拉甫。支线2：喀什至吐尔尕特。

福银通道。福州经南昌、武汉、西安至银川。支线：西安经延安至包头。

二湛通道。二连浩特经大同、太原、洛阳、南阳、宜昌、怀化、桂林至湛江。

川藏通道。成都经林芝至樟木。

湘桂通道。长沙经桂林、南宁至凭祥。

厦蓉通道。厦门经赣州、长沙、黔江、重庆至成都。

图表：中共中央　国务院印发《国家综合立体交通网规划纲要》
——专栏三：国家综合立体交通网主骨架布局　新华社发

（三）建设多层级一体化国家综合交通枢纽系统

建设综合交通枢纽集群、枢纽城市及枢纽港站“三位一体”的国家综合交通枢纽系统。建设面向世界的京津冀、长三角、粤港澳大湾区、成渝地区双城经济圈4大国际性综合交通枢纽集群。加快建设20个左右国际性综合交通枢纽城市以及80个左右全国性综合交通枢纽城市。推进一批国际性枢纽港站、全国性枢纽港站建设。

专栏四：国际性综合交通枢纽

1. 国际性综合交通枢纽集群

形成以北京、天津为中心联动石家庄、雄安等城市的京津冀枢纽集群，以上海、杭州、南京为中心联动合肥、宁波等城市的长三角枢纽集群，以广州、深圳、香港为核心联动珠海、澳门等城市的粤港澳大湾区枢纽集群，以成都、重庆为中心的成渝地区双城经济圈枢纽集群。

2. 国际性综合交通枢纽城市

建设北京、天津、上海、南京、杭州、广州、深圳、成都、重庆、沈阳、大连、哈尔滨、青岛、厦门、郑州、武汉、海口、昆明、西安、乌鲁木齐等20个左右国际性综合交通枢纽城市。

3. 国际性综合交通枢纽港站

——国际铁路枢纽和场站：在北京、上海、广州、重庆、成都、西安、郑州、武汉、长沙、乌鲁木齐、义乌、苏州、哈尔滨等城市以及满洲里、绥芬河、二连浩特、阿拉山口、霍尔果斯等口岸建设具有较强国际运输服务功能的铁路枢纽场站。

——国际枢纽海港：发挥上海港、大连港、天津港、青岛港、连云港港、宁波舟山港、厦门港、深圳港、广州港、北部湾港、洋浦港等国际枢纽海港作用，巩固提升上海国际航运中心地位，加快建设辐射全球的航运枢纽，推进天津北方、厦门东南、大连东北亚等国际航运中心建设。

——国际航空（货运）枢纽：巩固北京、上海、广州、成都、昆明、深圳、重庆、西安、乌鲁木齐、哈尔滨等国际航空枢纽地位，推进郑州、天津、合肥、鄂州等国际航空货运枢纽建设。

——国际邮政快递处理中心：在国际邮政快递枢纽城市和口岸城市，依托国际航空枢纽、国际铁路枢纽、国际枢纽海港、公路口岸等建设40个左右国际邮政快递处理中心。

图表：中共中央　国务院印发《国家综合立体交通网规划纲要》
——专栏四：国际性综合交通枢纽　新华社发

（四）完善面向全球的运输网络

围绕陆海内外联动、东西双向互济的开放格局，着力形成功能完备、立体互联、陆海空统筹的运输网络。发展多元化国际运输通道，重点打造新亚欧大陆桥、中蒙俄、中国—中亚—西亚、中国—中南半岛、中巴、中尼印和孟中印缅等7条陆路国际运输通道。发展以中欧班列为重点的国际货运班列，促进国际道路运输便利化。强化国际航运中心辐射能力，完善经日韩跨太平洋至美洲，经东南亚至大洋洲，经东南亚、南亚跨印度洋至欧洲和非洲，跨北冰洋的冰上丝绸之路等4条海上国际运输通道，保障原油、铁矿石、粮食、液化天然气等国家重点物资国际运输，拓展国际海运物流网络，加快发展邮轮经济。依托国际航空枢纽，构建四通八达、覆盖全球的空中客货运输网络。建设覆盖五洲、连通全球、互利共赢、协同高效的国际干线邮路网。

四、推进综合交通统筹融合发展

（一）推进各种运输方式统筹融合发展

统筹综合交通通道规划建设。强化国土空间规划对基础设施规划建设的指导约束作用，加强与相关规划的衔接协调。节约集约利用通道线位资源、岸线资源、土地资源、空域资源、水域资源，促进交通通道由单一向综合、由平面向立体发展，减少对空间的分割，提高国土空间利用效率。统筹考虑多种运输方式规划建设协同和新型运输方式探索应用，实现陆水空多种运输方式相互协同、深度融合。用好用足既有交通通道，加强过江、跨海、穿越环境敏感区通道基础设施建设方案论证，推动铁路、公路等线性基础设施的线位统筹和断面空间整合。加强综合交通通道与通信、能源、水利等基础设施统筹，提高通道资源利用效率。

推进综合交通枢纽一体化规划建设。推进综合交通枢纽及邮政快递枢纽统一规划、统一设计、统一建设、协同管理。推动新建综合客运枢纽各种运输方式集中布局，实现空间共享、立体或同台换乘，打造全天候、一体化换乘环境。推动既有综合客运枢纽整合交通设施、共享服务功能空间。加快综合货运枢纽多式联运换装设施与集疏运体系建设，统筹转运、口岸、保税、邮政快递等功能，提升多式联运效率与物流综合服务水平。按照站城一体、产城融合、开放共享原则，做好枢纽发展空间预留、用地功能管控、开发时序协调。

专栏五：综合交通枢纽一体化规划建设要求

1. 综合客运枢纽

综合客运枢纽内各种运输方式间换乘便捷、公共换乘设施完备，客流量大的客运枢纽应考虑安全缓冲。加强干线铁路、城际铁路、市域（郊）铁路、城市轨道交通规划与机场布局规划的衔接，国际航空枢纽基本实现2条以上轨道交通衔接。全国性铁路综合客运枢纽基本实现2条以上市域（郊）铁路或城市轨道衔接。国际性和全国性综合交通枢纽城市内轨道交通规划建设优先衔接贯通所在城市的综合客运枢纽，不同综合客运枢纽间换乘次数不超过2次。铁路综合客运枢纽与城市轨道交通站点应一体设计、同步建设、同期运营。

2. 综合货运枢纽

综合货运枢纽与国家综合立体交通网顺畅衔接。千万标箱港口规划建设综合货运通道与内陆港系统。全国沿海、内河主要港口的集装箱、大宗干散货规模化港区积极推动铁路直通港区，重要港区新建集装箱、大宗干散货作业区原则上同步规划建设进港铁路，推进港铁协同管理。提高机场的航空快件保障能力和处理效率，国际航空货运枢纽在更大空间范围内统筹集疏运体系规划，建设快速货运通道。

图表：中共中央　国务院印发《国家综合立体交通网规划纲要》
——专栏五：综合交通枢纽一体化规划建设要求　新华社发

推动城市内外交通有效衔接。推动干线铁路、城际铁路、市域（郊）铁路融合建设，并做好与城市轨道交通衔接协调，构建运营管理和服务“一张网”，实现设施互联、票制互通、安检互认、信息共享、支付兼容。加强城市周边区域公路与城市道路高效对接，系统优化进出城道路网络，推动规划建设统筹和管理协同，减少对城市的分割和干扰。完善城市物流配送系统，加强城际干线运输与城市末端配送有机衔接。加强铁路、公路客运枢纽及机场与城市公交网络系统有机整合，引导城市沿大容量公共交通廊道合理、有序发展。

（二）推进交通基础设施网与运输服务网、信息网、能源网融合发展

推进交通基础设施网与运输服务网融合发展。推进基础设施、装备、标准、信息与管理的有机衔接，提高交通运输网动态运行管理服务智能化水平，打造以全链条快速化为导向的便捷运输服务网，构建空中、水上、地面与地下融合协同的多式联运网络，完善供应链服务体系。

推进交通基础设施网与信息网融合发展。加强交通基础设施与信息基础设施统筹布局、协同建设，推动车联网部署和应用，强化与新

型基础设施建设统筹，加强载运工具、通信、智能交通、交通管理相关标准跨行业协同。

推进交通基础设施网与能源网融合发展。推进交通基础设施与能源设施统筹布局规划建设，充分考虑煤炭、油气、电力等各种能源输送特点，强化交通与能源基础设施共建共享，提高设施利用效率，减少能源资源消耗。促进交通基础设施网与智能电网融合，适应新能源发展要求。

（三）推进区域交通运输协调发展

推进重点区域交通运输统筹发展。建设“轨道上的京津冀”，加快推进京津冀地区交通一体化，建设世界一流交通体系，高标准、高质量建设雄安新区综合交通运输体系。建设“轨道上的长三角”、辐射全球的航运枢纽，打造交通高质量发展先行区，提升整体竞争力和影响力。粤港澳大湾区实现高水平互联互通，打造西江黄金水道，巩固提升港口群、机场群的国际竞争力和辐射带动力，建成具有全球影响力的交通枢纽集群。成渝地区双城经济圈以提升对外连通水平为导向，强化门户枢纽功能，构建一体化综合交通运输体系。建设东西畅通、南北辐射、有效覆盖、立体互联的长江经济带现代化综合立体交通走廊。支持海南自由贸易港建设，推动西部陆海新通道国际航运枢纽和航空枢纽建设，加快构建现代综合交通运输体系。统筹黄河流域生态环境保护与交通运输高质量发展，优化交通基础设施空间布局。

推进东部、中部、西部和东北地区交通运输协调发展。加速东部地区优化升级，提高人口、经济密集地区交通承载力，强化对外开放国际运输服务功能。推进中部地区大通道大枢纽建设，更好发挥承东启西、连南接北功能。强化西部地区交通基础设施布局，推进西部陆海新通道建设，打造东西双向互济对外开放通道网络。优化枢纽布局，完善枢纽体系，发展通用航空，改善偏远地区居民出行条件。推动东北地区交通运输发展提质增效，强化与京津冀等地区通道能力建设，打造面向东北亚对外开放的交通枢纽。支持革命老区、民族地区、边疆地区交通运输发展，推进沿边沿江沿海交通建设。

推进城市群内部交通运输一体化发展。构建便捷高效的城际交通网，加快城市群轨道交通网络化，完善城市群快速公路网络，加强城市交界地区道路和轨道顺畅连通，基本实现城市群内部2小时交通圈。加强城市群内部重要港口、站场、机场的路网连通性，促进城市群内港口群、机场群统筹资源利用、信息共享、分工协作、互利共赢，提高城市群交通枢纽体系整体效率和国际竞争力。统筹城际网络、运力与运输组织，提高运输服务效率。研究布局综合性通用机场，疏解繁忙机场的通用航空活动，发展城市直升机运输服务，构建城市群内部快速空中交通网络。建立健全城市群内交通运输协同发展体制机制，推动相关政策、法规、标准等一体化。

推进都市圈交通运输一体化发展。建设中心城区连接卫星城、新城的大容量、快速化轨道交通网络，推进公交化运营，加强道路交通衔接，打造1小时“门到门”通勤圈。推动城市道路网结构优化，形成级配合理、接入顺畅的路网系统。有序发展共享交通，加强城市步行和自行车等慢行交通系统建设，合理配置停车设施，开展人行道净化行动，因地制宜建设自行车专用道，鼓励公众绿色出行。深入实施公交优先发展战略，构建以城市轨道交通为骨干、常规公交为主体的城市公共交通系统，推进以公共交通为导向的城市土地开发模式，提高城市绿色交通分担率。超大城市充分利用轨道交通地下空间和建筑，优化客流疏散。

推进城乡交通运输一体化发展。统筹规划地方高速公路网，加强与国道、农村公路以及其他运输方式的衔接协调，构建功能明确、布局合理、规模适当的省道网。加快推动乡村交通基础设施提档升级，全面推进“四好农村路”建设，实现城乡交通基础设施一体化规划、建设、管护。畅通城乡交通运输连接，推进县乡村（户）道路连通、城乡客运一体化，解决好群众出行“最后一公里”问题。提高城乡交通运输公共服务均等化水平，巩固拓展交通运输脱贫攻坚成果同乡村振兴有效衔接。

（四）推进交通与相关产业融合发展

推进交通与邮政快递融合发展。推动在铁路、机场、城市轨道等交通场站建设邮政快递专用处理场所、运输通道、装卸设施。在重要交通枢纽实现邮件快件集中安检、集中上机（车），发展航空、铁路、水运快递专用运载设施设备。推动不同运输方式之间邮件快件装卸标准、跟踪数据等有效衔接，实现信息共享。发展航空快递、高铁快递，推动邮件快件多式联运，实现跨领域、跨区域和跨运输方式顺畅衔接，推进全程运输透明化。推进乡村邮政快递网点、综合服务站、汽车站等设施资源整合共享。

推进交通与现代物流融合发展。加强现代物流体系建设，优化国家物流大通道和枢纽布局，加强国家物流枢纽应急、冷链、分拣处理等功能区建设，完善与口岸衔接，畅通物流大通道与城市配送网络交通线网连接，提高干支衔接能力和转运分拨效率。加快构建农村物流基础设施骨干网络和末端网络。发展高铁快运，推动双层集装箱铁路运输发展。加快航空物流发展，加强国际航空货运能力建设。培育壮大一批具有国际竞争力的现代物流企业，鼓励企业积极参与全球供应链重构与升级，依托综合交通枢纽城市建设全球供应链服务中心，打造开放、安全、稳定的全球物流供应链体系。

推进交通与旅游融合发展。充分发挥交通促进全域旅游发展的基础性作用，加快国家旅游风景道、旅游交通体系等规划建设，打造具有广泛影响力的自然风景线。强化交通网“快进慢游”功能，加强交通干线与重要旅游景区衔接。完善公路沿线、服务区、客运枢纽、邮轮游轮游艇码头等旅游服务设施功能，支持红色旅游、乡村旅游、度假休闲旅游、自驾游等相关交通基础设施建设，推进通用航空与旅游融合发展。健全重点旅游景区交通集散体系，鼓励发展定制化旅游运输服务，丰富邮轮旅游服务，形成交通带动旅游、旅游促进交通发展的良性互动格局。

推进交通与装备制造等相关产业融合发展。加强交通运输与现代农业、生产制造、商贸金融等跨行业合作，发展交通运输平台经济、枢纽经济、通道经济、低空经济。支持交通装备制造业延伸服务链条，促进现代装备在交通运输领域应用，带动国产航空装备的产业化、商业化应用，强化交通运输与现代装备制造业的相互支撑。推动交通运输与生产制造、流通环节资源整合，鼓励物流组织模式与业态创新。推进智能交通产业化。

五、推进综合交通高质量发展

（一）推进安全发展

提升安全保障能力。加强交通运输安全风险预警、防控机制和能力建设。加快推进城市群、重点地区、重要口岸、主要产业及能源基地、自然灾害多发地区多通道、多方式、多路径建设，提升交通网络系统韧性和安全性。健全粮食、能源等战略物资运输保障体系，提升产业链、供应链安全保障水平。加强通道安全保障、海上巡航搜救打捞、远洋深海极地救援能力建设，健全交通安全监管体系和搜寻救助系统。健全关键信息基础设施安全保护体系，提升车联网、船联网等重要融合基础设施安全保障能力，加强交通信息系统安全防护，加强关键技术创新力度，提升自主可控能力。提升交通运输装备安全水平。健全安全宣传教育体系，强化全民安全意识和法治意识。

提高交通基础设施安全水平。建立完善现代化工程建设和运行质量全寿命周期安全管理体系，健全交通安全生产法规制度和标准规范。强化交通基础设施预防性养护维护、安全评估，加强长期性能观测，完善数据采集、检测诊断、维修处治技术体系，加大病害治理力度，及时消除安全隐患。推广使用新材料新技术新工艺，提高交通基础设施质量和使用寿命。完善安全责任体系，创新安全管理模式，强化重点交通基础设施建设、运行安全风险防控，全面改善交通设施安全水平。

完善交通运输应急保障体系。建立健全多部门联动、多方式协同、多主体参与的综合交通应急运输管理协调机制，完善科学协调的综合交通应急运输保障预案体系。构建应急运输大数据中心，推动信息互联共享。构建快速通达、衔接有力、功能适配、安全可靠的综合交通应急运输网络。提升应急运输装备现代化、专业化和智能化水平，推动应急运输标准化、模块化和高效化。统筹陆域、水域和航空应急救援能力建设，建设多层级的综合运输应急装备物资和运力储备体系。科学规划布局应急救援基地、消防救援站等，加强重要通道应急装备、应急通信、物资储运、防灾防疫、污染应急处置等配套设施建设，提高设施快速修复能力和应对突发事件能力。建立健全行业系统安全风险和重点安全风险监测防控体系，强化危险货物运输全过程、全网络监测预警。

（二）推进智慧发展

提升智慧发展水平。加快提升交通运输科技创新能力，推进交通基础设施数字化、网联化。推动卫星通信技术、新一代通信技术、高分遥感卫星、人工智能等行业应用，打造全覆盖、可替代、保安全的行业北斗高精度基础服务网，推动行业北斗终端规模化应用。构建高精度交通地理信息平台，加快各领域建筑信息模型技术自主创新应用。全方位布局交通感知系统，与交通基础设施同步规划建设，部署关键部位主动预警设施，提升多维监测、精准管控、协同服务能力。加强智能化载运工具和关键专用装备研发，推进智能网联汽车（智能汽车、自动驾驶、车路协同）、智能化通用航空器应用。鼓励物流园区、港口、机场、货运场站广泛应用物联网、自动化等技术，推广应用自动化立体仓库、引导运输车、智能输送分拣和装卸设备。构建综合交通大数据中心体系，完善综合交通运输信息平台。完善科技资源开放共享机制，建设一批具有国际影响力的创新平台。

加快既有设施智能化。利用新技术赋能交通基础设施发展，加强既有交通基础设施提质升级，提高设施利用效率和服务水平。运用现代控制技术提升铁路全路网列车调度指挥和运输管理智能化水平。推动公路路网管理和出行信息服务智能化，完善道路交通监控设备及配套网络。加强内河高等级航道运行状态在线监测，推动船岸协同、自动化码头和堆场发展。发展新一代空管系统，推进空中交通服务、流量管理和空域管理智能化，推进各方信息共享。推动智能网联汽车与智慧城市协同发展，建设城市道路、建筑、公共设施融合感知体系，打造基于城市信息模型平台、集城市动态静态数据于一体的智慧出行平台。

（三）推进绿色发展和人文建设

推进绿色低碳发展。促进交通基础设施与生态空间协调，最大限度保护重要生态功能区、避让生态环境敏感区，加强永久基本农田保护。实施交通生态修复提升工程，构建生态化交通网络。加强科研攻关，改进施工工艺，从源头减少交通噪声、污染物、二氧化碳等排放。加大交通污染监测和综合治理力度，加强交通环境风险防控，落实生态补偿机制。优化调整运输结构，推进多式联运型物流园区、铁路专用线建设，形成以铁路、水运为主的大宗货物和集装箱中长距离运输格局。加强可再生能源、新能源、清洁能源装备设施更新利用和废旧建材再生利用，促进交通能源动力系统清洁化、低碳化、高效化发展，推进快递包装绿色化、减量化、可循环。

加强交通运输人文建设。完善交通基础设施、运输装备功能配置和运输服务标准规范体系，满足不同群体出行多样化、个性化要求。加强无障碍设施建设，完善无障碍装备设备，提高特殊人群出行便利程度和服务水平。健全老年人交通运输服务体系，满足老龄化社会交通需求。创新服务模式，提升运输服务人性化、精细化水平。加强交通文明宣传教育，弘扬优秀交通文化，提高交通参与者守法意识和道德水平。

（四）提升治理能力

深化交通运输行业改革。深化简政放权、放管结合、优化服务改革，持续优化营商环境，形成统一开放竞争有序的交通运输市场。建立健全适应国家综合立体交通高质量发展的体制机制，完善综合交通运输发展战略规划政策体系。推进铁路行业竞争性环节市场化改革，深化国家空管体制改革，实现邮政普遍服务业务与竞争性业务分业经营。完善交通运输与国土空间开发、城乡建设、生态环境保护等政策协商机制，推进多规融合，提高政策统一性、规则一致性和执行协同性。加快制定综合交通枢纽、多式联运、新业态新模式等标准规范，加强不同运输方式标准统筹协调，构建符合高质量发展的标准体系。加强交通国际交流合作，积极参与国际交通组织，推动标准国际互认，提升中国标准的国际化水平。以大数据、信用信息共享为基础，构建综合交通运输新型治理机制。

加强交通运输法治建设。坚持法治引领，深化交通运输法治政府部门建设。推动综合交通等重点立法项目制定修订进程，促进不同运输方式法律制度的有效衔接，完善综合交通法规体系。全面加强规范化建设，提升交通运输执法队伍能力和水平，严格规范公正文明执法。落实普法责任制，营造行业良好法治环境，把法治要求贯穿于综合交通运输规划、建设、管理、运营服务、安全生产各环节全过程。

加强交通运输人才队伍建设。优化人才队伍结构，加强跨学科科研队伍建设，造就一批有影响力的交通科技领军人才和创新团队。弘扬劳模精神、工匠精神，完善人才引进、培养、使用、评价、流动、激励体制机制和以社会主义核心价值观引领行业文化建设的治理机制。加强创新型、应用型、技能型人才培养，建设忠诚干净担当的高素质干部队伍，造就一支素质优良的劳动者大军。

六、保障措施

（一）加强党的领导

坚持和加强党的全面领导，增强“四个意识”、坚定“四个自信”、做到“两个维护”，充分发挥党总揽全局、协调各方的领导核心作用，始终把党的领导贯穿到加快建设交通强国全过程，充分发挥各级党组织在推进国家综合立体交通网建设发展中的作用，激励干部担当作为，全面调动各级干部干事创业的积极性、主动性和创造性，不断提高贯彻新发展理念、构建新发展格局、推动高质量发展能力和水平，为实现本规划纲要目标任务提供根本保证。

（二）加强组织协调

加强本规划纲要实施组织保障体系建设，建立健全实施协调推进机制，强化部门协同和上下联动，推动各类交通基础设施统筹规划、协同建设。财政、自然资源、住房城乡建设、生态环境等部门要细化完善财政、用地、用海、城乡建设、环保等配套政策及标准规范。健全本规划纲要与各类各级规划衔接机制。

（三）加强资源支撑

加强国家综合立体交通网规划项目土地等资源供给，规划、建设过程严格用地控制，突出立体、集约、节约思维，提高交通用地复合程度，盘活闲置交通用地资源，完善公共交通引导土地开发的相关政策。建立国土空间规划等相关规划与交通规划协调机制和动态调整管理政策。

（四）加强资金保障

建立完善与交通运输发展阶段特征相适应的资金保障制度，落实中央与地方在交通运输领域的财政事权和支出责任，确保各交通专项资金支持交通发展。创新投融资政策，健全与项目资金需求和期限相匹配的长期资金筹措渠道。构建形成效益增长与风险防控可持续发展的投资机制，防范化解债务风险。健全公益性基础设施建设运营支持政策体系，加大对欠发达地区和边境地区支持力度。进一步调整完善支持邮政、水运等发展的资金政策。支持各类金融机构依法合规为市场化运作的交通发展提供融资，引导社会资本积极参与交通基础设施建设。

（五）加强实施管理

建立综合交通规划管理制度。本规划纲要实施过程中要加强与国民经济和社会发展、国土空间、区域发展、流域等相关规划衔接，与城乡建设发展相统筹。各地在编制交通运输相关规划中，要与本规划纲要做好衔接，有关项目纳入国土空间规划和相关专项规划。交通运输部要会同有关部门加强本规划纲要实施动态监测与评估，组织开展交通强国建设试点工作，在通道、枢纽、技术创新、安全绿色低碳等方面科学论证并组织实施一批重大工程，强化本规划纲要实施进展统计与监测工作，定期开展规划评估，依据国家发展规划进行动态调整或修订。重大事项及时向党中央、国务院报告。

国务院关于印发“十四五”现代综合交通运输体系发展规划的通知

国发〔2021〕27号

各省、自治区、直辖市人民政府，国务院各部委、各直属机构：

现将《“十四五”现代综合交通运输体系发展规划》印发给你们，请认真贯彻执行。

国务院

2021年12月9日

（本文有删减）

“十四五”现代综合交通运输体系发展规划

交通运输是国民经济中具有基础性、先导性、战略性的产业，是重要的服务性行业和现代化经济体系的重要组成部分，是构建新发展格局的重要支撑和服务人民美好生活、促进共同富裕的坚实保障。为加快建设交通强国，构建现代综合交通运输体系，根据《中华人民共和国国民经济和社会发展第十四个五年规划和2035年远景目标纲要》、《交通强国建设纲要》、《国家综合立体交通网规划纲要》，制定本规划。

第一章　发展环境

“十三五”时期，我国综合交通运输体系建设取得了历史性成就，基本能够适应经济社会发展要求，人民获得感和满意度明显提升，为取得脱贫攻坚全面胜利、实现第一个百年奋斗目标提供了基础保障，在应对新冠肺炎疫情、加强交通运输保障、促进复工复产等方面发挥了重要作用。五年里，我国交通运输基础设施网络日趋完善，综合交通网络总里程突破600万公里，“十纵十横”综合运输大通道基本贯通，高速铁路运营里程翻一番、对百万人口以上城市覆盖率超过95%，高速公路对20万人口以上城市覆盖率超过98%，民用运输机场覆盖92%左右的地级市，超大特大城市轨道交通加快成网，港珠澳大桥、北京大兴国际机场、上海洋山港自动化码头、京张高速铁路等超大型交通工程建成投运。战略支撑能力不断增强，中欧班列开行列数快速增长，京津冀一体化交通网、长江经济带综合立体交通走廊加快建设，交通扶贫百项骨干通道基本建成，新建、改建农村公路超过147万公里，新增通客车建制村超过3.3万个，具备条件的乡镇和建制村全部通硬化路、通客车，快递网点基本覆盖全部乡镇，建制村实现直接通邮。运输服务质量持续提升，旅客高品质出行比例不断提高，航班正常率大幅上升，集装箱铁水联运量年均增长超过20%，快递业务量翻两番、稳居世界第一。新技术新业态蓬勃发展，具有完全自主知识产权的全系列复兴号动车组上线运行，C919客机成功试飞，ARJ21支线客机规模化运营，跨海桥隧、深水航道、自动化码头等成套技术水平跻身世界前列，船舶建造水平持续提升，网约车、共享单车、网络货运平台等新业态快速发展、治理能力不断增强。“放管服”改革持续深化，铁路、空域、油气管网等领域重点改革任务扎实推进，高速公路省界收费站全面取消，交通物流降本增效成效显著。绿色交通、平安交通建设稳步推进，新能源汽车占全球总量一半以上，营运货车、营运船舶二氧化碳排放强度分别下降8.4%和7.1%左右，民航、铁路安全水平保持世界领先，道路运输重大事故数量和死亡人数分别下降75%和69%左右。

与此同时，我国综合交通运输发展不平衡、不充分问题仍然突出。综合交通网络布局不够均衡、结构不尽合理、衔接不够顺畅，重点城市群、都市圈的城际和市域（郊）铁路存在较明显短板。货物多式联运、旅客联程联运比重偏低，定制化、个性化、专业化运输服务产品供给与快速增长的需求不匹配。智能交通技术应用深度和广度有待拓展，部分关键核心产品和技术自主创新能力不强。交通运输安全形势仍然严峻，产业链供应链保障能力不足。绿色低碳发展任务艰巨，清洁能源推广应用仍需加快。综合交通运输管理体制机制有待健全完善，制约要素自由流动的体制机制障碍依然存在。

“十四五”时期，我国综合交通运输发展面临的形势更加复杂多变。从国际看，当今世界正经历百年未有之大变局，新一轮科技革命和产业变革深入发展，新冠肺炎疫情冲击全球产业链供应链和国际物流体系，经济全球化遭遇逆流。从国内看，我国开启全面建设社会主义现代化国家的新征程，区域经济布局、国土开发保护格局、人口结构分布、消费需求特征、要素供给模式等发生深刻变化，对综合交通运输体系发展提出新要求，交通运输行业进入完善设施网络、精准补齐短板的关键期，促进一体融合、提升服务质效的机遇期，深化改革创新、转变发展方式的攻坚期。要适应国土空间开发保护、新型城镇化建设、全面推进乡村振兴的要求，优化发展布局，强化衔接融合，因地制宜完善区域城乡综合交通网络；要坚持以创新为核心，增强发展动力，推动新科技赋能提升交通运输发展质量效率；要增强综合交通运输体系韧性，调整发展模式，将绿色发展理念、低碳发展要求贯穿发展全过程，提高自身运行安全水平和对国家战略安全的保障能力；要将满足人民对美好生活的向往、促进共同富裕作为着力点，转变发展路径，促进建管养运并重、设施服务均衡协同、交通运输与经济社会发展深度融合，以全方位转型推动交通运输高质量发展。

第二章 总体要求

第一节 指导思想

以习近平新时代中国特色社会主义思想为指导，全面贯彻落实党的十九大和十九届历次全会精神，立足新发展阶段，完整、准确、全面贯彻新发展理念，构建新发展格局，坚持以人民为中心的发展思想，以推动高质量发展为主题，以深化供给侧结构性改革为主线，以改革创新为根本动力，以满足人民日益增长的美好生活需要为根本目的，以加快建设交通强国为目标，统筹发展和安全，完善结构优化、一体衔接的设施网络，扩大多样化高品质的服务供给，培育创新驱动、融合高效的发展动能，强化绿色安全、开放合作的发展模式，构建现代综合交通运输体系，为全面建设社会主义现代化国家提供战略支撑。

第二节 基本原则

服务大局，当好先锋。坚持人民交通为人民，充分发挥交通作为中国现代化开路先锋的作用，不断增强对经济社会发展全局和国家重大战略的保障能力，有效支撑引领区域协调发展、乡村振兴和新型城镇化，提供能够更好满足人民群众需要的交通运输服务。

系统推进，衔接融合。坚持系统观念，合理确定交通运输基础设施网络规模、技术标准、建设时序，补齐西部地区路网空白，优化网络结构功能，科学合理挖掘既有设施潜力，精准补齐联通衔接短板，提升运输资源配置效率，促进跨领域、跨区域、跨行业协调融合发展。

创新驱动，深化改革。注重新科技深度赋能应用，提升交通运输数字化智能化发展水平，破除制约交通运输高质量发展的体制机制障碍，推动交通运输市场统一开放、有序竞争，促进交通运输提效能、扩功能、增动能。

绿色转型，安全发展。落实碳达峰、碳中和目标要求，贯彻总体国家安全观，强化资源要素节约集约利用，推动交通运输绿色低碳转型，加强运行安全和应急处置能力建设，提升国际互联互通和运输保障水平，保障产业链供应链安全。

第三节 发展目标

到2025年，综合交通运输基本实现一体化融合发展，智能化、绿色化取得实质性突破，综合能力、服务品质、运行效率和整体效益显著提升，交通运输发展向世界一流水平迈进。

设施网络更加完善。国家综合立体交通网主骨架能力利用率显著提高。以“八纵八横”高速铁路主通道为主骨架，以高速铁路区域连接线衔接，以部分兼顾干线功能的城际铁路为补充，主要采用250公里及以上时速标准的高速铁路网对50万人口以上城市覆盖率达到95%以上，普速铁路瓶颈路段基本消除。7条首都放射线、11条北南纵线、18条东西横线，以及地区环线、并行线、联络线等组成的国家高速公路网的主线基本贯通，普通公路质量进一步提高。布局完善、功能完备的现代化机场体系基本形成。港口码头专业化、现代化水平显著提升，内河高等级航道网络建设取得重要进展。综合交通枢纽换乘换装效率进一步提高。重点城市群一体化交通网络、都市圈1小时通勤网加快形成，沿边国道基本贯通。

运输服务更加高效。运输服务质量稳步提升，客运“一站式”、货运“一单制”服务更加普及，定制化、个性化、专业化运输服务产品更加丰富，城市交通拥堵和“停车难”问题持续缓解，农村和边境地区运输服务更有保障，具备条件的建制村实现快递服务全覆盖。面向全球的国际运输服务网络更加完善，中欧班列发展质量稳步提高。

技术装备更加先进。第五代移动通信（5G）、物联网、大数据、云计算、人工智能等技术与交通运输深度融合，交通运输领域新型基础设施建设取得重要进展，交通基础设施数字化率显著提高，数据开放共享和平台整合优化取得实质性突破。自主化先进技术装备加快推广应用，实现北斗系统对交通运输重点领域全面覆盖，运输装备标准化率大幅提升。

安全保障更加可靠。交通设施耐久可靠、运行安全可控、防范措施到位，安全设施完好率持续提高。跨部门、跨领域的安全风险防控体系和应急救援体系进一步健全，重特大事故发生率进一步降低。主要通道运输安全和粮食、能源、矿石等物资运输安全更有保障，国际物流供应链安全保障能力持续提升。

发展模式更可持续。交通运输领域绿色生产生活方式逐步形成，铁路、水运承担大宗货物和中长距离货物运输比例稳步上升，绿色出行比例明显提高，清洁低碳运输工具广泛应用，单位周转量能源消耗明显降低，交通基础设施绿色化建设比例显著提升，资源要素利用效率持续提高，碳排放强度稳步下降。

治理能力更加完备。各种运输方式一体融合发展、交通基础设施投融资和管理运营养护等领域法律法规和标准规范更加完善，综合交通运输一体化融合发展程度不断提高，市场化改革持续深化，多元化投融资体制更加健全，以信用为基础的新型监管机制加快形成。

展望2035年，便捷顺畅、经济高效、安全可靠、绿色集约、智能先进的现代化高质量国家综合立体交通网基本建成，“全国123出行交通圈”（都市区1小时通勤、城市群2小时通达、全国主要城市3小时覆盖）和“全球123快货物流圈”（快货国内1天送达、周边国家2天送达、全球主要城市3天送达）基本形成，基本建成交通强国。

专栏1　“十四五”时期综合交通运输发展主要指标

类别	指标	2020年	2025年[①]	属性
设施网络	1. 铁路营业里程（万公里）	14.6	16.5	预期性
	其中：高速铁路营业里程	3.8	5	预期性
	2. 公路通车里程（万公里）	519.8	550	预期性
	其中：高速公路建成里程	16.1	19	预期性
	3. 内河高等级航道里程（万公里）	1.61	1.85	预期性
	4. 民用运输机场数（个）	241	>270	预期性
	5. 城市轨道交通[②]运营里程（公里）	6600	10000	预期性
衔接融合	6. 沿海港口重要港区铁路进港率（%）	59.5	>70	预期性

续 表

类别	指标	2020年	2025年[①]	属性
衔接融合	7．枢纽机场轨道交通接入率[③]（%）	68	80	预期性
	8．集装箱铁水联运量年均增长率（%）	—	15	预期性
	9．建制村快递服务通达率（%）	50	>90	预期性
智能绿色	10．重点领域[④]北斗系统应用率（%）	60	>95	预期性
	11．城市新能源公交车辆占比[⑤]（%）	66.2	72	预期性
	12．交通运输二氧化碳排放强度[⑥]下降率（%）	—	〔5〕	预期性
安全可靠	13．道路运输较大及以上等级行车事故万车死亡人数下降率（%）	—	〔12〕	约束性
	14．民航运输飞行百万小时重大及以上事故率（次/百万小时）	0	〔<0.11〕	约束性
	15．铁路交通事故十亿吨公里死亡率（人/十亿吨公里）	0.17	<0.3	约束性

注：①〔 〕内为5年累计数。②指纳入国家批准的城市轨道交通建设规划中的大中运量城市轨道交通项目。③指国际枢纽机场和区域枢纽机场中连通轨道交通的机场数量占比。④指重点营运车辆、邮政快递自有干线运输车辆、应安装具备卫星定位功能船载设备的客船及危险品船等。⑤指新能源公交车辆占所有地面公交车辆的比重。⑥指按单位运输周转量计算的二氧化碳排放。

第三章 构建高质量综合立体交通网

按照国家综合立体交通网“6轴7廊8通道”主骨架布局，构建完善以“十纵十横”综合运输大通道为骨干，以综合交通枢纽为支点，以快速网、干线网、基础网多层次网络为依托的综合交通网络，加快推进存量网络提质增效，聚焦中西部地区精准补齐网络短板，稳步提高通达深度，畅通网络微循环，勾画好美丽中国的“交通工笔画”。

第一节 完善综合运输大通道

优化综合运输通道布局。建设综合性、立体化、大容量、快速化的交通主轴，构建多方式、多通道、便捷化交通走廊，强化主轴与走廊间的协调衔接。提升京沪、沪昆、广昆、陆桥以及北京至港澳台、黑河至港澳、额济纳至广州、青岛至拉萨、厦门至喀什等通道功能，推进待贯通段建设和瓶颈段扩容改造，畅通沿海与内陆地区通道。推动通道内各种运输方式资源优化配置和有机衔接。

加强战略骨干通道建设。推进出疆入藏通道建设，扩大甘新、青新、青藏、川藏四条内联主通道通行能力，稳步推进川藏铁路建设，加快推进新藏铁路和田至日喀则段前期工作、适时启动重点路段建设，有序推进滇藏铁路前期工作，密实优化航空航线网络布局，构建多向联通的通道布局。畅通沿江通道，加快建设沿江高铁，优化以高等级航道和干线铁路、高速公路为骨干的沿江综合运输大通道功能。升级沿海通道，提高铁路通道能力，推进高速公路繁忙路段扩容改造，提升港口航道整体效能，构建大容量、高品质的运输走廊。贯通沿边通道，提级改造普通国省干线，推进重点方向沿边铁路建设，提高安全保障水平。建设西部陆海新通道，发挥铁路在陆路运输中的骨干作用和港口在海上运输中的门户作用，强化东、中、西三条通路，形成大能力主通道，衔接国际运输通道。

专栏2　战略骨干通道建设工程

1. 出疆通道。建设和田至若羌、伊宁至阿克苏、若羌至罗布泊、精河至阿拉山口增建二线等铁路，实施精河经伊宁至霍尔果斯铁路扩能改造。建成京新高速公路巴里坤至木垒段，完成国道315依吞布拉克—若羌—民丰段建设改造。

2. 入藏通道。建设川藏铁路雅安至林芝段，推进青藏铁路格尔木至拉萨段电气化改造、日喀则至吉隆铁路等项目前期工作，适时启动新藏铁路重点路段建设。建成京藏高速公路那曲至拉萨段、雅叶高速公路拉萨至日喀则机场段，提质改造川藏公路318线、滇藏新通道西藏段（丙察察），推动国道219米林至墨脱段建设，实施川藏铁路配套公路工程。

3. 沿江通道。建设成都重庆至上海沿江高铁。实施长江中上游干线航道等级提升工程，系统疏解三峡枢纽瓶颈制约，推进三峡翻坝转运、金沙江翻坝转运设施建设，深化三峡水运新通道前期论证。推动宁芜高速、沪渝高速武汉至黄石段、渝宜高速长寿至梁平段以及厦蓉高速、银昆高速成都至重庆段等高速公路扩容改造。

4. 沿海通道。建设上海经宁波至合浦沿海高速铁路。按二级及以上标准推动沿海国道228改造，推进沈海高速火村至龙山段、福鼎至诏安段等扩容改造。

5. 沿边通道。有序推进酒泉至额济纳等铁路建设，开展波密至然乌等铁路前期工作。推动沿边国道219、国道331待贯通和低等级路段建设改造，实现85%以上达到三级及以上标准。

6. 西部陆海新通道。建设黄桶至百色、黔桂增建二线、南防增建二线等铁路，实施隆黄铁路隆昌至叙永段扩能改造。推动呼北高速灌阳至平乐段等国家高速公路待贯通路段建设。研究建设平陆运河。推进广西北部湾国际门户港和洋浦区域国际集装箱枢纽港建设。

第二节　建设多层级一体化综合交通枢纽

打造综合交通枢纽集群。建设京津冀、长三角、粤港澳大湾区、成渝地区双城经济圈等国际性综合交通枢纽集群，提升全球互联互通水平和辐射能级。培育一批辐射区域、连通全国的综合交通枢纽集群，合理组织集群服务网络，提高集群内枢纽城市协同效率。

优化综合交通枢纽城市功能。提升国际性综合交通枢纽的全球联通水平和资源要素配置能力，增强部分枢纽国际门户功能。优化全国性综合交通枢纽客货中转设施、集疏运网络及客运场站间快速连接系统。增强区域性综合交通枢纽的衔接转运能力，发展口岸枢纽。强化不同层级综合交通枢纽城市之间功能互补、设施连通、运行协同。

完善综合客运枢纽系统。优化客运场站和城市公共交通枢纽布局，鼓励同站布设，加强与城市交通系统有效衔接。对换乘潜在需求大的综合客运枢纽，做好衔接通道用地和空间预留。推动新建综合客运枢纽布局立体换乘设施，鼓励同台换乘，实施既有枢纽换乘设施便捷化改造，推动主要运输方式间便捷换乘。整合接入综合客运枢纽的不同运输方式信息资源，加强数据、时刻、运力等对接。促进综合客运枢纽站城融合，探索建立枢纽开发利益共享机制，推动枢纽与周边区域统一规划、综合开发，加强开发时序协调、服务功能共享。

建设综合货运枢纽系统。优先利用现有物流园区以及货运场站等设施，规划建设多种运输方式高效融合的综合货运枢纽，引导冷链物流、邮政快递、分拨配送等功能设施集中布局。完善货运枢纽的集疏运铁路、公路网络，加快建设多式联运设施，推进口岸换装转运设施扩能改造。实施邮政快递枢纽能力提升工程，加强邮政普遍服务和快递处理中心等设施建设，与铁路、公路、民航等枢纽加强统筹。推进120个左右国家物流枢纽建设。

专栏3 综合交通枢纽建设重点工程

提升北京、天津、上海、广州、深圳、成都、重庆等枢纽城市的全球辐射能级。依托上海浦东、天津滨海、广州白云、成都天府等枢纽机场以及深圳西丽、重庆东站等铁路客运站，建设一批综合客运枢纽场站，推进综合客运枢纽场站间直接连通，实施北京、上海、广州、重庆等铁路枢纽优化工程，提升上海国际航运中心能级，建设天津国际航运中心，建设广州东部公铁联运枢纽、重庆陆港型物流枢纽等综合货运枢纽场站。

增强南京、杭州、沈阳、大连、哈尔滨、青岛、厦门、郑州、武汉、海口、昆明、西安、乌鲁木齐、宁波等枢纽城市的国际门户作用。完善杭州、宁波、厦门、郑州、武汉等枢纽规划，建设南京禄口、杭州萧山、厦门翔安、昆明长水、西安咸阳、武汉西站、宁波西站、海口新海港等综合客运枢纽场站，建设大连、厦门国际航运中心和宁波舟山国家大宗商品储运基地。

提升石家庄、太原、合肥、济南、长沙、南宁、兰州等枢纽城市全国集聚辐射功能。优化主要枢纽场站及集疏运设施布局，围绕济南遥墙、长沙黄花、南昌昌北、兰州中川等枢纽机场以及雄安站等铁路枢纽站，建设一批综合交通枢纽场站。

第三节 优化综合立体交通网络

构建以高速铁路、国家高速公路、民用航空等为主体的快速网，完善以普速铁路、普通国省道、港口航道等为主体的干线网，提高基础网保障能力。

建设现代化铁路网。坚持客货并重、新建改建并举、高速普速协调发展，加快普速铁路建设和既有铁路扩能改造，着力消除干线瓶颈，推进既有铁路运能紧张路段能力补强，加快提高中西部地区铁路网覆盖水平。加强资源富集区、人口相对密集脱贫地区的开发性铁路和支线铁路建设。推进高速铁路主通道建设，提升沿江、沿海、呼南、京昆等重要通道以及京沪高铁辅助通道运输能力，有序建设区域连接线。综合运用新技术手段，改革创新经营管理模式，提高铁路网整体运营效率。统筹考虑运输需求和效益，合理规划建设铁路项目，严控高速铁路平行线路建设。

专栏4 铁路网建设重点工程

1. 普速铁路。建设柳州至广州、瑞金至梅州、温州经武夷山至吉安、定西经平凉至庆阳、太子城至锡林浩特、仙桃经洪湖至监利、太原至和顺、大理至攀枝花、乌北至准东增建二线等普速铁路，协调推进首都地区货运东、北环线铁路建设。推进富裕至加格达奇、南京至芜湖、鸦鹊岭至宜昌、天津至蓟县、汪清至图们、中卫至平凉等铁路扩能改造。

2. 高速铁路。建设北京经雄安新区至商丘、包头至银川、襄阳至常德、天津至新沂、西安至重庆、西安至十堰、长沙至赣州、雄安新区至忻州、太原至绥德、延安经榆林至鄂尔多斯、长春经辽源至通化、敦化至牡丹江、哈尔滨经绥化至铁力、上海经乍浦至杭州、宁波经台州经温州至福州、焦作经洛阳至平顶山、阜阳至黄冈、益阳至娄底、铜仁至吉首、邵阳至永州、南昌至九江、湛江至海安等高速铁路。

完善公路网结构功能。提升国家高速公路网络质量，实施京沪、京港澳、京昆、长深、沪昆、连霍、包茂、福银、泉南、广昆等国家高速公路主线繁忙拥挤路段扩容改造，加快推进并行线、联络线以及待贯通路段建设。合理引导地方高速公路有序发展。加快普通国省道低等级路段提质升级，将西部地区普通国道二级及以上公路比重提高到70%，实现对重要口岸、枢纽、产业园区、旅游景区有效覆盖，强化安全设施配置。完善“四好农村路”高质量发展体系，深入开展示范创建，实现通三级及以上公路的乡镇比重达到85%左右，推动较大人口规模自然村（组）通硬化路，因地制宜推进建制村双车道公路建设和农村过窄公路拓宽改造，强化农村公路与干线公路、村内主干道衔接。推进渡改桥等便民设施建设。

专栏5 公路网建设重点工程

1. 待贯通路段建设。推进京雄等雄安新区对外高速公路以及呼北高速炉红山至慈利段、德州至上饶高速安徽段、溧阳至宁德高速黄山至千岛湖段、上海至武汉高速无为至岳西段、集宁至阿荣旗高速白音查干至乌兰浩特段、杭州湾地区环线高速杭州至宁波支线等国家高速公路待贯通路段建设。

2. 瓶颈路段升级改造。推进京哈高速绥中（冀辽界）至盘锦段、青兰高速涉县至冀晋界段、连霍高速忠和至茅茨段、沪昆高速昌傅至金鱼石段、荣乌高速威海至烟台段、济广高速济南至菏泽段、京港澳高速耒阳大市至宜章（湘粤界）段等高速公路繁忙路段扩容改造。推进国道210白云鄂博至固阳段、国道217阿勒泰至布尔津段、国道227贵德至大武段、国道353巨甸至维西段等升级改造及国省干线穿越城区段改移工程。

优化畅通水运设施网络。建设京津冀、长三角、粤港澳大湾区世界级港口群，支持山东打造世界一流的海洋港口，推进东北地区沿海港口一体化发展，优化港口功能布局，推动资源整合和共享共用。有序推进沿海港口专业化码头及进出港航道等公共设施建设。适度超前建设粮食、能源、矿产资源的接卸、储存、中转设施，推进沿海沿江液化天然气码头规划建设。提升内河港口专业化、规模化水平，合理集中布局集装箱、煤炭、铁矿石、商品汽车等专业化码头。加强内河高等级航道扩能升级与畅通攻坚建设，完善长江、珠江、京杭运河和淮河等水系内河高等级航道网络，进一步提升珠三角高等级航道网出海能力，全面加强长三角、珠江—西江高等级航道网未达标段建设。推动重要支流航道和库湖区航道、内河旅游航道、便民码头建设。

专栏6 水运设施网络建设重点工程

1. 沿海港航设施。推进天津北疆与东疆、青岛董家口、南通通州湾、上海洋山、厦门翔安、深圳盐田、广州南沙、汕头广澳、湛江宝满、洋浦小铲滩、钦州大榄坪等集装箱码头工程。推进唐山京唐、黄骅散货港区、日照岚山、连云港连云、宁波舟山衢山、防城港企沙等矿石码头工程。推进营口仙人岛、黄骅散货港区、烟台西港区、青岛董家口、连云港徐圩、宁波舟山金塘、厦门古雷等原油码头工程。加快小洋山北侧综合开发。推进曹妃甸港区煤炭运能扩容、日照港转型升级工程。推进锦州港、唐山京唐、曹妃甸、日照岚山、连云港港、宁波舟山条帚门、深圳港西部、广州港、洋浦港、北部湾防城港和钦州等20万吨级及以上航道建设。

2. 内河港航设施。积极推进涪陵至丰都段航道整治，研究推进长江干线宜宾至重庆段、宜昌至武汉段航道整治，加快治理安庆至南京段重点航段，进一步改善南京以下12.5米深水航道条件，加快改善长江口北港航道条件，研究推进长江口南槽航道整治二期工程，推进大芦线东延线等河海直达航道工程。推进西江航运干线3000吨级航道整治和船闸扩能工程。开展京杭运河山东段航道整治，推进苏北段船闸、航道扩能工程，推进杭甬运河整治提升工程、常山江航运开发工程。推进引江济淮航运工程建设，开展淮河干线及沙颍河航道整治、船闸改扩建，推进淮河出海航道工程。推进右江百色、红水河龙滩等枢纽通航设施建设。推进京杭运河黄河以北段适宜河段通航。开展湘桂赣粤运河前期研究论证。

扩大航空网络覆盖。推动区域机场群协同发展，建设京津冀、长三角、粤港澳大湾区、成渝等世界级机场群。适时启动能力紧张枢纽机场改扩建工程，强化枢纽机场综合保障能力。合理加密机场布局，稳步建设支线机场和专业性货运枢纽机场，提升综合性机场货运能力和利用率。有序推进通用机场规划建设，构建区域短途运输网络，探索通用航空与低空旅游、应急救援、医疗救护、警务航空等融合发展。优化航路航线网络，加强军民航空管基础设施建设，推广应用空管新技术。

专栏7 民用运输机场建设重点工程

实施广州、深圳、昆明、西安、重庆、乌鲁木齐、哈尔滨等国际枢纽机场和太原、沈阳、福州、杭州、宁波、合肥、济南、武汉、长沙、南昌、南宁、拉萨、兰州、银川、西宁等区域枢纽机场改扩建工程，建设呼和浩特、厦门、大连、三亚新机场。建成鄂州专业性货运机场，提升天津、郑州等机场国际航空货运能力。建设嘉兴、瑞金、郴州、湘西、丽水、韶关、阆中、威宁、邢台、朔州、安阳、亳州、乐山、府谷、黔北（德江）、盘州、阿拉尔、和静等支线机场。

加强油气管网高效互联。完善东北、西北、西南和海上四大油气进口通道。加快全国干线天然气管道建设，完善原油、成品油管网布局，推进东北、西北、西南等地区老旧管道隐患治理。推进油气管网互联互通和支线管道建设，扩大市县天然气管道覆盖范围并向具备条件的沿线乡镇辐射。

第四节　强化一体融合衔接

加快解决制约人民美好出行、货物高效流通的瓶颈，强化综合交通网络有机衔接。打通公路省际待贯通路段，加强干线公路与城市道路有效衔接，推进城镇密集地区干线公路过境段、进出城瓶颈路段升级改造。加强枢纽机场与轨道交通高效衔接，使换乘更加便捷。强化进港区、进园区、进厂区、进规模化农产品基地等集疏运设施建设，加快推动铁路进港口重点港区和大型工矿企业、物流园区、重点物资储备库。统筹考虑资源高效利用、生态环境保护和防洪航运安全，有序建设各种运输方式共享通道资源的过江跨海通道。推动超大特大城市的大型综合客运枢纽间通过轨道交通互连。加快实现联系紧密的综合货运枢纽间通过联络线或专用通道互连。

专栏8　综合交通网络衔接重点工程

1. 港口机场集疏运工程。完善上海港、唐山港、天津港、宁波舟山港、青岛港、深圳港、福州港、北部湾港等港口集疏运系统。推动杭州萧山机场、厦门翔安机场、长沙黄花机场、昆明长水机场等接入轨道交通。

2. 省际间待贯通路段畅通工程。有序实施丹锡高速克什克腾至承德联络线河北段、本溪至集安高速本溪至桓仁（辽吉界）段、赤峰至绥中高速凌源（蒙辽界）至绥中段、安康至来凤高速渝鄂界至建始段、都匀至香格里拉高速西昌至香格里拉段等省际高速公路建设。

3. 城市内外交通衔接改造工程。推进国道104、国道107、国道205、国道207、国道210、国道220、国道228、国道233、国道309、国道310、国道312、国道319、国道320、国道329、国道343、国道347等城镇过境路段升级改造。

4. 过江跨海关键性工程。建成深中、黄茅海等跨海通道。建设涪陵江北、伍家岗至点军山、枞阳至贵池、靖江至江阴、崇明至太仓等公铁两用过江通道以及隆叙铁路改造过江大桥。推动钦州市龙门大桥、钦州至北海大风江大桥等跨海大桥建设。适时启动珠江口狮子洋、莲花山通道建设。规划研究沪甬通道。

第五节　加强基础设施养护

推动落实全生命周期养护，强化常态化预防性养护，科学实施养护作业，加强养护工程质量检验评定，强化养护管理监管考核，提高基础设施使用寿命。加强桥梁隧道、通航建筑物、港口锚地、跑道停机坪等公共设施养护管理。加大养护新技术推广力度，建设交通基础设施长期性能科学观测网，鼓励自动化、信息化巡查，提高管理养护科学决策水平，推进养护机械化和标准化。加强铁路综合维修养护一体化管理。发展和规范公路养护市场，逐步增加向社会购买养护服务。深化农村公路管理养护体制改革，全面实施农村公路路长制。健全桥梁养护管理责任体系和工作机制。完善航道常态化养护机制，推动航道养护基地及配套设施设备建设。

第四章 夯实城乡区域协调发展基础支撑

充分发挥交通运输对国土空间开发保护的支撑引领作用，增强对实施区域重大战略、推动区域协调发展、全面推进乡村振兴的服务保障能力。

第一节 有力服务区域重大战略

建设多节点、网格状、全覆盖的京津冀一体化综合交通网络，基本建成轨道上的京津冀，高标准、高质量打造雄安新区对外交通网络，加强北京城市副中心与中心城区、廊坊北三县交通基础设施互联互通，强化北京冬奥会、冬残奥会交通保障。依托长江黄金水道，整体设计推进长江经济带综合交通运输体系建设，补强沿江高铁和铁路货运能力，全力打通公路省际待贯通路段，提升江海联运、铁水联运发展水平。推进粤港澳大湾区基础设施互联互通，优化航运和航空资源配置，加强港澳与内地的交通联系，支持香港提升国际航运、国际航空枢纽地位。推动长三角地区交通运输更高质量一体化发展，加快对外交通、城际交通、都市圈交通高效衔接和有机融合，协同推进港航、海事一体化发展，推动上海市、江苏省、浙江省、安徽省共建辐射全球的航运枢纽，加快提升江苏通州湾江海联动示范区功能，打造长江集装箱运输新出海口。构建海南岛内畅通、陆岛连通、全球通达的现代综合交通运输体系，建设现代化综合交通枢纽，稳步推进自由贸易港建设。构建黄河流域绿色安全便捷综合交通网络，强化跨区域大通道建设。

第二节 支撑引领区域协调发展

补齐西部地区交通基础设施网络短板，提升干线铁路覆盖度、干线公路通畅性和农村公路均等化水平，打造成渝地区双城经济圈1小时交通网，畅通多向出川出渝综合运输通道。提升东北地区交通基础设施网络整体效能，进一步畅通对外通道，推动沿海内陆沿边一体开放。推进中部地区内陆开放大通道建设，增强承东启西、连南接北功能，进一步巩固提升综合交通枢纽地位。构建东部地区现代化综合交通运输体系，加快区域一体化交通网络建设，提升重点运输通道能力和综合交通枢纽辐射能级，实现交通运输优化升级。提升欠发达地区、革命老区、边境地区对外通道能力，拓展网络通达深度，补齐生态退化地区基础设施短板，加强建设保障资源型地区转型发展、老工业基地产业转型升级的交通基础设施。

第三节 夯实乡村振兴交通基础

统筹新型城镇化和乡村振兴发展需要，逐步提升城乡交通运输一体化水平。巩固拓展具备条件的乡镇、建制村通硬化路成果，推动交通建设项目更多进村入户，鼓励农村公路与产业园区、旅游景区、乡村旅游重点村等一体开发。推动农村客货邮融合发展，持续推进乡镇运输服务站建设，整合交通、邮政、快递、供销、电商等资源，构建功能集约、便利高效的农村运输发展新模式。巩固建制村通客车成果，提升农村客运运营安全和服务水平，加强农村客运安全监管，推动构建农村客运长效稳定发展机制。推动农村物流融入现代流通体系，加快贯通县乡村电子商务体系和快递物流配送体系，建设便捷高效的工业品下乡、农产品出村双向渠道，打造农村物流服务品牌。

第四节　强化边境交通设施建设

服务沿边城镇体系建设，以公路、机场为重点，大力改善边境地区交通出行条件，提升边境城镇人口集聚能力。统筹推进边境地区国省干线公路、农村公路等建设，全面完善国道干线主骨架，推进沿边公路并行线建设和低等级公路提质改造，加快抵边公路建设，尽快形成层次清晰、结构合理的沿边公路网。稳步推进边境地区机场建设，构建多层级航空网，扩大航空运输服务覆盖面。补强同江、二连浩特、阿拉山口、霍尔果斯、瑞丽、磨憨等口岸后方铁路通道能力。加强抵边自然村邮政设施建设，实现邮政服务普遍覆盖。

专栏9　边境地区交通基础设施建设工程

1. 沿边抵边公路。建设集安至桓仁、珲春至圈河、泸水至腾冲、米林经墨脱经察隅至滇藏界、青河经富蕴至阿勒泰、布伦口至红其拉甫、巴里坤至老爷庙、莎车至塔什库尔干、二连浩特至赛罕塔拉、大红山至霍勒扎德盖、云南界至那坡平孟、西畴至富宁等沿边抵边公路。推进麻扎至公珠、孟泽至嘎拉、萨玛达至扎日、边巴至加玉等沿边公路并行线待贯通路段建设和低等级路段改扩建。

2. 边境机场。建设塔什库尔干、普兰、定日、隆子、绥芬河、昭苏、准东（奇台）等机场，迁建延吉机场，建设札达、叶城等20个左右边境通用机场。

第五章　推进城市群和都市圈交通现代化

深入推进以人为核心的新型城镇化，分层分类完善交通网络，加强互联互通和一体衔接，促进城市群、都市圈和城市内交通运输协同运行，推动城市群和都市圈交通运输率先实现现代化，提升城镇化发展质量。

第一节　建设城市群一体化交通网

强化重点城市群城际交通建设。围绕京津冀、长三角、粤港澳大湾区、成渝、长江中游等城市群，以轨道交通、高速公路为骨干，提升城际运输通道功能，加强核心城市快速直连，构建多节点、网络化的城际交通网，实现城市群内主要城市间2小时通达。整体推进京津冀、长三角、粤港澳大湾区城际铁路和市域（郊）铁路建设，有序推动成渝地区双城经济圈城际铁路和市域（郊）铁路建设，加强与高速铁路、普速铁路一体衔接，扩大对5万人口以上城镇的有效覆盖。

有序推进其他城市群城际交通建设。提升山东半岛、粤闽浙沿海、中原、关中平原、北部湾等城市群内的城际主通道功能，推进哈尔滨—长春、辽中南、山西中部、黔中、滇中、呼包鄂榆、兰州—西宁、宁夏沿黄、天山北坡等城市群内的城际主通道建设。建设有效衔接大中小城市和小城镇的多层次快速交通网络，积极推进利用既有铁路富余运力开行城际列车。

第二节 构建都市圈通勤交通网

打造轨道上的都市圈。建设都市圈多层次轨道交通网络，推进干线铁路、城际铁路、市域（郊）铁路、城市轨道交通融合衔接，合理推动轨道交通跨线运营。积极利用干线铁路、城际铁路提供通勤服务，充分利用既有铁路富余运力开行市域（郊）列车，增加列车停站数量和在重要客流集散地的停站频率，鼓励高峰时段公交化运营，提高通勤服务质量。探索将重点都市圈中心城区轨道交通以合理制式适当向周边城市（镇）延伸。

完善多层次道路交通网。合理加密快速路通道，因地制宜规划建设都市圈环线和城市绕城环线。科学布局建设加油加气站、公交场站、停车设施。积极推动城市公交线路向周边城镇、功能节点延伸，鼓励都市圈内毗邻城市（镇）开行公交，开展客运班线公交化改造。

专栏10 重点城市群和都市圈交通网络建设工程

1. 重点城市群城际铁路。充分挖潜干线铁路城际功能，推进核心城市间城际铁路及区域联络线建设，建设雄安新区至石家庄、天津至承德、苏州经无锡至常州、衢州至丽水、深圳至惠州、佛山至东莞等城际铁路，基本建成京津冀、长三角、粤港澳大湾区等城市群城际铁路网。

2. 重点都市圈市域（郊）铁路。实施一批既有铁路的市域（郊）运输功能改造工程，利用既有萧甬铁路开行绍兴至上虞市域（郊）列车。推进北京东北环线等整体提升工程，建设上海嘉闵线及北延伸段、南京市域18号线、杭州至德清、宁波至象山、重庆至合川等市域（郊）铁路。

3. 高速公路环线。推动武汉、长春、西安等都市圈高速公路环线建设，实施部分高速公路拥挤路段改扩建工程，优化调整首都地区环线高速公路线路。

第三节 打造城市现代交通系统

完善城市交通基础设施。科学规划建设城市综合交通系统，加快发展快速干线交通、生活性集散交通、绿色慢行交通，实现顺畅衔接。加强大城市微循环和支路网建设，优化快速、主干、次干、支路比例，加快城市支路街巷建设改造和畸形交叉口改造，分类分区优化停车设施供给，提高停车资源利用效率和精细化服务水平，加强资源共享和错时开放。合理提高中小城市路网密度，用好用足停车资源，适度增加停车设施，规范停车秩序。补齐县城、县级市、特大镇的城市道路和公路客运站设施等短板，稳步推进老旧小区、医院、学校、商业聚集区等区域公共停车设施建设，适度增加灵活便捷的道路班车配客站点。建设安全、连续、舒适的城市慢行交通系统，提高非机动车道和步道的连续性、通畅性，在商业办公区域、公共交通站点、旅游景区等场所增加非机动车停放设施，改善行人过街设施条件。

打造多模式便捷公共交通系统。深入实施公交优先发展战略，持续深化国家公交都市建设。超大特大城市构建以轨道交通为骨干的快速公交网络，科学有序发展城市轨道交通，推动轨道交通、常规公交、慢行交通网络融合发展。大城市形成以地面公交为主体的城市公共交通系统，发展重要客流走廊快速公交。中小城市提高城区公共交通运营效率，逐步提升站点覆盖率和服务水平。推广城市道路交通信号灯联动控制，保障公交优先通行；推广在电子公交站牌、互联网信息平台等发布公共交通实时运营信息，优化换乘引导标识，普及交通一卡通、移动支付等服务，提高公共交通吸引力。

第六章　扩大优质运输服务供给

顺应人民美好生活新期待，统筹考虑旅客运输和货物运输的不同发展趋势及阶段性特征，兼顾基本需求和多样化需求，推动运输服务多元化、品质化发展，扩大经济高效安全的运输服务产品供给，逐步实现人享其行、物畅其流。

第一节　提升旅客出行服务品质

加快发展旅客联程运输。稳妥推动交通运输票务系统信息共享和对外开放，提高道路客运联网售票水平，普及电子客票，到2025年，二级及以上道路客运站的电子客票覆盖率达到99%、省际和城际客运线路的电子客票覆盖率达到80%，努力实现一站购票、一票（证）通行。优化跨运输方式安检流程，推动安检互认。加强干线运输方式间、城市交通与干线运输方式间的运营信息、班次时刻、运力安排等协同衔接，做好首末班车“兜底”服务。推进城市候机楼建设，推行行李直挂服务。培育旅客联程运输经营主体，创新一体化联运产品，丰富综合交通运输信息服务产品。

发展高品质客运服务。优化高速铁路运输组织，扩大复兴号动车组上线运行范围，逐步实现高速铁路达速运行，提高普速铁路服务质量，鼓励开行夕发朝至列车。加强监管，鼓励和规范发展道路客运定制服务。促进航空服务网络干支有效衔接，优化航班时刻资源配置，持续提高航班正常率，增加航空运输服务品类。积极培育邮轮市场，拓展旅游产品，促进邮轮服务升级，推动游艇、游船、房车旅游发展，优化完善自驾车旅行服务设施，依托汽车客运站发展旅游集散业务，培育交通消费新模式。

提高客运服务普惠均等水平。持续开好公益性“慢火车”，优化开行方案，改善站车条件。推动有条件的地区实施农村客运公交化改造，保障好群众出行。发展边远地区基本航空服务，改善轮渡通行条件，方便边远地区群众日常出行。提升客运场站无障碍设施服务水平，推广应用低地板公交车、无障碍出租汽车，规范老年及残疾人代步车使用，强化对困难群体和特殊人群的服务保障。

第二节　构建高效货运服务系统

建设高效货运服务网络。完善与产业布局、消费格局相适应的大宗货物、集装箱物流网络，建设大容量、低成本、高效率物流骨干通道，保障化肥等重要农资季节性运输。有序发展铁路双层集装箱运输，探索开行定制化的铁路直达货运班列，充分利用富余运力和设施能力发展高铁快运等铁路快捷货运产品。推动道路货运高质量发展，提升规模化、集约化水平。加强航空货运能力建设，培育壮大专业货运机队，优化航线和时刻配置，提升机场物流组织效率和服务品质。完善以物流园区、配送中心、末端配送站为支撑的城市三级物流配送网络，加强与干线运输、区域分拨有效衔接。完善县乡村三级物流服务体系，提升产供销一体化服务能力。提升口岸通关能力和便利化水平。

大力发展货物多式联运。推进大宗货物和集装箱铁水联运系统建设，扩大铁水联运规模。以长江干线、西江航运干线为重点，提升江海联运组织水平。加快推进多式联运“一单制”，创新运单互认标准与规范，推动国际货运单证信息交换，探索国际铁路电子提单，逐步普及集装箱多式联运电子运单。加快多式联运信息共享，强化不同运输方式标准和规则的衔接。深入推广甩挂运输，创新货车租赁、挂车共享、定制化服务等模式。推动集装箱、标准化托盘、周转箱（筐）等在不同运输方式间共享共用，提高多式联运换装效率，发展单元化物流。鼓励铁路、港航、道路运输等企业成为多式联运经营人。

发展专业化物流服务。强化国家骨干冷链物流基地功能，完善综合货运枢纽冷链物流服务设施，加强不同运输方式冷链设施衔接，补齐集配装备和仓储设施短板，推动铁路集装箱冷链服务模式创新，强化分级分类质量监管，提升冷链物流服务品质。推动大宗货物储运一体化，推广大客户定制服务。统一货物危险特性分类标准，加强货物包装、运输作业和运输工具标准化建设，推广智能化储运监控、风险监测与预警系统应用。优化重点制造业供应链物流组织，提升交通运输对智能制造、柔性制造的服务支撑能力。

持续推动降低物流成本。降低物流制度成本，优化证照和许可办理程序，完善铁路货运价格市场化灵活调整机制。降低物流要素成本，保障重大物流基础设施建设用地需求。落实物流减税降费措施，规范和降低港口航运、公路铁路运输等物流收费，全面清理规范涉企收费。

第三节 发展现代邮政快递服务

提升寄递服务质效。创新邮政普遍服务，实现邮件全程跟踪查询。开展快递服务质量品牌创建行动，发展航空快递、高铁快递等差异化产品。推进快递进村，强化县乡村寄递物流资源共享，推动共同分拣、共同运输、共同收投，基本实现建制村直接收投邮件快件。推进快递进厂，深度嵌入产业链价值链，发展入厂物流、线边物流等业务。推动快递出海，加快建设邮政国际寄递中心，建设南昌、长沙、成都、郑州、南宁、南京、大连、义乌等邮政处理中心和国际邮件互换局（交换站），构建国际快件运输网络，推动国际寄递服务便利化。

完善寄递末端服务。建设多元化、智能化末端服务网络，推进城乡快递服务站、智能收投终端和末端服务平台等布局建设和资源共享。推动城市居住社区配建邮政快递服务场所和设施。建设集邮政、快递、电商、商贸等功能于一体的寄递物流综合服务站。推广无人车、无人机运输投递，稳步发展无接触递送服务。支持即时寄递、仓递一体化等新业态新模式发展。

专栏11　运输服务品质提升行动

1. 客运服务提质升级。打造京张高速铁路客运服务示范线。推动具备条件的公路服务区向交通、生态、旅游、消费等复合型服务区转型，因地制宜打造一批特色公路服务区，建设普通国省干线公路服务区示范工程。鼓励建设多功能乡镇综合服务站。有序创建城乡交通运输一体化示范县。

2. 旅客联程运输发展。在50个城市组织开展旅客联程运输试点，开展行李直挂、安检互认等服务，创新空铁联运、公空联运、公铁联运服务模式，鼓励不同运输方式共建共享设施设备，加快推进联运票务一体化、行李服务便利化、信息资源共享化，加快空铁联运产品升级。

3. 多式联运提速。强化国家物流枢纽多式联运功能，组织开行一批铁水联运班列，发展公空衔接的卡车航班。引导多式联运经营人、各类运输企业开展跨行业信息互联互通、协同运作。推进舟山江海联运服务中心建设。深入实施多式联运示范工程。探索开行铁路双层集装箱班列。

4. 专业化货运系统培育。优化货运班列运输组织，逐步扩大班列运行范围，稳步推进班列开行成网，依托有条件的高铁客运列车开展高铁快运业务。提升航空货运枢纽中转效率，构建中枢轮辐式货运航线网络。

5. 城乡货运配送提质。完善城市配送节点网络，优化车辆便利通行政策，推进城市配送全链条信息交互共享和组织模式创新。在100个左右城市有序实施绿色货运配送示范工程。

第七章　加快智能技术深度推广应用

坚持创新驱动发展，推动互联网、大数据、人工智能、区块链等新技术与交通行业深度融合，推进先进技术装备应用，构建泛在互联、柔性协同、具有全球竞争力的智能交通系统，加强科技自立自强，夯实创新发展基础，增强综合交通运输发展新动能。

第一节　推进基础设施智能化升级

完善设施数字化感知系统。推动既有设施数字化改造升级，加强新建设施与感知网络同步规划建设。构建设施运行状态感知系统，加强重要通道和枢纽数字化感知监测覆盖，增强关键路段和重要节点全天候、全周期运行状态监测和主动预警能力。

构建设施设备信息交互网络。稳步推进5G等网络通信设施覆盖，提升交通运输领域信息传输覆盖度、实时性和可靠性。在智能交通领域开展基于5G的应用场景和产业生态试点示范。推动车联网部署和应用，支持构建“车—路—交通管理”一体化协作的智能管理系统。打造新一代轨道交通移动通信和航空通信系统，研究推动多层次轨道交通信号系统兼容互通，同步优化列车、航空器等移动互联网接入条件。提升邮政机要通信信息化水平。

整合优化综合交通运输信息平台。完善综合交通运输信息平台监管服务功能，推动在具备条件地区建设自动驾驶监管平台。建设基于区块链技术的全球航运服务网络。优化整合民航数据信息平台。提升物流信息平台运力整合能力，加强智慧云供应链管理和智慧物流大数据应用，精准匹配供给需求。有序建设城市交通智慧管理平台，加强城市交通精细化管理。

专栏12 交通基础设施数字化网联化升级工程

1. 智能铁路。实施新一代铁路移动通信专网工程。选择高速铁路线路开展智能化升级。推进川藏铁路应用智能建造技术。实施铁路调度指挥系统智能化升级改造。

2. 智慧公路。建设京雄、杭绍甬等智慧高速公路工程。深化高速公路电子不停车收费系统（ETC）在多场景的拓展应用。建设智慧公路服务区。稳步推进集监测、调度、管控、应急、服务等功能于一体的智慧路网云控平台建设。

3. 智慧港口。推进大连港、天津港、青岛港、上海港、宁波舟山港、厦门港、深圳港、广州港等港口既有集装箱码头智能化改造。建设天津北疆C段、深圳海星、广州南沙四期、钦州等新一代自动化码头。在“洋山港区—东海大桥—临港物流园区”开展集疏运自动驾驶试点。

4. 智能航运。完善内河高等级航道电子航道图，实施长江干线、西江航运干线数字航道服务能力提升建设工程，试点建设应用智能航标，在三峡坝区河段等长江干线典型区段开展数字航道智慧服务集成。建设京杭运河数字航道。推进涪江、信江等智慧航道建设。推进船闸智能化升级，加强梯级船闸联合调度。完善船岸、船舶通信系统，增强船舶航行全过程船岸协同能力。开发应用电子海图和电子航道图的船载终端。

5. 智慧民航。围绕智慧出行、智慧物流、智慧运行和智慧监管，实施容量挖潜提升工程，推进枢纽机场智慧化升级，建设民航智慧化运营管理系统。

6. 智慧城市轨道交通。推进自主化列车运行控制系统研发，推动不同制式的轨道交通信号系统和有条件线路间的互联互通。构建智慧乘务服务、网络化智能运输组织调度、智慧能源管理、智能运维等系统。推广应用智能安检、移动支付等技术。

7. 综合交通运输信息平台。完善综合交通运输信息平台功能，推进地方交通大数据中心和综合交通运输信息平台一体化建设。实施铁路12306和95306平台优化提升工程。推广进口集装箱区块链电子放货平台应用。建设郑州等航空物流公共信息平台。研究建设无人驾驶航空器综合监管服务平台。

第二节 推动先进交通装备应用

促进北斗系统推广应用。完善交通运输北斗系统基础设施，健全北斗地基增强网络，提升北斗短报文服务水平。稳步推进北斗系统在铁路、公路、水路、通用航空、城市公共交通以及全球海上航运、国际道路运输等领域应用，推动布局建设融合北斗技术的列车运行控制系统，开展民航业北斗产业化应用示范。

推广先进适用运输装备。开展CR450高速度等级中国标准动车组、谱系化中国标准地铁列车研发应用，推广铁路重载运输技术装备。提升大型液化天然气运输船、极地船舶、大型邮轮等研发能力，推进水下机器人、深潜水装备、深远海半潜式打捞起重船、大型深远海多功能救助船等新型装备研发。推广绿色智能船舶，推进船舶自主航行等单项智能船舶技术应用，推动船舶智能航行的岸基协同系统、安保系统和远程操控系统整体技术应用。加强适航审定能力建设，推动C919客机示范运营和ARJ21支线客机系列化发展，推广应用新舟700支线客机、AG600水陆两栖飞机、重型直升机、高原型大载重无人机等。推进智能仓储配送设施设备发展。

提高装备标准化水平。推广应用轻量化挂车，开展常压液体危险货物罐车专项治理，稳步开展超长平板半挂车、超长集装箱半挂车治理工作。推进内河船型标准化，推广江海直达船型、三峡船型、节能环保船型，研发长江游轮运输标准船型。推动车载快速安检设备研发。巩固提升高铁、船舶等领域全产业链竞争力，在轨道交通、航空航天等技术装备领域创建中国标准、中国品牌。

第三节　创新运营管理模式

以满足个性化、高品质出行需求为导向，推进服务全程数字化，支持市场主体整合资源，提供“一站式”出行服务，打造顺畅衔接的服务链。稳妥发展自动驾驶和车路协同等出行服务，鼓励自动驾驶在港口、物流园区等限定区域测试应用，推动发展智能公交、智慧停车、智慧安检等。引导和规范网约车、共享单车、汽车分时租赁和网络货运平台等健康发展，防止无序扩张。加快发展“互联网+”高效物流新模式、新业态。加强深远海目标高清晰观测、海上高精度时空服务。提高交通运输政务服务和监管能力，完善数字化、信息化监管手段，加强非现场监管、信用监管、联合监管，实现监管系统全国联网运行。

第四节　夯实创新发展基础

推动交通科技自立自强。强化交通运输领域关键核心技术研发，加快研发轴承、线控底盘、基础技术平台及软硬件系统等关键部件，推动实现自主可控和产业化。加强交通运输领域前瞻性、战略性技术研究储备，加强智能网联汽车、自动驾驶、车路协同、船舶自主航行、船岸协同等领域技术研发，开展高速磁悬浮技术研究论证。强化复杂环境条件下线路、大跨度桥梁、超长隧道等建造技术研发以及高性能工程材料研发。加强高升程、大吨位升船机关键技术研发。

培育交通科技创新生态圈。促进政产学研用在交通运输领域深度融合。鼓励优势企业整合交通科技产业链资源，通过开放数据、开放平台、开放场景，培育交通科技产业生态圈，建设交通科技产业孵化基地。强化行业重点科研平台建设，推进重点实验室、技术创新中心等建设，培育国家级科技创新基地。

强化数据开放共享。加强交通运输数据分级分类管理。进一步完善交通运输数据资源开放共享机制和交换渠道，制定数据资源开放制度规范，推动条件成熟的数据资源合规开放和共享利用。加强交通运输数据安全管控，完善数据分级分类安全保护制度，制定智能交通数据应用安全标准，规范数据源采集和处理使用等活动，加强重要数据和个人信息保护。

第八章 全面推进绿色低碳转型

坚持绿水青山就是金山银山理念，坚持生态优先，全面推动交通运输规划、设计、建设、运营、养护全生命周期绿色低碳转型，协同推进减污降碳，形成绿色低碳发展长效机制，让交通更加环保、出行更加低碳。

第一节 优化调整运输结构

深入推进运输结构调整，逐步构建以铁路、船舶为主的中长途货运系统。加快铁路专用线建设，推动大宗货物和中长途货物运输“公转铁”、“公转水”。优化“门到门”物流服务网络，鼓励发展城乡物流共同配送、统一配送、集中配送、分时配送等集约化配送模式，提高工矿企业绿色运输比例，扩大城市生产生活物资公铁联运服务供给。

第二节 推广低碳设施设备

规划建设便利高效、适度超前的充换电网络，重点推进交通枢纽场站、停车设施、公路服务区等区域充电设施设备建设，鼓励在交通枢纽场站以及公路、铁路等沿线合理布局光伏发电及储能设施。推动交通用能低碳多元发展，积极推广新能源和清洁能源运输车辆，稳步推进铁路电气化改造，推动内河船舶更多使用清洁能源，进一步降低交通工具能耗。持续推进港口码头岸电设施、机场飞机辅助动力装置替代设施建设，推进船舶受电设施改造，不断提高岸电使用率。

第三节 加强重点领域污染防治

落实船舶大气污染物排放控制区制度。推动船舶污染物港口接收设施与城市公共转运处置设施有效衔接，健全电子联单监管制度。完善长江经济带船舶和港口污染防治长效机制。开展港区污水、粉尘综合治理，推进生产生活污水、雨污水循环利用，完善干散货码头堆场防风抑尘设施。开展交通运输噪声污染治理，妥善处理大型机场噪声影响，积极消除现有噪声污染。

第四节 全面提高资源利用效率

推动交通与其他基础设施协同发展，打造复合型基础设施走廊。统筹集约利用综合运输通道线位、桥位、土地、岸线等资源，提高国土空间综合利用率。推进科学选线选址，推广节地技术，强化水土流失防护和生态保护设计，优先避让具有重要生态功能或者生态环境敏感脆弱的国土空间，尽量避让噪声敏感建筑物集中区域。推进快递包装减量化、标准化、循环化。推动废旧设施材料等资源化利用。

第五节 完善碳排放控制政策

实施交通运输绿色低碳转型行动。研究制定交通运输领域碳排放统计方法和核算规则，加强碳排放基础统计核算，建立交通运输碳排放监测平台，推动近零碳交通示范区建设。建立绿色低碳交通激励约束机制，分类完善通行管理、停车管理等措施。

专栏13 交通运输绿色低碳发展行动

1. 充换电设施网络构建。完善城乡公共充换电网络布局，积极建设城际充电网络和高速公路服务区快充站配套设施，实现国家生态文明试验区、大气污染防治重点区域的高速公路服务区快充站覆盖率不低于80%、其他地区不低于60%。大力推进停车场与充电设施一体化建设，实现停车和充电数据信息互联互通。

2. 新能源和清洁能源运输装备推广。推动城市公共服务车辆和港口、机场场内车辆电动化替代，百万人口以上城市（严寒地区除外）新增或更新地面公交、城市物流配送、邮政快递、出租、公务、环卫等车辆中电动车辆比例不低于80%。在长江干线、京杭运河和西江航运干线等开展液化天然气加注站建设。

3. 超标排放汽车船舶污染治理。建立健全汽车排放闭环管理机制。加快淘汰高耗能、高排放的老旧汽车，全面提升船舶设计能效和营运能效水平，鼓励购置低能耗、低排放运输装备。

4. 绿色交通基础设施建设。推动既有交通运输设施绿色化改造，加快港口船舶岸电设施和机场电动设施设备建设使用。推进京杭运河现代绿色航运综合整治工程。

5. 近零碳交通示范区建设。选择条件成熟的生态功能区、工矿区、城镇、港区、机场、公路服务区、交通枢纽场站等区域，建设近零碳交通示范区，优先发展公共交通，倡导绿色出行，推广新能源交通运输工具。

第九章 提升安全应急保障能力

v坚持总体国家安全观，落实国家安全战略，维护和塑造国家安全，将安全发展贯穿于综合交通运输各领域、各环节，牢牢守住安全底线，夯实安全发展基础，提升突发事件应急保障能力，筑牢国家安全屏障。

第一节 提高交通网络抗风险能力

强化交通基础设施安全风险评估和分级分类管控，加强重大风险源识别和全过程动态监测分析、预测预警，在重要通道、枢纽、航运区域建设气象监测预警系统，提高交通基础设施适应气候变化的能力。稳定提升多灾易灾地区、主要产业及能源基地等重点区域的多路径连接比率，完善紧急交通疏散、救援和避难通道系统，增强交通运输网络韧性。加强交通运输领域关键信息基础设施、重要信息系统的网络安全防护，推进信息系统设施设备自主可控。

第二节 维护设施设备本质安全

建立健全基础设施资产管理体系，严把设施设备产品源头质量关，合理安排建设周期，推进精品建设和精细管理。加强交通安全设施建设，推动安全配套设施、重点目标防范设施与主体工程同步设计建设运营。加强高速铁路人防、物防、技防相结合的预警防护监测，强化铁路防灾抗险等设施建设。规范设置城市道路交通安全设施和交通管理设施。以临水临崖、隐患路口路段、交通标志标线等为重点，加强农村公路、桥梁隧道隐患排查整治和安全设施配套。完善水运工程安全配套设施和桥梁防船舶碰撞设施。

第三节 加强安全生产管理

健全企业安全风险分级管控、隐患排查治理、事故和重大险情技术调查等工作机制，加强生产安全事故统计分析，强化监督检查执法。综合利用科技手段，开展风险动态监测预警和分析研判。落实企业安全生产主体责任，强化安全生产监督管理责任。加强铁路沿线安全环境整治，夯实民航运行安全全链条管理，强化城市轨道交通运营保护区安全管理，加强寄递渠道安全监管和应急管理。强化设施设备运行安全，完善货车生产改装监管机制，杜绝非法改装货运车辆出厂上路。加大货物装载源头监管力度，禁止超限超载车辆出场（站）上路行驶。完善危险化学品运输网络，优化运输通行管控措施，强化港口、隧道、闸坝等重点部位通行管理。优化职业驾驶员、快递员、船员等从业环境，强化机动车驾驶员培训质量管理。

第四节 强化安全应急保障

健全综合交通运输应急管理体制机制，完善应急协调机制和应急预案体系，加强交通运输调度与应急指挥平台建设。推进区域性公路应急装备物资储备中心建设。加强水上交通安全监管、航海保障和救助打捞能力建设，完善沿海和内河溢油应急设备库，构建陆海空天一体化水上交通运输安全保障体系。建设城市轨道交通应急演练中心。以骨干航空物流企业为主体构建航空应急服务网络。建设海事监管指挥系统。在开展城市交通基础设施地下空间、低洼区域、重点区段、重要点位、关键设施等隐患排查基础上，建立健全风险台账和灾害隐患清单，补齐设施设备、应急抢险物资等短板，持续完善应急处置预案，健全应急响应机制，提升应对极端天气能力。加强应急专业队伍和志愿者队伍建设，充实国家应急运输储备力量。健全应对重大疫情、防范应对恐怖袭击、保障信息安全等非传统安全应急指挥体系和应急交通组织。

专栏14 综合交通运输安全应急能力提升重点工程

1. 关键基础设施安全防护。实施老旧铁路、老旧枢纽场站、航运枢纽、大型通航建筑物等设施安全检测和除险加固行动，持续推进危旧桥梁改造专项行动。建设交通基础设施结构健康监测系统，实施关键信息基础设施防护建设改造工程，建设网络安全风险监测和态势感知平台。开展青藏高原重大交通基础设施运行监测。

2. 应急保障能力建设。建设基于大数据的应急运输综合指挥调度平台。建设交通安全应急卫星系统工程，优化综合导航服务功能。以执法船艇、专业救助船舶以及国有航运企业远洋运输船舶、客滚船、客渡船为重点，稳步推广使用带有北斗卫星应急示位功能的救生衣、救生艇（筏）。组织开展综合和专项应急演练。建设邮政寄递渠道安全监管“绿盾”工程（二期）、邮政机要通信工程。推动先进安全应急装备在交通运输领域应用。

3. 水上救助能力提升。加强水上巡航搜救打捞、远洋深海极地救援、防污染应急能力建设，完善沿海和南海海区应急救捞基地布局，建设长江干线、西江航运干线水上应急综合救助基地。

第十章　推动高水平对外开放合作

坚持开放合作，推进互联互通，加强基础设施“硬联通”、制度规则“软联通”，保障国际物流供应链安全，提升国内大循环效率和水平，塑造参与国际合作竞争新优势。

第一节　推进基础设施互联互通

打造全方位、多层次、复合型的“一带一路”基础设施网络，积极推动与周边国家基础设施互联互通，推进口岸铁路、口岸公路、界河航道建设。强化面向俄蒙、东南亚、南亚、中亚等重点方向的陆路运输大通道建设，支持西藏打造面向南亚开放的重要通道。进一步完善海上战略通道，谋划建设亚欧陆海贸易通道、东北陆海贸易通道，补齐沿线基础设施短板。

第二节　进一步畅通国际运输

发挥中国—新加坡互联互通项目示范效应，加强与周边国家协商合作，持续推动西部陆海新通道铁海联运提质增效，促进跨境班列班车发展。优化国际海运航线网络布局，提高中韩陆海联运效率，推动中欧陆海快线健康发展，扩大“丝路海运”品牌影响。稳固东南亚、东北亚等周边航空运输市场，有序拓展欧洲、北美洲、大洋洲等洲际航线网络，建设“空中丝绸之路”。稳步扩大国际道路运输便利化协定签署实施范围。优化国际联程联运组织和中转服务，完善海外转运服务网络。

第三节　推动中欧班列高质量发展

升级改造中欧班列铁路口岸和后方“卡脖子”路段，加快技术装备升级和信息化建设。加快建设中欧班列集结中心，推广中欧班列统一运单和内外贸货物混编运输，提高货源集结与班列运行效率，扩大图定铁路货运班列开行范围。健全中欧班列考核评价体系，健全行业自律机制，巩固维护品牌形象，强化风险防控。推动国际铁路联运规则衔接统一，探索建立与贸易、金融联动发展新规则，推动建立中欧班列政府间合作机制。

第四节　深化多领域交流合作

主动与国际规则标准接轨，协调推动运输工具、装载单元、换装转运设备、作业流程、安全规则、服务规范、信息数据等标准对接。支持企业参与“一带一路”沿线交通基础设施建设和国际运输市场合作，推广交通与产业园区、城市一体开发建设的国际产能合作新模式。建立中国国际可持续交通创新和知识中心。加强深远海航行保障、搜救打捞、自动驾驶、科技人才等领域交流合作，打造国际一流船检机构，积极参与国际航空、海运业减排全球治理。

第五节　保障国际物流供应链安全

着力形成陆海空统筹的运输网络，加强供需对接和运力协调，提升国家物流供应链保障能力。务实推动与东盟国家及重要海运通道沿线国家的合作，加强海事国际合作，与海上丝绸之路沿线国家合作推进海外港口建设经营，建设现代化远洋运输船队，维护国际海运重要通道安全畅通。增强国际航空货运能力，提高航权、时刻等关键资源配置效率，支持航空公司构建国际货运航线网络，打造具有全球竞争力的航空物流企业，提升航空物流全球响应能力。培育壮大具有国际竞争力的物流企业，稳步推进建设海外分拨中心和末端寄递配送网络。提升国际物流供应链信息服务水平，做好与外贸企业的物流信息对接。

专栏15　国际运输竞争力提升行动

1. 促进国际互联互通。实施满洲里、二连浩特、阿拉山口、霍尔果斯等铁路口岸站扩能改造，建设大理至瑞丽、玉溪至磨憨等铁路，推进佳木斯至同江（抚远）等铁路扩能改造。建设乌恰至康苏、博乐至阿拉山口等高速公路，实施红山嘴、乌拉斯台等口岸公路建设改造。推进黑龙江、鸭绿江、图们江等国境国际河流航道建设。推进希腊比雷埃夫斯港、阿联酋哈利法港、印度尼西亚瓜拉丹戎港等海外港口建设经营合作。

2. 做优中欧班列品牌。建设成都、重庆、郑州、西安、乌鲁木齐等中欧班列集结中心示范工程，整合班列运行平台，强化中欧班列统一品牌，打造明星运输产品。推进中欧班列运输通道和口岸扩能改造，推进境外战略性中转场站建设。推广国际货协/国际货约运单，完善中国国际货运代理协会提单，逐步扩大应用范围。修订中欧班列高质量发展评价指标。

3. 拓展西部陆海新通道国际服务。打造西部陆海新通道班列运输品牌，制定班列高质量发展指标体系。推进重庆西部陆海新通道物流和运营组织中心、成都商贸物流中心、广西中国—东盟多式联运联盟基地和服务中心建设，布局建设沿线物流枢纽和口岸。做优做强北部湾港和洋浦港，加强国际船舶登记、保税燃油供应、航运金融等综合服务。推进国际铁路运单物权化和海铁联运“一单制”。

4. 提升国际物流供应链自主可控能力。支持国内航空公司加大全货机引进和改造力度，扩大货运机队规模，发展全货机运输。优化航空货运枢纽机场航班时刻资源配置。培育一批具有全球竞争力的物流供应链龙头企业，引导企业优化境内外物流节点布局，逐步构建安全可靠的国际物流设施网络，实现与生产制造、国际贸易等企业协同发展。

第十一章　加强现代化治理能力建设

坚定不移推进改革，聚焦制约综合交通运输高质量发展的深层次矛盾问题，优化完善管理体制、运行机制、法律法规和标准体系，建设高水平人才队伍，推进治理能力现代化，持续增强综合交通运输发展动力和活力。

第一节　深化重点领域改革

进一步厘清铁路行业政府和企业关系，推进铁路行业竞争性环节市场化改革，推动具备条件的地方自主建设运营城际铁路、市域

（郊）铁路，推进国家铁路企业股份制改造和优质资产上市，完善铁路费用清算和收益分配规则。推进公路收费制度和养护体制改革，推广高速公路差异化收费。持续推进空管体制改革，完善军民航空管联合运行机制，实施空域资源分类精细化管理，优化全国航路航线网，深化低空空域管理改革。实现邮政普遍服务业务与竞争性业务分业经营。研究完善西江航运干线、界河航运管理体制机制。深化交通运输综合行政执法改革。构建全要素水上交通管理体制，优化完善海事监管机制和模式。

第二节　促进形成统一开放市场

建立健全城市群交通运输一体化发展机制。落实公平竞争审查制度，规范中欧班列、港航、民航国际航线等补贴政策。建立以信用为基础的新型监管机制，加强信用信息共享公开、风险监测和安全管理，推进事前信用承诺、事中信用评价和分级分类监管、事后奖惩和信用修复。探索建立交通运输创新发展容错制度。规范交通运输新业态、新模式价格管理，健全巡游出租汽车价格形成机制，深化道路客运价格市场化改革。

第三节　创新投融资体制机制

全面落实交通运输领域中央与地方财政事权和支出责任划分改革方案，优化债务结构，防范化解地方政府隐性债务风险。完善与项目资金需求和期限相匹配的长期资金筹措渠道。稳定并完善交通专项资金政策，继续通过成品油税费改革转移支付等渠道支持交通基础设施养护，优化完善支持邮政、水运等发展的资金政策。完善收费公路专项债券制度。支持符合条件的项目实施主体通过发行企业债券等途径开展市场化融资，稳妥推进基础设施领域不动产投资信托基金（REITs）试点，规范发展政府和社会资本合作模式，支持开发性金融、政策性金融、社会资本依法依规参与交通基础设施建设，鼓励社会资本设立多式联运等产业投资基金。依托全国投资项目在线审批监管平台，加强事中事后监管。

第四节　完善法律法规和标准规范

加快构建适应现代综合交通运输体系的法律法规和标准体系。研究制修订公路、铁路、民用航空以及综合交通有关法律法规，促进各项制度有效衔接。构建综合交通运输高质量发展标准体系和统计体系，完善综合交通枢纽、旅客联程运输、货物多式联运、智能交通、绿色交通、交通安全应急、无障碍交通、新业态新模式等技术标准，强化各类标准衔接。推动危险品多式联运服务规则一体衔接和检测结果互认。加强计量、标准、认证认可和检验检测等质量技术基础建设，强化质量监督管理。

第五节　强化人才队伍和交通文明建设

建设交通运输新型智库联盟，优化领军人才发现机制和项目团队遴选机制，深化科研经费管理改革，完善人才评价体系，大力培养使用战略科学家，造就规模宏大的青年科技人才队伍。加强创新型、应用型、技能型人才培养，壮大高技能人才队伍，培养大批卓越工程师。加强交通运输文化软实力建设，推动交通文化精品工程建设，深化交通文博工程建设，提高交通参与者文明素养。加强交通运输全媒体传播能力建设，提升交通运输政务媒体的传播力、引导力、影响力、公信力。进一步严明纪律、改进作风，提高交通运输执法队伍能力和水平，严格规范公正文明执法。创新法治宣传教育新机制新方法，落实普法责任制，培育交通法治文化。

第十二章　强化规划实施保障

坚持党对交通运输发展的全面领导，加强组织协调、要素支撑和督促指导，发挥试点示范带动作用，确保规划有力有序有效实施。

第一节　加强党的全面领导

坚持用习近平新时代中国特色社会主义思想武装党员干部头脑，认真贯彻落实党中央、国务院决策部署，增强“四个意识”，坚定“四个自信”，做到“两个维护”。充分发挥党总揽全局、协调各方的领导核心作用，加强党对交通运输发展各领域、各方面、各环节的领导。加强交通运输行业基层党组织建设，引导广大党员发挥先锋模范作用，把基层党组织建设成为交通强国发展的坚强战斗堡垒。

第二节　加强组织协调

各有关部门要提高思想认识，按照职责分工，完善配套政策措施，加强部门协同，强化上下联动，做好本规划与国民经济和社会发展规划纲要及国土空间、流域综合等规划的衔接，做好铁路、公路、水运、民航、邮政等专项规划与本规划的衔接落实，扎实推进重大工程项目建设。地方各级人民政府要紧密结合发展实际，细化本规划确定的主要目标和重点任务，做好地方综合交通运输发展规划与本规划的衔接落实。

第三节　推进试点示范

围绕一流设施、一流技术、一流管理、一流服务，在跨区域综合运输大通道资源优化配置、交通运输领域新基建、国际性综合交通枢纽集群、城市群和城乡交通一体化、“四好农村路”高质量发展、交通旅游融合发展、设施设备服务管理标准化、投融资体制改革和模式创新、国际物流供应链建设、绿色低碳交通发展等方面，有序推进交通强国建设试点示范，建立健全试点成果总结和系统推广机制，依托车购税等资金加大对试点示范项目的支持力度。

第四节　强化要素保障

加强资金政策保障，安排政府投资积极支持交通基础设施建设，将符合条件的项目纳入地方政府债券支持范围。加大养护资金投入，充分引导多元化资本参与交通运输发展，形成建养并重、可持续的资金投入机制。探索枢纽土地综合开发等多样化支持政策。完善跨部门、跨区域重大项目协同推进机制。用好跨区域补充耕地统筹机制，强化重点项目用地、用海、用能等资源要素保障，做好资源要素预留和供应。

第五节　做好督促指导

建立健全交通运输领域重大规划、重大政策、重大工程评估制度，按要求开展重大决策社会稳定风险评估。加强规划实施事中事后监管和动态监测分析，适时开展中期评估和建设项目后评估，督促指导规划落实，必要时动态调整，确保规划落地见效。

国务院办公厅关于印发“十四五”冷链物流发展规划的通知

国办发〔2021〕46号

各省、自治区、直辖市人民政府，国务院各部委、各直属机构：

《“十四五”冷链物流发展规划》已经国务院同意，现印发给你们，请认真贯彻执行。

国务院办公厅

2021年11月26日

（此件公开发布）

“十四五”冷链物流发展规划

冷链物流是利用温控、保鲜等技术工艺和冷库、冷藏车、冷藏箱等设施设备，确保冷链产品在初加工、储存、运输、流通加工、销售、配送等全过程始终处于规定温度环境下的专业物流。推动冷链物流高质量发展，是减少农产品产后损失和食品流通浪费，扩大高品质市场供给，更好满足人民日益增长美好生活需要的重要手段；是支撑农业规模化产业化发展，促进农业转型和农民增收，助力乡村振兴的重要基础；是满足城乡居民个性化、品质化、差异化消费需求，推动消费升级和培育新增长点，深入实施扩大内需战略和促进形成强大国内市场的重要途径；是健全“从农田到餐桌、从枝头到舌尖”的生鲜农产品质量安全体系，提高医药产品物流全过程品质管控能力，支撑实施食品安全战略和建设健康中国的重要保障。按照党中央、国务院决策部署，根据《中华人民共和国国民经济和社会发展第十四个五年规划和2035年远景目标纲要》，制定本规划。

一、现状形势

近年来，我国肉类、水果、蔬菜、水产品、乳品、速冻食品以及疫苗、生物制剂、药品等冷链产品市场需求快速增长，营商环境持续改善，推动冷链物流较快发展，但仍面临不少突出瓶颈和痛点难点卡点问题，难以有效满足市场需求。我国进入新发展阶段，人民群众对高品质消费品和市场主体对高质量物流服务的需求快速增长，新冠肺炎疫情防控常态化对冷链物流提出新的更高要求，冷链物流发展面临新的机遇和挑战。

（一）发展基础。

行业规模显著扩大。近年来，我国冷链物流市场规模快速增长，国家骨干冷链物流基地、产地销地冷链设施建设稳步推进，冷链装备水平显著提升。2020年，冷链物流市场规模超过3800亿元，冷库库容近1.8亿立方米，冷藏车保有量约28.7万辆，分别是“十二五”期末的2.4倍、2倍和2.6倍左右。

发展质量不断提升。初步形成产地与销地衔接、运输与仓配一体、物流与产业融合的冷链物流服务体系。冷链物流设施服务功能不断拓展，全链条温控、全流程追溯能力持续提升。冷链甩挂运输、多式联运加快发展。冷链物流口岸通关效率大幅提高，国际冷链物流组织能力显著增强。

创新步伐明显加快。数字化、标准化、绿色化冷链物流设施装备研发应用加快推进，新型保鲜制冷、节能环保等技术加速应用。冷链物流追溯监管平台功能持续完善。冷链快递、冷链共同配送、“生鲜电商+冷链宅配”、“中央厨房+食材冷链配送”等新业态新模式日益普及，冷链物流跨界融合、集成创新能力显著提升。

市场主体不断壮大。冷链物流企业加速成长，网络化发展趋势明显，行业发展生态不断完善。市场集中度日益提高，冷链仓储、运输、配送、装备制造等领域形成一批龙头企业，不断延伸采购、分销、信息等供应链服务功能，资源整合能力和市场竞争力显著提升。

基础作用日益凸显。冷链物流衔接生产消费、服务社会民生、保障消费安全能力不断增强，在调节农产品跨季节供需、稳定市场供应、平抑价格波动、减少流通损耗中发挥了重要作用。特别是在抗击新冠肺炎疫情中，冷链物流对保障疫苗等医药产品运输、储存、配送全过程安全作出重要贡献。

但同时，我国冷链物流发展不平衡不充分问题突出，跨季节、跨区域调节农产品供需的能力不足，农产品产后损失和食品流通浪费较多，与发达国家相比还有较大差距。从政策环境看，缺少统筹规划，东中西部、南北方和城乡间冷链物流基础设施分布不均，存在结构性失衡矛盾；冷链物流企业用地难、融资难、车辆通行难问题较为突出；冷链物流监管制度不全、有效监管不足，全链条监管体系有待完善。从行业链条看，产地预冷、冷藏和配套分拣加工等设施建设滞后；冷链运输设施设备和作业专业化水平有待提升，新能源冷藏车发展相对滞后；大中城市冷链物流体系不健全，传统农产品批发市场冷链设施短板突出。从运行体系看，缺少集约化、规模化运作的冷链物流枢纽设施，存量资源整合和综合利用率不高，行业运行网络化、组织化程度不够，覆盖全国的骨干冷链物流网络尚未形成，与“通道+枢纽+网络”的现代物流运行体系融合不足。从发展基础看，冷链物流企业专业化、规模化、网络化发展程度不高，国际竞争力不强；信息化、自动化技术应用不够广泛；冷链物流标准体系有待完善，强制性标准少，推荐性标准多，标准间衔接不够紧密，部分领域标准缺失，标准统筹协调和实施力度有待加强；冷链专业人才培养不足，制约行业发展。

（二）面临形势。

产业升级和扩大内需开拓冷链物流发展新空间。我国已转向高质量发展阶段，产业加快迈向全球价值链中高端，现代农业、食品工业、医药产业、服务业全面升级，对高品质、精细化、个性化的冷链物流服务需求日益增长。“十四五”时期随着城乡居民消费结构不断升级，超大规模市场潜力将加速释放，为冷链物流提高供给水平、适配新型消费、加快规模扩张奠定坚实基础，创造广阔空间。

冷链产品安全和疫情防控强化冷链物流新要求。冷链产品安全关系人民群众身体健康和生命安全。当前，我国冷链物流“断链”、“伪冷链”等问题突出，与此相关的产品质量安全隐患较多，特别是新冠肺炎疫情发生以来，冷链物流承担着保障疫苗安全配送和食品稳定供应的艰巨任务，要求提高冷链物流专业服务和应急处置能力，规范市场运行秩序，完善全程追溯体系，更好满足城乡居民消费安全需要。

科技创新和数字转型激发冷链物流发展新动力。伴随新一轮科技革命和产业变革，大数据、物联网、第五代移动通信（5G）、云计算等新技术快速推广，有效赋能冷链物流各领域、各环节，加快设施装备数字化转型和智慧化升级步伐，提高信息实时采集、动态监测效率，为实现冷链物流全链条温度可控、过程可视、源头可溯，提升仓储、运输、配送等环节一体化运作和精准管控能力提供了有力支撑，有效促进冷链物流业态模式创新和行业治理能力现代化。

实行高水平对外开放创造冷链物流发展新机遇。坚持实施更大范围、更宽领域、更深层次对外开放，特别是深入推进共建“一带一路”和推动构建面向全球的高标准自由贸易区网络将进一步优化区域供应链环境，有效发挥我国超大规模市场优势，深化与相关国家贸易往来，扩大食品进出口规模，推动国内国际冷链物流标准接轨，借鉴推广先进冷链物流技术和管理经验，促进冷链物流高质量发展。

碳达峰碳中和对冷链物流低碳化发展提出新任务。冷链物流仓储、运输等环节能耗水平较高，在实现碳达峰、碳中和目标背景下，面临规模扩张和碳排放控制的突出矛盾，迫切需要优化用能结构，加强绿色节能设施设备、技术工艺研发和推广应用，推动包装减量化和循环使用，提高运行组织效率和集约化发展水平，加快减排降耗和低碳转型步伐，推进冷链物流运输结构调整，实现健康可持续发展。

二、总体要求

（一）指导思想。

以习近平新时代中国特色社会主义思想为指导，深入贯彻党的十九大和十九届二中、三中、四中、五中、六中全会精神，增强“四个意识”、坚定“四个自信”、做到“两个维护”，立足新发展阶段，完整、准确、全面贯彻新发展理念，以推动高质量发展为主题，以深化供给侧结构性改革为主线，以改革创新为根本动力，以满足人民日益增长的美好生活需要为根本目的，统筹发展和安全，结合我国国情和冷链产品生产、流通、消费实际，聚焦制约冷链物流发展的突出瓶颈和痛点难点卡点，补齐基础设施短板，畅通通道运行网络，提升技术装备水平，健全监管保障机制，加快建立畅通高效、安全绿色、智慧便捷、保障有力的现代冷链物流体系，提高冷链物流服务质量效率，有效减少农产品产后损失和食品流通浪费，扩大高品质市场供给，保障食品和医药产品安全，改善城乡居民生活质量，为构建以国内大循环为主体、国内国际双循环相互促进的新发展格局提供有力支撑。

（二）基本原则。

市场驱动，政府引导。充分发挥市场在资源配置中的决定性作用，强化企业的市场主体地位，激发市场竞争活力；更好发挥政府作用，到位不缺位，有为不越位，在规范行业运行秩序、营造良好营商环境等方面重点发力。引导资金、人才、技术等要素更多向冷链物流基础薄弱环节配置，集中力量补短板、强弱项，夯实行业发展基础。

统筹推进，分类指导。坚持系统观念，加强前瞻性思考、全局性谋划、战略性布局、整体性推进，统筹冷链物流运行、服务、监管、支撑体系建设，优化冷链物流设施布局与运行网络结构。针对产运销各主要环节、冷链产品重点品类冷链物流运作特点，因势利导，精准施策，系统推动不同地区、不同品类冷链物流高质量发展。

创新引领，提质增效。坚持创新发展，注重科技赋能，促进各类创新要素向企业集聚，着力推动冷链物流系统优化与集成创新，激发内生发展动力。推进冷链物流技术工艺、业态模式、经营管理、监管方式创新，提高服务品质和价值创造能力，提升行业运行效率和发展效能。

区域协同，联动融合。统筹东中西部、南北方和城乡协调发展，密切农产品优势产区和大中消费市场联系，促进城市群、都市圈冷链物流资源优化整合和一体化运作。加强冷链物流与现代农业、冷链产品加工、商贸流通等产业融合发展，有效扩大中高端冷链物流服务供给，支撑带动相关产业做大做强做优。

绿色智慧，安全可靠。顺应绿色生产生活方式发展趋势和推进碳达峰、碳中和需要，把绿色发展理念贯穿到冷链物流全链条、各领域，以数字化转型整体驱动冷链物流运行管理和治理方式变革，提升行业绿色智慧发展水平。坚守安全底线，压实各方责任，强化行业监管，加强冷链风险预警防控机制和应急处置能力建设，提高冷链产品安全保障水平。

（三）发展目标。

到2025年，初步形成衔接产地销地、覆盖城市乡村、联通国内国际的冷链物流网络，基本建成符合我国国情和产业结构特点、适应经济社会发展需要的冷链物流体系，调节农产品跨季节供需、支撑冷链产品跨区域流通的能力和效率显著提高，对国民经济和社会发展的支撑保障作用显著增强。

——基础设施更加完善。依托农产品优势产区、重要集散地和主销区，布局建设100个左右国家骨干冷链物流基地；围绕服务农产品产地集散、优化冷链产品销地网络，建设一批产销冷链集配中心；聚焦产地“最先一公里”和城市“最后一公里”，补齐两端冷链物流设施短板，基本建成以国家骨干冷链物流基地为核心、产销冷链集配中心和两端冷链物流设施为支撑的三级冷链物流节点设施网络，支撑冷链物流深度融入“通道+枢纽+网络”现代物流运行体系，与国家物流网络实现协同建设、融合发展。

——发展质量显著提高。冷链物流规模化组织效率大幅提升，成本水平显著降低。精细化、多元化、品质化冷链物流服务能力显著增强，形成一批具有较强国际竞争力的综合性龙头企业。冷链物流技术装备水平显著提升，冷库、冷藏车总量保持合理稳定增长，区域分布更加优化、功能类型更加完善。冷链物流标准化、智慧化、绿色化水平明显提高。冷链物流温度达标率全面提高，国家骨干冷链物流基地冷库设施温度达标率达到国际一流水平。肉类、果蔬、水产品产地低温处理率分别达到85%、30%、85%，农产品产后损失和食品流通浪费显著减少。

——监管水平明显提升。冷链物流监管法律法规进一步完善，“政府监管、企业自管、行业自律、社会监督”的监管机制基本建立，贯穿冷链物流全流程的监测监管体系初步形成。冷藏车、冷藏箱、重点冷链产品全程监控基本实现全覆盖。医药产品冷链追溯体系进一步完善，广覆盖、高效率、低成本、安全可靠的医药产品冷链物流网络基本形成。

展望2035年，全面建成现代冷链物流体系，设施网络、技术装备、服务质量达到世界先进水平，行业监管和治理能力基本实现现代化，有力支撑现代化经济体系建设，有效满足人民日益增长的美好生活需要。

三、现代冷链物流体系总体布局

（一）打造“321”冷链物流运行体系。

完善国家骨干冷链物流基地布局，加强产销冷链集配中心建设，补齐两端冷链物流设施短板，夯实冷链物流运行体系基础，加快形成高效衔接的三级冷链物流节点；依托国家综合立体交通网，结合冷链产品国内国际流向流量，构建服务国内产销、国际进出口的两大冷链物流系统；推进干支线物流和两端配送协同运作，建设设施集约、运输高效、服务优质、安全可靠的国内国际一体化冷链物流网络。“三级节点、两大系统、一体化网络”融合联动，形成“321”冷链物流运行体系。

专栏1　三级冷链物流节点建设工程

国家骨干冷链物流基地建设工程。综合考虑冷链产品生产、流通、消费空间格局，稳步推进国家骨干冷链物流基地建设，加强与国家物流枢纽联动对接，串联整合存量冷链物流设施资源，加强功能性设施建设，突出产业引领、产地服务、城市服务、中转集散、生产加工、口岸贸易等需求特点，打造冷链物流集群。引导国家骨干冷链物流基地间、国家骨干冷链物流基地与产销冷链集配中心间加强功能与业务对接，支撑构建冷链物流骨干通道。

产销冷链集配中心建设工程。建设一批集集货、预冷、分选、加工、冷藏、发货、检测、收储、信息等功能于一体的产地冷链集配中心，提高农产品产后集散和商品化处理效率。建设一批集仓储、分拣、包装、配送、半成品加工等功能于一体的销地冷链集配中心，完善销地城市冷链物流系统，提高区域分拨配送效率。

两端冷链物流设施补短板工程。聚焦农产品产地“最先一公里”冷链物流设施短板，结合实际需要在田间地头建设一批具备保鲜、预冷等功能的小型、移动仓储设施。面向城市“最后一公里”消费需求，引导农贸市场、商超、便利店、药店、生鲜电商、快递企业等完善城市末端冷链物流设施。

（二）构建冷链物流骨干通道。

结合我国冷链产品流通和进出口主方向，串接京津冀、长三角、珠三角、成渝、长江中游等城市群与西北、西南、东南沿海、中部、华东、华北、东北等农产品主产区，建设北部、鲁陕藏、长江、南部等“四横”冷链物流大通道，以及西部、二广、京鄂闽、东部沿海等“四纵”冷链物流大通道，形成内外联通的“四横四纵”国家冷链物流骨干通道网络（见附件），发挥通道沿线国家骨干冷链物流基地、产销冷链集配中心基础支撑作用，提升相关口岸国内外冷链通道衔接和组织能力。提高国家骨干冷链物流基地间供应链协同运行水平，推动基地间冷链物流规模化、通道化、网络化运行。引导冷链物流要素和上下游产业沿通道集聚发展，加强设施联动、信息联通、标准衔接，推动形成冷链物流产业走廊。

（三）健全冷链物流服务体系。

聚焦“6+1”重点品类（肉类、水果、蔬菜、水产品、乳品、速冻食品等主要生鲜食品以及疫苗等医药产品），分类优化冷链服务流程与规范，提升专业化冷链物流服务能力。完善仓储、运输、流通加工、分拨配送、寄递、信息等冷链服务功能，强化一体化服务能力，打造运转顺畅的供应链，支撑冷链产品产销精准高效对接。丰富数字化、智慧化技术应用场景，深化冷链物流与相关产业融合发展，推动冷链物流业态、模式、组织与技术创新，提升协同化、平台化服务水平，拓展上下游产业价值空间。

（四）完善冷链物流监管体系。

加快建设全国性冷链物流追溯监管平台，完善全链条监管机制，针对冷链物流环境、主要作业环节、设施设备管理等重点，规范实时监测、及时处置、评估反馈等监管过程，逐步分类实现全程可视可控、可溯源、可追查。创新监管手段，加大现代信息技术和设施设备应用力度，强化现场和非现场监管方式有机结合。借鉴新冠肺炎疫情防控期间进口冷链食品检验检测检疫经验做法，优化完善工作机制，建立科学、可靠、高效的冷链物流检验检测检疫体系。

（五）强化冷链物流支撑体系。

推动第三方冷链物流企业专业化发展、规模化经营和数字化转型，着力培育具有较强国际竞争力的龙头企业。加大冷链物流关键技术和先进装备研发力度，鼓励节能环保技术应用。推动建立冷链物流统计评价体系，准确掌握冷链物流基础要素底数，及时客观反映行业发展情况。完善冷链物流标准体系，强化国内国际标准对接。加大复合型冷链物流专业人才培养力度，壮大多层次冷链物流人才队伍。

四、夯实农产品产地冷链物流基础

（一）完善产地冷链物流设施布局。

完善冷链源头基点网络。适应不同农产品冷链物流要求，引导家庭农场、农民合作社、农村集体经济组织等在重点镇和中心村，结合实际需要分区分片合理集中建设产地冷藏保鲜设施。发展产地冷链物流设施设备租赁等社会化服务，探索发展共享式“田头小站”等移动冷库，提高产地源头冷链物流设施综合利用效率。

建设产地冷链集配中心。结合新型城镇化建设，依托县城、重点镇布局建设一批产地冷链集配中心，改善产地公共冷库设施条件，强化产地预冷、仓储保鲜、分级分拣、初加工、产地直销等能力，提高农产品商品化处理水平，减少产后损失，实现优质优价。服务本地消费市场，拓展产地冷链集配中心中转集散、分拨配送功能，优化完善县乡村冷链物流服务。

（二）构建产地冷链物流服务网络。

优化农产品田头集货组织。鼓励各类农业经营主体和冷链物流企业加强合作，提高“最先一公里”冷链物流服务能力，满足源头基点网络储运需求。培育一批产地移动冷库和冷藏车社会化服务主体，发展设施巡回租赁、“移动冷库+集配中心（物流园区）”等模式，构建产地移动冷链物流设施运营网络，提高从田间地头向产地冷藏保鲜设施、移动冷库等的集货效率，缩短农产品采后进入冷链物流环节的时间。

提高农产品出村进城效率。引导专业冷链物流企业适应农产品产地多点布局和小批量、多批次运输需求特点，开展从冷链源头基点到冷链集配中心、国家骨干冷链物流基地的干支衔接运输组织，构建稳定、高效、低成本运行的农产品出村进城冷链物流网络。鼓励电商、快递企业利用既有物流网络，整合产地冷链物流资源，拓展农产品出村进城冷链物流服务渠道，提高网络利用效率。

（三）创新产地冷链物流组织模式。

促进农产品产地直供发展。加强产地到销地直达冷链物流服务能力建设，支撑农产品流通模式创新，推动新型农业经营主体发展农超对接、农批对接、农企对接、农社对接等农产品流通模式。鼓励产地冷链集配中心开展净菜、半成品加工，为餐饮企业、学校、机关团体等终端大客户提供直供直配服务。

助力打造产地农产品品牌。围绕特色农产品优势产区，拓展产地冷链集配中心、国家骨干冷链物流基地的交易展示、安全检测、溯源查询、统仓统配等功能，增强农产品品控能力，完善绿色食品、有机农产品、地理标志农产品等认证配套，着力打造特色鲜明、品质一流的农产品品牌。

专栏2　农产品产地冷链物流设施补短板工程

产地保鲜设施建设工程。支持各类农业生产经营主体和企业结合实际需要，在农产品主产区和特色农产品优势产区建设田头小型冷藏保鲜设施，健全农产品主产区村级物流(寄递)服务点、农村电商服务站点、益农信息社配套冷链物流设施。

移动冷库推广应用工程。研究制定移动冷库建设标准。选择部分农产品主产区开展试点示范，推广一批适应产地需求、通用性强、标准化程度高的移动冷库。

五、提高冷链运输服务质量

（一）强化冷链运输一体化运作。

推动干线运输规模化发展。充分发挥国家骨干冷链物流基地等大型冷链物流设施资源集聚优势，开展规模化冷链物流干线运输，提高冷链物流去程回程均衡发展水平。大力发展公路冷链专线、铁路冷链班列等干线运输模式，进一步提高铁路、水运、航空在中长距离冷链物流干线运输中的比重。规范平台型企业发展，提高冷链物流信息共享水平，集聚整合货源、运力、仓储等冷链资源，提高冷链物流干线运输组织化、规模化水平。

促进干线支线有机衔接。完善国家骨干冷链物流基地等的集疏运体系，发展中转换装、区域分拨，推动冷链物流干线运输与区域分拨配送业务高效协同。以产销冷链集配中心为支撑，高效衔接国家骨干冷链物流基地和两端冷链物流设施，构建干支线运输和两端集配一体化运作的区域冷链物流服务网络。鼓励物流企业延伸业务链条，强化综合服务能力，提供“干线运输+区域分拨+城市配送”冷链物流服务。

（二）推动冷链运输设施设备升级。

提高冷藏车发展水平。严格冷藏车市场准

入条件，加大标准化车型推广力度，统一车辆等级标识、配置要求，推动在车辆出厂前安装符合标准要求的温度监测设备等，加快形成适应干线运输、支线转运、城市配送等不同需求的冷藏车车型和规格体系。研究制定标准化冷藏车配置方案，引导和规范不同容积车辆选型。有计划、分步骤淘汰非标准化冷藏车。加强冷藏车生产、改装监管，严厉打击非法改装。加快推进轻型、微型新能源冷藏车和冷藏箱研发制造，积极推广新型冷藏车、铁路冷藏车、冷藏集装箱。

促进运输载器具单元化。鼓励批发、零售、电商等企业将标准化托盘、周转箱（筐）作为采购订货、收验货的计量单元，引导冷链运输企业使用标准化托盘、周转箱（筐）、笼车等运载单元以及蓄冷箱、保温箱等单元化冷链载器具，提高带板运输比例。加强标准化冷链载器具循环共用体系建设，完善载器具租赁、维修、保养、调度等公共运营服务。鼓励企业研发应用适合果蔬等农产品的单元化包装，推动冷链运输全程“不倒托”、“不倒箱”，减少流通环节损耗。

（三）发展冷链多式联运。

完善冷链多式联运设施。鼓励国家骨干冷链物流基地等完善吊装、平移等换装转运专用设施设备，加强自动化、专业化、智慧化冷链多式联运设施建设。因地制宜增强国家物流枢纽、综合货运枢纽冷链物流服务功能，推进港口、铁路场站冷藏集装箱堆场建设和升级改造，配套完善充电桩等设施设备。

优化冷链多式联运组织。培育冷链多式联运经营人，统筹公路、铁路、水运、航空等多种运输方式和邮政快递，开展全程冷链运输组织，积极发展全程冷链集装箱运输。依托具备条件的国家骨干冷链物流基地等开展中长距离铁路冷链运输，串接主要冷链产品产地和销地，发展集装箱公铁水联运。依托主要航空枢纽、港口，加强冷链卡车航班、专线网络建设，提高多式联运一体化组织能力。大力发展冷链甩挂运输，鼓励企业建立“冷藏挂车池”，有机融入公路甩挂运输体系，完善冷藏车和冷链设施设备共享共用机制，提高冷链甩挂运输网络化发展水平。鼓励现有多式联运公共信息平台集聚整合运输企业、中介等的冷链物流相关信息，拓展完善冷链物流服务功能，提高货源、运力、仓储等冷链资源供需匹配效率。

增强冷链国际联运能力。提升中欧班列冷链物流服务水平，强化多式联运组织能力，畅通亚欧陆路冷链物流通道。依托中国—东盟多式联运联盟基地，拓展西部陆海新通道海铁联运、国际铁路联运、跨境公路班车国际冷链物流业务。鼓励具备实力的企业布局建设冷链海外仓，提升跨境冷链物流全程组织能力。大力发展面向高端生鲜食品、医药产品的航空冷链物流，提高公空、空空联运效率。鼓励主要农产品进出口口岸城市积极发展国际冷链物流多式联运，打造一批国际冷链物流门户枢纽。

专栏3　冷链运输提质增效降本工程

冷链干线运输规模提升工程。在具备条件的国家骨干冷链物流基地间试点开行小编组直达冷链班列和公路冷链专线。在高附加值特色农产品集中上市季节，开通连接优势产区与主要消费市场的冷链航空货运临时加班绿色通道和铁路冷链快运。

冷链物流多式联运示范工程。以西部陆海新通道海铁联运班列等为重点，在冷链物流领域积极探索建设多式联运示范工程，打造精品联运线路，开展品牌化运营，加强不同运输方式规则、单据对接，探索应用“一单制”。

冷链标准化载器具推广应用工程。依托国家骨干冷链物流基地、产销冷链集配中心等，围绕产地集货、干线运输、城市配送等冷链物流重点环节，扩大标准化托盘、周转箱(筐)、周转袋、冷藏集装箱等应用范围。依托各类物流标准化冷链载器具循环共用平台，引导冷链物流、设备生产、设备租赁等企业加强协作，提高标准化冷链载器具共享利用水平。

六、完善销地冷链物流网络

（一）加快城市冷链物流设施建设。

推进销地冷链集配中心建设。在消费规模和物流中转规模较大的城市新建和改扩建一批销地冷链集配中心，集成整合流通加工、区域分拨、城市配送等功能。在符合规划的前提下，研究利用绕城高速公路沿线可开发地块等建设“近城而不进城”的销地冷链集配中心，提高冷链干线与支线衔接效率。密切销地冷链集配中心与存量冷链设施业务联系，引导冷库等设施向销地冷链集配中心集中，推进城市冷链设施布局优化。

加快商贸冷链设施改造升级。推动农产品批发市场冷库改造，配套建设封闭式装卸站台等设施，完善流通加工、分拨配送、质量安全控制等功能。鼓励商超、生鲜连锁店加大零售端冷链设施改造升级力度，提高冷链物流服务能力。引导城市商业街区、商圈、农贸市场共建共享小型公共冷库。淘汰关停不合规不合法冷库。

完善末端冷链设施功能。加大城市冷链前置仓等“最后一公里”设施建设力度。鼓励移动冷库、智慧冷链自动售卖机、冷链自提柜等在城市末端配送领域广泛应用。推动末端冷链配送服务站点建设改造，完善新能源冷藏车充电设施布局，扩大城市冷链网络覆盖范围。

（二）健全销地冷链分拨配送体系。

强化区域分拨功能。扩大国家骨干冷链物流基地分拨服务范围，重点完善面向区域内销地冷链集配中心、冷链配送网点的区域分拨服务网络，以及销地冷链集配中心面向大型商超、农贸市场等的分拨服务网络。推动城市群、都市圈销地冷链集配中心共用共营，构建高效分拨服务圈。

提升末端配送效能。鼓励销地冷链集配中心、中央厨房等整合“最后一公里”配送资源，面向商超、生鲜连锁店、酒店餐饮、学校、机关团体等开展农产品集中采购、流通加工、多温共配。鼓励城市群、都市圈建立统一规划、统一平台、统一标准、统一管理的同城化冷链配送体系，补齐停靠接卸设施短板，加强城市通行政策协同，便利冷藏车装卸通行。

（三）创新面向消费的冷链物流模式。

培育冷链物流配送新方式。依托国家骨干冷链物流基地和销地冷链集配中心搭建城市冷链智慧公共配送平台，整合冷链运力资源，动态优化城市配送路径，提升城市冷链配送效率。鼓励物流企业规模化集并城市冷链和常温货物配送，加大多温区配送车、蓄冷保温箱和保温柜等推广应用力度，推动多种形式多温共配发展。积极推广“分时段配送”、“无接触配送”、“夜间配送”，发展与新消费方式融合的冷链配送新业态、新模式。鼓励物业服务企业开展冷链末端配送业务。深化城乡冷链配送网络协同发展，共享共用末端设施网点和配送冷藏车，提高存量网络资源利用率。

鼓励发展生鲜农产品新零售。支持快递企

业加强冷链物流服务能力建设，支持农产品流通企业、连锁商业、电商企业等拓展生鲜农产品销售渠道，扩大辐射范围和消费规模。加强城市冷链即时配送体系建设，支持生鲜零售、餐饮、体验式消费融合创新发展，满足城市居民个性化、品质化消费需求。

专栏4　销地冷链物流提升工程

城市冷链物流设施升级工程。支持农产品批发市场老旧冷库改造升级，使用环境友好型制冷剂，降低能耗水平，减少温室气体排放，鼓励建设公共冷库、净菜加工车间等设施。支持国家骨干冷链物流基地和销地冷链集配中心建设流通型冷库、中央厨房等设施。

城市冷链末端配送提效工程。引导冷链物流企业建立城市群、都市圈共同配送联盟，组建冷链运输车队，搭建公共配送平台，开展多温共配，培育一批冷链配送品牌。鼓励冷链物流企业以人口规模较大和密度较高的大型社区为重点，与商超、社区菜店等合作开展“一周一配”、“一周多配”、“一日一配”、“一日多配”等定时冷链配送服务，实现冷链到家。

七、优化冷链物流全品类服务

（一）肉类冷链物流。

加快建立冷鲜肉物流体系。顺应畜禽屠宰加工向养殖集中区域转移需要，适应消费升级新趋势，加快构建“集中屠宰、品牌经营、冷链流通、冷鲜上市”的肉类供应链体系。完善规模屠宰、预冷排酸、低温分割、保鲜包装、冷链储运链条，加强全程温控和监管追溯。鼓励冷鲜肉生产、流通企业对接农贸市场、连锁超市、社区生鲜店铺、生鲜电商等流通渠道，拓展直营零售网点，健全冷鲜肉生产、流通和配送体系，提高冷鲜肉在肉类消费中的比重。促进肉类冷链物流与上下游深度融合创新，推动发展“牧场+超市”、“养殖基地+肉制品精深加工+超市”等新模式。

升级肉类冷链物流设施。加强生猪、肉羊、肉牛、肉禽优势产区冷链物流设施建设，构建畜禽主产区和主销区有效对接的冷链物流基础设施网络。鼓励屠宰企业建设标准化预冷和低温分割加工车间、配套冷库等设施。支持肉类公共冷库改扩建、智慧化改造及配套设施建设。适应减少畜禽活体跨区域运输要求，积极推广应用挂肉冷藏车等专用设施设备。

（二）果蔬冷链物流。

完善果蔬冷链物流设施设备配套条件。结合我国果蔬优势产区分布以及南菜北运、西果东输、果蔬进出口等流向特征，因地制宜建设经济适用、节能环保、绿色高效的仓储保鲜设施，延长销售周期，提高反季节销售水平。加强配套冷链设施建设，推动构建反季节蔬菜、高原夏菜、热带水果等从优势产区到主销区的全流程果蔬冷链物流体系。推广移动冷库、预冷设施应用，合理配套布局插电装置，加强移动冷链设施设备与产地冷链集配中心高效联动，合理设置田头停车、换装场地，完善果蔬“最先一公里”冷链配套设施。支持适合果蔬特点的可循环利用包装、载器具以及零售末端保鲜柜等设备使用。

提升农产品产地商品化处理水平。新建或改造产地预冷设施，配备果蔬清洗、分级、分拣、切割、包装等设施设备。鼓励广泛使用冷链设施开展果蔬保鲜，大幅减少保鲜药物使用。推进商品化包装与冷链包装一体化，完善脱水干制、称量包装、检验检测、低损输送、质量管控等配套功能，提高果蔬产地商品化处理能力，减少流通损耗。

（三）水产品冷链物流。

强化水产品产地保鲜加工设施建设。完善鱼塘、渔船、渔港预冷保鲜设施装备，建设速冻、冷藏、低温暂养等配套设施。推动建设一批冷藏加工一体化的水产品产地冷链集配中心，引导水产品就近加工。完善覆盖养殖捕捞、到岸装卸、加工包装、仓储运输、质量管控等环节的冷链物流设施装备，支持冷链全链条无缝对接和安全温控数据共享。

健全支撑水产品消费的冷链物流体系。加强水产品产地销地冷链物流对接，加快提升销地冷链分拨配送能力，推动沿海、重要江河流域等优势产区构建辐射全国的冷链物流网络。鼓励活鱼纯氧高密度冷链等鲜活水产品冷链配送技术创新，适应和满足持续扩大的高品质水产品消费需求。完善水产品进口相关冷链配套设施，提高进口水产品冷链物流服务与快速检验检测检疫能力。支持口岸机场建设具有国际货运、冷链仓储、报关、检验检测检疫等功能的水产品航空货运冷链物流服务通道。

（四）乳品冷链物流。

推进奶业主产区冷链物流设施建设。重点支持东北、华北、中原、西北等奶业主产区冷链物流设施建设。鼓励规模化奶业企业升级冷链物流设备，支持牧场、奶农合作社、养殖小区、生鲜乳收购站等建设生乳冷却设施，配备生乳专用恒温运输槽车，提高生乳冷却、储存、运输一体化运作效率和温度质量管控水平。

加强低温液态奶冷链配送体系建设。发挥龙头乳品企业以及电商、连锁超市等流通渠道作用，完善从生产厂商至消费者的低温液态奶全程冷链物流系统，规范销售终端温度控制管理。推动传统奶站改造升级，加强服务社区的低温液态奶宅配仓建设，推广新型末端配送冷藏车等设施设备，发展网格化、高频率配送到家服务，提高低温液态奶末端配送时效性。

（五）速冻食品冷链物流。

推动冷链物流与速冻食品产业联动发展。在吉林、黑龙江、河南、山东等速冻食品生产大省，引导速冻食品产业集聚区、龙头生产企业对接国家骨干冷链物流基地和产销冷链集配中心，打通原材料采购、产品销售的全流程冷链服务链条，促进速冻食品产业规模化、集约化发展。构建速冻食品冷链过程质量快速检测体系，完善冷链物流服务追溯体系。

提升冷链物流对速冻食品消费保障能力。顺应城市快节奏生活方式和城乡居民对速冻食品日益增长的消费需求，加强冷链物流服务保障，提升末端配送服务品质，支撑速冻食品流通渠道由线下为主向线上线下多渠道拓展。适应连锁餐饮、团餐等标准化、流程化经营要求，依托产销冷链集配中心、中央厨房等设施，加快发展速冻类标准食材、食材半成品供应链，提高品控能力。

（六）医药产品冷链物流。

完善医药产品冷链物流设施网络。鼓励医药流通企业、药品现代物流企业建设医药物流中心，完善医药冷库网络化布局及配套冷链设施设备功能，提升医药产品冷链全程无缝衔接的信息化管理水平。推动医药流通企业按《药品经营质量管理规范》要求配备冷藏冷冻设施设备，支持疾控中心、医院、乡镇卫生院（室）等医疗网点提高医药产品冷链物流和使用环节的质量保障水平。加强医药物流中心与冷链末端的无缝衔接，鼓励发展多温共配、接力配送等模式，探索发展超低温配送，构建广覆盖、高效率、低成本、安全可靠的医药产品冷链物流网络。

提升医药产品冷链物流应急保障水平。研究将医药产品冷链物流纳入国家应急物资保障平台，整合行业医药冷库、车辆、标准化载器具等资源，健全应急联动服务及统一调度机制，提高医药产品冷链应急保障能力。完善全国统一的医药产品冷链物流特别管理机制，保障紧急状态下疫苗及其他医药产品冷链运输畅通和物流过程质量安全。

专栏5　医药产品冷链物流提质工程

医药产品冷链物流集配中心建设工程。依托医药物流中心建设集约化医药产品冷链物流集配中心，集聚疫苗、生物制剂等医药产品生产企业、药品现代物流企业等冷链物流资源，整合疾控中心、医院、血站、药店等的冷链物流需求，提升医药产品冷链物流供需精准对接水平和规模化发展能力。

医药产品冷链物流追溯体系建设工程。加强疫苗、生物制剂等医药产品生产企业、医药产品批发零售企业、药品现代物流企业、医药物流中心及疾控中心、医院、乡镇卫生院(室)冷链物流追溯管理系统建设和应用，配套完善设施设备。规范医药产品生产、运输、分销、终端使用各环节温湿度等监控信息上传管理，加强部门协同，建立健全医药产品冷链物流追溯体系。

八、推进冷链物流全流程创新

（一）加快数字化发展步伐。

推进冷链设施数字化改造。推动冷链物流全流程、全要素数字化，鼓励冷链物流企业加大温度传感器、温度记录仪、无线射频识别（RFID）电子标签及自动识别终端、监控设备、电子围栏等设备的安装与应用力度，推动冷链货物、场站设施、载运装备等要素数据化、信息化、可视化，实现对到货检验、入库、出库、调拨、移库移位、库存盘点等各作业环节数据自动化采集与传输。构建全国性、多层级数字冷链仓库网络。开展数字化冷库试点工作，推动形成一批可复制可推广的经验。

完善专业冷链物流信息平台。支持国家骨干冷链物流基地建设运营主体搭建专业冷链物流信息平台，广泛集成区域冷链货源、运力、库存等市场信息，通过数字化方式强化信息采集、交互服务功能，为冷链干线运输、分拨配送、仓储服务、冷藏加工等业务一体化运作提供平台组织支撑。鼓励商会协会、骨干企业等搭建市场化运作的冷链物流信息交易平台，整合市场供需信息，提供冷链车货匹配、仓货匹配等信息撮合服务，提高物流资源配置效率。推动专业冷链物流信息平台间数据互联共享，打通各类平台间数据交换渠道，更大范围提高冷链物流信息对接效率。

（二）提高智能化发展水平。

推动冷链基础设施智慧化升级。围绕国家骨干冷链物流基地、产销冷链集配中心等建设，加快停车、调度、装卸、保鲜催熟、质量管控等设施设备智慧化改造升级。鼓励企业加快传统冷库等设施智慧化改造升级，推广自动立体货架、智能分拣、物流机器人、温度监控等设备应用，打造自动化无人冷链仓。

加强冷链智能技术装备应用。推动大数据、物联网、5G、区块链、人工智能等技术在冷链物流领域广泛应用。鼓励冷链物流企业加快运输装备更新换代，加强车载智能温控、监控技术装备应用。推动冷库"上云用数赋智"，加强冷链智慧仓储管理、运输调度管理等信息系统开发应用，优化冷链运输配送路径，提高冷库、冷藏车利用效率。推动自动消杀、蓄冷周转箱、末端冷链无人配送装备等研发应用。

（三）加速绿色化发展进程。

提高冷链物流设施节能水平。鼓励企业对在用冷库以及冻结间、速冻装备、冷却设备等低温加工装备设施开展节能改造，推广合同能源管理、节能诊断等模式。研究制定冷库、冷藏车等能效标准，完善绿色冷链物流技术装备认证及标识体系，逐步淘汰老旧高能耗冷库和制冷设施设备。支持国家骨干冷链物流基地、产销冷链集配中心等加强公共充电桩、加气站建设。新建冷库等设施严格执行国家节能标准要求，鼓励利用自然冷能、太阳能等清洁能源。提高冷库、冷藏车等的保温材料保温和阻燃性能。

加大绿色冷链装备研发应用。研究制定绿色冷链技术及节能设施设备推广目录，鼓励使用绿色、安全、节能、环保冷藏车及配套装备设施。加快淘汰高排放冷藏车，适应城市绿色配送发展需要，鼓励新增或更新的冷藏车采用新能源车型。研发应用符合冷链物流特点的蓄冷周转箱、保温包装、保温罩等。研究加强冷链物流全流程、全生命周期碳排放管理，加强低温加工、冷冻冷藏、冷藏销售等环节绿色冷链装备研究应用，鼓励使用绿色低碳高效制冷剂和保温耗材，提高制冷设备规范安装操作和检修水平，最大限度减少制冷剂泄漏，推动制冷剂、保温耗材等回收和无害化处理。

专栏6 冷链物流创新低碳发展工程

冷链物流数字化发展工程。支持具备条件的物流企业开展数字化改造建设试点，推进数字化技术装备应用、数字化管理模式创新、数字化网络协同。建立深度感知智能仓储系统，实现冷库存、取、管全程智慧化，提高作业效率和仓储管理水平。

冷链物流设施绿色改造工程。支持冷链物流企业、农产品批发市场、生产加工企业等对冷库、中央厨房、低温车间等建筑物围护结构、制冷系统、照明设备等实施节能改造，支持具备条件的建筑物屋顶安装太阳能光伏发电设施，推动新型节电、节水设施设备应用。

新能源城市配送冷藏车更新工程。结合城市绿色货运配送示范工程，完善城市配送车辆选型指南，加强城市配送冷藏车车型、安全、环保等方面技术管理，健全完善相关配套设施，大力推广应用新能源冷藏车。

（四）提升技术装备创新水平。

加强冷链物流技术基础研究和装备研发。聚焦冷链物流相关领域关键和共性技术问题，部署国家级技术攻关，加强冷链产品品质劣变腐损的生物学原理及其与物流环境之间耦合效应、高品质低温加工、高效节能与可再生能源利用、环保制冷剂及安全应用、冷链安全消杀等基础性研究，夯实冷链物流发展基础。在"十四五"国家重点研发计划中支持冷链物流相关技术研发，从源头提升我国冷链技术装备现代化水平。

完善冷链技术创新应用机制。强化企业创新主体地位，打造以企业为主体、市场为导向、产学研用深度融合的冷链物流技术装备创新应用体系。支持企业与高等院校、科研机构、行业协会等共建冷链技术装备创新应用平台，结合市场需求，聚焦果蔬预冷、速冻、冷冻冷藏、冷藏运输与宅配、冷链信息化智慧化等应用场景，集中优势力量，开展冷链装备研发和产业化应用。

专栏7　冷链物流设备更新工程

引导国家骨干冷链物流基地、产销冷链集配中心等优先推广应用新型分级预冷装置、大容量冷却冷冻机械。鼓励冷链物流企业使用节能环保多温区冷藏车，推广新型保鲜减震包装材料、多温区陈列销售设备，提高冷链物流技术装备现代化水平。

（五）打造消费品双向冷链物流新通道。

畅通高品质农产品上行通道。在现有农产品出村进城通道基础上，适应现代农业规模化、产业化发展趋势，发挥冷链物流对高品质农产品生产、流通、减损的支撑保障作用，按照“一村一品”、“一县一品”、“多品聚集”，发展“平台企业+农业基地”、“生鲜电商+产地直发”等新业态新模式，推动形成产销密切衔接、成本低、效率高的农产品出村进城新通道，促进冷链惠农、品牌兴农、特色富农。

完善高品质生鲜消费品下行通道。结合新型城镇化建设，促进消费品下乡进村通道升级，推动冷链物流服务网络向中小城镇和具备条件的农村地区下沉，加快推进“快递进村”工程，鼓励供销、邮政快递、交通运输、电商等企业共建共用冷链物流设施，打通高品质生鲜消费品下乡进村新通道，扩大生鲜等高品质消费品供给。

推动城乡冷链网络双向融合。鼓励大型生鲜电商、连锁商超等企业统筹建设城乡一体冷链物流网络，加大对中小城镇和农村冷链物流设施建设投入力度，加强城乡冷链设施对接，打造“上行下行一张网”，提高设施利用效率，促进城乡冷链物流双向均衡发展。建立城乡冷链网络协同机制，提高资源共享与优化配置效率。

专栏8　供销系统农产品冷链物流体系建设工程

聚焦农产品优势产区，依托供销系统县域城乡融合综合服务平台，按照“1个中心+N个田头保鲜仓”模式，建设600个县域产地冷链物流中心，建设200个以中央厨房、生鲜电商等业务为重点的城市销地冷链物流中心，全面对接国家骨干冷链物流基地、产销冷链集配中心等，建立供销系统公共农产品冷链物流服务网络。

（六）构建产业融合发展新生态。

培育冷链物流产业生态。以国家骨干冷链物流基地、产销冷链集配中心为核心，吸引商贸流通、农产品加工产业集聚发展，深化产业链上下游联动整合，强化农产品全产业链组织功能，打造冷链物流与产业融合发展生态圈。推进冷链物流计量测试中心建设。优化“冷链物流+”产业培育和发展环境，创新“冷链物流+种养殖”、“冷链物流+农产品加工”、“冷链物流+新零售”等新生态、新场景。

构建生鲜食品供应链生态。鼓励龙头冷链物流企业、生鲜食品商贸流通企业加强战略合作，推动业务领域相互渗透，对接上游生产和终端消费，为客户提供集中采购、流通加工、共同配送全链条一站式服务。推动企业利用大数据发掘消费潜力、赋能上游生产，开展精准营销和个性化供应链服务，辅助生鲜食品生产加工企业和农产品生产主体合理安排计划、精准组织生产，推动生产、流通和冷链物流企业在融合发展中同步升级、同步增值、同步受益。

九、强化冷链物流全方位支撑

（一）培育骨干企业。

支持冷链物流企业做大做强。积极培育发展第三方冷链物流企业，开展品牌创建工作，打造一批知名冷链物流服务品牌。鼓励冷链物流企业通过兼并重组、战略合作等方式优化整合资源，拓展服务网络，培育龙头冷链物流企业，提升市场集中度。鼓励大型生产、流通企业整合开放内部冷链物流资源，开展社会化服务。依法合规推动冷链物流平台企业发展，扩大冷链资源要素组织规模和范围，提升冷链物流组织化、规模化运营能力。

促进冷链物流企业网络化专业化发展。支持企业构建干支仓配一体的冷链物流服务网络，扩大业务覆盖范围，提升运行效率。鼓励大型综合物流企业发挥网络运营优势，对标国际先进水平，提升冷藏运输、冷藏保鲜、冷冻储存等基础服务专业化水准。围绕冷链细分领域、特定场景培育专业化冷链物流企业，提高精益化管理、精细化服务能力，满足不同冷链产品个性化、多元化冷链物流需求。

提升冷链物流企业国际竞争力。推动龙头冷链物流企业深度参与全球冷链产品生产和贸易组织，强化境内外冷链物流、采购分销等网络协同，延伸跨境电商、交易结算等服务，提升国际供应链管理能力和国际竞争力。鼓励冷链物流企业与贸易企业等协同“出海”，围绕全球肉类、水果、水产品等优势产区，积极布局境外冷链物流设施，依托远洋海运、国际铁路联运班列、国际货运航空等开展国际冷链物流运作，构建国内外衔接的物流通道网络，提升冷链物流企业国际化发展水平。

专栏9　骨干冷链物流企业培育工程

研究制定支持冷链物流企业发展的政策措施，支持符合条件的大型冷链物流企业开展国内国际资源整合、全链条冷链物流运作，培育一批具有较强国际竞争力的冷链物流企业集团。围绕冷链运输、仓储、配送等主要环节，以及肉类、水产品、乳品、医药产品等细分领域，培育一批专业化运作能力强的领军企业。鼓励冷链产品生产、流通和物流企业跨界融合，创新业态模式，优化供应链，延伸产业链，提升价值链，培育一批特色鲜明、创新发展的标杆企业。

（二）健全标准体系。

加强冷链物流标准制修订。加强冷链基础通用标准和冷链基础设施、技术装备、作业流程、信息追溯等重点环节以及冷链物流绿色化、智慧化等重点领域标准制修订，加快填补标准空白。制定一批强制性国家标准，守好冷链产品安全底线。加强冷链物流推荐性国家标准、行业标准推陈出新，支持地方因地制宜制定符合发展需要的地方标准，鼓励高起点制定团体标准和企业标准。积极参与冷链物流国际标准化活动，推动国内国际标准接轨。

加强标准评估和执行力度。系统梳理现行冷

链物流标准体系，加强评估和复审，及时修订或废止不适应经济社会发展需要、行业发展要求、技术进步趋势的标准，推动解决标准不统一、不衔接等问题。严格落实冷链物流强制性国家标准，强化推荐性国家标准、行业标准支撑与引导作用。充分发挥有关标准化技术委员会、行业协会、龙头企业作用，加强冷链物流标准宣贯，推动协同应用，提高推荐性标准采用水平。开展冷链物流标准监督检查和实施效果评价，充分发挥标准支撑冷链物流高质量发展作用。

专栏10 冷链物流标准体系建设工程

研究建立冷链物流标准制修订工作机制，加强部门协调和政企沟通，2022年底前完成现行冷链物流国家标准、行业标准、地方标准集中梳理工作，提出废止或制修订建议。结合标准梳理工作，在冷链物流设施、装备、载器具、标识、流程、管理与服务等领域，补充完善一批企业和行业急需的标准，形成全链条有机衔接的冷链物流标准体系。

（三）完善统计体系。

加强行业统计监测。开展冷链物流行业调查，全面掌握市场规模、行业结构、人员设施设备等情况。研究建立冷链物流行业统计制度，科学制定统计分类标准和指标体系，根据实际需要开展冷链物流统计试点。探索开展冷链物流行业普查调查。依托国家骨干冷链物流基地、产销冷链集配中心、龙头冷链物流企业、冷链物流平台企业等，加强行业日常运行监测和分析研判。研究编制冷链物流发展综合性指数，科学、及时、全面反映行业发展现状和趋势，为政府部门政策制定和企业经营管理提供参考。

（四）加强人才培养。

完善专业人才培养体系。支持有条件的普通本科院校和职业院校开设冷链物流相关专业或课程，重点培养冷链产品供应链管理、冷链物流系统规划、冷链物流技术和企业运营等方面的专业人才。鼓励高等院校深入对接行业需求，以应用为导向发展冷链物流继续教育。完善政产学研用结合的多层次冷链物流人才培养体系。开展多层次、宽领域国际交流合作，培养具有全球视野和国际供应链运作经验的高层次冷链物流人才。

健全专业技能培养培训模式。鼓励职业院校加强与冷链物流相关企业、行业协会合作，通过实训基地、订单班、新型学徒制培养、顶岗实习及建立产业学院等方式，强化冷链物流人才实践能力及创新创业能力培养。鼓励高等院校、行业协会分级分类开设冷链物流培训课程，促进从业人员知识更新与技能提升。

十、加强冷链物流全链条监管

（一）健全监管制度。

加强法律制度建设。完善冷链物流监管法律法规，从准入要求、技术条件、设施设备、经营行为、人员管理、监督执法等方面明确各类市场主体权利、义务及相关管理部门职责要求，确保冷链物流各领域、各环节有法可依、有法必依。按照食品安全法、药品管理法、疫苗管理法等相关法律法规要求，细化配套规章和规范性文件，落实冷链物流全链条保温、冷藏或冷冻设施设备使用和运行要求。

健全政府监管机制。建立统一领导、分

工负责、分级管理的冷链物流监管机制，发挥政府监管的主体作用，进一步明确各有关部门监管职责，强化跨部门沟通协调，加大督促检查力度，确保各项监管制度严格执行到位。推动冷链产品检验检测检疫在生产、流通、消费全过程及跨区域信息互通、监管互认、执法互助。完善主管部门行政监管制度，分品类建立完善日常巡查、专项检查、飞行检查、重点检查、专家审查等相结合的检查制度，依法规范冷链物流各类市场主体经营活动。严格执行农产品、食品入市查验溯源凭证制度，不得收储无合法来源的农产品、食品。

（二）创新行业监管手段。

推进冷链物流智慧监管。引导企业按照规范化、标准化要求配备冷藏车定位跟踪以及全程温度自动监测、记录设备，在冷库、冷藏集装箱等设施中安装温湿度传感器、记录仪等监测设备，完善冷链物流温湿度监测和定位管控系统。研究建立冷链道路运输电子运单管理制度。加强冷链物流食品品质监测、仓储运输过程温湿度智能感知、卫星定位技术的应用，形成冷链物流智慧监测追溯系统，实现各环节数据实时监控和动态更新。加快区块链技术在冷链物流智慧监测追溯系统建设中的应用，提高追溯信息的真实性、及时性和可信度。逐步完善冷链追溯、运输监管等重要领域信息资源体系，基本掌握食品药品生产经营企业、冷库企业、运输企业、食用农产品批发市场、商场超市、生鲜电商等市场主体及资源底数。推动海关、市场监管、交通运输等跨部门协同监管和数据融合，依托全国进口冷链食品追溯监管平台形成全链条追溯体系，提升冷链监管效能。

建立以信用为基础的新型监管机制。发挥行业协会、第三方征信机构和各类信息平台作用，完善冷链物流企业服务评价体系。以冷链食品追溯为突破，形成以责任主体为核心的追溯闭环，对跨部门、跨地域的全链条追溯数据进行大数据分析，为信用评价提供数据支撑。依托全国信用信息共享平台，加强冷链物流企业信用信息归集和共享，通过“信用中国”网站和国家企业信用信息公示系统依法向社会公开。加大公共信用综合评价、行业信用评价、市场化信用评价结果应用力度，推广信用承诺制，推进以信用风险为导向的分级分类监管，依法依规实施联合惩戒。

强化冷链物流社会监督。发挥社会媒体舆论监督作用，加大对冷链物流领域违规违法典型案件的曝光力度，强化警示作用。支持行业协会建立行业自律规范，引导企业共同打造和维护诚信合规的市场环境，推动行业规范有序发展。畅通消费者投诉举报渠道，建立举报人奖励机制，引导和鼓励群众参与冷链物流监督，营造社会共治氛围。

专栏11　全国冷链食品追溯监管体系建设工程

依托现有全国进口冷链食品追溯管理平台，逐步将内贸冷链食品流通纳入追溯管理范围，同步完善地方进口冷链食品追溯管理平台功能，推动国家级、省级平台以及各类市场化平台间数据交换和信息共享，到2025年建成覆盖冷链产品重点品类、流通全链条、内外贸一体化的全国冷链食品追溯管理平台，形成各有关部门业务联动、协同处置和共治共享的冷链物流监管体系，实现多层次、多系统、跨区域冷链物流追溯闭环。

（三）强化检验检测检疫。

健全检验检测检疫体系。适应不同农产品检验检测检疫要求，完善覆盖从种养殖、加工到销售终端全链条以及冷链物流包装、运载工具、作业环境等全要素的检验检测检疫体系。加强检验检测检疫设施建设和设备配置，完善应急检验检测检疫预案，实行闭环式疫情防控管理，防范非洲猪瘟、新冠肺炎、禽流感等疫情扩散风险，提高重大公共卫生事件等应急处置能力。

提升检验检测检疫能力。围绕主要农产品产销区、集散地、口岸等，优化检验检测检疫站点布局，提高装备配备水平，增强冷链检验检测检疫能力。依托各地食品安全重点实验室，加强国家级、地区级食品安全专业技术机构冷链物流检验检测检疫能力建设。严格检验机构资质认定管理、跟踪评价和能力验证，强化冷链检验检测检疫专业技能培训。深化国际技术交流合作。

优化检验检测检疫流程。围绕农产品进出口，优化提升口岸/属地检查、检疫处理、实验室检验等流程，鼓励企业提前申报，依托国际贸易“单一窗口”，推行检疫处理、检测结果无纸化传递。按照分类监管原则，针对不同监管对象和产品特点，优化放行模式，提高查验效率。支持农产品批发市场、冷链物流企业、屠宰加工企业等建设快检实验室，提升就近快速检测水平。推动各地冷链产品检验检测检疫信息共享、结果互认。

筑牢疫情外防输入防线。完善口岸城市防控措施，建立多点触发的监测预警机制，严格执行高风险岗位人员核酸检测等规定，切实做到闭环管理。针对冷链等可能引发的输入性疫情，排查入境、仓储、加工、运输、销售等环节，建立健全进口冻品集中监管制度，压实行业主管部门责任，健全进口冷链食品检验检疫制度，加强检验检疫结果、货物来源去向等关键数据共享，做到批批检测、件件消杀，全程可追溯、全链条监管，堵住疫情防控漏洞。

专栏12　进口冷链食品预防性消毒优化工程

按照“安全、有效、快速、经济”原则开展口岸查验、交通运输、掏箱入库、批发零售等环节预防性全面消毒工作，推进全流程闭环管控可追溯。优化口岸冷链资源配置，依据冷链物流特点，在进口冷链食品首次与我境内人员接触前实施预防性全面消毒处理。加强部门协同配合，全力保障口岸通关效率，对进口冷链食品装载运输工具和包装原则上只进行一次预防性全面消毒，避免重复消毒，避免专为消毒作业实施掏箱、装箱，避免增加不必要的作业环节和成本，避免货物积压滞港影响物流和市场供应。推动冷链物流自动消杀设施设备、冷链安全消毒剂等研发和应用，创新消毒方式方法，优化消毒流程，提高消杀效率，保证受检进口冷链食品品质。

十一、实施保障

（一）加强组织协调。

国家发展改革委要会同有关部门建立冷链物流发展协调推进工作机制，统筹推进重点工程落地，完善支撑政策，强化评估督导，协调解决跨部门、跨区域问题，保障规划有序实施。各省级人民政府要按照本规划确定的主要目标和重点任务，结合发展实际，统筹制定本地区冷链物流发展规划或实施方案。规划实施中涉及的重要政策、重大工程、重点项目要按程序报批。重大问题及时向国务院报告。

（二）强化政策支持。

通过现有资金支持渠道，加强国家骨干冷链物流基地、产销冷链集配中心等大型冷链物流设施建设。物流企业冷库仓储用地符合条件的，按规定享受城镇土地使用税优惠政策。拓展冷链物流企业投融资渠道，鼓励银行业金融机构等对符合条件的冷链物流企业加大融资支持力度，完善配套金融服务。在严格落实永久基本农田、生态保护红线、城镇开发边界三条控制线基础上，大中城市要统筹做好冷链物流设施布局建设与国土空间等相关规划衔接，保障合理用地需求。严格落实鲜活农产品运输“绿色通道”政策。落实农村建设的保鲜仓储设施用电价格支持政策，鼓励各地因地制宜出台支持城市配送冷藏车便利通行的政策。

（三）优化营商环境。

各地区、各有关部门要按照“放管服”改革要求，在确保行业有序发展、市场规范运行基础上，深化体制机制改革，简化涉企事项审批流程，进一步简并资质证照，全面推广资质证照电子化，完善便利服务。在冷链物流领域探索推行“一照多址”，支持冷链物流企业网络化发展。

（四）发挥协会作用。

鼓励冷链物流相关行业协会发挥桥梁纽带作用，开展冷链物流发展调查研究和政策宣贯，及时向有关政府部门反馈行业发展共性问题。支持行业协会统筹冷链物流不同领域、不同环节市场主体需求，开展业务技能培训，提高行业发展质量。鼓励行业协会深入开展冷链物流行业自律建设，倡导诚信规范经营，树立良好行业风气。

（五）营造舆论环境。

加强冷链物流理念宣传和冷链知识科普教育，提高公众认知度、认可度，培养良好消费习惯和健康生活方式。提高冷链企业和从业人员产品质量安全意识，严格遵守冷链物流相关法律法规和操作规范，筑牢冷链产品质量安全防线。宣传推介一批冷链物流企业诚信经营、优质服务典型案例，营造行业发展良好环境。

《国务院关于印发“十四五”数字经济发展规划的通知》摘编

各省、自治区、直辖市人民政府，国务院各部委、各直属机构：

现将《“十四五”数字经济发展规划》印发给你们，请认真贯彻执行。

国务院

2021年12月12日

（此件公开发布）

一、“十四五”数字经济发展规划

数字经济是继农业经济、工业经济之后的主要经济形态，是以数据资源为关键要素，以现代信息网络为主要载体，以信息通信技术融合应用、全要素数字化转型为重要推动力，促进公平与效率更加统一的新经济形态。数字经济发展速度之快、辐射范围之广、影响程度之深前所未有，正推动生产方式、生活方式和治理方式深刻变革，成为重组全球要素资源、重塑全球经济结构、改变全球竞争格局的关键力量。“十四五”时期，我国数字经济转向深化应用、规范发展、普惠共享的新阶段。为应对新形势新挑战，把握数字化发展新机遇，拓展经济发展新空间，推动我国数字经济健康发展，依据《中华人民共和国国民经济和社会发展第十四个五年规划和2035年远景目标纲要》，制定本规划。

二、总体要求

（三）发展目标。

到2025年，数字经济迈向全面扩展期，数字经济核心产业增加值占GDP比重达到10%，数字化创新引领发展能力大幅提升，智能化水平明显增强，数字技术与实体经济融合取得显著成效，数字经济治理体系更加完善，我国数字经济竞争力和影响力稳步提升。

——数据要素市场体系初步建立。数据资源体系基本建成，利用数据资源推动研发、生产、流通、服务、消费全价值链协同。数据要素市场化建设成效显现，数据确权、定价、交易有序开展，探索建立与数据要素价值和贡献相适应的收入分配机制，激发市场主体创新活力。

——产业数字化转型迈上新台阶。农业数字化转型快速推进，制造业数字化、网络化、智能化更加深入，生产性服务业融合发展加速普及，生活性服务业多元化拓展显著加快，产业数字化转型的支撑服务体系基本完备，在数字化转型过程中推进绿色发展。

——数字产业化水平显著提升。数字技术自主创新能力显著提升，数字化产品和服务供给质量大幅提高，产业核心竞争力明显增强，在部分领域形成全球领先优势。新产业新业态新模式持续涌现、广泛普及，对实体经济提质增效的带动作用显著增强。

——数字化公共服务更加普惠均等。数字基础设施广泛融入生产生活，对政务服务、公共服务、民生保障、社会治理的支撑作用进一步凸显。数字营商环境更加优化，电子政务服务水平进一步提升，网络化、数字化、智慧化的利企便民服务体系不断完善，数字鸿沟加速弥合。

——数字经济治理体系更加完善。协调统一的数字经济治理框架和规则体系基本建立，跨部门、跨地区的协同监管机制基本健全。政府数字化监管能力显著增强，行业和市场监管水平大幅提升。政府主导、多元参与、法治保障的数字经济治理格局基本形成，治理水平明显提升。与数字经济发展相适应的法律法规制度体系更加完善，数字经济安全体系进一步增强。

展望2035年，数字经济将迈向繁荣成熟期，力争形成统一公平、竞争有序、成熟完备的数字经济现代市场体系，数字经济发展基础、产业体系发展水平位居世界前列。

“十四五”数字经济发展主要指标

指标	2020年	2025年	属性
数字经济核心产业增加值占GDP比重（%）	7.8	10	预期性
IPv6活跃用户数（亿户）	4.6	8	预期性
千兆宽带用户数（万户）	640	6000	预期性
软件和信息技术服务业规模（万亿元）	8.16	14	预期性
工业互联网平台应用普及率（%）	14.7	45	预期性
全国网上零售额（万亿元）	11.76	17	预期性
电子商务交易规模（万亿元）	37.21	46	预期性
在线政务服务实名用户规模（亿）	4	8	预期性

三、优化升级数字基础设施

（三）有序推进基础设施智能升级。稳步构建智能高效的融合基础设施，提升基础设施网络化、智能化、服务化、协同化水平。高效布局人工智能基础设施，提升支撑“智能+”发展的行业赋能能力。推动农林牧渔业基础设施和生产装备智能化改造，推进机器视觉、机器学习等技术应用。建设可靠、灵活、安全的工业互联网基础设施，支撑制造资源的泛在连接、弹性供给和高效配置。加快推进能源、交通运输、水利、物流、环保等领域基础设施数字化改造。推动新型城市基础设施建设，提升市政公用设施和建筑智能化水平。构建先进普惠、智能协作的生活服务数字化融合设施。在基础设施智能升级过程中，充分满足老年人等群体的特殊需求，打造智慧共享、和睦共治的新型数字生活。

五、大力推进产业数字化转型

（一）加快企业数字化转型升级。引导企业强化数字化思维，提升员工数字技能和数据管理能力，全面系统推动企业研发设计、生产加工、经营管理、销售服务等业务数字化转型。支持有条件的大型企业打造一体化数字平台，全面整合企业内部信息系统，强化全流程数据贯通，加快全价值链业务协同，形成数据驱动的智能决策能力，提升企业整体运行效率和产业链上下游协同效率。实施中小企业数字化赋能专项行动，支持中小企业从数字化转型需求迫切的环节入手，加快推进线上营销、远程协作、数字化办公、智能生产线等应用，由点及面向全业务全流程数字化转型延伸拓展。鼓励和支持互联网平台、行业龙头企业等立足自身优势，开放数字化资源和能力，帮助传统企业和中小企业实现数字化转型。推行普惠性“上云用数赋智”服务，推动企业上云、上平台，降低技术和资金壁垒，加快企业数字化转型。

（二）全面深化重点产业数字化转型。立足不同产业特点和差异化需求，推动传统产业全方位、全链条数字化转型，提高全要素生产率。大力提升农业数字化水平，推进“三农”综合信息服务，创新发展智慧农业，提升农业生产、加工、销售、物流等各环节数字化水平。纵深推进工业数字化转型，加快推动研发设计、生产制造、经营管理、市场服务等全生命周期数字化转型，加快培育一批“专精特新”中小企业和制造业单项冠军企业。深入实施智能制造工程，大力推动装备数字化，开展智能制造试点示范专项行动，完善国家智能制造标准体系。培育推广个性化定制、网络化协同等新模式。大力发展数字商务，全面加快商贸、物流、金融等服务业数字化转型，优化管理体系和服务模式，提高服务业的品质与效益。促进数字技术在全过程工程咨询领域的深度应用，引领咨询服务和工程建设模式转型升级。加快推动智慧能源建设应用，促进能源生产、运输、消费等各环节智能化升级，推动能源行业低碳转型。加快推进国土空间基础信息平台建设应用。推动产业互联网融通应用，培育供应链金融、服务型制造等融通发展模式，以数字技术促进产业融合发展。

专栏4　重点行业数字化转型提升工程

1. 发展智慧农业和智慧水利。加快推动种植业、畜牧业、渔业等领域数字化转型，加强大数据、物联网、人工智能等技术深度应用，提升农业生产经营数字化水平。构建智慧水利体系。以流域为单元提升水情测报和智能调度能力。

2. 开展工业数字化转型应用示范。实施智能制造试点示范行动。建设智能制造示范工厂，培育智能制造先行区。针对产业痛点、堵点，分行业制定数字化转型路线图，面向原材料、消费品、装备制造、电子信息等重点行业开展数字化转型应用示范和评估，加大标杆应用推广力度。

3. 加快推动工业互联网创新发展。深入实施工业互联网创新发展战略，鼓励工业企业利用5G、时间敏感网络（TSN）等技术改造升级企业内外网，完善标识解析体系，打造若干具有国际竞争力的工业互联网平台，提升安全保障能力，推动各行业加快数字化转型。

4. 提升商务领域数字化水平。打造大数据支撑、网络经共享、智能化协作的智慧供应链体系。健全电子商务公共服务体系，汇聚数字赋能服务资源，支持商务领域中小微企业数字化转型升级。提升贸易数字化水平。引导批发零售、住宿餐饮、租赁和商务服务等传统业态积极开展线上线下、全渠道、定制化、精准化营销创新。

5. 大力发展智慧物流。加快对传统物流设施的数字化以改造升级，促进现代物流业与农业、制造业等产业融合发展。加愉建设跨行业、跨区域的物流信息服务平台，实现需求、库存和物流信息的实时共享，探索推进电子提单应用。建设智能仓储体系，提升物流仓储的自动化、智能化水平。

6. 加快金融领域数字化转型。合理推动大数据、人工智能、区块链等技术在银行、证券、保险等领域的深化应用，发展智能支付、智慧网点、智能投顾、数字化融资等新模式，稳妥推进数字人民币研发，有序开展可控试点。

7. 加快能源领域数字化转型。推动能源产、运、储、销、用各环节设施的数字化升级，实施煤矿、油气田、油气管网、电厂、电网、油气储备库、终端用能等领域设备设施、工艺流程的数字化建设与改造。推进微电网等智慧能源技术试点示范应用。推动基于供需衔接、生产服务、监督管理等业务关系的数字平台建设，提升能源体系智能化水平。

（三）推动产业园区和产业集群数字化转型。引导产业园区加快数字基础设施建设，利用数字技术提升园区管理和服务能力。积极探索平台企业与产业园区联合运营模式，丰富技术、数据、平台、供应链等服务供给，提升线上线下相结合的资源共享水平，引导各类要素加快向园区集聚。围绕共性转型需求，推动共享制造平台在产业集群落地和规模化发展。探索发展跨越物理边界的“虚拟”产业园区和产业集群，加快产业资源虚拟化集聚、平台化运营和网络化协同，构建虚实结合的产业数字化新生态。依托京津冀、长三角、粤港澳大湾区、成渝地区双城经济圈等重点区域，统筹推进数字基础设施建设，探索建立各类产业集群跨区域、跨平台协同新机制，促进创新要素整合共享，构建创新协同、错位互补、供需联动的区域数字化发展生态，提升产业链供应链协同配套能力。

六、加快推动数字产业化

（二）提升核心产业竞争力。着力提升基础软硬件、核心电子元器件、关键基础材料和生产装备的供给水平，强化关键产品自给保障能力。实施产业链强链补链行动，加强面向多元化应用场景的技术融合和产品创新，提升产业链关键环节竞争力，完善5G、集成电路、新能源汽车、人工智能、工业互联网等重点产业供应链体系。深化新一代信息技术集成创新和融合应用，加快平台化、定制化、轻量化服务模式创新，打造新兴数字产业新优势。协同推进信息技术软硬件产品产业化、规模化应用，加快集成适配和迭代优化，推动软件产业做大做强，提升关键软硬件技术创新和供给能力。

（三）加快培育新业态新模式。推动平台经济健康发展，引导支持平台企业加强数据、产品、内容等资源整合共享，扩大协同办公、互联网医疗等在线服务覆盖面。深化共享经济在生活服务领域的应用，拓展创新、生产、供应链等资源共享新空间。发展基于数字技术的智能经济，加快优化智能化产品和服务运营，培育智慧销售、无人配送、智能制造、反向定制等新增长点。完善多元价值传递和贡献分配体系，有序引导多样化社交、短视频、知识分享等新型就业创业平台发展。

专栏7　数字经济新业态培育工程

1. 持续壮大新兴在线服务。加快互联网医院发展，推广健康咨询、在线问诊、远程会诊等互联网医疗服务，规范推广基于智能康养设备的家庭健康监护、慢病管理、养老护理等新模式。推动远程协同办公产品和服务优化升级，推广电子合同、电子印章、电子签名、电子认证等应用。

2. 深入发展共享经济。鼓励共享出行等商业模式创新，培育线上高端品牌，探索错时共享、有偿共享新机制。培育发展共享制造平台，推进研发设计、制造能力、供应链管理等资源共享，发展可计量可交易的新型制造服务。

3. 鼓励发展智能经济。依托智慧街区、智慧商圈、智慧园区、智能工厂等建设，加强运营优化和商业模式创新，培育智能服务新增长点。稳步推进自动驾驶、无人配送、智能停车等应用，发展定制化、智慧化出行服务。

4. 有序引导新个体经济。支持线上多样化社交、短视频平台有序发展，鼓励微创新、微产品等创新模式。鼓励个人利用电子商务、社交软件、知识分享、音视频网站、创客等新型平台就业创业，促进灵活就业、副业创新。

九、着力强化数字经济安全体系

（三）切实有效防范各类风险。强化数字经济安全风险综合研判，防范各类风险叠加可能引发的经济风险、技术风险和社会稳定问题。引导社会资本投向原创性、引领性创新领域，避免低水平重复、同质化竞争、盲目跟风炒作等，支持可持续发展的业态和模式创新。坚持金融活动全部纳入金融监管，加强动态监测，规范数字金融有序创新，严防衍生业务风险。推动关键产品多元化供给，着力提高产业链供应链韧性，增强产业体系抗冲击能力。引导企业在法律合规、数据管理、新技术应用等领域完善自律机制，防范数字技术应用风险。健全失业保险、社会救助制度，完善灵活就业的工伤保险制度。健全灵活就业人员参加社会保险制度和劳动者权益保障制度，推进灵活就业人员参加住房公积金制度试点。探索建立新业态企业劳动保障信用评价、守信激励和失信惩戒等制度。着力推动数字经济普惠共享发展，健全完善针对未成年人、老年人等各类特殊群体的网络保护机制。

十、有效拓展数字经济国际合作

（一）加快贸易数字化发展。以数字化驱动贸易主体转型和贸易方式变革，营造贸易数字化良好环境。完善数字贸易促进政策，加强制度供给和法律保障。加大服务业开放力度，探索放宽数字经济新业态准入，引进全球服务业跨国公司在华设立运营总部、研发设计中心、采购物流中心、结算中心，积极引进优质外资企业和创业团队，加强国际创新资源“引进来”。依托自由贸易试验区、数字服务出口基地和海南自由贸易港，针对跨境寄递物流、跨境支付和供应链管理等典型场景，构建安全便利的国际互联网数据专用通道和国际化数据信息专用通道。大力发展跨境电商，扎实推进跨境电商综合试验区建设，积极鼓励各业务环节探索创新，培育壮大一批跨境电商龙头企业、海外仓领军企业和优秀产业园区，打造跨境电商产业链和生态圈。

（二）推动“数字丝绸之路”深入发展。加强统筹谋划，高质量推动中国—东盟智慧城市合作、中国—中东欧数字经济合作。围绕多双边经贸合作协定，构建贸易投资开放新格局，拓展与东盟、欧盟的数字经济合作伙伴关系，与非盟和非洲国家研究开展数字经济领域合作。统筹开展境外数字基础设施合作，结合当地需求和条件，与共建“一带一路”国家开展跨境光缆建设合作，保障网络基础设施互联互通。构建基于区块链的可信服务网络和应用支撑平台，为广泛开展数字经济合作提供基础保障。推动数据存储、智能计算等新兴服务能力全球化发展。加大金融、物流、电子商务等领域的合作模式创新，支持我国数字经济企业“走出去”，积极参与国际合作。

《国务院关于印发“十四五”国家应急体系规划的通知》摘编

各省、自治区、直辖市人民政府，国务院各部委、各直属机构：

现将《“十四五”国家应急体系规划》印发给你们，请认真贯彻执行。

国务院

2021年12月30日

（本文有删减）

“十四五”国家应急体系规划

为全面贯彻落实习近平总书记关于应急管理工作的一系列重要指示和党中央、国务院决策部署，扎实做好安全生产、防灾减灾救灾等工作，积极推进应急管理体系和能力现代化，根据《中华人民共和国国民经济和社会发展第十四个五年规划和2035年远景目标纲要》，制定本规划。

总体目标：到2025年，应急管理体系和能力现代化建设取得重大进展，形成统一指挥、专常兼备、反应灵敏、上下联动的中国特色应急管理体制，建成统一领导、权责一致、权威高效的国家应急能力体系，防范化解重大安全风险体制机制不断健全，应急救援力量建设全面加强，应急管理法治水平、科技信息化水平和综合保障能力大幅提升，安全生产、综合防灾减灾形势趋稳向好，自然灾害防御水平明显提升，全社会防范和应对处置灾害事故能力显著增强。到2035年，建立与基本实现现代化相适应的中国特色大国应急体系，全面实现依法应急、科学应急、智慧应急，形成共建共治共享的应急管理新格局。

专栏1“十四五”时期主要指标

序号	指标	预期值	属性
1	生产安全事故死亡人数	下降15%	约束性

续 表

序号	指标	预期值	属性
2	重特大生产安全事故起数	下降20%	约束性
3	单位国内生产总值生产安全事故死亡率	下降33%	约束性
4	工矿商贸就业人员十万人生产安全事故死亡率	下降20%	约束性
5	年均每百万人口因自然灾害死亡率	<1	预期性
6	年均每十万人受灾人次	<15000	预期性
7	年均因自然灾害直接经济损失占国内生产总值比例	<1%	预期性

五、防范化解重大风险，织密灾害事故的防控网络

（三）深化安全生产治本攻坚。

严格安全准入。加强工业园区等重点区域安全管理，制定危险化学品、烟花爆竹、矿山、工贸等“禁限控”目录，完善危险化学品登记管理数据库和动态统计分析功能，推动建立高危行业领域建设项目安全联合审批制度，强化特别管控危险化学品全生命周期管理。建立更加严格规范的安全准入体系，加强矿用、消防等设备材料安全管理，优化交通运输和渔业船舶等安全技术和安全配置。严格建设项目安全设施同时设计、同时施工、同时投入生产和使用制度，健全重大项目决策安全风险评估与论证机制。推动实施全球化学品统一分类和标签制度。

加强隐患治理。完善安全生产隐患分级分类排查治理标准，制定隐患排查治理清单，实现隐患自查自改自报闭环管理。建立危险化学品废弃报告制度。实行重大事故隐患治理逐级挂牌督办、及时整改销号和整改效果评价。推动将企业安全生产信息纳入政府监管部门信息平台，构建政府与企业多级多方联动的风险隐患动态数据库，综合分析研判各类风险、跟踪隐患整改清零。研究将安全风险分级管控和隐患排查治理列入企业安全生产费用支出范围。

深化专项整治。深入推进危险化学品、矿山、消防、交通运输、建筑施工、民爆、特种设备、大型商业综合体等重点行业领域安全整治，解决影响制约安全生产的薄弱环节和突出问题，督促企业严格安全管理、加大安全投入、落实风险管控措施。结合深化供给侧结构性改革，推动安全基础薄弱、安全保障能力低下且整改后仍不达标的企业退出市场。统筹考虑危险化学品企业搬迁和项目建设审批，优先保障符合条件企业的搬迁用地。持续推进企业安全生产标准化建设，实现安全管理、操作行为、设施设备和作业环境规范化。推动淘汰落后技术、工艺、材料和设备，加大重点设施设备、仪器仪表检验检测力度。推动各类金融机构出台优惠贷款等金融类产品，大力推广新技术、新工艺、新材料和新装备，实施智能化矿山、智能化工厂、数字化车间改造，开展智能化作业和危险岗位机器人替代示范。强化危险废物全过程监管，动态修订《国家危险废物名录》，

修订危险废物鉴别、贮存以及水泥窑协同处置污染控制等标准，制定完善危险废物重点监管单位清单。建立废弃危险化学品等危险废物监管协作和联合执法工作机制，加强危险废物监管能力与应急处置技术支持能力建设。

专栏2　安全生产治本攻坚重点

1. 危险化学品。化工园区本质安全整治提升、企业分类治理整顿、非法违法“小化工”整治、重大危险源管控、硝酸铵等高危化学品和精细化工等高危工艺安全风险管控、自动化控制、特殊作业安全管理、城区内化学品输送管线、油气站等易燃易爆剧毒设施；化学品运输、使用和废弃处置等环节。

2. 烟花爆竹。生产、储存、运输等设施；生产、经营、进出口、运输、燃放、销毁、处置等环节。

3. 矿山。煤与瓦斯突出、冲击地压、水文地质类型复杂或极复杂等灾害严重煤矿，30万吨/年以下煤矿，开采深度超过1200米的大中型及以上煤矿；入井人数超过30人、井深超过800米的金属非金属地下矿山，边坡高度超过200米的金属非金属露天矿山，尾矿库“头顶库”、无生产经营主体尾矿库、长期停用尾矿库。

4. 工贸。冶金企业高温熔融金属、煤气工艺环节，涉粉作业人数30人以上的金属粉尘、木粉尘企业，铝加工（深井铸造）企业、农贸市场重大事故隐患整治。

5. 消防。超高层建筑、大型商业综合体、城市地下轨道交通、石油化工企业等高风险场所；人员密集场所、“三合一”场所、群租房、生产加工作坊等火灾易发场所；博物馆、文物古建筑、古城古村寨等文物、文化遗产保护场所和易地扶贫搬迁安置场所；电动汽车、电动自行车、电化学储能设施和冷链仓库、冰雪运动娱乐等新产业新业态；船舶、船闸、水上加油站等水上设施。

6. 道路运输。急弯陡坡、临水临崖、长下坡、危桥、危隧、穿村过镇路口、农村马路市场等路段及部位；非法违规营运客车、校车，“大吨小标”、超限超载、非法改装货车等运输车辆；变型拖拉机；常压液体危险货物罐车。

7. 其他交通运输（民航、铁路、邮政、水上和城市轨道交通）和渔业船舶。民航运输：可控飞行撞地、空中相撞、危险品运输，跑道安全、机场净空安全、鸟击、通用航空安全；铁路运输：沿线环境安全、危险货物运输、公铁水并行交汇地段、路外伤害安全；邮政快递：末端车辆安全、作业场所安全；水上运输：商渔船碰撞、内河船舶非法从事海上运输、港口客运和危险货物运输；城市轨道交通：运营保护区巡查，违规施工作业、私搭乱建、堆放易燃易爆危险品等；渔业船舶：船舶脱检脱管、不适航、配员不足、脱编作业、超员超载、超风级超航区冒险航行作业，船员不适任、疏忽瞭望值守。

8. 城市建设。利用原有建筑物改建改用为酒店、饭店、学校、体育馆等人员聚集场所；高层建筑工程、地下工程、改造加固工程、拆除工程、桥梁隧道工程；违法违规转包分包；城镇燃气及燃气设施安全管理。

9. 工业园区等功能区。化工园区安全风险评估分级；仓储物流园区安全管理；港口码头等功能区安全管理。

10. 危险废物。危险废物贮存、利用、处置环节；违规堆存、随意倾倒、私自填埋危险废物。

七、强化灾害应对准备，凝聚同舟共济的保障合力

（二）强化应急物资准备。

优化应急物资管理。按照中央层面满足应对特别重大灾害事故的应急物资保障峰值需求、地方层面满足启动本行政区域Ⅱ级应急响应的应急物资保障需求，健全完善应急物资保障体系，建立中央和地方、政府和社会、实物和产能相结合的应急物资储备模式，加强应急物资资产管理，建立健全使用和管理情况的报告制度。建立跨部门应急物资保障联动机制，健全跨区域应急物资协同保障机制。依法完善应急处置期间政府紧急采购制度，优化流程、简化手续。完善各类应急物资政府采购需求标准，细化技术规格和参数，加强应急物资分类编码及信息化管理。完善应急物资分类、生产、储备、装卸、运输、回收、报废、补充等相关管理规范。完善应急捐赠物资管理分配机制，规范进口捐赠物资审批流程。

加强物资实物储备。完善中央、省、市、县、乡五级物资储备布局，建立健全包括重要民生商品在内的应急物资储备目录清单，合理确定储备品类、规模和结构并动态调整。建立完善应急物资更新轮换机制。扩大人口密集区域、灾害事故高风险区域和交通不便区域的应急物资储备规模，丰富储备物资品种、完善储备仓库布局，重点满足流域大洪水、超强台风以及特别重大山洪灾害应急的物资需要。支持政企共建或委托企业代建应急物资储备库。

提升物资产能保障。制定应急物资产能储备目录清单，加强生产能力动态监控，掌握重要物资企业供应链分布。实施应急产品生产能力储备工程，建设区域性应急物资生产保障基地。选择符合条件的企业纳入产能储备企业范围，建立动态更新调整机制。完善鼓励、引导重点应急物资产能储备企业扩能政策，持续完善应急物资产业链。加强对重大灾害事故物资需求的预判研判，完善应急物资储备和集中生产调度机制。

专栏3　应急物资储备布局建设重点

1. 中央生活类救灾物资：改扩建现有20个中央生活类救灾物资储备库和35个综合仓库，在交通枢纽城市、人口密集区域、易发生重特大自然灾害区域建设7个综合性国家储备基地。

2. 综合性消防救援应急物资：在北京、沈阳等地建设8个中央级库，依托消防救援总队训练与战勤保障支队建设31个省级库，在三类以上消防救援支队所在地市建设227个地市级库。

3. 森林消防应急物资：在成都、海拉尔等地建设7个中央级库，依托森林消防总队建设5个省级库，在森林消防支队所在地建设36个地市级库。

4. 地方应急物资：改扩建现有应急物资储备库，推进县级应急物资储备库建设，重点支持中西部和经济欠发达高风险地区储备库建设。

（三）强化紧急运输准备。

加强区域统筹调配，建立健全多部门联动、多方式协同、多主体参与的综合交通应急运输管理协调机制。制定运输资源调运、征用、灾后补偿等配套政策，完善调运经费结算方式。深化应急交通联动机制，落实铁路、公路、航空应急交通保障措施。依托大型骨干物流企业，统筹建立涵盖铁路、公路、水运、民航等各种

运输方式的紧急运输储备力量，发挥高铁优势构建力量快速输送系统，保障重特大灾害事故应急资源快速高效投送。健全社会紧急运输力量动员机制。加快建立储备充足、反应迅速、抗冲击能力强的应急物流体系。优化紧急运输设施空间布局，加快专业设施改造与功能嵌入，健全应急物流基地和配送中心建设标准。发挥不同运输方式规模、速度、覆盖优势，构建快速通达、衔接有力、功能适配、安全可靠的综合交通应急运输网络。加强交通应急抢通能力建设，进一步提高紧急运输能力。加强紧急运输绿色通道建设，完善应急物资及人员运输车辆优先通行机制。建设政企联通的紧急运输调度指挥平台，提高供需匹配效率，减少物资转运环节，提高救灾物资运输、配送、分发和使用的调度管控水平。推广运用智能机器人、无人机等高技术配送装备，推动应急物资储运设备集装单元化发展，提升应急运输调度效率。

《国务院关于印发“十四五”节能减排综合工作方案的通知》摘编

各省、自治区、直辖市人民政府，国务院各部委、各直属机构：

现将《“十四五”节能减排综合工作方案》印发给你们，请结合本地区、本部门实际，认真贯彻落实。

国务院

2021年12月28日

（本文有删减）

“十四五”节能减排综合工作方案

为认真贯彻落实党中央、国务院重大决策部署，大力推动节能减排，深入打好污染防治攻坚战，加快建立健全绿色低碳循环发展经济体系，推进经济社会发展全面绿色转型，助力实现碳达峰、碳中和目标，制定本方案。

一、总体要求

以习近平新时代中国特色社会主义思想为指导，全面贯彻党的十九大和十九届历次全会精神，深入贯彻习近平生态文明思想，坚持稳中求进工作总基调，立足新发展阶段，完整、准确、全面贯彻新发展理念，构建新发展格局，推动高质量发展，完善实施能源消费强度和总量双控（以下称能耗双控）、主要污染物排放总量控制制度，组织实施节能减排重点工程，进一步健全节能减排政策机制，推动能源利用效率大幅提高、主要污染物排放总量持续减少，实现节能降碳减污协同增效、生态环境质量持续改善，确保完成“十四五”节能减排目标，为实现碳达峰、碳中和目标奠定坚实基础。

二、主要目标

到2025年，全国单位国内生产总值能源消耗比2020年下降13.5%，能源消费总量得到合理控制，化学需氧量、氨氮、氮氧化物、挥发性有机物排放总量比2020年分别下降8%、8%、10%以上、10%以上。节能减排政策机制更加健全，重点行业能源利用效率和主要污染物排放控制水平基本达到国际先进水平，经济社会发展绿色转型取得显著成效。

三、实施节能减排重点工程

（四）交通物流节能减排工程。推动绿色铁路、绿色公路、绿色港口、绿色航道、绿色机场建设，有序推进充换电、加注（气）、加氢、港口机场岸电等基础设施建设。提高城市公交、出租、物流、环卫清扫等车辆使用新能源汽车的比例。加快大宗货物和中长途货物运输“公转铁”、“公转水”，大力发展铁水、公铁、公水等多式联运。全面实施汽车国六排放标准和非道路移动柴油机械国四排放标准，基本淘汰国三及以下排放标准汽车。深入实施清洁柴油机行动，鼓励重型柴油货车更新替代。实施汽车排放检验与维护制度，加强机动车排放召回管理。加强船舶清洁能源动力推广应用，推动船舶岸电受电设施改造。提升铁路电气化水平，推广低能耗运输装备，推动实施铁路内燃机车国一排放标准。大力发展智能交通，积极运用大数据优化运输组织模式。加快绿色仓储建设，鼓励建设绿色物流园区。加快标准化物流周转箱推广应用。全面推广绿色快递包装，引导电商企业、邮政快递企业选购使用获得绿色认证的快递包装产品。到2025年，新能源汽车新车销售量达到汽车新车销售总量的20%左右，铁路、水路货运量占比进一步提升。（交通运输部、国家发展改革委牵头，工业和信息化部、公安部、财政部、生态环境部、住房城乡建设部、商务部、市场监管总局、国家能源局、国家铁路局、中国民航局、国家邮政局、中国国家铁路集团有限公司等按职责分工负责）

国务院办公厅关于印发推进多式联运发展优化调整运输结构工作方案（2021—2025年）的通知

国办发〔2021〕54号

各省、自治区、直辖市人民政府，国务院各部委、各直属机构：

《推进多式联运发展优化调整运输结构工作方案（2021—2025年）》已经国务院同意，现印发给你们，请结合实际，认真组织实施。

国务院办公厅

2021年12月25日

（此件公开发布）

推进多式联运发展优化调整运输结构

工作方案（2021—2025年）

为深入贯彻落实党中央、国务院决策部署，大力发展多式联运，推动各种交通运输方式深度融合，进一步优化调整运输结构，提升综合运输效率，降低社会物流成本，促进节能减排降碳，制定本方案。

一、总体要求

（一）指导思想。以习近平新时代中国特色社会主义思想为指导，深入贯彻党的十九大和十九届历次全会精神，立足新发展阶段，完整、准确、全面贯彻新发展理念，以推动高质量发展为主题，以深化供给侧结构性改革为主线，以加快建设交通强国为目标，以发展多式联运为抓手，提升基础设施联通水平，促进运输组织模式创新，推动技术装备升级，营造统一开放市场环境，加快构建安全、便捷、高效、绿色、经济的现代化综合交通体系，更好服务构建新发展格局，为实现碳达峰、碳中和目标作出交通贡献。

（二）工作目标。到2025年，多式联运发展水平明显提升，基本形成大宗货物及集装箱中长距离运输以铁路和水路为主的发展格局，全国铁路和水路货运量比2020年分别增长10%和12%左右，集装箱铁水联运量年均增长15%

以上。重点区域运输结构显著优化，京津冀及周边地区、长三角地区、粤港澳大湾区等沿海主要港口利用疏港铁路、水路、封闭式皮带廊道、新能源汽车运输大宗货物的比例力争达到80%；晋陕蒙煤炭主产区大型工矿企业中长距离运输（运距500公里以上）的煤炭和焦炭中，铁路运输比例力争达到90%。

二、提升多式联运承载能力和衔接水平

（三）完善多式联运骨干通道。强化规划统筹引领，提高交通基础设施一体化布局和建设水平，加快建设以“6轴7廊8通道”主骨架为重点的综合立体交通网，提升京沪、陆桥、沪昆、广昆等综合运输通道功能，加快推进西部陆海新通道、长江黄金水道、西江水运通道等建设，补齐出疆入藏和中西部地区、沿江沿海沿边骨干通道基础设施短板，挖掘既有干线铁路运能，加快铁路干线瓶颈路段扩能改造。（交通运输部、国家发展改革委、国家铁路局、中国民航局、中国国家铁路集团有限公司等按职责分工负责，地方各级人民政府落实。以下均需地方各级人民政府落实，不再列出）

（四）加快货运枢纽布局建设。加快港口物流枢纽建设，完善港口多式联运、便捷通关等服务功能，合理布局内陆无水港。完善铁路物流基地布局，优化管理模式，加强与综合货运枢纽衔接，推动铁路场站向重点港口、枢纽机场、产业集聚区、大宗物资主产区延伸。有序推进专业性货运枢纽机场建设，强化枢纽机场货物转运、保税监管、邮政快递、冷链物流等综合服务功能，鼓励发展与重点枢纽机场联通配套的轨道交通。依托国家物流枢纽、综合货运枢纽布局建设国际寄递枢纽和邮政快递集散分拨中心。（交通运输部、国家发展改革委、财政部、中国国家铁路集团有限公司牵头，海关总署、国家铁路局、中国民航局、国家邮政局等配合）

（五）健全港区、园区等集疏运体系。加快推动铁路直通主要港口的规模化港区，各主要港口在编制港口规划或集疏运规划时，原则上要明确联通铁路，确定集疏运目标，同步做好铁路用地规划预留控制；在新建或改扩建集装箱、大宗干散货作业区时，原则上要同步建设进港铁路，配足到发线、装卸线，实现铁路深入码头堆场。加快推进港口集疏运公路扩能改造。新建或迁建煤炭、矿石、焦炭等大宗货物年运量150万吨以上的物流园区、工矿企业及粮食储备库等，原则上要接入铁路专用线或管道。挖掘既有铁路专用线潜能，推动共线共用。（交通运输部、国家发展改革委、生态环境部、国家铁路局、中国国家铁路集团有限公司等按职责分工负责）

三、创新多式联运组织模式

（六）丰富多式联运服务产品。加大35吨敞顶箱使用力度，探索建立以45英尺内陆标准箱为载体的内贸多式联运体系。在符合条件的港口试点推进“船边直提”和“抵港直装”模式。大力发展铁路快运，推动冷链、危化品、国内邮件快件等专业化联运发展。鼓励重点城市群建设绿色货运配送示范区。充分挖掘城市铁路场站和线路资源，创新“外集内配”等生产生活物资公铁联运模式。支持港口城市结合城区老码头改造，发展生活物资水陆联运。（交通运输部、中国国家铁路集团有限公司牵头，国家发展改革委、商务部、生态环境部、海关总署、国家铁路局、中国民航局、国家邮政局等配合）

（七）培育多式联运市场主体。深入开展多式联运示范工程建设，到2025年示范工程企业运营线路基本覆盖国家综合立体交通网主骨架。鼓励港口航运、铁路货运、航空寄递、货代企业及平台型企业等加快向多式联运经营人转型。（交通运输部、国家发展改革委牵头，国家铁路局、中国民航局、国家邮政局、中国国家铁路集团有限公司等配合）

（八）推进运输服务规则衔接。以铁路与海运衔接为重点，推动建立与多式联运相适应的规则协调和互认机制。研究制定不同运输方式货物品名、危险货物划分等互认目录清单，建立完善货物装载交接、安全管理、支付结算等规则体系。深入推进多式联运"一单制"，探索应用集装箱多式联运运单，推动各类单证电子化。探索推进国际铁路联运运单、多式联运单证物权化，稳步扩大在"一带一路"运输贸易中的应用范围。（交通运输部、中国国家铁路集团有限公司牵头，商务部、司法部、国家铁路局、中国民航局、国家邮政局等配合）

（九）加大信息资源共享力度。加强铁路、港口、船公司、民航等企业信息系统对接和数据共享，开放列车到发时刻、货物装卸、船舶进离港等信息。加快推进北斗系统在营运车船上的应用，到2025年基本实现运输全程可监测、可追溯。（交通运输部、中国国家铁路集团有限公司牵头，国务院国资委、国家铁路局、中国民航局、国家邮政局等配合）

四、促进重点区域运输结构调整

（十）推动大宗物资"公转铁、公转水"。在运输结构调整重点区域，加强港口资源整合，鼓励工矿企业、粮食企业等将货物"散改集"，中长距离运输时主要采用铁路、水路运输，短距离运输时优先采用封闭式皮带廊道或新能源车船。探索推广大宗固体废物公铁水协同联运模式。深入开展公路货运车辆超限超载治理。（交通运输部、中国国家铁路集团有限公司牵头，国家发展改革委、工业和信息化部、公安部、财政部、自然资源部、生态环境部、市场监管总局、国家铁路局等配合）

（十一）推进京津冀及周边地区、晋陕蒙煤炭主产区运输绿色低碳转型。加快区域内疏港铁路、铁路专用线和封闭式皮带廊道建设，提高沿海港口大宗货物绿色集疏运比例。推动浩吉、大秦、唐包、瓦日、朔黄等铁路按最大运输能力保障需求。在煤炭矿区、物流园区和钢铁、火电、煤化工、建材等领域培育一批绿色运输品牌企业，打造一批绿色运输枢纽。（交通运输部、中国国家铁路集团有限公司牵头，国家发展改革委、自然资源部、生态环境部、国家铁路局等配合）

（十二）加快长三角地区、粤港澳大湾区铁水联运、江海联运发展。加快建设小洋山北侧等水水中转码头，推动配套码头、锚地等设施升级改造，大幅降低公路集疏港比例。鼓励港口企业与铁路、航运等企业加强合作，统筹布局集装箱还箱点。因地制宜推进宁波至金华双层高集装箱运输示范通道建设，加快推进沪通铁路二期及外高桥港区装卸线工程、浦东铁路扩能改造工程、北仑支线复线改造工程和梅山港区铁路支线、南沙港区疏港铁路、平盐铁路复线、金甬铁路苏溪集装箱办理站等多式联运项目建设。推动企业充分利用项目资源，加快发展铁水联运、江海直达运输，形成一批江海河联运精品线路。（交通运输部、中国国家铁路集团有限公司牵头，国家发展改革委、国家铁路局等配合）

五、加快技术装备升级

（十三）推广应用标准化运载单元。推动建立跨区域、跨运输方式的集装箱循环共用系统，降低空箱调转比例。探索在大型铁路货场、综合货运枢纽拓展海运箱提还箱等功能，提供等同于港口的箱管服务。积极推动标准化托盘（1200mm×1000mm）在集装箱运输和多式联运中的应用。加快培育集装箱、半挂车、托盘等专业化租赁市场。（交通运输部、中国国家铁路集团有限公司牵头，工业和信息化部、商务部、市场监管总局等配合）

（十四）加强技术装备研发应用。加快铁路快运、空铁（公）联运标准集装器（板）等物流技术装备研发。研究适应内陆集装箱发展的道路自卸卡车、岸桥等设施设备。鼓励研发推广冷链、危化品等专用运输车船。推动新型模块化运载工具、快速转运和智能口岸查验等设备研发和产业化应用。（中国国家铁路集团有限公司、工业和信息化部牵头，交通运输部、海关总署、科技部、国家铁路局、中国民航局、国家邮政局等配合）

（十五）提高技术装备绿色化水平。积极推动新能源和清洁能源车船、航空器应用，推动在高速公路服务区和港站枢纽规划建设充换电、加气等配套设施。在港区、场区短途运输和固定线路运输等场景示范应用新能源重型卡车。加快推进港站枢纽绿色化、智能化改造，协同推进船舶和港口岸电设施匹配改造，深入推进船舶靠港使用岸电。（交通运输部、工业和信息化部、国家发展改革委、住房城乡建设部、生态环境部、国家能源局、中国国家铁路集团有限公司等按职责分工负责）

六、营造统一开放市场环境

（十六）深化重点领域改革。深化“放管服”改革，加快构建以信用为基础的新型监管机制，推动多式联运政务数据安全有序开放。深化铁路市场化改革，促进铁路运输市场主体多元化，研究推进铁路、港口、航运等企业股权划转和交叉持股，规范道路货运平台企业经营，建立统一开放、竞争有序的运输服务市场。（国家发展改革委、交通运输部、市场监管总局、国家铁路局、中国民航局、国家邮政局、中国国家铁路集团有限公司等按职责分工负责）

（十七）规范重点领域和环节收费。完善铁路运价灵活调整机制，鼓励铁路运输企业与大型工矿企业等签订“量价互保”协议。规范地方铁路、专用铁路、铁路专用线收费，明确线路使用、管理维护、运输服务等收费规则，进一步降低使用成本。规范海运口岸的港口装卸、港外堆场、检验检疫、船公司、船代等收费。（国家发展改革委、交通运输部、中国国家铁路集团有限公司等按职责分工负责）

（十八）加快完善法律法规和标准体系。推动加快建立与多式联运相适应的法律法规体系，进一步明确各方法律关系。加快推进多式联运枢纽设施、装备技术等标准制修订工作，补齐国内标准短板，加强与国际规则衔接。积极参与国际多式联运相关标准规则研究制定，更好体现中国理念和主张。研究将多式联运量纳入交通运输统计体系，为科学推进多式联运发展提供参考依据。（交通运输部、司法部、商务部、市场监管总局、国家统计局、国家铁路局、中国民航局、国家邮政局、中国国家铁路集团有限公司等按职责分工负责）

七、完善政策保障体系

（十九）加大资金投入力度。统筹利用车购税资金、中央预算内投资等多种渠道，加大对多式联运发展和运输结构调整的支持力度。鼓励社会资本牵头设立多式联运产业基金，按照市场化方式运作管理。鼓励各地根据实际进一步加大资金投入力度。（财政部、国家发展改革委、交通运输部、国家铁路局、中国民航局、国家邮政局、中国国家铁路集团有限公司等按职责分工负责）

（二十）加强对重点项目的资源保障。加大对国家物流枢纽、综合货运枢纽、中转分拨基地、铁路专用线、封闭式皮带廊道等项目用地的支持力度，优先安排新增建设用地指标，提高用地复合程度，盘活闲置交通用地资源。加大涉海项目协调推进力度，在符合海域管理法律法规、围填海管理和集约节约用海政策、生态环境保护要求的前提下，支持重点港口、集疏港铁路和公路等建设项目用海及岸线需求；对支撑多式联运发展、运输结构调整的规划和重点建设项目，开辟环评绿色通道，依法依规加快环评审查、审批。（自然资源部牵头，生态环境部、住房城乡建设部、交通运输部等配合）

（二十一）完善交通运输绿色发展政策。制定推动多式联运发展和运输结构调整的碳减排政策，鼓励各地出台支持多种运输方式协同、提高综合运输效率、便利新能源和清洁能源车船通行等方面政策。在特殊敏感保护区域，鼓励创新推广绿色低碳运输组织模式，守住自然生态安全边界。（国家发展改革委、公安部、财政部、生态环境部、住房城乡建设部、交通运输部等按职责分工负责）

（二十二）做好组织实施工作。完善运输结构调整工作协调推进机制，加强综合协调和督促指导，强化动态跟踪和分析评估。各地、各有关部门和单位要将发展多式联运和调整运输结构作为“十四五”交通运输领域的重点事项，督促港口、工矿企业、铁路企业等落实责任，有力有序推进各项工作。在推进过程中，要统筹好发展和安全的关系，切实保障煤炭、天然气等重点物资运输安全，改善道路货运、邮政快递等从业环境，进一步规范交通运输综合行政执法，畅通“12328”热线等交通运输服务监督渠道，做好政策宣传和舆论引导，切实维护经济社会发展稳定大局。（交通运输部、国家发展改革委、中国国家铁路集团有限公司牵头，各有关部门和单位配合）

《"十四五"现代流通体系建设规划》摘编

在社会再生产过程中，流通效率和生产效率同等重要，是提高国民经济总体运行效率的重要方面。高效流通体系能够在更大范围把生产和消费联系起来，扩大交易范围，推动分工深化，提高生产效率，促进财富创造。流通体系在国民经济中发挥着基础性作用，国内循环和国际循环都离不开高效的现代流通体系。建设现代流通体系是构建以国内大循环为主体、国内国际双循环相互促进的新发展格局的一项重要战略任务。

为贯彻落实党中央、国务院决策部署，加快建设系统完备、创新引领、协同高效的现代流通体系，着力优化流通网络、完善流通市场、做强流通企业，推动商贸、物流、交通、金融、信用等有机衔接，根据《中华人民共和国国民经济和社会发展第十四个五年规划和2035年远景目标纲要》，制定本规划。规划期为2021—2025年，展望至2035年。

第一章 发展环境

"十四五"时期，我国流通体系建设开启新篇章，进一步发展面临新的机遇和挑战。

第一节 发展基础

改革开放特别是党的十八大以来，党中央、国务院高度重视并大力推动流通发展，我国流通体系建设取得显著成效，特别是在抗击新冠肺炎疫情过程中发挥了重要作用。

全国统一大市场加快建设。商贸、物流、交通等重点领域市场化改革步伐加快，商事服务水平不断提升，规则和标准体系加快建立，市场准入和监管体制机制日益完善，公平有序的市场秩序基本形成，商品和资源要素流通制度环境持续改善。

现代物流快速发展。"通道+枢纽+网络"物流运行体系建设持续推进，重大物流基础设施加快建设，国家骨干流通网络逐步健全，现代物流企业快速成长，服务质量效益显著提高，有效推动流通成本降低、效率提升。2020年，我国社会物流总费用与国内生产总值的比率降至14.7%。

交通运输承载能力持续提升。"十纵十横"综合运输大通道加快建设，交通基础设施城乡覆盖和国际互联互通水平明显提高，货运服务能力大幅提升。2020年，全国货物周转量19.7万亿吨公里，铁路货运量、港口货物和集装箱吞吐量、快递业务量稳居世界第一。

金融信用支撑不断加强。金融领域多层次

支付清算网络体系基本建成，人民币跨境支付系统（CIPS）投入运行，供应链金融发展取得积极成效。流通领域信用建设加快推进，信用服务产品惠及范围不断扩大，以信用为基础的新型监管机制初步形成，诚信商业文化逐步深入人心。

第二章 总体要求

第一节 指导思想

以习近平新时代中国特色社会主义思想为指导，全面贯彻落实党的十九大和十九届历次全会精神，坚持稳中求进工作总基调，完整、准确、全面贯彻新发展理念，加快构建新发展格局，全面深化改革开放，坚持创新驱动发展，推动高质量发展，坚持以供给侧结构性改革为主线，坚持以人民为中心的发展思想，统筹推进现代流通体系硬件和软件建设，培育壮大现代流通企业，提升现代流通治理水平，全面形成现代流通发展新优势，提高流通效率，降低流通成本，为构建以国内大循环为主体、国内国际双循环相互促进的新发展格局提供有力支撑。

第二节 基本原则

——有效市场、有为政府。

——创新驱动、绿色低碳。

——系统观念、保障安全。

第三节 主要目标

到 2025 年，现代流通体系加快建设，商品和资源要素流动更加顺畅，商贸、物流设施更加完善，国内外流通网络和服务体系更加健全，流通业态模式更加丰富多元，流通市场主体更具活力，交通承载能力和金融信用支撑能力明显增强，应急保障能力和绿色发展水平显著提升，流通成本持续下降、效率明显提高，对畅通国民经济循环的基础性、先导性、战略性作用显著提升。

展望2035年，现代流通体系全面建成，形成覆盖全球、安全可靠、高效畅通的流通网络，流通运行效率和质量达到世界先进水平，参与国际合作和竞争新优势显著增强，对现代化经济体系形成高效支撑，为满足人民美好生活需要提供坚实保障。

第四节 发展方向

提高流通现代化水平。把握新一轮科技革命和产业变革历史机遇，加速流通体系现代化建设步伐，提升流通数字化、组织化、绿色化、国际化发展水平。强化流通各环节各领域数字赋能，拓展流通领域数字化应用深度广度，加快流通设施智能化建设和升级改造，促进流通业态模式创新发展。强化流通对商品和资源要素配置的组织作用，推动流通企业和平台资源整合，促进产业链供应链高效运行、供需精准适配。贯彻绿色发展理念，坚持走绿色低碳发展新路，加大绿色技术装备推广应用，加快流通设施节能改造，降低流通全过程资源消耗和污染排放。立足高水平对外开放，加强流通领域国际合作，深度融入全球产业链供应链，提升全球资源要素配置能力，助力我国产业迈向全球价值链中高端。

构建内畅外联现代流通网络。服务商品和资源要素跨区域、大规模流通，优化商贸、物流、交通等设施空间布局，构建东西互济、南北协作、内外联通的现代流通骨干网络。依托全国优势资源地、产业和消费集聚地，布局建设一批流通要素集中、流通设施完善、新技术新业态新模式应用场景丰富的现代流通战略支点城市。服务区域重大战略、区域协调发展战略、主体功能区战略实施，打造若干设施高效联通、产销深度衔接、分工密切协作的骨干流通走廊，串接现代流通战略支点城市，进一步发挥现代流通体系的市场链接和产业组织作用。

发展有序高效现代流通市场。着眼商品和资源低成本、高效率自由流动，健全统一的市场规则和制度体系，构建类型丰富、统一开放、公平有序、配套完善的高水平现代流通市场。推进商贸市场、物流市场和交通运输市场融合联动、有机协同，充分释放各类市场活力。深化金融供给侧结构性改革，完善流通领域信用治理，强化流通领域金融有效供给和信用支撑保障。

培育优质创新现代流通企业。支持流通企业做大做强做优，增强创新创造力和核心竞争力，更好发挥在现代流通体系建设中的主体地位。支持现代流通企业网络化发展，对内优化升级商贸和物流网络，对外整合利用全球资源，构筑成本低、效率高、韧性强的全球流通运营渠道，培育国际合作和竞争新优势。推动现代流通企业一体化发展，促进商贸物流融合，深度嵌入工农业生产各环节，打造跨界融合发展新业态。鼓励现代流通企业生态化发展，引导大中小企业基于流通供应链、数据链、价值链开展深度对接，构建资源共享、协同发展的流通新生态。

第三章　深化现代流通市场化改革

第一节　推进商品和要素高效流通和配置

加快现代流通重点领域市场化进程。推动大型流通企业健全现代企业制度，推进铁路、民航、邮政等行业竞争性环节市场化改革，形成统一开放交通运输市场。鼓励各类金融机构、中介机构积极参与流通领域市场交易，按市场化原则提供融资、担保、保险等综合服务。完善流通领域数据资源确权、交易、应用等规则，建立健全流通数据资源采集、传输、链接等规则，加快培育流通数据交易平台，健全数据市场化配置机制，促进数据资源合规交易、安全高效利用。完善流通领域专利技术和知识产权鉴定、评估、定价与交易机制，促进更多专利技术推广应用和知识产权成果转化。

健全一体衔接的规则和标准。对标国际先进，根据市场需要和企业实践，制修订适合我国国情的流通规则和标准。完善商品命名、编码、计量等规则和规格、品级等标准。完善市场交易准则，严禁设定不合理结算方式、拖延付款期限等行为。推动流通领域国家、行业、团体、地方和企业标准相互配套、相互补充。推动基础通用和产业共性物流技术标准优化升级，强化各种运输方式、各物流环节衔接。加大流通领域规则标准实施应用力度，发挥中介组织作用，引导产业技术联盟率先推广，支持骨干核心企业示范引领。推动流通领域基础设施、载运工具、集装设备、票证单据、作业规范等标准相互衔接和应用，加强与生产领域规则标准对接。开展规则标准研究、互译、互认等国际交流合作，加强我国优势领域国际规则和标准制定引领，营造高水平经贸规则标准应用软环境。

第二节　完善流通市场准入和公平竞争制度

优化流通领域商事服务。落实“全国一张清单”管理模式，健全权力清单、责任清单、负面清单制度，优化“一网通办”“一窗办成”业务流程，推进流通企业开办、变更、注销等商事服务规范化、便利化。完善流通领域融合发展业态的登记注册管理制度，统一优化消防、环保、卫生等管理规定。深化“证照分离”改革，大幅削减流通领域行政许可前置中介服务事项，加快解决“准入不准营”问题。研究制定流通领域通用性资格资质清单，统一规范认证程序及管理办法，推动在全国范围实现互通互认互用。

加强反垄断和反不正当竞争执法。推进流通领域落实公平竞争审查实施细则，探索建立流通领域重大政策措施会审制度，强化跨区域行政执法协同配合机制。鼓励各地区、各部门建立第三方专业机构参与审查机制。加强流通领域市场竞争状况评估，分析市场结构，依法开展反垄断和反不正当竞争执法，维护市场公平竞争秩序。各地区不得要求连锁经营等流通企业在本地设立具有法人资格市场主体，不得对未设立具有法人资格市场主体的连锁经营企业在给予补贴补助等惠企政策时采取歧视做法。引导平台经济、共享经济等新业态良性发展，防止资本无序扩张。建立健全反垄断反不正当竞争合规自律机制，促进流通企业合规管理。

第四章　完善现代商贸流通体系

第一节　健全现代商贸流通网络

完善农产品现代流通网络。依托农产品主产地、主销区、集散地，支持全国骨干农产品批发市场建设，重点加快中西部及东北地区农产品主产区市场建设。加快田间地头流通设施建设，推进农产品产地市场、集配中心和低温加工处理中心改造升级，加快农产品运输、仓储设施专业化改造，提高农产品商品化处理能力。支持农产品流通企业配备冷链物流设备装备，建设服务城市消费的“中央厨房”等设施，提高农产品冷链物流能力和标准化水平。加强农产品产销对接，畅通供需渠道，保障农产品市场供应充足、价格平稳。

第五章　加快发展现代物流体系

顺应物流运行网络化发展趋势，推进物流基础设施和服务能力建设，加快构建经济高效、绿色智能、安全稳定的现代物流体系。

第一节　构建现代物流基础设施网络

建设国家物流枢纽网络。加快国家物流枢纽布局建设，重点补齐中西部地区短板，构建全国骨干物流设施网络。畅通干线物流通道，加强枢纽互联，推动枢纽干支仓配一体建设，打造“通道+枢纽+网络”物流运行体系。完善枢纽国际物流服务功能，衔接国际物流通道，实现国内国际物流网络融合。

完善区域物流服务网络。强化物流基础设施互联互通和信息共享，构建支撑现代流通的多层级物流服务体系。围绕产业集聚区和消费集中地，加快推动物流园区、物流中心、配送中心等基础设施建设，对接国家物流枢纽，提高一体化、集约化物流组织服务能力。完善城市配送设施，大力发展共同配送，提高配送效率。依托商贸、供销、交通、邮政快递等城乡网点资源，完善县乡村快递物流配送体系，提升末端网络服务能力。推动建设绿色物流枢纽、园区，引导企业创新开展绿色低碳物流服务。

健全冷链物流设施体系。推进国家骨干冷链物流基地布局建设，加强与国家物流枢纽运行衔接，构建冷链物流骨干网络。加强农产品产地预冷、分拣包装、移动冷库等设施建设，补齐生鲜农产品流通“最先一公里”短板，提高商品化处理水平；加强销地高标准冷库和冷链分拨配送设施建设，推动农产品批发市场以及商超等零售网点冷链物流设施改造升级，推广新能源配送冷藏车，提高“最后一公里”冷链物流服务效率。加大冷链物流全流程监管力度，消除“断链”隐患，减少生鲜农产品流通领域损耗，保障食品安全。严格落实疫情防控要求，健全进口冷链食品检验检疫制度。

第二节　拓展物流服务新领域新模式

加快发展多种形式铁路快运。加快铁路（高铁）快运基础设施网络建设，加强与存储、分拨、配送等设施衔接，统筹高铁与普铁快运设施协调利用。开展高铁多样式、大批量快件运输试点，逐步构建多点覆盖、灵活组织的铁路（高铁）快运服务网络。推进高铁快运与电商快递等衔接融合，加强铁路干线对接公路集疏运、国际航空运输网络，提高铁路（高铁）快运组织化水平。

推进物流与相关产业融合创新发展。加强物流基础设施与工业园区、商品交易市场等统筹布局、联动发展，推进国家物流枢纽经济示范区建设，培育壮大枢纽经济。支持物流企业与生产制造、商贸流通企业深度协作，创新供应链协同运营模式，拓展冷链物流、线边物流、电商快递等物流业态。推进物流与生产、制造、采购、分销、结算等服务有机融合，营造物流与产业互促发展生态。

推广集约智慧绿色物流发展新模式。拓展物流信息平台功能，优化车、船、仓等分散物流资源供需对接，提升物流规模化组织水平。打造国家物流枢纽运营平台，集成储、运、仓、配等物流服务，创新一体化物流组织模式。搭建供应链服务平台，提供信息、物流等综合服务。加快发展智慧物流，积极应用现代信息技术和智能装备，提升物流自动化、无人化、智能化水平。扩大新能源运输工具应用范围，推广绿色包装技术和物流标准化器具循环共用。鼓励构建线上线下融合的废旧物资逆向物流体系，促进废旧物品、包装等回收再利用。

第三节　培育充满活力现代物流企业

提升物流企业网络化经营能力。支持骨干

物流企业通过兼并重组、联盟合作等方式加强资源整合，优化网络布局，引导企业集约化、规模化经营。引导水运、航空货运、铁路货运、邮政快递等领域龙头企业，对接国内国际物流通道，加快境内外节点设施布局，构建网络化运营体系。强化各类企业协同合作和互补衔接，优化物流组织模式，完善全球物流服务网络。鼓励物流企业深度参与国际贸易网络，延伸物流大数据等服务，提升全链条物流服务效能。

提高物流企业专业化服务水平。支持物流企业做专做优，提高普货运输、通用仓储等基础业务专业化水准，提升对接多元化物流需求的专业物流服务能力。引导物流企业与能源、粮食、矿石等大宗商品贸易企业紧密协作，提供国内国际采购、运输、仓储等规模化协同化服务。支持大件物流企业优化跨区域运输线路，构建多种运输方式协调衔接的大件物流网络，提供规范化个性化服务。培育壮大医药物流企业，创新医药流通模式，提升医药流通效率和全过程品质管控能力。推动危化品物流企业加强设施设备投入和技术改造，完善物流作业规范，发展罐箱多式联运，提高危化品运输安全水平。支持网络化、专业化龙头物流企业与中小微企业紧密对接，畅通物流末端微循环，共同打造优势互补、高效协作的物流企业生态。

第四节　提升多元化国际物流竞争力

加强国际航空物流能力建设。面向产业发展和消费升级等需要，完善提升综合性机场货运设施能力和服务品质，稳妥有序推进专业性货运枢纽机场建设，鼓励航空物流企业与机场共同打造航空物流枢纽，发展轴辐式航空货运组织模式，构建畅通周边国家、辐射全球的航空物流网络。支持优势企业强强联合，建设强大国际货运机队，打造一体运作的国际航空物流运营平台，增强国际航空物流组织能力。实施快递“出海”工程，加快构建多点支撑的寄递网络。

拓展内陆国际联运通道。巩固提升中欧班列良好发展态势，进一步优化班列开行方案，打造班列信息平台，加快集结中心示范工程建设，提升境内外节点对接水平，促进进出口均衡和稳定安全开行。加强内陆地区对接沿海港口国际联运通道建设，优化西部陆海新通道等通道运输组织，积极构建中国—东盟多式联运联盟等国际化平台，提升国际多式联运组织水平，促进中西部地区双向开放。完善双多边国际道路运输协定体系，拓展国际道路运输网络，加快培育共同运输市场。

提升国际海运服务水平。拓展沿海港口国际航线网络，加强上海港、大连港、天津港、青岛港、连云港港、宁波舟山港、厦门港、深圳港、广州港、北部湾港、洋浦港等国际枢纽海港建设，提升中转辐射组织能力，完善航运交易、国际贸易、金融保险等综合服务功能。加快宁波舟山国家大宗商品储运基地建设，建设具有国际影响力的大宗商品交易中心。提高航运企业供应链组织、箱货匹配能力，深化与外贸企业物流信息对接，整合国内外物流网络资源，组建世界一流船队，培育海运国际竞争优势。推动区块链在国际航运领域应用，探索签发区块链电子提单。

增强口岸物流服务能力。优化国家口岸空间布局，增强港口、机场、陆路边境口岸等国际物流服务能力。强化口岸通关、转运、换装、查验、信息等基础设施配套，重点提升中亚、中蒙俄等方向铁路口岸换装能力。合理布局建设进出境邮件快件处理中心，完善综合保税区、保税物流中心、保税仓库等配套设施和服务平台，提升保税物流发展水平。强化海南自由贸易港、自由贸易试验区、边境经济合作区、跨境经济合作区、重点开发开放试验区国际物流设施建设。

第五节　加强高效应急物流体系建设

建立健全应急物流快速响应机制。优化应急物资储备布局，打造层次分明、类型合理、协同高效的应急物资储备节点网络。根据突发事件性质、严重程度、可控性和影响范围等，分级、分类建立应急物流预案及响应机制，细化物流资源投入结构、运行组织方式等，明确分工与协作职责，适时开展应急演练，确保预案科学实用。增强应急物流社会动员能力，建立以企业为主体的应急物流队伍，完善物流企业平急转换机制，强化跨区域、跨领域应急物流协调组织，提升应急物流资源统筹调用能力，加强应急时期运输绿色通道和物资中转调运站建设，确保应急物资及时调配到位。健全应急物流运转保障机制，引导建立应急物流大数据平台，推动与应急管理信息平台数据共享，完善信息采集、动态监测、数据分析、风险预警、信息发布等功能，重点加强对物流大面积中断风险的研究评估，提高应急物流组织能力。

提高物流体系韧性。依托重要物流枢纽设施，布局建设应急物流核心枢纽。加快交通物流设施应急功能改造，完善骨干物流通道多向调运功能，提高设施修复和通道抢通、保通、复通能力。推动铁路快运、公路转运、货运包机等多元替代，确保异常情况下应急物流正常运行。强化干线、支线、末端应急物流组织衔接，提高应急物资接取送达效率。开拓多元化国际物流通道，做好应对物流中断的预案，有效防范能源、粮食和产业链供应链重点产品断供风险。加强城乡末端通行管理，保障粮食、蔬菜等农产品以及饲料、农资等稳定供应。强化应急物流体系对产业备份系统的支撑保障，提升产能储备投产转化、快速转运能力。

专栏2　现代物流体系提升工程

国家物流枢纽建设工程。推进 120 个左右国家物流枢纽布局建设，发挥国家物流枢纽联盟作用，促进枢纽业务协同、政策协调、运行协作。建设 20 个左右国家物流枢纽经济示范区。

铁路（高铁）快运能力建设工程。推进铁路（高铁）快运物流基地建设，实施铁路场站物流设施改造工程。

航空货运能力提升工程。建成投用鄂州专业性货运枢纽机场，打造一批国际一流的空港型国家物流枢纽，推动航空联运转运设施、场站合理布局建设。

现代物流企业培育工程。推动物流枢纽、龙头物流企业、供应链服务企业搭建物流信息和供应链服务平台，实施物流企业协同发展生态构建行动，培育一批具有国际竞争力的现代物流企业。

邮政快递设施建设工程。打造智能高效邮政快递网络，支持推广智能信报箱、智能快件箱。实施快递进村、进厂、出海工程。

第六章 增强交通运输流通承载能力

第一节 提升综合立体交通网流通功能

强化骨干运输通道能力。完善综合运输大通道，加强出疆入藏、中西部地区、沿江沿海沿边战略骨干通道建设，增强国家综合立体交通网主骨架流通保障能力，畅通国际干线运输通道。推进能力紧张通道升级扩容，加快待贯通路段建设，在有条件有需求的骨干运输通道推动铁路客货分线，完善综合交通枢纽布局，增强流通功能。优化“北粮南运”通道建设，加强东西向粮食运输通道接卸能力，提升煤运通道运输能力，增强油气通道输送能力，提高集装箱运输通道多式联运衔接能力，研究发展铁路双层集装箱运输。优化调整运输结构，合理把握不同运输方式之间的比例关系，加快推进大宗货物及中长距离货物运输“公转铁”、“公转水”。

优化城市群都市圈交通网络。加快建设京津冀、长三角、粤港澳大湾区、成渝双城经济圈等城市群世界级港口群、世界级机场群，依托城际轨道交通网络建设有效释放既有普速铁路货运能力，改善重要物流枢纽、产业园区周边交通条件，提高车辆通行效率。拓展其他城市群干线铁路、高速公路、国省干线公路城际交通货运功能，推进重点产业园区、物流枢纽的铁路专用线建设，加强城际高速公路和快速道路布局衔接。增强都市圈中心城市与卫星城通道联接水平，合理布局铁路货运外绕线、联络线，推动城市过境公路外绕段建设，推进客货高效分流，加强干线公路与城市道路出入口等高效衔接，加快瓶颈路段升级、打通待贯通路段。

完善城乡融合交通网络。统筹城乡交通网络整体布局和一体建设，为农产品进城和工业品下乡双向流通提供基础支撑。重点补齐县城交通网络短板，强化县域流通承载能力，推进市政道路、农村公路与高速公路、国省干线公路等衔接联通，加强中西部与东北地区特别是边疆地区偏远县城乡镇及特色农产品主产区通用机场建设和功能完善，统筹谋划西部边疆铁路网建设。全面推进“四好农村路”建设，加强通村畅乡农村公路建设，支持村内道路建设与改造，着力打通农村公路“最后一公里”。加快乡村产业路和资源路建设，有效串接田头市场、家庭农场以及供销、邮政快递等网点。在有条件的地区推进具备农林作业、应急救援、防灾减灾等功能的通用航空设施建设，在有需求的农村地区加强停车场等配套设施建设。

第二节 提高交通运输组织和服务水平

大力发展多式联运。依托重要物流枢纽，发挥不同运输方式比较优势，提升组合效能，发展规模化、网络化多式联运。推动联运转运设施、场站合理布局建设，强化设施、设备、管理等标准对接，加强铁路、公路、水运、民航、邮政等各种交通运输信息的开放共享。深入推进集装箱多式联运，积极推广多种形式甩挂运输，优化业务和操作流程，提高联运组织效率。培育多式联运经营主体，以铁水联运、江海联运、江海直达、国际铁路联运等为重点，积极推进“一单制”，丰富“门到门”一体化联运服务产品，打造多式联运品牌。

提升专业化货运服务品质。推动铁路货运服务转型提质，丰富铁路货运服务产品。创新公路运输服务业态模式，推广货车租赁、挂车共享、定制服务。完善港口货运服务功能，延伸港航增值服务链条。提升机场货运配套服务，发展多元化航空运输服务。推进城际干线运输和城市末端配送有机衔接，探索丰富无人机、无人车等城市配送应用场景，积极推广“货运班线”等服务模式。发展差异化、个性化运输服务，满足高价值、小批量、时效强的货运需求。

第三节　推进交通运输智能化低碳化发展

加快交通基础设施智能化升级。推进交通基础设施移动通信网络覆盖，加快铁路、公路、港航、机场等交通基础设施数字化改造和网联化发展。有序推进智慧公路、智能铁路建设，在具备条件的地区研究推进城市地下货运系统建设。全面推动智能航运建设，打造智慧港口，提升港口装卸、转场、调度等作业效率。推进智慧机场建设，在有条件的地区开展航空电子货运试点，研究部署服务区域流通的大型无人机起降点。推进综合交通运输信息平台建设。

加强交通运输智能技术应用。推进运输企业加快数字化、自动化终端设备的普及应用，提升订单、运输、仓储、配送全流程智能化水平，逐步实现产业园区、港口、机场、铁路场站和高速公路出入口等重要节点货物运输全程感知。深化基于区块链的全球航运服务网络建设。加大北斗卫星导航系统推广，提高车路协同信息服务能力，探索发展自动驾驶货运服务。

大力推动交通运输绿色低碳转型。持续推进交通运输领域清洁替代，加快布局充换电基础设施，促进电动汽车在短途物流、港口和机场等领域推广，积极推进船舶与港口、机场廊桥岸电改造和使用，开展氢燃料电池在汽车等领域的应用试点，降低交通运输领域能耗和排放水平。

第七章　加强现代金融服务流通功能

第一节　完善流通金融保障体系

健全流通领域的非现金支付框架，完善全环节、全行业支付配套设施，加快上中下游企业间资金线上流动。在有效防范风险的前提下，加快区块链等新兴技术在电子票据、供应链综合支付服务等数字化应用。稳妥推进数字人民币研发，探索对流通领域的支持作用。

丰富完善流通领域金融服务。建立健全流通领域保险、融资担保等配套机制，合理分散金融机构信贷风险。

第八章　推进流通领域信用体系建设

营造诚实守信的市场环境，厚植诚信为本的商业文化，发挥追溯系统积极作用，提高流通领域信用保障水平。

《公路“十四五”发展规划》摘编

一、现状与形势

（一）发展现状。

“十三五”时期，面对错综复杂的国际形势、艰巨繁重的国内改革发展稳定任务，以及新冠肺炎疫情的严重冲击，我国公路交通发展水平跃上新的大台阶，有力支撑了国家重大战略实施和全面建成小康社会目标如期实现，也为开启全面建设社会主义现代化国家新征程提供了良好基础。

补短板、促投资成效显著。全国公路固定资产投资累计超过10万亿元。公路总里程接近520万公里，高速公路通车里程达到16.1万公里，通达99%的城镇人口20万以上城市及地级行政中心，二级及以上公路通达97.6%的县城，农村公路总里程达到438万公里。

优服务、保安全水平提升。多式联运蓬勃发展，农村物流网络节点体系初具雏形。“司机之家”建设持续推进。乡道及以上公路安全隐患治理基本完成，12个国家区域性公路应急装备物资储备中心投入使用，应急处置能力和快速反应能力显著提升。

促转型、可持续稳步推进。基础设施数字化程度显著提高，智慧交通试点统筹推进，新一代信息技术逐步开展应用。智慧物流、定制客运、网约车、分时租赁、网络货运等新业态、新模式竞相迸发，运游融合产品不断涌现。

公路交通作为最基础、最广泛的运输方式，发展成效显著，但是仍然存在不平衡不充分问题。一是基础设施仍需完善，区域之间、城市群之间高速公路通道能力需要提升，普通国省干线和农村公路的通达深度、技术状况、服务能力有待改善，路网韧性有待加强。二是与其他运输方式、新一代信息技术、其他相关产业的融合发展仍有提升空间。三是养护和运行管理压力持续加大，常态化养护长效机制仍需完善，公路安全防护等配套设施仍有不足，部分地质灾害易发多发路段存在较高运行风险。四是运输服务品质有待提升，联程运输和多式联运发展总体处于起步阶段，农村客运长效发展机制不够完善，农村物流短板明显。

（三）阶段特征。

“十四五”时期，是开启加快建设交通强国新征程，推动公路交通高质量发展的关键期。从需求规模和结构看，在运输量稳步增长的同时，随着运输结构的调整，公路中长途营业性客运和大运量长距离货运占比将逐步下降。从需求质量看，将由“保基本、兜底线”向“悦其行、畅其流”转变。从需求类型看，将在全国不同区域呈现出更加多样化、差异化的发展态势。从发展重点看，基础设施建设任务仍然较重，同时提质增效升级和高质量发展要求更加迫切。从发展动力看，将由依靠传统要素驱动向更加注重创新驱动转变。

二、总体要求

（三）发展思路。

补短板。坚持问题导向，继续加强国家高速公路待贯通路段及交通繁忙路段、普通国道低等级路段等薄弱环节建设，着力完善普通省道和农村公路网络，更好服务乡村振兴战略。加大公路养护实施力度，不断提高路网管理运行和服务水平，提升路网整体效率和网络效益。

优供给。坚持目标导向，紧扣国家重大战略，以重大工程、重大项目为抓手，加快推进城市群、都市圈、沿边沿海、革命老区等重点区域公路通道强化及网络完善，积极推进交通强国试点任务，优化供给结构，提高供给效率，着力实现精准供给、提质增效。

强服务。落实高质量发展要求，切实改善人民群众交通出行体验，提高货运服务能力和效率，加强公路与其他运输方式的衔接协调、融合发展，推动公路交通运输与邮政快递业、旅游业等关联产业深度融合，发展路衍经济，为构建新发展格局提供有力支撑。

增动能。推进新一代信息技术与公路交通运输深度融合，积极引导行业新业态、新模式发展，大力推动公路基础设施数字化、智能化升级改造，协同推进技术创新、制度创新、政策创新，增强发展新动能。

（四）发展目标。

到2025年，安全、便捷、高效、绿色、经济的现代化公路交通运输体系建设取得重大进展，高质量发展迈出坚实步伐，设施供给更优质、运输服务更高效、路网运行更安全、转型发展更有力、行业治理更完善，有力支撑交通强国建设，高水平适应经济高质量发展要求，满足人民美好生活需要。

三、重点任务

（一）提升基础设施供给能力和质量。

1.加快高速公路网络完善和通道扩能。

加快推进国家高速公路贯通互联。以中西部地区为重心，加快国家高速公路待贯通路段建设，优先打通“71118”主线和省际衔接路段，进一步扩大路网覆盖，强化区际衔接，提升国家高速公路网络质量和整体效应。

持续推进国家高速公路繁忙通道扩容改造。以东中部地区为重心，积极发挥市场作用，推进北京至上海、北京至港澳、长春至深圳、上海至昆明、连云港至霍尔果斯等建设年代较早、技术指标较低、交通繁忙的国家高速公路路段扩容改造，合理选择建设方案，鼓励有条件路段优先采用原路扩容方案，集约节约利用通道和土地资源，优化通道能力配置，提升国家高速公路网络运行效率和服务水平。

积极完善城市群都市圈快速网络。支撑城市群互动发展，加强京津冀、长三角、粤港澳大湾区和成渝地区双城经济圈等重点区域城际快速通道建设，构建高速公路环线系统，提升区域交通一体化水平。适应城市空间拓展要求，有序推进特大城市和城市群核心城市绕城高速、城市出入口路段、互通式立交等建设改造，服务都市圈同城化发展。

稳步推进重大战略性通道建设。加强出疆入藏、中西部地区、沿江沿海沿边战略骨干通道建设。深化促进陆海双向开放，稳步推进西部陆海新通道建设。加快推动跨海峡海湾、大江大河通道建设，对于沪甬跨海通道等影响大、利长远的重大工程，积极开展前期研究和技术攻关，适时启动项目建设。

合理引导地方高速公路建设。指导地方在国家综合立体交通网框架下完善省级高速公路网规划布局，做好与国土空间规划的衔接协调。合理把控高速公路规模和建设节奏，探索开展高速公路发展适应性评价工作，进一步提高规划决策和项目管理水平，严守债务风险底线。

2. 加快普通国道贯通和提质升级。

继续推进低等级路段升级改造。全面推进普通国道剩余待贯通路段建设。以西部地区为重点，继续推进普通国道低等级路段升级改造，结合地形地质条件和交通需求，合理确定技术标准，提升干线路网运行效率。

推动城镇化地区干线公路优化提升。以主要城市群地区为重点，注重与高速公路协调互补，统筹推进具有城际通道功能的普通国道建设。适应国土空间规划要求和城市功能拓展需要，选用合理方式推进城镇过境段、出入口路段改造，灵活选用技术标准，优化干线公路与城市道路的衔接。

完善干线路网服务功能。打通沿边国道G219和G331，完善沿海国道G228，实施川藏、新藏、滇藏等公路提质改造以及涉藏州县、南疆四地州内通外联干线通道建设，有序推进沿边国道并行线建设，提升维稳戍边能力。持续完善革命老区、脱贫地区普通国道网络，为当地经济社会发展当好先行。适应“交通 + 旅游”融合发展需要，推进连接AAAAA级景区、国家风景名胜区等普通国道建设，打造国家旅游风景道。适应深化对外开放和建设现代流通体系需要，建设改造一批服务口岸以及港口、机场、铁路站等重要交通枢纽站场的普通国道，加强与周边国家互联互通。

提升普通国道服务品质。对早期建成、地形地质条件复杂、未完全达到设计标准的路段，因地制宜优化设计指标。对长期超负荷运行、路面破损严重的路段实施路面改造，提高普通国道安全水平、抗灾能力和行车舒适性。

3. 推进普通省道和农村公路建设。

推动骨干路网提档升级。加快普通省道瓶颈路段贯通升级，推动乡镇对外公路实施三级及以上公路建设改造，有条件地区推动乡镇对外双通道建设，实现乡镇与县城、临近国省干线之间便捷连通与快速集散。推进公路与产业融合发展，加快乡村产业路、旅游路、资源路建设，改善农村主要经济节点对外公路交通条件，服务乡村振兴发展。加强低等级普通省道、老旧县乡道改造，提高乡村骨干路网通行能力和运行效率。

推动基础网络延伸连通。构建普惠公平的农村公路基础网络，推动交通建设项目更多向进村入户倾斜，因地制宜推进较大人口规模自然村（组）、抵边自然村通硬化路建设，进一步提高农村公路通达深度。有序实施建制村通双车道公路建设和过窄农村公路拓宽改造。加强通村公路和村内道路连接，统筹规划实施农村公路穿村路段，灵活选用技术标准，兼顾村内主干道功能。

改善乡村交通环境。完善农村公路沿线设施，加强路域环境提升，营造安全宜人的乡村交通出行环境。

4. 完善公路枢纽站场体系。

加强综合客货运枢纽建设。按照“零距离换乘”要求，积极推动综合客运枢纽建设，提升公路与铁路、机场、城市公共交通网络等的衔接转换效率，鼓励设施设备共享，强化无障碍设施配套，提升一体化服务水平。按照“无缝化衔接”要求，推进多式联运型和干支衔接型货运枢纽（物流园区）建设。

推进乡镇运输服务站建设。统筹农村客运、货运物流、邮政快递发展，推进邮政、快递、供销、旅游和交通运输资源相结合，建设标准适宜、经济适用的乡镇运输服务站。适应小城镇发展需要，根据需求推动大型乡镇或多个连片乡镇人口、产业集聚地区三级及以上较高等级乡镇公路客运站建设。

5.加强特殊类型地区公路建设。

加快沿边抵边公路建设，改善边境地区居民生产生活条件，提高边境管控能力，解决最后“关键一公里”问题，有力支撑兴边富民和稳边固边。

（四）提升道路运输服务品质。

落实高质量发展要求，加强公路与其他运输方式的融合发展，构建快速便捷的客运服务系统和经济高效的货运物流系统，有效促进从业人员群体稳定，不断提升道路运输服务品质。

2.经济高效的现代物流体系。

持续推进多式联运发展。推动公铁、公水、公空等联运发展，深入推进多式联运示范工程建设，促进公路与其他运输方式无缝衔接。加快公路与铁路、水运、航空以及海关等的信息交互共享，推动实现货物状态全程跟踪、流程可查，提升多式联运服务效率。积极推进多式联运“一单制”。

提升干线货运物流发展水平。深入推广甩挂运输，创新普通货车租赁、挂车共享、长途接驳甩挂、集中单元化等新模式，推动干线甩挂运输与多式联运、末端配送高效衔接。集约发展农村现代物流。建立完善县、乡、村三级网络节点体系，完善农村配送网络，促进城乡双向流通。鼓励各地结合农村经济发展特点和物流实际需求，因地制宜宣传推广农村物流服务品牌。创新农村物流服务模式，打造产运销一体化农村物流服务体系，鼓励交通运输企业、邮政快递企业与生产、商超、电商、供销等开展跨行业联营合作。

加快推动冷链物流高质量发展。完善冷链物流基础设施网络和节点体系，完善运输、集配、仓储综合功能，提升产地预冷、冷链运输、保鲜储存、低温加工能力。健全完善冷链物流法规制度和标准规范，建设冷链货物道路运输市场运行监测与服务平台。

3.促进国际运输更加便捷畅通。

畅通国际运输通道。以丝绸之路经济带六大国际经济合作走廊为主体，支撑区域全面经济伙伴关系协定（RCEP）落地实施，深化与周边国家在道路运输领域的交流合作，加快国际运输大通道建设，不断提高互联互通和便利化水平，增强铁公水航协同保障能力，为应对新冠肺炎疫情影响和构建现代国际物流供应链体系提供强力支撑。推进与“一带一路”沿线国家特别是欧洲国家双边政府间国际道路运输协定商签和实施工作，推动中欧公路直达运输通道全面打通。

提升国际道路运输便利化水平。推进基于北斗的国际道路运输管理与服务信息系统建设，推动实现全国范围内国际道路运输有关业务流程在线办理，推进与海关、移民边检、公安交管等部门的信息交换共享，进一步提升国际道路运输车辆动态监管和服务水平。研究推动与“一带一路”沿线国家国际道路运输相关信息数据交换。发挥国家便利运输委员会平台作用，加快研究加入国际运输便利化相关公约。

4.推进新业态新模式健康发展。

稳步推进“互联网+”便捷交通发展。打造基于移动终端的“指尖出行”服务，鼓励和规范发展共享交通、定制客运、网络预约、互联网租赁等。发展“互联网+”高效物流，创新智慧物流营运模式，鼓励和支持公共“运力池”、共同配送、云仓储等共享模式发展。规范网络平台道路货运发展，保障货车司机等从业群体的合法权益，提升货运物流组织化水平，促进物流降本增效。

（五）增强创新发展动力。

坚持创新驱动发展战略，注重科技创新赋能，促进公路交通数字化、智能化，推动公路交通发展由传统要素驱动向更加注重创新驱动转变，增强发展新动能。

1.建设科技创新发展体系。

推动基础理论和前沿关键技术研发。瞄准新一代信息技术、人工智能等科技前沿，加强对可能引发公路交通产业变革的前瞻性、战略性、颠覆性技术研究。突破高速公路智慧化、运营管控智能化、运输组织自主化、仿真测试智能化、身份认证和数据保护智能化等技术，促进道路交通自动驾驶技术发展和先导应用示范，支持开展自动驾驶载货运输服务，稳步推动自动驾驶客运出行服务。围绕沿江沿海、出疆入藏、南北疆跨天山骨干通道等国家重大战略通道建设，开展设施建设关键技术研究；强化基础设施维修和养护、安全预警监测与应急、基础设施延寿等关键共性技术的研发，提高基础设施耐久性和可靠度，降低全寿命周期成本。推进基础设施长期性能科学观测网建设，开展基础设施设计建造基础理论研究。

加强科技创新能力建设。加快国家级科研平台建设，布局智能交通综合实验与测试平台等重大科技基础设施，支撑车路协同、空间技术应用等方面的科研开展与成果转化。完善行业科研平台体系，加强公路长期性能、重大工程安全、自然灾害防治等科学观测研究基地建设。推动公路工程科学技术数据中心建设，开展覆盖全行业的科技资源惠及、共享与应用。加强重点领域创新团队和交通高端智库建设，积极培养国际化复合型创新人才和创新团队。

强化科技成果推广应用。推进科技创新成果信息资源有效整合与开放共享。持续发挥交通运输重大科技创新成果库和科技示范工程作用，推动公路绿色智能建造、耐久性、特殊地质条件下公路建设等重点技术推广应用。探索开展重大科技成果转化类项目。

2.推动数字化、智能化升级改造。

建设智慧公路。推动建筑信息模型、路网感知网络与公路基础设施同步规划建设，加快公路基础设施数字化改造，推进公路基础设施全要素、全周期数字化转型发展，加强重点基础设施关键信息的主动安全预警。加快推进公路网大数据建设应用，应用智能视频分析等技术，建设监测、调度、管控、应急、服务一体的智慧路网云控平台，积极探索“ETC+北斗”开放式自由流收费、车路协同、自动驾驶等新技术的智慧应用试点。建设智慧高速服务区。

打造数字化运输服务网络。推进全过程运输服务电子化，打造跨方式、跨区域全程电子化客运服务体系，提供一站式购票、一体化服务等旅客联运服务。大力发展“互联网+”高效物流，创新智慧物流运营模式，推动电子运单跨方式、跨区域共享互认。

积极推进大数据支撑应用。构建统一标准、统一规范、共享兼容的路网大数据体系，实现全要素感知数据多源融合。充分对接行业内外数据资源，加快推进公路领域数据资源共享开放，研究建立促进公路领域数据资源有效流动的制度规范，推进“公路网大数据中心”建设，打造云网融合的智慧路网云控平台，提升公路交通大数据智能应用水平，有效支撑公路网运行管理与服务工作。完善全国治超信息系统，构建全网联防联控、全时有效监测的治超监控网络。持续优化完善公路交通情况调查体系，不断提升公路交通情况观测站自动化水平。

（六）增强安全应急保障能力。

1.提升基础设施本质安全水平。

提升桥梁安全耐久水平、强化隧道养护和运行管理、提升交通安全设施精细化水平、提升公路防灾减灾水平、推动平安百年品质工程建设。

2.加强重点领域、重点时段安全治理。

严格落实安全生产责任制，加强安全生产监管执法，有效遏制交通重特大安全事故。对存在安全生产突出问题和安全事故隐患进行专项督查。

3.强化交通应急救援能力。

提升公路应急保障能力、全面加强路网运行监测预警。

（七）推进公路绿色发展。

贯彻落实绿色发展理念，推动公路交通与生态保护协同发展，继续深化绿色公路建设，促进资源能源节约集约利用，加强公路交通运输领域节能减排和污染防治，全面提升公路行业绿色发展水平。

（八）推进行业治理能力全面提升。

1.完善法律法规与标准规范体系。

推进法律法规修订。坚持法治引领，完善公路行业法律法规体系，持续推进《中华人民共和国公路法》《收费公路管理条例》《农村公路条例》等法律条例及配套规章制修订工作，保障公路行业发展有章可循、有法可依。

健全标准规范体系。构建公路交通规划、建设、运营、养护等完整的标准规范体系和统计监测体系。加快智慧公路、绿色公路、多式联运、自动驾驶等新兴领域的标准制定，适应行业高质量发展需要。

2.完善行业管理体制机制。

完善公路养护管理体制机制、深化收费公路制度改革、优化营商环境。

3.加强行业人才队伍建设。

一是构建完备的人才梯次结构。以“高精尖缺”为重点，大力培养造就一批具有国际水平的战略科技人才、科技领军人才和创新团队，加快培养引进一批精通智能交通、熟悉跨界融合等领域的急需紧缺人才。

二是营造良好的人才发展环境。柔性引进高层次人才、急需紧缺人才和新兴人才。加快推进“政产学研用”协同创新体系建设，探索联合培养创新型、应用型专业技术人才。

《水运“十四五”发展规划》摘编

根据《中华人民共和国国民经济和社会发展第十四个五年规划和2035年远景目标纲要》和《交通强国建设纲要》《国家综合立体交通网规划纲要》，按照“十四五”综合交通运输体系发展规划总体要求，制定本规划。

一、现状与形势

（一）发展现状。

“十三五”时期，面对错综复杂的国际国内形势，水运行业践行新发展理念，围绕黄金水道、一流港口建设，基本完成了规划目标。水路货运量、港口货物吞吐量稳居世界第一，在建设综合交通运输体系、服务国家战略实施中发挥了重要支撑作用。

一是基础设施建设取得新进展。“十三五”时期，新增沿海港口万吨级以上泊位369个，2020年底达到2576个，综合通过能力91亿吨。新增及改善内河航道里程5000公里，其中新增高等级航道2600公里；2020年底全国内河航道通航里程达12.8万公里，其中高等级航道1.61万公里。二是运输服务能力稳步提升。2020年我国水路货运量76亿吨、港口货物吞吐量146亿吨，“十三五”年均增速分别为4.4%、3.2%，承运了我国90%以上的外贸货物，在集装箱、原油、矿石、粮食等物资运输中发挥了重要作用。三是服务效率和品质明显提高。移动互联网、大数据等信息技术在集装箱、散货码头得到广泛应用，港口作业效率、船舶通航效率、水运服务品质明显提高。四是绿色平安发展成效显著。港口岸线资源利用水平持续提升，非法码头专项整治深入推进，船舶和港口污染得到有效治理。水上搜救年均成功率高于96%，初步建成全方位覆盖、全天候运行、快速反应、有效救助的水上安全监管与应急救助体系。

“十三五”规划主要目标完成情况

主要指标	2015年	规划目标		完成情况
		2020年	增长	2020年
沿海港口万吨级以上泊位数（个）	2207	2527	320	2576
新增及改善内河航道里程（公里）	—	—	4500	5000
沿海港口通过能力适应度	1.05	>1.0	—	>1.0
沿海大型专业化码头通过能力适应度	>1.1	>1.0	—	>1.0
内河高等级航道达标率	72%	90%	18%	85%

（三）需求预测。

“十四五”时期，预计我国水运需求将总体保持增长态势，呈现高基数、中低速增长的特点。预测2025年水路货运量、港口货物吞吐量分别达到85亿吨、164亿吨，年均增长约2%~3%，其中沿海港口集装箱吞吐量3.0亿标箱，年均增长5.5%。货类结构以集装箱、煤炭、铁矿石、石油及制品、矿建材料为主，其中集装箱、原油、LNG等增长较快，煤炭、铁矿石等维持高位。水路旅游客运量将呈较快增长趋势，其中邮轮旅游和国内休闲度假游、城市观光游、库湖区亲水休闲游快速发展。

二、总体要求

（三）发展目标。

2025年，安全、便捷、高效、绿色、经济的现代水运体系建设取得重要进展，水运基础设施补短板取得明显成效。新增国家高等级航道2500公里左右，基本连接内河主要港口。世界一流港口建设提质增效，保障能力适度超前。智慧绿色安全发展水平显著提升，支撑国家战略能力明显增强。

展望2035年，安全、便捷、高效、绿色、经济的现代水运体系基本建成，为建设人民满意、保障有力、世界前列的交通强国做好支撑。内河水运完成国家高等级航道网2.5万公里预期目标，充分发挥在“6轴7廊8通道”综合立体交通网主骨架中的通道作用。沿海港口在国家发展中的“硬核”作用凸显，在全球航运和物流体系中的枢纽地位突出，基本建成世界一流强港。

“十四五”时期水运发展主要指标

指标	2020年	2025年	增长
新增及改善内河航道里程（公里）	—	—	5000左右
#新增国家高等级航道（公里）	—	—	2500左右
沿海大型专业化码头通过能力适应度	>1.0	>1.1	—
沿海主要港口铁路进港率（%）	>90	—	
集装箱铁水联运量年均增长率（%）	15	—	

三、重点任务

（一）集中攻坚，重点建设高等级航道。

以高等级航道为核心，补齐短板、发挥优势，加快长江干线、西江航运干线、京杭运河等大通道扩能升级，推动高等级航道未达标段攻坚，稳步推进运河连通工程前期论证和建设。重点支持国家高等级航道（含通航设施）建设，兼顾其他航道（含通航设施）、航电枢纽、公共锚地、中西部地区库湖区便民交通码头建设。

1.加快水运大通道扩能升级。

长江干线上游积极推进宜宾至重庆段重点碍航水道整治、重庆至宜昌段4.5米水深航道建设。中游有序推进宜昌至武汉段航道整治。下游稳步实施安庆至南京段重点航道整治，进一步改善南京以下12.5米深水航道条件。加快改善长江口辅助航道条件。积极推进三峡枢纽瓶颈制约疏解，深化三峡水运新通道前期论证。

西江航运干线加快推进贵港以下3000吨级航道建设，稳步推进3000吨级航道上延至南宁，研究推进长洲枢纽船闸扩能，重点加快长洲枢纽下游碍航段航道工程整治，提升西江出海航道通航条件。

京杭运河加快山东段、浙江段建设，进一步提升苏北段通航保障能力，全面推进江苏段综合整治。淮河干流继续推进安徽段航道升级和船闸、桥梁等瓶颈节点改造，推动河南段航道提等升级，加快推进江苏段淮河出海航道建设。

2. 主攻水网和支流高等级航道畅通延伸。

长三角高等级航道网重点加快未达标段航道攻坚建设，加快改造主要集装箱内河通道沿线碍航桥梁，研究建设衔接海港的河海直达通道，加快沿海港口内河疏港航道建设，加强省际间航道沟通互联。

珠三角高等级航道网进一步提升崖门等出海航道及莲沙蓉等重点航道通航能力，提高江海联运服务水平。

支流高等级航道重点加快岷江、嘉陵江、乌江、沅水、汉江、赣江、信江、北盘江、右江、红水河、柳黔江等未达标段航道整治、梯级渠化、碍航闸坝通航设施工程建设。积极推进湘江、汉江、赣江等长江重要支流高等级航道中下游航道扩能升级。积极推动高等级航道向上游及周边的重要城市、矿区、产业基地等延伸。

3. 稳步推动运河连通工程。

继续推进引江济淮航运工程建设。加快推进西部陆海新通道（平陆）运河工程前期论证及建设。研究推进京杭运河黄河以北段复航和津保航线论证。开展湘桂、赣粤运河前期重点问题研究论证。

4. 统筹推进国境国际通航河流航道建设。

稳定国境国际通航河流航道建设、养护管理中央资金渠道和投入规模。推进黑龙江、额尔古纳河、鸭绿江、图们江等中俄、中朝国境国际通航河流航道重点碍航滩险整治。推进澜沧江、瑞丽江、红河等中老缅泰、中越国境国际通航河流航道的内通外联。加强国境国际通航河流航道养护管理，完善航道监控、助航设施、养护管理基地、救助打捞等配套设施，推进海事监管服务保障能力建设。开展航道测量、电子航道图制作等基础性工作，保障国境国际通航河流航道畅通安全。

（二）强基优能，打造高能级港口枢纽。

坚持一流标准，以国际枢纽海港、主要港口为重点，优化存量资源配置，扩大优质增量供给，提升服务功能和支撑能力，打造高能级港口枢纽。建设津冀、长三角、粤港澳大湾区世界级港口群，更好服务国家重大区域战略实施。中央资金重点支持进出港航道、防波堤、锚地等公共基础设施建设。

1. 建设高水平港口设施。

推进沿海主要货类专业化码头和公共基础设施建设。以集装箱干线港为重点，新建与改造并重，加大既有集装箱码头智能化改造，推进天津、青岛、上海、苏州、宁波舟山、深圳、广州等集装箱干线港以及北部湾、东莞、洋浦等港口集装箱码头工程建设。建设黄骅、日照、宁波舟山、北部湾等港口大型铁矿石接卸码头，实施营口、烟台、青岛、日照、连云港、宁波舟山、厦门、揭阳等港口大型原油码头工程，有序推进LNG码头建设。重点推进天津、日照、南通、洋山、宁波舟山、深圳、广州、北部湾、洋浦等沿海港口重要港区进出港航道、防波堤、锚地建设。

提升内河港口专业化、规模化水平。以长

江干线、西江航运干线、京杭运河沿线主要港口为重点，统筹既有码头专业化改造和新建扩建项目，加强集装箱、煤炭、铁矿石、商品汽车等专业化码头合理集中布局。继续推进内河港口老小散码头资源整合和改建升级，实现规模化发展。

2.提升港口发展能级。

强化国际枢纽海港功能。增强国际枢纽海港航线联通 度，提高服务能力和辐射范围。支持大型港航企业优化内陆港布局，打造海陆双向辐射的物流枢纽，建设国际商品集散中心和大宗商品储运交易基地。推进舟山江海联运服务中心和广西北部湾国际门户港、洋浦枢纽港建设。

推进区域港口高质量协同发展。完善以国际枢纽海港为引领，主要港口为骨干，地区性重要港口、一般港口相应发展的多层级协同发展格局。鼓励大型港航企业以国际枢纽海港为核心，以市场为导向、资本为纽带，整合相关港航资源与要素，完善集装箱、大宗散货等专业化码头服务网络，促进干支联动、江海互动，推动区域港口群协同发展。

3.强化港口支撑能力。

支撑临港产业发展。继续发挥港口在沿海沿江经济带和石化、冶金、重装等产业布局深层次调整中的支撑引领作用，加强港口规划与产业规划的衔接，提高码头服务能力。以重点项目为引领，按照循环经济发展模式，支持大连长兴岛、唐山京唐与曹妃甸、天津大港、烟台裕龙岛、日照岚山、连云港徐圩、南通通州湾、宁波舟山鱼山、湄洲湾、惠州大亚湾、湛江东海岛、北部湾企沙等临港产业发展。

服务保障国家经济安全。依托港口专业化码头，加大原油、LNG、铁矿石等储存能力，适度超前建设国家粮食、能源、战略性矿产资源接卸、储存、中转基地，增强港口环节的抗风险能力和安全稳定性。

（三）统筹融合，推动联运高质量发展。

按照一体化融合发展的要求，加强统筹协调，推进港口枢纽一体化规划建设，完善集疏运体系，大力发展铁水联运、水水中转，推动联程运输高质量发展。

1.推进港口枢纽一体化规划建设。

推进港口与其他运输方式及物流场站等统一规划、协同管理，做好千万标箱港口综合货运通道和内陆港体系规划建设。统筹联运、口岸、保税、物流等功能，提升港口多式联运效率与综合服务水平。推动做好港口枢纽发展空间预留、用地功能管控、开发时序协调等工作，有效发挥港口枢纽功能。

2.完善港口集疏运体系。

强化集疏运铁路设施建设。推进主要港口进港铁路建设，重点实施唐山京唐、天津东疆、青岛董家口、上海外高桥、苏州太仓、深圳盐田等枢纽性港区进港铁路支线及“最后一公里”建设工程，提高铁路集疏港能力。

提升集疏运公路衔接水平。继续推进主要港口重要港区集疏运公路建设，基本实现具备条件的重要港区连通二级及以上公路。对于受城市交通制约较大的重要港区，鼓励建设客货分离的集疏运公路体系。

完善内河集疏运体系。重点加强长三角、粤港澳大湾区等地区内河集疏运航道建设，有效衔接沿海港口与内河航道。打通内河高等级航道关键瓶颈节点，构建集装箱海江（河）联运体系。

3.大力发展铁水联运。

继续推进港口集疏运“公转铁”，加快发展集装箱、铁矿石、煤炭、钢铁等货类铁水联运。鼓励港航和铁路企业加强协作、信息互联、标准对接，建设集装箱海铁联运综合改革区，推动铁水联运高质量发展。

4. 优化完善水水中转。

发展海江（河）联运、干支联运。推广江海直达船型，推动江海直达运输发展，完善以长江、珠江为重点的江海联运中转体系。积极发展长三角集装箱海河联运。鼓励港航企业在沿海区域，围绕集装箱干线港和铁矿石等主要接卸港，组织发展干支联运、水水中转运输。

（四）降本增效，发展高水平水路运输。

按照加快发展现代服务业的要求，发展现代物流，提高内河运输船舶标准化专业化水平，丰富客运服务产品、提升客运服务品质，推动水路运输服务再上新台阶。

1. 加快发展现代物流。

依托规模化港区，积极发展全程物流、供应链物流，发展冷链、汽车、化工等专业物流。依托集装箱干线港，建设 面向全球的国际采购中心、国际分拨中心，面向主要城市群的商品集散中心，发展商品展销、交易市场。鼓励有条件的港航企业向内陆腹地延伸，结合国家物流枢纽布局建设，发展以港口为枢纽、"一单制"为载体的多式联运，向综合物流服务商、国际物流营运商转型。

2. 优化船舶运力结构。

积极推进内河运输船舶标准化，探索区域运输船舶标准船型优选，简化船型标准。推进重点区域客滚船标准化发展，研发长江游轮运输标准船型。支持各地区研究实施保障集装箱运输船舶、使用清洁能源船舶优先过闸等政策。支持航运企业加快船舶运力调整，引导集装箱船、商品汽车滚装船、重大件船等专业化运输船舶发展，完善客船、危险品船运输市场宏观调控政策。

3. 提升水路运输专业化水平。

围绕集装箱干线港，在长江干线、西江航运干线及水网地区发展直达、快速运输体系，构建完善的集装箱干支运输网络。完善配套物流设施，提升内河集装箱运输竞争力，推进散改集。优化调整运输结构，创新运输组织模式，加快发展商品汽车滚装、液体散货等专业化运输。

4. 提高海运企业服务能力。

促进海运企业规模化、集约化、多元化经营，增强抗风险能力和国际竞争力。鼓励海运企业与货主、金融、造船等企业建立风险共担、互利共赢的长期合作关系，鼓励海运企业间开展联盟合作。积极争取国际贸易运输权益，进一步提高重点物资承运比例，持续优化海运服务贸易结构。培育一批具备较强国际竞争力的海运企业。

（五）创新驱动，引领智慧水运新发展。

1. 建设智慧港口。

聚焦智能生产运营，提升港口码头智能化水平。加快推进 5G、北斗等应用，在港口重点区域实现深度覆盖。加大既有集装箱、大宗干散货码头装卸设施的远程自动操控改造、港内无人集卡应用。建设新一代自动化码头，应用云计算、大数据、区块链、人工智能、物联网等技术，整合港口、航运、贸易等数据，建设港口"智慧大脑"。创新港口生产运营模式，提升生产运营和安全绿色的自动化、智能化水平。推进 BIM+GIS 技术在港口规划、设计、建造、维护等各阶段的应用，促进全生命周期的数字化管理。

聚焦对外服务平台建设，提升运输物流便利化水平。大力推进"单一窗口"和线上线下协同服务能力建设。以集装箱干线港为重点，建设港口智慧物流协同平台，推进港口、航运、铁路、公路等环节数据互联共享，推动相关物流作业协同运营，提高物流便利化水平。建设基于区块链的全球航运服务网络，探索进口集装箱区块链电子放货平台应用。

2.全面推进数字航道建设。

以高等级航道为主体，加强航道基础设施信息采集能力建设，推动航道、航标、整治建筑物等全要素、全周期数字化。推广基于北斗的感知终端设备应用，加强浅险航段等关键部位的预警监测。推动高等级航道重要航段、重要节点的全方位动态感知网络建设。加强航运枢纽大坝和通航建筑物运行监测系统建设。优化整合各类智慧航道管理平台，加强与国家综合交通运输信息平台衔接。以长江、珠江航运为重点，建设大数据中心和“智慧航道”服务体系，提升公共服务能力与水平。

3.推动科技创新能力建设。

围绕智慧水运关键共性技术、前沿引领技术、颠覆性技术等，统筹开展前瞻性研究和科技项目攻关。加快建立智慧水运评价体系和标准体系，制定智慧水运通用和关键技术标准。构建产学研用协同创新平台，研究推动智慧港口、数字航道、智能航运、水上安全和防污染等重点科研平台建设。积极推进智能航运先导应用示范工程，试点船舶自动驾驶、船岸协同等技术。

4.推进船舶装备技术升级。

鼓励航运企业加大科研投入，推进智能船舶发展。协调推动大功率 LNG 发动机和低速大功率柴油机制造、大型邮轮和 LNG 运输船舶等高技术船舶设计建造等关键核心技术攻关。推进江（河）海直达船型研发和推广应用，鼓励北斗终端设备在船舶和应急装备上的应用。

（六）巩固提升，推进绿色平安新发展。

加强资源集约节约利用，持续深入推进港口船舶污染防治，构建清洁低碳的港口船舶能源体系，推进水运绿色发展。统筹发展和安全，将平安中国建设要求有机融入到水运发展中，建设平安港口、平安航道。

（七）开放拓展，提升水运国际竞争力。

提升港航服务国际化水平，完善全球海运互联互通网络，提高海运船队国际竞争力，深化港航、海事国际合作，更好服务高水平开放、“一带一路”高质量发展和交通国际竞争力建设。

（八）深化改革，提升管理能力与水平。

围绕管理体系和管理能力现代化的总目标，完善行业管理体系，推动有效市场和有为政府更好结合，提升行业管理能力与水平，持续增强行业发展动力和活力。

1.强化法规制度保障。

一是完善法律法规；二是加强标准制定；三是推进多式联运标准对接。

2.深化行业管理改革。

一是加强港航基础设施养护；二是推进西江航运干线、国境国际通航河流航道管理体制改革；三是加强航运市场管理调控。完善原油、集装箱、铁矿石、LNG 等重点物资运输的市场监测机制；四是推进水运信用体系建设。完善水运信用体系政策框架，推进信用信息全领域覆盖、规范化归集、系统化共享、规模化应用。

《"十四五"航空物流发展专项规划》摘编

航空物流业是采用航空运输等方式，实现物品"门到门"实体流动以及延伸服务的战略性产业体系，集成融合运输、仓储、配送、信息等多种服务功能，是现代产业体系的重要支撑。发展航空物流业，对促进形成强大国内市场、深度参与国际分工与合作、保障国际供应链稳定、服务国家重大战略实施和实现国家经济高质量发展具有重要意义。为准确把握新发展阶段，深入贯彻新发展理念，支撑构建新发展格局，加快推进多领域民航强国建设，特制定本规划。

一、现状与形势

（一）现状

1. 取得的成绩

"十三五"以来，我国航空物流实现较快增长，发展质量和效益取得较好成绩，为经济社会发展提供了有力支撑，为新时期民航强国建设提供了新动能。

发展规模稳步增长。截至2020年底，我国货运航空公司、全货机分别为11家、186架，较2015年增加5家、63架。2020年，在新冠肺炎疫情（以下简称疫情）影响下，全行业货邮运输量、货邮周转量分别完成676.6万吨、240.2亿吨公里，规模稳居全球第二，较2015年年均分别增长2.6%、5.0%，高于全球0.4%、-1.5%[①]的平均增速[②]。"十三五"期间，我国国际货邮运输量平均增速达到3.6%，高于国内货邮运输量3个百分点。

航线网络逐步完善。2020年，我国航空货运航班通达国内237个城市（不含港澳台），联通国际62个国家的153个城市，其中全货机通航国家26个[③]；通达国内城市、通航国家和国际城市数量较2015年分别增加33个、7个和16个，其中全货机通航国家增加3个。国内形成了以京津冀、长三角、粤港澳大湾区、成渝等机场群为核心的航空货运网络，国际建成了畅达东南亚、东北亚市场，通达欧美澳等区域的航空货运网络。

安全保障支撑有力。2020年，全行业危险品从业人员达到35万人，较2015年增长

① 数据来源国际民航组织（ICAO）和国际航空运输协会（IATA）。

② 2019年，全行业货邮运输量、货邮周转量分别完成753.1万吨、263.2亿吨公里，较2015年年均分别增长4.6%、6.1%，高于全球2.9%、3.1%的平均增速。

③ 数据来源2020年民航行业发展统计公报。

44.4%；培训机构、教员分别达到103家、891人，保障安全的人力资源建设加快推进。危险品航空运输信用体系建设试点工作初显成效，货运代理企业诚信意识明显提升，退货率、违规行为次数明显下降，危险品航空运输安全管理体系建设逐步完善。

企业竞争力逐渐增强。2020年，部分综合性枢纽机场货邮吞吐量排名世界前列，上海浦东（3）、广州白云（15）、深圳宝安（19）、北京首都（22）机场位列全球30强，杭州萧山（33）、郑州新郑（38）、成都双流（40）机场位列全球50强；上海浦东机场国际出港航班电子运单总量全球第一，北京首都、广州白云位列全球 15 强，信息化能力大幅提升。鄂州专业性货运枢纽机场启动建设。

治理能力明显提高。“十三五”时期，《关于促进航空物流业发展的指导意见》《关于印发货邮飞行航班时刻配置政策措施的通知》等多项政策陆续出台，持续优化企业营商环境。疫情期间，民航局启动重大航空运输保障机制，优化货运航线航班管理，大力推动“客机载货”，开通审批“绿色通道”，为疫情防控、复工复产提供了有力保障。

综合效益显著提升。2020年，在我国各种交通方式完成的进出口贸易总量中，航空运送货物价值占比达 18.3%，高于0.14%的运量占比①，民航对我国外贸服务贡献显著。

（二）形势要求

国际环境复杂变化要求提高航空物流发展的自主可控能力。

一是推动形成新发展格局要求航空物流降本增效发展；二是人民日益增长的美好生活需要要求提高航空物流的服务品质；三是顺应科技革命和产业变革要求航空物流加快技术创新业态升级；四是实现碳达峰、碳中和的战略目标要求建立健全绿色低碳航空物流体系。

二、总体思路

（三）发展目标

到2025年，初步建成安全、智慧、高效、绿色的航空物流体系，航空物流保障能力显著增强，降本增效成效显著，体系自主可控能力大幅提升，航空物流对高端制造、邮政快递、跨境电商等产业服务能力持续提高。

——发展规模保持领先。预计“十四五”时期航空货邮运输量保持快速增长，年均增速达7.0%，2025年达950万吨，在全球主要经济体中位于前列。全球航空货运网络持续拓展，有效支撑“全球123快货物流圈”建设。

——发展体系安全可靠。航空物流安全运营保持较好水平，货运危险品一般事件发生率保持在0.13件/万吨以下。货运网络自主可控，中国航空企业②在中国国际货运市场份额不低于40%，联通国家数量持续增加，国际物流链条加快延伸。

——服务能力智慧先进。航空物流信息化、智慧化应用水平显著提升，货运单证电子化率达到80%，电子运单在全国主要机场推广应用。

——运营体系优质高效。航空公司和枢纽机场国际竞争力持续增强，枢纽机场通关保障能力大幅提高，空运货物价值占我国进出口总

① 2019年，在我国各种交通方式完成的进出口贸易总量中，航空运送货物价值占比达19.0%，高于0.16%的运量占比。

② 本规划中的中国航空企业不含香港、澳门和台湾地区航空企业。

额比例稳步提升。

到2035年，“民航强国”建设取得阶段性成效，航空物流体系逐步完善，具有国际竞争力的航空物流企业成长壮大，国际航空物流网络更加健全，综合保障能力大幅提升，治理能力显著增强，有效支撑物畅其流，对区域经济和实体产业实现高质量发展的支持保障更加有力、引领作用更加突出，为加快形成新发展格局、构建高水平对外开放、保障国家经济安全奠定更加坚实的基础。

专栏1 “十四五”时期航空物流发展预期指标

编号	指标	2020 年	2025 年	年均增长率
一、规模领先				
1	航空货邮运输量（万吨）	677	950	7.0%（3.9%）
	其中：国际航空货邮运输量（万吨）	223	330	8.2%（5.3%）
2	航空货邮周转量（亿吨公里）	240	345	7.5%（4.6%）
	其中：国际航空货邮周转量（亿吨公里）	172	251	7.9%（5.3%）
二、安全可靠				
3	货运危险品一般事件发生率（件/万吨）	0.12	＜0.13	—
4	中国航空企业全货运航班联通的国家（个）	26	≥30	—
5	中国航空企业在中国国际货运市场份额（%）	33.8	≥40	—
三、智慧先进				
6	货运单证电子化率（%）	—	80	—
7	智慧设施国际航空（货运）枢纽覆盖率（%）	—	80	—
四、优质高效				
8	国际航空（货运）枢纽货邮吞吐量全球排名（位）	全球前 20 机场 3 个	全球前 20 机场 4 个	—
9	航空公司货邮周转量全球排名（位）	全球前 10 企业 1 个	全球前 10 企业 3 个	—
10	全货机载运率（%）	74.8	＞80	—
11	全货机日利用率（小时/天）	6	≥6	—
12	空运货物价值占我国进出口总额比例（%）	18.3	＞20	—

注：带（ ）的数据为以 2019 年为基年的 6 年年均增长率。

三、打造优质高效的服务体系

（一）培育优质市场主体

强化多元力量统筹，培育多家能力多元、资源共享、运行协同的本土化航空物流企业，构建“专业+综合”“物流+产业”“骨干+末端”协同分工、资源共享的多元化市场主体格局，提升航空物流企业竞争力。

引导企业多样化发展，打造细分赛道龙头企业。支持专业型航空货运企业规模化、集约化发展，打造高效便捷的货运网络，提高运力资源使用效率；支持快递、跨境电商、冷链企业特色化发展，提升专业化服务能力；鼓励平台型企业创新发展，支持供应链、货运代理等企业发展，完善公共平台与基础设施建设，提高信息互联互通水平与供应链服务能力；引导多式联运承运人发展，推动空铁、公空等航空物流联运，形成高效、协同的多式联运物流体系。

打造全链条航空物流企业。支持大型物流企业延伸航空物流链条；支持航空货运企业与上下游企业实现从单一承运人向物流集成商转型，提供供应链解决方案，增强“一站式”“门到门”一体化物流解决能力，打造服务优质、链条完整、功能完善、竞争力强的航空物流企业。推动建立贯通产业链上下游的航空企业联盟，加强企业精细分工、高效协同。支持“航空物流企业+枢纽”发展模式，引导航空物流企业依托货运功能较强的枢纽机场设立总部或分拨中心，打造轴辐式航线网络，完善货物集散、存储、分拨、转运等多种功能，优化物流组织模式，提高运营效率。

（二）优化航空物流网络

推动国内物流网络畅通高效。提高腹舱运力资源利用效率，通过加强市场营销、优化产品等途径，充分挖掘腹舱运力价值，降低航空物流成本；完善全货运航线网络布局，优化京津冀、长三角、粤港澳大湾区、成渝城市群和航空枢纽间全货运航线网络，打造畅通生产地、加工地、消费地的快速化、多样化、专业化货运通道；综合利用腹舱和全货运资源，提高货运航班频率和衔接效率，支持航空货运快线和空空联运，提高航空物流网络组织效率，实现货物随到随走。探索构建通用航空物流网络，充分发挥无人机物流成本、效率优势，扩大交通不便地区无人机干-支-通配送网络，提升区域快捷配送、即时服务，在适宜地区，探索推动通用航空物流试点，助力“快递进村”，延伸乡村物流服务网络，推进通用航空物流网络省际互通、市县互达、城乡兼顾。加快多式联运发展，引导国内航空物流网络与铁路、公路等运输方式便捷衔接，推进空铁、公空等联运模式落地，实现货运无缝衔接。

推动国际航空物流网络自主可控。优化国际航线网络布局，引导航空物流企业强化东南亚、东北亚等周边地区航线网络，稳固欧美地区航线网络，加快面向“一带一路”国家的航线网络布局，打造国际航空物流通道；优化腹舱运力配置，增强战略重点区域全货机航线布局，加强战略合作，提升对经贸发展格局的支撑作用。引导企业加强国际合作，积极稳妥放宽外商在公共航空运输领域的投资准入，促进国内国外资源优势互补；鼓励国内企业抱团出海，引导多元投入建设海外仓，共建海外货站、转运中心、境外经贸合作区等；支持国内企业与国外物流企业、地面配送企业等加强合作，打造利益共同体，提高国际航空物流一体化解决服务能力，为拓展国际航线网络创造安全可控的衔接条件和备选方案，提升平急协同能力。增强航空物流网络与产业网络的协同，推动航空物流企业与制造企业国际发展战略对接，围绕国际产能和装备合作重点领域，积极拓展国际航线网络，加快建设覆盖“一带一路”沿线国家和地区、北美、欧洲、东北亚、大洋洲、非洲的空中通道，保障先进制造业供应商和跨境电商国际业务拓展。推动境外分销服务网络、物流配送中心等设施建设，完善覆盖全球的海外仓网络，强化境外资源共享，支持制造业国际化生产、销售和服务，打造航空物流业与制造业联动出海的发展格局。

（三）提升市场服务能力

推动消费物流扩容提质。促进快递物流融合发展，鼓励航空物流企业优化作业流程，完善隔日达、当日达、限时达等物流产品，提升专业化运输能力；引导企业适应电商促销活动、鲜活农产品上市等市场需求变化，灵活调整运力，满足多样化运输需求。鼓励跨境电商物流加快发展，鼓励航空物流企业增强通关、运输、货物追踪、最后一公里配送等全链条整合能力，支持跨境电商“全球买、全球卖”服务；支持航空物流企业创新精细化物流服务产品，适应跨境电商多批次、高频率、多品种等运输需求。推进冷链物流规模化发展，优化航空冷链物流安检、通关、检验检疫、最后一公里配送等流程，打造全程温控、标准规范、运行高效、安全绿色的航空冷链物流体系。

强化制造业供应链支撑作用。深化产业合作，加强航空物流通道、航空物流枢纽与制造业园区统筹布局，引导航空物流企业与制造企业设施共建、资源共享，支持航空物流企业有效承接制造业物流需求。完善供应链服务，鼓励航空物流企业围绕集成电路、生物制药、高端电子消费产品、高端精密设备等领域，形成覆盖制造业原材料到产品供应、生产、运输、仓储等环节的全流程物流集成服务，为重点企业提供定制化、个性化服务。

（四）延伸拓展服务领域

提升应急保障能力。建立健全航空物流应急联动响应机制，提高应急组织效率。优化应急物流信息系统，完善航空应急物流调度体系，高效衔接国家和地方应急平台与系统，推动信息共享、资源整合，提高信息传递的及时性与有效性。提升应急处理能力，推进无人机、“零接触”等新技术新设备应用，强化危险品、冷链、精密仪器、特种设备等航空运输专业能力建设，推动应急物流各环节有效集成，加强应急队伍建设，开展实战化、常态化的应急演练，视情固化“客 机载货”“绿色通道”等应急举措。

创新产品体系。与军队等加强联系与衔接，为相关部门制定预案。鼓励航空物流企业主动对接军事需求，开展军事物流业务，引导企业在运力引进、运输配送、仓储管理、物资采购、信息融合、科研创新、人才培养、力量建设、配套支撑等方面提供服务，提高军队后勤保障能力和效率，促进军民物流融合发展。

专栏2　航空物流服务能力提升工程

（一）自主可控工程

在重要战略通道，引导航空物流企业布局建设一批海外货站、转运中心、海外仓，与境内外大型物流集成商、地面配送企业、金融机构等加强合作，拓展跨境支付、境外配送等功能，提升航空物流链条的风险防控能力。

（二）特货服务提升工程

在危险品、生鲜、药品、文物等领域，提升国内航空物流企业服务能力和服务水平，实现特殊货物敢接敢运与能接能运。

（三）无人机物流工程

充分发挥无人机在交通不便地区物流配送技术优势，开通无人机物流配送专线以及物资运送绿色通道；联合国家邮政局，将无人机物流纳入“快递进村、村村通邮”服务，提升航空物流的覆盖广度、深度，巩固脱贫攻坚，助力产业升级。

四、建设先进完备的保障体系

统筹综合性枢纽机场和专业性货运枢纽机场布局，用好“干－支－通”机场基础设施，着力物流枢纽机场存量挖潜、增量提效；应用“云大物智移”等先进技术，加快传统和新型基础设施深度融合，建设便捷高效的集疏运系统，促进航空物流专业化、集中化、绿色化、智慧化发展。

（三）建设智慧货运

加快现代化技术装备研发。鼓励冷链、医药、超大超重货物等特殊货物的专业运输装备研发，推进危险品运输保障装备、应急处置设备研制和实验验证。深化基于人工智能的违禁品机器识别、大型货物扫描探测等新技术的研究，开展货邮安检自动判图模式实验验证与辅助应用。加强航空物流安全、产业链集成、全景感知、无人化等领域的技术研究，解决行业发展共性关键问题，推进航空物流设备先进适用、完备可控。

一是推广应用智能设施；二是推广货运电子化；三是促进物流信息互联互通。

（四）完善集疏运体系

实施枢纽机场集疏运系统改造。优化改造陆侧道路资源，鼓励物流枢纽机场设置不同类型的物流专用通道，实现快慢 分离、客货分离，满足不同货物运输时效性要求。统筹完善空侧交通系统，集约化利用设施和土地资源，缩短货站与站坪交通路线，合理规划空侧物流道路系统与飞机滑行道系统交叉形式，鼓励无人化、自动化运输替代传统交通方式，提升货物转运效率。

提高一体化转运能力。加快机场高速公路连接线建设，通过“航空＋卡车航班”“城市货站”，打通“最后一公里”。支持“航空＋高铁”“航空＋中欧班列”等联运，提升物流设施增值服务能力；加大多式联运航空集装运输设备应用与推广，建设空铁、公空等联运转运场站和装卸设施，提高航空物流设施的系统性、兼容性，打造立体化多式联运物流体系。

专栏3　航空物流设施提升工程

（一）港区联动平台建设工程

结合单一窗口建设，推动港区联动基础设施建设，整合机场航班和航空物流信息系统，建立港区联动管理平台，实现机场与综合保税区、自由贸易试验区等一体化运营，提高运营效率。

（二）货物无人驾驶运输工程

推广无人驾驶牵引车运输，采用机场智能感知、智能决策、路径规划、全场调度等技术，支持全链条国产无人驾驶，构建机场货物无人运输的操作规范、运行维护、安全监管等行业标准，实现机场人、车、物的高效流转。

（三）航空物流实验室建设

支持科研机构与航空物流企业建立联合实验室，加强航空物流新技术装备设施研发，解决基础研究“最先一公里”和市场应用“最后一公里”问题，促进科 技成果产业化。

（四）货检信息化工程

支持航空物流枢纽依托 5G、物联网、大数据处理等技术，建设货检信息化系统，开展安检大数据分析评级，实现安检分级分类精准管理，提高货物站前查控和事后追查效率。

（五）航空物流全流程跟踪工程

推广统一条码管理、射频识别技术，及时准确记录货物运输数据，打通机场与航空公司、货运代理间的信息孤岛。

五、构建精准协同的治理体系

以“建规范、优环境、强监管”为核心，建立健全符合航空物流发展规律的规章标准；优化资源配置，创新治理手段，加强部门协同，全面落实“放管服”，着力构建创新性强、开放度高、包容性好的现代航空物流治理体系。

（一）完善规章标准

完善航空物流基础规章。推动出台《公共航空货物运输管理规定》，修订《公共航空运输危险品管理规定》，研究通用航空货物运输管理相关要求，完善航空货物运输规章制度。

加强安保规章标准建设、完善特种货物运输管理、支持无人机物流探索、建设智慧物流标准体系。

（二）优化资源配置

推进货运航权自由化安排、优化航线航班管理、完善航班时刻配置、提升机队保障能力、强化财经政策引导、完善航空货运发展政策。

（三）加强协同治理

提升军民融合治理效能、推动多式联运协同治理、推动通关环境优化、强化产业协同治理、优化央地联合治理、完善航空物流数据治理。

（四）创新治理手段

推进示范工程、加强监测分析、创新社会治理、加强行业自律、加强信用监管。

专栏 4　航空物流试点工程

（一）新技术应用、智慧物流试点

推进物联网、5G、人工智能、区块链、无人化等新技术在航空物流多场景集成应用，开展航空物流信息化、航空集装器识别与定位技术、空侧自动驾驶系统、国际集装货物无人驾驶运输等试点工程，提升航空物流智慧化水平。

（二）流程优化、服务创新试点

在安检前置、远程异地安检、安检系统一体化与差异化安检、货运代理企业分级分类管理等方面开展试点，创新监管流程，增强口岸功能，提升通关效率。

（三）业态融合、协同发展试点

在航空物流与高端制造业、跨境电商、快递、医药等业态融合，及多式联运等方面开展试点，促进产业协同发展。

商务部关于"十四五"时期促进药品流通行业高质量发展的指导意见

药品流通行业是国家医药卫生事业和健康产业的重要组成部分，是关系人民健康和生命安全的重要行业。为贯彻落实党中央、国务院关于深化医疗卫生体制改革、实施健康中国战略的决策部署，全面提升药品流通现代化水平，完善现代药品流通体系，提高药品流通效率，促进行业高质量发展，结合国家相关规划以及《"十四五"商务发展规划》有关精神，现提出如下意见。

一、总体要求

（一）指导思想。

以习近平新时代中国特色社会主义思想为指导，深入贯彻党的十九大和十九届二中、三中、四中、五中全会精神，立足新发展阶段，贯彻新发展理念，构建新发展格局，统筹发展和安全，以高质量发展为主题，以推动供给侧结构性改革为主线，以改革创新为动力，以满足人民日益增长的美好生活需要为根本目的，以数字化、智能化、集约化、国际化为发展方向，着力破除药品流通体制机制障碍，提升药品供应保障服务能力、流通效率和质量安全，为服务医疗卫生事业和满足人民健康需要发挥重要支撑作用。

（二）基本原则。

——创新发展、提质增效。增强创新能力，促进发展平衡，推动药品流通实现更高质量、更有效率、更可持续、更为安全的发展。

——需求导向、提升能级。牢固树立满足人民群众健康需求的发展目标，不断增强药品流通服务民生能力，提升人民群众的获得感、幸福感、安全感。

——深化改革、优化结构。进一步优化行业结构，持续提升行业集中度，加强药品流通治理体系和能力现代化建设，破除制约药品流通高质量发展的体制机制障碍。

——系统谋划、完善功能。优化城乡流通网络布局，健全统一开放、公平竞争、运行规范、安全高效的现代药品流通体系，提升药品供应的安全性、可及性、便利性。

（三）总体目标。

到2025年，药品流通行业与我国新发展阶段人民健康需要相适应，创新引领、科技赋能、覆盖城乡、布局均衡、协同发展、安全便利的现代药品流通体系更加完善。培育形成1～3家超五千亿元、5～10家超千亿元的大型数字化、综合性药品流通企业，5～10家超五百亿元的专业化、多元化药品零售连锁企业，100家左右智能化、特色化、平台化的药品供应链服务企业。药品批发百强企业年销售额占药品批发市场总额98%以上；药品零售百强企业年销售额占药品零售市场总额65%以上；药品零售连锁率接近70%。

二、完善城乡药品流通功能

（四）优化行业布局。按照医疗卫生事业发展需要，鼓励药品批发、零售企业优化网点布局，实现网点布局与区域发展相适应、药品供应能力与药品需求相匹配的均衡有序发展格局。加快建立布局合理、技术先进、便捷高效、绿色环保、安全有序的现代医药物流服务体系，提升由区域物流中心、省级物流中心和地县配送中心构成的全国医药物流网络的服务功能，发展多层次的药品供应链物流网络。

（五）加快农村药品流通网络建设。以县域为中心、乡镇为重点、村为基础，继续加快农村药品供应网络建设。逐步完善县乡村三级药品配送体系，支持药品流通企业与第三方物流、邮政、快递等进行市场化合作，参与城乡药品流通的第三方企业要严格执行《药品管理法》《药品经营质量管理规范》对于药品储存、运输等环节的有关规定。扩大农村基层药品配送覆盖面，支持跨区域配送、分级接力配送，健全通达最后一公里终端的农村药品供应网络。

（六）提高城市药品流通服务能力。支持大中型药品批发企业结合城市医疗资源调整和分级诊疗体系建设，优化完善城市药品供应保障体系，全面实现端到端的药品配送与服务。药品零售连锁企业结合城市一刻钟便民生活圈、新建社区的服务网点建设，有效融入以多业态集聚形成的社区服务商圈，实现药品流通对基层的有效覆盖，提升人民群众用药的可及性、便利性。鼓励零售企业特色化发展，做精做专，满足多层次健康消费市场需求。

三、着力提升药品流通能级

（七）发展现代医药物流。加快发展现代医药物流，加强智能化、自动化物流技术和智能装备的升级应用。推进区域一体化物流的协调发展，探索省内外分仓建设和多仓运营。鼓励第三方医药物流发展，推动药品冷链物流规范发展，构建便捷、高效、安全的现代医药物流体系。推动建设一批标准化、集约化、规模化和产品信息可追溯的现代中药材物流基地，培育一批符合中药材现代化物流体系标准的初加工仓储物流中心。

（八）发展现代绿色智慧供应链。推动药品流通供应链各环节智能化应用，构建技术领先、便捷高效、安全有序的现代智慧药品供应链服务体系，鼓励发展新型供应链服务企业和服务平台，推进供应链上下游信息共享与业务协同。积极打造绿色低碳供应链，推动流通全链条节能减排。

四、稳步发展数字化药品流通

（九）推进“互联网＋药品流通”。加快5G网络、大数据等技术应用，优化药品流通传统模式，实现要素、结构、流程、服务的迭代式升级。推动行业进行数字化改造与升级，促进企业“上线上云上平台”，深化市场营销、运营管理、仓储物流、产品服务等环节的数字化应用。

（十）发展新业态新模式。支持药品流通企业与电子商务平台融合发展，发展智慧供应链、智慧物流、智慧药房等新形态，推广“网订店取”“网订店送”等零售新模式，引导线上线下规范发展。

五、持续优化流通行业结构

（十一）培育壮大流通主体。支持药品流通企业跨地区、跨所有制兼并重组，培育大型现代药品流通骨干企业。鼓励具有网络优势的中小企业与骨干企业重组，实现优势互补和服务延伸。鼓励中小企业品质化、精细化、多元化发展，支持药品零售连锁企业专业化、多元化发展，推动药品供应链服务企业智能化、特色化、平台化发展。加强药品零售品牌建设，提升老字号药店影响力。鼓励有条件的地区稳妥开展零售药店分类分级管理试点，改善购药服务体验。

六、促进对外交流合作

（十二）积极开展国际交流与合作。推动药品流通企业面向国际国内两个市场，开展形式多样的国际交流和投资合作。发挥自由贸易试验区、自由贸易港等开放平台作用，在促进药品流通开放合作方面先行先试。借助中国国际进口博览会、中国进出口商品交易会、中国国际消费品博览会、中国国际服务贸易交易会等重要展会作用，加强与境外经贸合作区合作。鼓励药品流通企业参与国际药品采购，强化国际营销网络建设，加快医药新品种引进。

（十三）大力发展中医药对外贸易。支持中药类产品开展海外注册，积极参与国际规划、标准的研究与制定，扩大我国中药类产品国际市场规模。积极发展中医药服务贸易，拓展服务贸易新模式。加强国家中医药服务出口基地建设，打造道地中药材出口品牌，支持中药材外向型企业发展，提升中医药国际化水平。

七、夯实行业发展基础

（十四）推进流通标准化建设。构建国家标准、行业标准、团体标准、地方标准、企业标准相互配套、相互补充的药品流通标准体系。加强重点领域的标准制修订工作，加快广泛应用的团体标准上升为国家标准，强化国际国内标准相衔接。深入推进各项药品流通标准的宣贯工作，支持骨干企业积极示范应用，引导药品流通行业规范化、标准化发展。

（十五）强化经营管理能力。弘扬社会主义特色商业文化，引导企业提高依法诚信经营意识，树立诚实守信的商业文明价值导向。鼓励企业积极履行社会责任，普及合理用药和健康知识。强化安全生产管理，落实塑料污染治理等有关规定。加强药品流通领域法治建设，完善相关配套法律法规的制定和修订。

（十六）加强人才队伍建设。优化人才培养机制，提倡校企联合，强化商教结合，加强职业培训，组织技能大赛，形成多层次的符合现代药品流通体系发展需求的人才培养与职业教育体系。促进国内外人才互动，提高药品流通从业人员整体素质，为行业改革发展、转型升级提供人力资源支持。

（十七）健全统计服务体系。持续优化完善行业统计指标体系，加强部门数据共享，提升统计分析水平，强化行业统计人员培训，提升公共信息服务能力。

八、保障措施

（十八）加强组织领导。各地商务主管部门要主动适应形势，切实转变观念，创新管理方式，认真履行药品流通管理职责。结合地方实际，加强部门协作，安排部署本地区“十四五”药品流通工作。

（十九）加大政策指导。各地商务主管部门要注重示范引领，通过试点示范等方式鼓励骨干企业先行先试。充分发挥龙头企业对行业的带动作用，加强经验总结和推广，形成更多可推广、可复制的政策工具包。

（二十）发挥协会作用。支持行业协会在行业统计、市场分析、国际规则标准和趋势研究以及行业信用体系建设等方面发挥积极作用。

商务部
2021年10月21日

交通运输部关于印发《数字交通“十四五”发展规划》的通知

交规划发〔2021〕102号

各省、自治区、直辖市、新疆生产建设兵团交通运输厅（局、委）：

现将《数字交通“十四五”发展规划》印发给你们，请认真贯彻执行。

交通运输部

2021年10月25日

抄送：国家铁路局、中国民用航空局、国家邮政局，部属各单位，部内各司局，中央纪委国家监委驻交通运输部纪检监察组，审计署交通运输审计局。

附件

数字交通“十四五”发展规划

为贯彻党的十九届五中全会精神，落实《中华人民共和国国民经济和社会发展第十四个五年规划和2035年远景目标纲要》要求，按照《交通强国建设纲要》《国家综合立体交通网规划纲要》相关战略部署，制定本规划。

一、现状与形势

（一）发展基础。

“十三五”期，交通运输行业以数据为关键要素，加快行业信息化重点工程和示范试点工程建设，不断提升交通运输信息化数字化发展水平。基础设施数字化程度不断提升。

基础设施电子地图基本全覆盖，视频等动态监测范围不断扩大。智能化铁路信号系统广泛应用；高速公路视频监控和电子不停车收费系统（ETC）广泛覆盖；沿海港口及附近水域电子海图和智能航标实现全部覆盖，数字航道基本覆盖长江、西江干线；基于性能的导航系统（PBN）在运输机场广泛应用。互联网出行服务体系不断完善。

互联网售票比例和电子客票使用率不断提高。铁路互联网售票比例超过80%；电子客票应用覆盖全国高铁和城际铁路站、800个道路客运站和200多家机场；高速公路客车ETC使用率超过71%；“互联网+”便捷交通创新应用成效显著，“掌上出行”等新业态不断推出。

线上物流组织效率不断提高。“互联网+”高效物流服务新模式新业态不断涌现。95306铁路货运服务系统基本建成；各类网络货运企业整合货运车辆超过240万辆；危险货物道路运输电子运单使用率突破30%，国际集装箱运输、沿海主要港口海铁联运全部实现电子单证交换，主要快递企业电子运单使用率达到90%。

行业联网协同管理不断深入。国家综合交通运输信息平台初步建立，信息系统整合共享不断深入，交通综合执法、信用信息管理、道路运输管理、公路治超管理、安全生产监管、海事监管等业务系统联网运行规模不断扩大。大力推进“互联网+”政务服务，基本实现行业政务服务事项“一网通办”。

网络安全与技术支撑体系基本建立。交通运输网络安全政策体系基本建立，信息系统安全等级保护能力普遍提升，行业关键信息基础设施清单和数据分级分类管理制度不断完善，行业密码和密钥管理体系不断健全。行业信息通信骨干网已全面建成，全国高速公路光纤网有力支撑行业重要业务开展，北斗卫星导航系统在行业广泛应用。交通运输政务信息共享取得显著进展。

信息创新应用环境逐步优化。智能装备创

新应用和产业布局加快推进，交通运输部认定了7家自动驾驶封闭场地测试基地，智能船舶已形成一定的技术积累和产业基础。新技术应用研发平台加速布局，认定建设一批行业重点实验室和行业研发中心。现行有效的行业信息化标准共计331项。

尽管行业信息化数字化取得了长足发展，但是还存在以下几个方面的不足。一是数据基础依然薄弱。数据采集能力难以满足发展需要，动态感知的范围较窄、深度不够；行业成体系、成规模的公共数据较少，数据开放与社会期望还存在差距。二是应用协同性不强。不同方式和领域之间发展不平衡，纵向的全国一体化协同应用较少，横向的综合性应用尚未充分整合、有效联动。三是安全保障水平有待提升。网络安全主动防护、纵深防御、综合防范的能力不适应新形势，关键信息基础设施和关键数据资源保护能力不足。四是发展环境有待完善。先进信息技术与交通运输的融合深度、广度仍显不足，可规模化复制推广的模式和标准尚未形成，重建设轻运维问题依然存在。

（二）形势要求。

深化供给侧结构性改革，加快推进交通新基建。按照加快建设交通强国要求，大力推进交通新型基础设施建设，统筹交通基础设施与信息基础设施融合发展，通过先进信息技术赋能，推动交通基础设施全要素、全周期数字化，建设现代化高质量国家综合立体交通网，促进交通运输提效能、扩功能、增动能。

满足美好生活新期待，推动运输服务智能升级。顺应信息消费、数字消费发展趋势，改进客货运输服务模式，不断培育新的服务产品，满足新的消费需求。充分利用新一代信息技术，实现供需对接网络化、生产调度智能化、服务供给电子化，提供既普惠共享又满足个性需求的运输服务，大力提升运输服务效能。

加快建设数字政府，提升行业管理数字化水平。构建数据驱动的政务运行机制，使政府管理更高效、决策更精细、服务更精心。深化“互联网+”政务服务，创新服务方式，提升服务效率。逐步提升大数据运用能力，打造综合交通运输“数据大脑”，提升交通运输决策分析水平。大力推动行业协同监管应用，推进业务应用协同一体化运行。

落实国家安全战略，加强行业网络安全保护。进一步增强网络安全意识，科学应对交通运输数字化、网络化、智能化带来的新的安全风险，统筹发展和安全，建立健全信息化建设运行风险防控体系，有效防范化解网络安全风险，大力推动安全可控技术的广泛应用，切实增强关键信息基础设施和关键数据资源的保护能力。

二、总体思路

（一）指导思想。

以习近平新时代中国特色社会主义思想为指导，深入贯彻党的十九大和十九届二中、三中、四中、五中全会精神，立足新发展阶段，贯彻新发展理念，构建新发展格局，统筹发展和安全，以数字化、网络化、智能化为主线，以改革创新为根本动力，以先进信息技术赋能交通运输发展，强化交通数字治理，统筹布局交通新基建，推动运输服务智能化，培育产业创新发展生态，加强网络安全保障体系和能力建设，有效提升精准感知、精确分析、精细管理、精心服务能力，促进综合交通高质量发展，为加快建设交通强国提供有力支撑。

（二）基本原则。

——需求导向、服务为本。坚持以人民为中心，以需求为导向，提升交通运输基础设施运行效率和运输服务品质，让数字交通发展成果惠及人民，增强人民获得感。

——效益优先、统筹兼顾。坚持高质量发展，发挥信息化驱动引领作用，合理把握规模、速度、标准，提升交通运输管理和服务效益。

——协调联动、共建共享。坚持全局思维，加强统筹规划，加强行业协同、部省联动、区域协同，加强资源整合、共建共享，形成发展合力。

——深化改革、融合创新。坚持政府和市场双向激励、协同发力。创新发展机制，以市场为主导，推进产学研深度融合，增强创新活力，推动数字交通产业化发展。

——保障安全、防控有力。坚持网络安全和信息化同步发展，坚守网络和数据安全底线防线。利用先进信息技术提升交通运输本质安全水平，提升预测预警、应急反应能力。

（三）发展目标。

到 2025 年，“交通设施数字感知，信息网络广泛覆盖，运输服务便捷智能，行业治理在线协同，技术应用创新活跃，网络安全保障有力”的数字交通体系深入推进，“一脑、五网、两体系”的发展格局基本建成，交通新基建取得重要进展，行业数字化、网络化、智能化水平显著提升，有力支撑交通运输行业高质量发展和交通强国建设。

具体目标：

——交通设施数字感知。交通新基建迈出新步伐，重要节点交通感知网络覆盖率大幅提升，国家综合立体交通网主骨架的基础设施全要素、全周期数字化全面推进。

——信息网络广泛覆盖。形成天地一体、公专结合、云网融合、安全高效的交通运输综合信息通信网络，北斗系统在行业深度应用。

——运输服务便捷智能。各种运输方式一体衔接的全程电子化出行服务体系基本形成，二级及以上道路客运站及定制客运线路电子客票覆盖率达到99%。初步构建全链条智慧物流服务体系，危险货物道路运输电子运单使用率超过90%，集装箱运输电子运单使用率大幅提升。

——行业治理在线协同。综合交通运输“数据大脑”初步形成，精准动态监测预警水平显著提升，行业协同监管系统实现全国联网，政务服务“一网通办”更加便捷高效。

——技术应用创新活跃。综合交通大数据中心体系基本构建，成规模、成体系的行业大数据基本形成，数据开放成效显著。车路协同、智能航运等新技术、新模式取得新突破。

——网络安全保障有力。等级保护合规率大幅提升，行业网络信任体系初步建立，关键信息基础设施和关键数据资源保障水平有效提升，安全防护和维护政治安全能力显著增强，主动防护、纵深防御的行业网络安全综合防范体系基本建立。

三、主要任务

（一）打造综合交通运输“数据大脑”。

完善部、省两级综合交通运输信息平台架构，推进综合交通大数据中心体系建设，加强数据资源的整合共享、综合开发和智能应用，打造综合交通运输“数据大脑”。

建强综合交通运输信息平台。坚持“一个平台”视角，深入推进国家综合交通运输信息平台建设，统筹集约建设平台基础架构、数据资源和网络安全体系，推动各业务应用系统共建共用、智能协同和迭代完善，切实增强综合交通运行动态掌控和突发事件应急指挥能力。鼓励和支持各地交通运输主管部门统筹开展综合交通运输信息平台建设，并与国家综合交通运输信息平台实现互联互通，构建全国一体化协同综合交通运输信息平台。

构建综合交通大数据中心体系，有效支撑综合交通运输信息平台功能实现。推动交通运输数据资源在部、省两级有效汇聚整合，推动形成质量高、覆盖广、体系全的交通运输核心数据库。构建以国家综合交通大数据中心为枢纽，覆盖和连接各省级综合交通大数据中心的架构体系。加强交通运输大数据治理，实现全生命周期的数据质量管控。进一步完善交通运输信息资源共享机制和交换渠道，实现相关数据资源共享共用。研究制定交通运输公共数据开放和有效流动的制度规范，推动条件成熟的公共数据资源依法依规开放和政企共同开发利用。

专栏1　综合交通运输信息平台工程

优化国家综合交通运输信息平台技术架构，增强国家综合交通大数据中心统筹服务功能，打造一体化服务和监管门户。深化综合交通运输调度和应急指挥系统建设，完善智能协同应用，满足“看得见、听得着、能指挥”需求，实现“能推演、能联动”等功能，提升重大突发事件的应急处置能力和安全保障能力。深化部级各项业务应用功能，完善公路管理、水路管理、运输服务等专业统筹应用，整合完善港航、海事、救捞、长航、珠航等信息系统，加强与铁路、民航、邮政等行业信息系统互联互通和信息共享。健全平台基础支撑和网络安全防护体系，加强关键信息基础设施保护和商用密码技术应用。按照业务联动、数据共享等要求，加强省级综合交通运输信息平台和综合交通大数据中心一体化建设，与国家平台实现互联互通。

（二）构建交通新型融合基础设施网络。

加快推进交通新基建，推动新技术与交通基础设施融合发展，赋能传统交通基础设施，推动交通基础设施数字转型、智能升级，提升基础设施安全保障能力和运行效率。

智能铁路。推动高速铁路智能化升级改造，推进下一代列控系统、智能行车调度指挥系统应用。

智慧公路。完善公路感知网络，推进公路基础设施全要素全周期数字化，发展车路协同和自动驾驶，推动重点路段开展恶劣天气行车诱导，缓解交通拥堵、提升运行效率。深化高速公路电子不停车收费系统（ETC）应用，建设监测、调度、管控、应急、服务一体的智慧路网平台。推动公路建设施工及养护智能化。推进公路智慧服务区建设。

智慧航道。完善航道测量设施和监测感知网络，推动电子航道图普及应用，加强对三级以上重点航道和四级以上航道重点通航建筑物的运行状况实时监测，推动梯级枢纽船闸联合智能调度系统建设，提升航道安全畅通保障水平和通航枢纽通过效率。

智慧民航。建设智慧机场、智慧空管，加快管控、服务模式变革，实现智慧运行、智慧服务和智慧管理。

智慧邮政。建设完善自动化分拣设施、无人仓储、无人车和无人机配送、智能快件箱、智能信包箱、智慧冷链基础设施等。建设完善大数据中心等信息基础设施。推广普及智能安检系统、智能视频监控系统、智能语音申投诉处理系统、通用寄递地址编码。鼓励具备条件的地区进行整体试点，打造邮政业数字经济示范区。

专栏2 交通新型基础设施网络工程

干线公路智能运行网。完善公路网运行监测管理与服务功能。深化ETC系统应用，在重要运输通道布局感知设施设备，实现视频、气象、事件检测等信息联网汇聚，提升应对特殊天气、突发事件能力。不断优化公路治超监控设施网络和干线公路交通情况调查网络。

高等级航道智能运行网。全面推进水网地区高等级航道网数字航道建设，完善航道测量、水位监测、船舶导助航等设施设备，推动形成全国内河高等级航道网电子航道“一张图”。推进北斗系统在航道维护中应用。加强梯级枢纽船闸联合智能调度系统建设。

（三）部署北斗、5G等信息基础设施应用网络。

构建基于北斗、5G的应用场景和产业生态，在交通运输领域开展创新示范应用，助力新一代信息技术产业应用。

深入推动北斗行业应用。在铁路、公路、水运、民航、邮政等领域推广应用北斗三号终端。深化交通运输领域北斗系统高精度导航与位置服务应用。推动北斗系统短报文特色功能在船舶监管、海上搜救、应急通信等领域应用。探索北斗系统在车路协同、港口作业等领域应用，深化北斗系统在全球航运领域的应用，推动交通运输领域北斗系统国际化应用。

专栏3 北斗全球海上遇险通信与搜救支持系统工程

建设北斗全球海上遇险与安全支持系统，实现基于北斗短报文的船舶遇险报警、海上安全信息播发、搜救指挥等功能，助力北斗系统加入全球海上遇险与安全系统（GMDSS）。完善北斗兼容的全球中轨卫星搜救地面支持系统。

协同推进5G等技术创新应用。按照国家信息基础设施总体布局，以应用为导向，稳步推进5G等通信设施与交通基础设施融合发展。协同建设车联网、船联网，推动车用无线通信技术应用。深化高分辨率对地观测系统应用。

完善交通运输综合信息通信网络。统筹利用行业和社会通信网络资源，整合建设天地一体的行业综合信息通信网络，推进行业IPv6规模部署和应用任务，增强网络资源统筹调度、运行监测和安全防护能力，为交通运输行业提供经济适用、安全可控的通信网络服务。

（四）建设一体衔接的数字出行网络。

以“全国123出行交通圈”为目标引领，以提高电子客票使用率为切入点，引导市场主体打造跨方式、跨区域旅客运输数字化服务体系。

打造一体化出行服务平台。倡导“出行即服务”理念，鼓励企业整合多方式出行信息资源，为旅客提供全链条、多方式、一站式出行服务，推动旅客联程运输发展和全程服务数字化。推动综合客运枢纽智能化升级改造。

推动客运售票、检票、安检、登乘等环节电子化、无感化，建设枢纽内智能引导设施，完善全国道路客运电子客票服务体系，在二级及以上道路客运站及定制客运线路普及电子客票应用。提升农村客运信息服务水平，提供城乡一体化客运服务。推动电子船票应用。

推动城市客运智能化。推广智能公交、城市轨道交通智能运营管理，提升公共交通柔性运营能力。推进城市交通大数据综合应用，实现信息一体融合、综合服务。推进快速智能安检、快速支付等技术应用。积极采用“传统+智能”方式解决老年人、残疾人等群体出行问题。

专栏4 智慧客运枢纽工程

推动重点客运枢纽智能化升级，鼓励建设智能联程导航、票务服务、标识引导、综合立体换乘等服务设施，推动安检流程优化和行李直挂服务，推动电子客票在综合客运枢纽的广泛使用，实现不同运输方式的有效衔接。

（五）建设多式联运的智慧物流网络。

以“全球123快货物流圈”为目标引领，创新智慧物流运营模式，推进电子运单跨方式、跨区域共享互认，推动“互联网+”高效物流发展。

推进货运电子运单广泛应用。加快推进危险货物道路运输、冷链物流、零担物流等重点领域实现电子运单管理，推动铁路、公路、水路、民航、邮政快递等单证信息共享互认，推进电子商务和城市货运配送供应链信息交互共享，推动形成“一单到底”的高效多式联运体系。

推进物流枢纽智能化升级。推进智能仓储配送设施建设，推广仓储数字管理、安全生产预警、车辆货物自动匹配、园区智能调度等应用。推动物流园区间信息共享和业务协作。

加强国际物流供应链服务保障。在国际物流供应链综合指挥、调度保障、应急供给等方面，提供全链条、一站式的物流信息服务。

发展智能航运。推动码头、堆场自动化改造，加快港站智能调度、设备远程操控等综合应用。建设港口集疏运和物流大数据中心，推进全程物流业务在线办理。推动港区内部、港口集疏运通道等自动驾驶应用。完善船岸、船舶通信系统、智能导助航设施，增强船舶航行全过程船岸协同能力，支撑全天候复杂环境下的船舶智能辅助航行。建设船舶污染物排放监测与服务设施设备，创新运行机制，提高船舶污染物防治水平。鼓励建立第三方航运交易与服务电子商务平台。

专栏5 智慧物流提升工程

智慧货运枢纽。引导建设绿色智慧货运枢纽（物流园区）多式联运等设施，提供跨方式、跨区域的全程物流信息服务。推进货运枢纽（物流园区）智能化升级，鼓励开展仓储库存数字化管理、安全生产智能预警、车辆货物自动匹配、园区装备智能调度等应用。

智慧港口。推进新型自动化集装箱码头建设和大宗干散货码头无人化系统建设，加快港站智能调度、设备远程操控等综合应用。建设港口智慧物流服务平台，推动物流作业在线协同。加强港口危险品智能监测预警。

（六）升级现代化行业管理信息网络。

鼓励各级交通运输主管部门根据国家综合交通运输信息平台总体要求，统筹推动交通运输政务管理和服务联网一体化运行，推进交通运输数字政府部门建设，提升行业治理现代化水平。

深入推进政务服务“一网通办”。在全国一体化在线政务服务平台体系下，深化完善部省交通运输政务服务平台，推动更多政务服务事项实现网上办、掌上办、一次办。加强各类政务信息系统互联互通，加快电子印章、电子证照在政务服务领域的推广应用，逐步推进在线办公、智慧政务，提升政务办公效率。

全面推动交通运输“互联网+监管”。推进交通运输统计决策、工程管理、综合执法、安全生产监管、运行监测与应急处置、新业态监管等业务智能化，提升非现场监管、信用监管、联合监管等新型信息化监管能力。加强全国重要交通基础设施结构健康与安全风险监测。推动水上交通安全协同监管。

推动水上交通安全监管、航海保障、救助打捞、航道维护、应急指挥等业务应用在线协同。推动“陆海空天”一体化的水上交通运输安全保障体系建设，提升航运效率、搜救成功率和水上安全监管、应急救援能力。

专栏6　全国重要交通基础设施结构健康

与安全风险监测网络工程对全国长大公路桥梁、隧道、重要港口码头、重要通航建筑物等基础设施的结构、性能、运行状态，实施动态监测、自动采集与分析评估。推进重要基础设施风险信息共享、协同管控和分级分类管理，提高工程质量安全风险防控智慧化水平。开展基础设施长期性能观测，加强基础设施运行状态、运行规律和服役性能分析。

（七）培育数字交通创新发展体系。

完善标准规范。完善行业信息化标准工作机制，发挥企业在标准研究方面的作用，鼓励团体标准前瞻探索。加快研究制定交通运输新型基础设施工程建设标准，推动车路协同及自动驾驶相关标准研究制定，加强相关通信接口和协议统筹，推进行业新一代信息技术应用标准制修订。畅通交通运输标准国际交流与合作渠道，加快推进交通运输相关领域信息化标准互联互通。完善标准化信息服务平台。

推动行业信息技术应用创新。推动大数据、人工智能、区块链等技术行业应用攻关。推动一批自动驾驶、智能航运测试基地和先导应用试点工程建设。推进区块链在交通运输电子单证、危险品全链条监管、全程物流可视化等领域的创新应用。完善数字交通科研平台布局。完善数字交通相关重点实验室、研发中心布局，推动一批相关科研平台纳入国家科技创新体系。加快数字交通相关科研基础设施、大型仪器设备、科学数据等科技资源开放共享。

（八）构建网络安全综合防范体系。

围绕全链条、全要素、全周期，构建事前防范、监测预警、应急处置三位一体的网络安全防护体系。

提升基础安全防护水平。严格落实等级保护制度，加强信息系统安全建设管理、网络安全检测评估。加强行业网络安全政策标准研究，完善信息通报制度，建立风险报告、情报共享、研判处置机制。

加强重要数据和个人信息保护。建立健全行业数据安全保护制度，加强数据分级分类管理，加强数据容灾备份体系建设。强化公民个人信息保护，严控信息收集种类和规模。积极应对新技术新应用伴生风险，明确风险应对措施，提高风险防控能力。

推动安全可信服务和产品应用。完善行业网络身份认证和设备安全接入认证体系，加强商用密码技术应用、接入检测、监督检查等。强化网络安全产品供应链管理。推进重要信息系统密码技术应用，完善行业密码服务基础设施。

四、保障措施

（一）加强组织实施。

在部网络安全和信息化领导小组统一领导下，切实加强规划实施的组织领导和统筹协调，明确任务分工，压实部门责任，强化项目全生命周期的统筹协调力度，确保综合交通运输“数据大脑”建设成效。协同推进部省联网项目建设，加强部省联网建设方案的总体设计、整体推进、一体运行。各地要落实主体责任，结合地区特点和发展基础，编制相关规划或方案，做好与本规划的衔接。

（二）强化资金保障。

充分运用市场机制，多元化筹措资金，鼓励引导社会力量参与交通新基建、智慧出行、智慧物流等创新应用。发挥政府投资的支持引导作用，各级交通运输主管部门应积极争取各类政府财政性资金、专项资金等用于支持数字交通建设。创新建设运维模式，拓展运维资金渠道，促进可持续发展。

（三）构建协同创新生态。

充分发挥企业的创新主体作用，逐步形成政府引导、企业为主、部门协同、部省联动的发展格局与合力。鼓励建立协同创新产业联盟，积极开展产业化应用示范，培育高效适配、优势互补、具有国际竞争力的数字交通产业生态。建立多领域、多层次人才培养体系，为数字交通发展提供强大智力支持。

第二部分

物流统计

2021年中国物流运行情况

2021年，我国整体经济运行持续稳定恢复，社会物流总额保持良好增势，社会物流总费用与GDP的比率稳中有降，“十四五”实现良好开局。

一、社会物流总额保持良好增势

2021年，我国社会物流总额335.2万亿元，按可比价格计算，同比增长9.2%，两年年均增长6.2%，增速恢复至正常年份平均水平。

从构成看，工业品物流总额299.6万亿元，按可比价格计算，同比增长9.6%；农产品物流总额5.0万亿元，同比增长7.1%；再生资源物流总额2.5万亿元，同比增长40.2%；单位与居民物品物流总额10.8万亿元，同比增长10.2%；进口货物物流总额17.4万亿元，同比下降1.0%。

二、社会物流总费用与GDP的比率小幅回落

2021年，我国社会物流总费用16.7万亿元，同比增长12.5%。社会物流总费用与GDP的比率为14.6%，比上年下降0.1个百分点。

从结构看，运输费用9.0万亿元，增长15.8%；保管费用5.6万亿元，增长8.8%；管理费用2.2万亿元，增长9.2%。

三、物流业总收入实现较快增长

2021年，我国物流业总收入11.9万亿元，同比增长15.1%。

2021年物流统计数据如下表所示。

2021年物流统计数据　　单位：万亿元

项目	2021年	同比增长（%）
一、社会物流总费用	16.7	12.5
运输费用	9.0	15.8
保管费用	5.6	8.8
管理费用	2.2	9.2

续　表

项目	2021年	同比增长（%）
二、社会物流总额	335.2	9.2
农产品物流总额	5.0	7.1
工业品物流总额	299.6	9.6
进口货物物流总额	17.4	-1.0
再生资源物流总额	2.5	40.2
单位与居民物品物流总额	10.8	10.2
三、物流业总收入	11.9	15.1

注：表中各分项数据存在四舍五入，加总与总量存在偏差。

（国家发展改革委　中国物流与采购联合会）

2021年中国物流运行情况分析

2021年，我国物流呈现坚实复苏态势，实体经济持续稳定恢复，拉动物流需求快速增长，物流供给服务体系进一步完善，供应链韧性提升，有力地促进宏观经济提质增效降本，物流实现“十四五”良好开局。

一、物流支撑经济稳定恢复，构建新发展格局

（一）物流需求增势良好，支撑经济稳定恢复

2021年，我国物流需求规模再创新高，社会物流总额增速恢复至正常年份平均水平。全年社会物流总额335.2万亿元，是“十三五”初期的1.5倍。按可比价格计算，同比增长9.2%，两年年均增长6.2%。从年内走势看，由于受下半年散发疫情和上年同期基数较高等因素影响，走势前高后低。一季度同比增长24.2%，上半年增长15.7%，前三季度增长10.5%。2011—2021年全国社会物流总额增长变化情况如图1所示。

从社会物流总额与GDP对比来看，与新冠肺炎疫情前的2018年、2019年不同，自2020年以来，社会物流总额增速持续高于GDP增

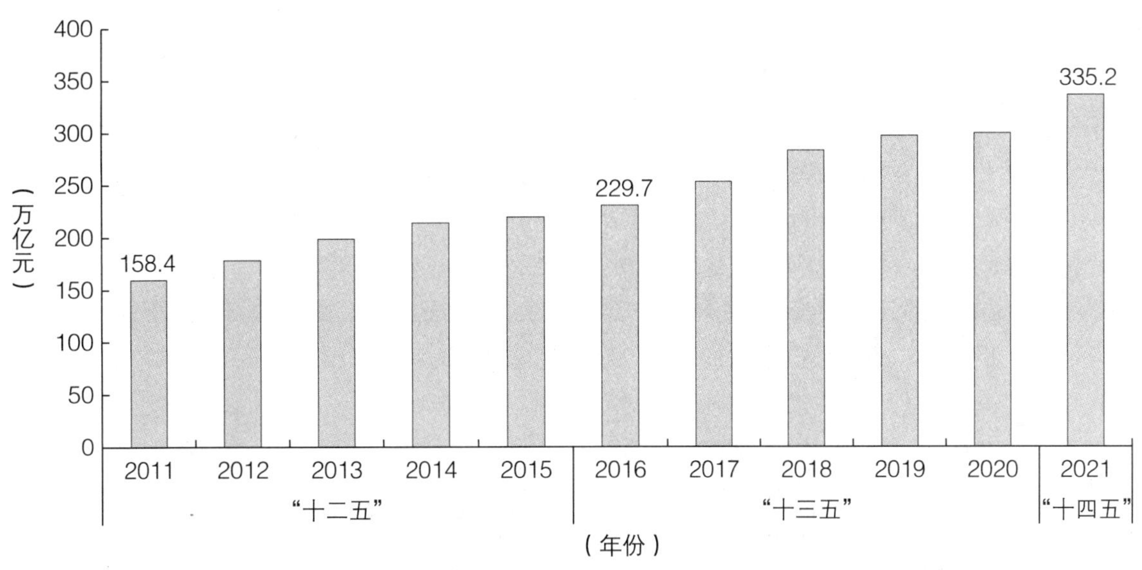

图1　2011—2021年全国社会物流总额增长变化情况

速，物流需求系数持续提升，显示出在疫情压力持续存在的情况下，生产、出口、消费等实物物流恢复保持良好势头，实体经济是物流需求复苏的主要支撑。2020—2021年各季度社会物流总额及GDP可比增长变化情况如图2所示。

从社会物流总额结构看，物流需求结构随经济结构调整、产业升级同步变化。工业物流总体稳中有进，国际进口物流下行压力较大，民生消费物流保持平稳增长。产业升级带来的高技术制造物流需求发展趋势向好，引领带动作用增强。

创新动能有效增强，工业制造物流需求较快增长。2021年我国工业物流需求总体保持较快增长。工业品物流总额同比增长9.6%，增速比上年加快6.8个百分点；两年平均增长6.1%，增速接近疫情前水平。其中，制造业中出口相关以及高新制造业物流需求发展较好，全年装备制造业、高技术制造业物流需求比上年分别增长12.9%、18.2%，增速分别高于全部工业平均水平3.3个、8.6个百分点，是工业物流恢复的主要拉动力。

进口物流量下行压力趋升，高新技术类产品进口稳步增长。四季度以来，高基数效应叠加，国内需求减弱，进口物流量下行压力趋升，2021年进口物流量增速由上年的8.9%转为-1.0%。从年内走势看，上半年各月保持平稳增长，三季度以来由增转降。从结构来看，主要大宗商品进口量有所趋缓，其中铁矿砂及其精矿、原油需求延续下跌趋势，分别同比下降3.9%、5.4%。高新技术产品进口量则保持较快增长，有力支撑产业结构的升级转型，全年机电产品、集成电路进口量分别同比增长38.0%、16.9%。

消费物流保持恢复性增长，新业态新模式快速增长。2021年，单位与居民物品物流总额同比增长10.2%，并连续多月保持10%以上。从年内走势看，民生物流总额增速趋缓，增速比前三季度回落3.6个百分点。疫情影响下，电商、网络购物已经成为居民消费的重要渠道，带动电商快递业务量加速扩张。中国电商物流指数显示，2021年总指数平均值为110.3点，较2020年回升2.4个百分点，需求端总业务量和农

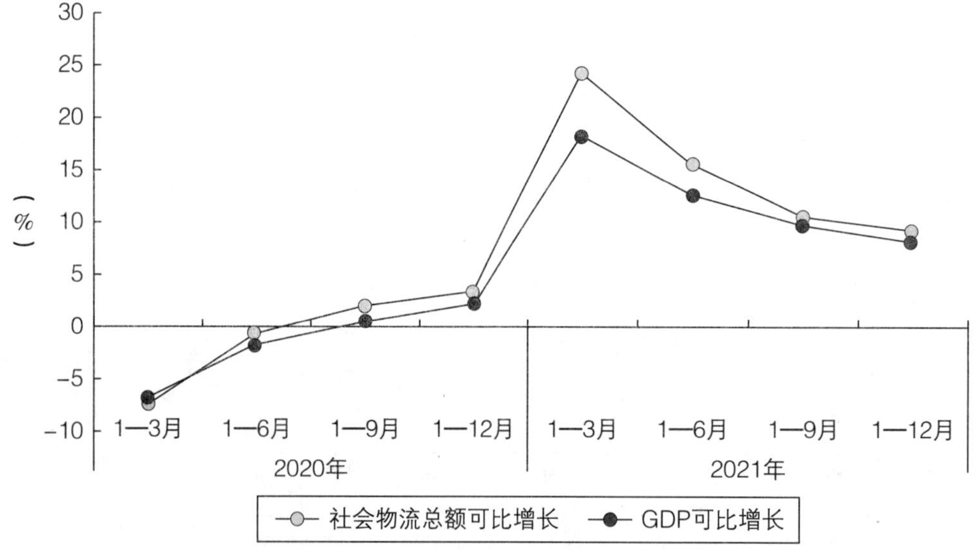

图2　2020—2021年各季度社会物流总额及GDP可比增长变化情况

村业务量增速超过20%；供给端恢复较快，库存周转指数、人员指数、实载率指数、成本指数均值均超过2019年疫情前水平。全年全国实物商品网上零售额增长12.0%，国家邮政局数据显示，全年快递业务量完成1085亿件。

（二）顺应需求升级新变化，物流市场活力进一步增强

2021年，我国物流体系建设稳步推进，适应市场物流需求变化，物流供给服务保持快速增长，支撑产业链、供应链韧性提升。全年物流业总收入11.9万亿元，同比增长15.1%。从年内走势看，各季度物流业总收入均保持15%以上增速，两年年均增速在8.5%以上，市场规模稳步扩大。物流行业实现快速发展，市场活力进一步增强，体现在以下两个方面。

一是物流企业竞争力提升，行业集中度提升。2021年，我国物流产业经受了国际严峻环境和国内疫情等多重考验，服务能力有所增强，头部企业竞争力提升。截至2021年年末，全国A级物流企业近8000家，50强物流企业收入合计1.4万亿元，同比增长16.6%。物流行业各领域龙头企业加快兼并重组和上市步伐，央企物流“国家队”重组整合拉开序幕，中国物流集团正式成立。市场集中度进一步提升，50强物流企业收入合计占物流业总收入的12%左右，是近年来的最高水平。

二是物流活动恢复势头良好，行业处于高位景气区间。2021年全年物流业景气指数平均为53.4%，较上年提高1.7个百分点。物流企业业务量及订单指数均位于较高景气水平，且总体水平有所提升，物流主体活力进一步激发。从年内走势看，一季度景气指数平均为53%，实现良好开局；二季度升至55.9%的高点；下半年指数出现一定波动，三季度回落至51.3%；四季度缓中趋稳回升到53.2%，物流业韧性提升，实现良好开局。

（三）物流供应链韧性提升，畅通国内国际双循环

2021年，是我国构建新发展格局的起步之年，国际环境复杂严峻、国内疫情多发散发等多重因素倒逼我国物流运行效率、供应链响应水平加速提升，物流在畅通经济内外循环、保障产业链畅通稳定方面发挥了重要作用，助力单位物流成本稳中有降。从物流成本统计来看，2021年社会物流总费用16.7万亿元，与GDP的比率为14.6%，比上年回落0.1个百分点，在连续三年持平后首次回落。结合近年经济数据并与美国、日本等国对比后的分析显示，国民经济产业结构调整对物流成本下降存在边际递减效应。“十三五”时期，服务业增加值占GDP的比重每上升1个百分点，物流成本与GDP的比率下降仅为0.1个百分点左右。自2020年疫情以来，服务业受到的冲击较大，对我国物流成本与GDP比率的影响进一步减弱。在此背景下，这一比率的下降更多来自物流供应链自身运行效率的改善提升效应。2011—2021年社会物流总费用同比增速及与GDP的比率如图3所示。

一是物流畅通性提升，助力国内国际双循环。物流服务在协助产业链流程优化的基础上，更是在畅通国内大循环、促进国内国际双循环过程中发挥了重要作用，助力物流成本稳中有降。

从运输环节看，运输物流结构进一步调整优化，保障了国内产业链、国际贸易循环畅通。多式联运业务加速发展，运输方式间的协同性提升。全年完成集装箱多式联运量620万标准箱，开通联运线路450条，年均增速在15%左右，明显高于港口集装箱增长水平。国际物流供应链安全畅通保障水平，国际运输协同性、便利化水平均有稳步提升。全年中欧班列开行约1.5万列，同比增长22%，开行国际

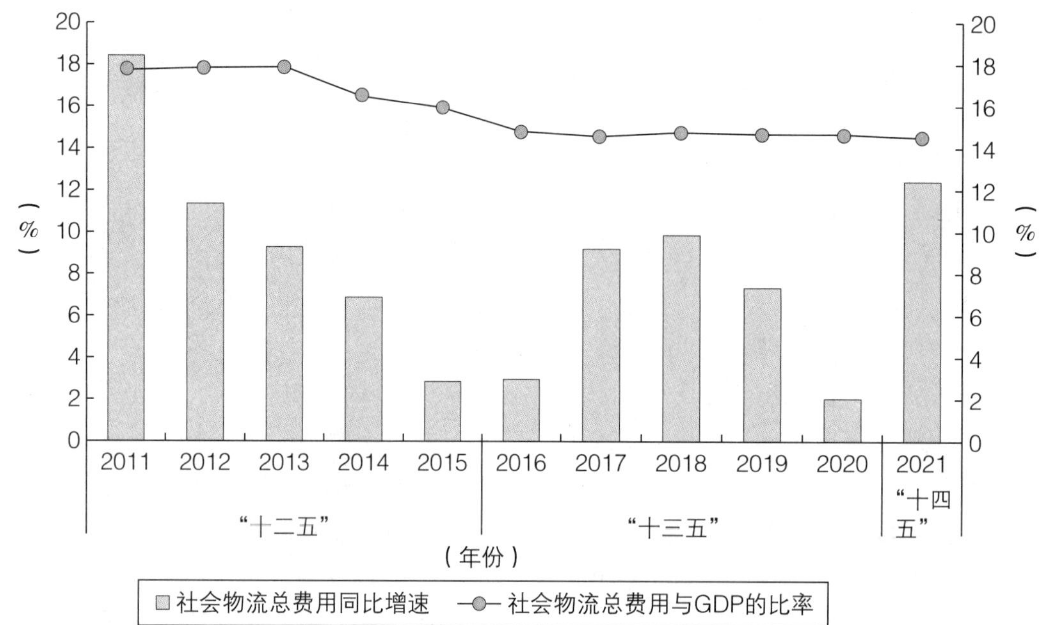

图3 2011—2021年社会物流总费用同比增速及与GDP的比率

货运航班7.4万班，同比增长25.8%，完成国际航线货邮运输量241.5万吨、国际及港澳台快递19.3亿件，同比分别增长20.2%、17.4%。

从保管环节看，上下游企业物流、资金流更为畅通，工业企业存货、应收账款周转加快。2021年年末，规模以上工业企业产成品存货周转天数、应收账款平均回收期分别为16.8天、49.5天，较上年年末分别减少0.9天、2.0天，仓储及装卸搬运费用小幅回落0.1个百分点。

二是物流与产业融合加速，协同一体化水平提升。近年来，工业、商贸企业采用供应链协同推进生产经营的效果明显增强，特别是疫情以来物流上下游协同合作的水平提升，物流业总收入与社会物流总费用的比率为72%，显示出专业物流服务的广度、密度、深度都在不断增加。同时，物流集成能力和一体化服务能力持续增强，进一步实现产业、企业间的协同发展，产业链资源整合、资源的优化配置加速推进。头部物流企业发挥引领带动作用，大力推行一体化供应链物流服务。2021年50强物流企业供应链一体化收入合计增速在20%～30%，明显高于运输、仓储等单一物流业务；供应链一体化业务首次成为企业的主要收入来源（其收入占比近四成）。

二、"十四五"开局之年，物流运行环境改善

（一）物流政策环境良好，产业地位稳中有升

2021年是"十四五"规划的开局之年，中共中央、国务院高度重视构建现代物流体系，物流产业地位稳中有升。交通运输部、国家发展改革委、商务部、农业农村部等多部委针对我国物流产业的发展规划、体系构建、组织管理、服务标准等多个方面密集出台了一系列政策，为我国物流产业健康发展提供了坚实的政策保障。

中共中央、国务院印发《国家综合立体交通网规划纲要》，提出到2035年要建成"全球123"快货物流圈，国内1天送达、周边国家2天送达、

全球主要城市3天送达。国务院印发《2030年前碳达峰行动方案》，交通运输绿色低碳行动纳入“碳达峰十大行动”。《“十四五”现代流通体系建设规划》对现代流通体系建设进行了战略性布局、系统性谋划，提出一系列可操作、可落地的重点任务，为进一步扩大流通规模、提高流通效率、推动流通领域创新、激发流通企业活力提供有力支撑。《“十四五”冷链物流发展规划》提出到2025年布局建设100个左右国家骨干冷链物流基地，同时针对冷链物流“最先一公里”和“最后一公里”等行业难题提出了科学可行的指导方案，规划提出打造“三级节点、两大系统、一体化网络”的冷链物流运行体系。国家发展改革委发布“十四五”首批国家物流枢纽建设名单，国家物流枢纽增至70家，支持重大物流基础设施互联成网，形成枢纽经济新增长极。国务院办公厅印发《推进多式联运发展优化调整运输结构工作方案（2021—2025年）》，提出到2025年，多式联运发展水平将明显提升，基本形成大宗货物及集装箱中长距离运输以铁路和水路为主的发展格局，全国铁路和水路货运量将比2020年分别增长10%、12%左右，集装箱铁水联运量年均增长15%以上，运输结构调整进入新阶段。

（二）物流基础设施环境改善，综合物流网络加快完善

2021年，国家综合立体交通网络加快完善，基础设施薄弱环节得到改善，物流基础设施在疫情防控、经济恢复中发挥了更为关键的作用。

宏观层面，物流基础设施网络建设稳步推进，投资额增速稳中有进。全年物流相关固定资产投资约3.5万亿元，同比增长3.1%，两年平均增长5.1%，增速与2019年基本持平。全年新改（扩）建高速公路超过9000公里，新增及改善高等级航道约1000公里，新颁证民用运输机场9个，新增城市轨道交通运营里程超过1000公里。重大工程建设加快推进，川藏铁路及配套公路、引江济淮航运工程、连云港30万吨级航道二期工程等重大项目建设有序推进，京哈高铁、京新高速公路全线贯通。

微观层面，疫情以来物流企业网络化布局步伐加快，基础设施服务能力进一步提升。从仓储设施来看，2021年中国50强企业仓储服务能力同比增长7.3%，数字化及智能化基础设施的技术创新应用比例达到100%。

（三）物流供需环境改善，服务价格维持较好水平

2021年，物流供需关系有所改善，公路、快递等完全竞争行业供大于求、恶性低价竞争等局面有所缓解，年内物流服务价格处于较好水平。物流业景气指数中的物流服务价格指数全年平均为50.1%，高于上年1.5个百分点。

水运方面，海运市场供不应求，价格普遍高于上年，全年各月均位于较高水平。2021年中国沿海散货运价指数平均为1299.35点，同比增长25%；中国出口集装箱运价指数平均为2615.54点，同比增长165.7%。

公路方面，物流运输市场供需略有改善，加之油价上涨，价格水平处于近年较高水平。全年中国公路物流运价指数平均为100.3%，同比增长1.9%。特别是自四季度以来，公路市场供需关系有所改善，运价指数连续三个月回升，12月更是升至102.5%的年内最高水平。

快递方面，行业恶性价格战局面得到扭转。受益于政策监管拐点，行业价格战将暂告一段落，部分头部企业单票价格有所回升。国家邮政局数据显示，截至2021年年末，快递业务整体单价为9.70元/件，环比上升2.2%。

（中国物流与采购联合会　中国物流信息中心）

2021年1—12月中国物流业景气指数

（中国物流与采购联合会发布）

1月

2021年1月份中国物流业景气指数（LPI）为54.4%，较上月回落2.5个百分点；中国仓储指数为52.2%，较上月回升0.7个百分点。

中国物流与采购联合会会长助理、中国物流信息中心主任何辉指出，2021年1月，受春节临近的季节性影响，物流业景气指数正常回落，但仍维持在较高的景气区间，且是近年同期最高。资金周转率指数继续上升，新订单指数、库存周转次数指数、设备利用率指数、业务活动预期指数都维持在较高景气区间，从业人员指数、固定资产投资指数、物流服务价格指数也都在景气区间，显示出2021年物流运行开局良好。从分地区和分行业情况看，物流业总体均保持稳定增长态势。从企业规模看，大中型物流企业的业务量指数、新订单指数、库存周转次数指数、资金周转率指数、从业人员指数、主营业务利润指数、业务活动预期指数等都维持在较高景气区间，小微型物流企业则受季节性因素冲击影响较大，资金周转率指数、主营业务利润指数、业务活动预期指数等回落，跌出景气区间。

业务总量指数回落，物流业务规模增势减弱。1月，业务总量指数比上月回落2.5个百分点至54.4%，仍位于扩张区间，反映出物流经济运行总体保持平稳的态势。

资金周转率指数上升，企业资金状况转好。1月，资金周转率指数为55%，较上个月回升0.2个百分点，位于较高水平。这一数据表明物流企业年度订单集中支付预付款与上年订单回款速度加快，资金状况良好。

设备利用率指数和从业人员指数回落。1月，受生产建设活动放缓、物流业务规模增势减弱的影响，设备利用率指数回落2.7个百分点，回落至52.5%。加上受临近春节的因素影响，从业人员指数回落2.3个百分点，回落至50.2%。

从后期走势看，新订单指数为52.9%；业务活动预期指数为52.7%，未来物流行业仍将保持平稳增长的态势。

2月

2021年2月，中国物流业景气指数（LPI）为49.8%，较上月回落4.6个百分点；中国仓储指数为48.9%，较上月回落3.3个百分点。

中国物流与采购联合会会长助理、中国物流信息中心主任何辉指出，2021年2月，虽然受节日因素及加强冷链物流和局部地区疫情防控需要的影响，物流业景气指数回落至49.8%，但指数水平总体仍保持基本平稳态势，且明显好于上年同期。从行业看，主要是快递快运业和冷链物流受到的影响较大。而业务活动预期指数则大幅回升至65%以上的高水平，反映出随着疫情防控形势的全面好转和生产建设季节的到来，物流企业的市场走势普遍乐观。

业务总量指数回落，物流业务规模增势减弱。2月，业务总量指数比上月回落4.6个百分点，回落至49.8%，反映出受节日因素影响，物流业务活动规模增势减弱。随着新的生产建设周期开始，物流业务活动规模将保持适度增长。

库存指数周期性回落，未来将出现恢复性增长。2月，平均库存量指数回落1.8个百分点，回落至48.2%；库存周转次数指数回落7.7个百分点，回落至45.6%。两项库存指数双双呈现出周期性回落，未来一旦受到消费需求旺盛影响，将出现恢复性大幅增长。

从业人员指数回落，节日效应释放明显。2月，受生产建设活动放缓、物流业务规模增势减弱、春节期间从业人员返乡等因素影响，从业人员指数回落，比上月回落5.2个百分点，回落至45%。

从后期走势看，新订单指数为50.4%，业务活动预期指数为65.8%，预示着进入新的生产建设周期后，物流活动将趋于活跃，保持适度增长、平稳运行的态势。

3月

2021年3月，中国物流业景气指数（LPI）为54.9%，较上月回升5.1个百分点；中国仓储指数为52.7%，较上月回升3.8个百分点。

中国物流与采购联合会会长助理、中国物流信息中心主任何辉指出，2021年3月，随着我国生产建设季节的到来，供应链上下游经营活动复苏，物流业景气已然重回50%以上的扩张区间，且呈现明显回升态势。从各分项指数上看，物流业务快速增长，物流需求稳中有升，物流业资金周转明显加快，设备利用率逐步提高，物流服务价格指数和主营业务利润指数有所回升，物流企业经营效益有所改善，物流行业从业人数快速回升，行业后市预期继续看好。从地区看，东、中、西部地区物流活动全面回升，尤其是西部地区回升速度更快。从行业看，物流相关行业业务活动均趋于旺盛，其中道路运输业、快递服务业回升幅度明显。从企业规模看，大中型物流企业稳步回升，小微型物流企业快速回升，物流行业后期发展形势向好。

新订单指数上升。3月，新订单指数为54.1%，比上月回升3.7个百分点，东部、中部和西部均保持在50%以上，节后物流业需求全面向好，稳中趋升的态势已逐步显现。

平均库存量指数和库存周转次数指数双升。3月，平均库存量指数和库存周转次数指数分别回升3.1个百分点和5.2个百分点，指数分别为51.3%和50.8%，两项库存相关指数水平接近，数据双双回升反映生产建设活动加快，供应链上游物流业务活动趋于活跃。

设备利用率指数回升。3月，物流相关设备利用效率明显提高，设备利用率指数回升4.1个百分点至53.2%，东部、中部和西部均保持在50%以上的景气区间。

资金周转率指数回升。3月，资金周转率指数为50.2%，比上月回升5.2个百分点。这一数据显示出随着物流市场业务活动趋于活跃，资金周转情况有所改善。

从后期走势看，新订单指数为54.1%，业务活动预期指数为62.6%，表明了在供应链上下游企业生产经营活动全面启动后，物流业务活动将继续保持活跃态势。

4月

2021年4月，中国物流业景气指数（LPI）为57.3%，较上月回升2.4个百分点；中国仓储指数为55.0%，较上月回升2.3个百分点。

中国物流与采购联合会会长助理、中国物流信息中心主任何辉指出，2021年4月，物流业景气指数继续回升，显示出物流活动在继续转旺，物流运行呈现稳中有升的发展态势。从地区看，东中部地区均有所回升，其中东部地区回升幅度较为明显。从行业看，物流相关行业业务活动均趋于旺盛，其中道路运输业、水上运输业、仓储业、装卸搬运和其他运输服务业回升幅度明显，邮政业继续保持高位运行的态势。从指数上看，物流业务规模扩大，新订单增多，物流需求稳中有升，供需均有所加快。物流业资金周转速率加快，主营业务利润指数回升，资金供应环境有所改善，企业效益稳步提升。固定资产投资完成额和设备利用率随着规模扩大而有所提高，就业和投资保持稳定增长，内生增长动力有所加强，市场预期乐观。从企业规模看，大中型物流企业物流活动旺盛，小微型物流企业平稳运行。

物流需求继续增加，新订单指数上升。4月，业务总量指数为57.3%，比上月回升2.4个百分点；新订单指数为56.1%，比上月回升2.0个百分点。数据显示出物流业需求继续向好，业务量持续增长，订单数量增加，物流运行将保持稳中趋升的态势。

平均库存量指数和库存周转次数指数双升。4月，平均库存量指数为52.9%，回升1.6个百分点。库存周转次数指数为55.7%，回升4.9个百分点，显示出供应链上下游两端业务活动均有所增强。

从业人员指数和设备利用率指数回升。4月，受物流业务活动增加影响，物流从业人员继续增加，用工缺口减少；设备利用率有所提高，企业运营效率提升。从业人员指数回升0.1个百分点，回升至51.7%；设备利用率指数回升1.8个百分点，回升至55.0%。

从后期走势看，新订单指数回升至56.1%；业务活动预期指数保持62.1%的较高水平，预示着后期社会物流运行会继续有所回升。

5月

2021年5月，中国物流业景气指数（LPI）为55.8%，较上月回落1.5个百分点；中国仓储指数为51.3%，较上月下降3.7个百分点。

中国物流与采购联合会会长助理、中国物流信息中心主任何辉指出，2021年5月，物流业景气指数在扩张区间高位回调，反映出物流业务活动继续保持活跃，但增势趋稳。从指数上看，物流业务量和订单量增速放缓，库存指数回落，资金周转率下降，固定资产投资完成情况较好，物流行业从业人员就业稳定，业务活动预期保持较高水平。从地区看，东中部地区均位于扩张区间，且东部和西部地区业务需求更为旺盛。从行业看，铁路运输业和道路运输业物流业务增速加快，水上运输业、仓储业、装卸搬运和其他运输服务业及邮政业增速略有回落。从企业规模看，大中小微型物流企业业务活动均保持在扩张区间，反映出物流市场的均衡发展。

物流需求增速放缓，新订单指数回落。5月，业务总量指数为55.8%，比上月回落1.5个百分点；新订单指数为54.5%，比上月回落1.6个百分点。显示出物流业需求增速放缓，业务规模缩减，订单数量减少。

库存周转次数指数和平均库存量指数回落。5月，库存周转次数指数回落3.7个百分点，回落至52.0%，平均库存量指数回落2.7个百分点，回落至50.2%。受节日因素影响，与民生相关产成品消费需求旺盛，仓储环节货物去库存明显，物流效率有所提升。

物流行业从业人员就业情况稳定向好。5月，从业人员指数回升0.1个百分点，回落至51.8%，显示出物流行业从业人员就业情况稳定向好。

从后期走势看，新订单指数为54.5%，业务活动预期指数为60.8%，显示出市场需求稳定，后期物流运行将继续保持平稳运行的态势。

6月

2021年6月，中国物流业景气指数（LPI）为54.6%，较上月回落1.2个百分点；中国仓储指数为53.2%，较上月回升1.9个百分点。

中国物流与采购联合会会长助理、中国物流信息中心主任何辉指出，2021年6月，受高温多雨等季节性因素影响，物流业景气指数略有回落，但仍在景气区间运行，反映出物流业务活动增势虽略有趋缓，但仍旧保持活跃态势。从指数上看，库存周转次数指数、资金周转率指数和物流服务价格指数等指标较上月有所上升，反映出供应链上下游继续保持活跃、稳健运行态势。从区域看，东部、中部和西部地区均位于景气区间，其中东部和西部地区物流业务量较上月有所回升。从行业看，水上运输业、装卸搬运和其他运输服务业以及邮政业物流业务增速进一步加快。从企业规模看，大中小微型物流企业均位于扩张区间，其中小微型物流企业新订单指数有所回升，反映出物流市场继续保持均衡发展态势。

物流需求增速放缓，新订单指数回落。6月，业务总量指数为54.6%，比上月回落1.2个百分点；新订单指数为52.9%，比上月回落1.6个百分点。显示出物流业需求增速放缓，业务规模缩减，订单数量减少。

库存周转次数指数回升。6月，库存周转次数指数较上月回升0.3个百分点，至52.3%。其中在与贸易相关的港口企业和与民生相关的快递快运业，该指数回升幅度明显，显示出物流相关业务活动仍较活跃。

设备利用率指数下降，仍保持在增长区间。6月，设备利用率指数较上月回落2.7个百分点，回落至52.0%，仍保持在景气区间，显示出物流相关业务活动仍较活跃。

固定资产投资完成额指数有所回落。6月，固定资产投资完成额指数回落为51.4%，增速略有放缓，但仍位于扩张区间，反映出物流运行的基础设施条件将继续改善。

从后期走势看，新订单指数为52.9%；业务活动预期指数为56.9%，分别较上月回落了1.6个和3.9个百分点。这一数据预示受高温季节因素影响，物流活动增长势头将有所放缓。

7月

2021年7月，中国物流业景气指数（LPI）为50.3%，较上月回落4.3个百分点；中国仓储指数为49.1%，较上月回落4.1个百分点。

中国物流与采购联合会会长助理、中国物流信息中心主任何辉指出，2021年7月，受高温多雨等季节性因素影响，中国物流业景气指数较上月有较大程度回落，但仍位于景气区间，显示出物流业务活动保持较平稳的增长态势。从指数上看，新订单指数、库存周转次数指数、资金周转率指数、设备利用率指数、固定资产投资完成额指数、从业人员指数和业务活动预期指数较上月虽略有回落，但均保持在景气区间，反映出物流业务活动处于周期性回调阶段，整体保持稳健的活跃态势。从区域看，因此次强降水和台风天气主要影响我国东中部地区，运输行业特别是公路运输业等受影响明显，因此本月东中西部地区业务总量指数均有所回落，其中东中部地区位于收缩区间，西部地区位于景气区间。从行业看，铁路运输业增速进一步加快，道路运输业、水上运输业和邮政业物流业务保持稳定。从企业规模看，微型物流企业受影响较大，物流业务活动指数回落至景气区间以下。

物流需求增速放缓，新订单指数回落。7月，业务总量指数为50.3%，比上月回落4.3个百分点；新订单指数为50.4%，比上月回落2.5个百分点。数据显示出物流业需求增速放缓，业务规模缩减，订单数量减少。

设备利用率指数下降，但仍保持在增长区间。7月，设备利用率指数较上月回落1.5个百分点，为50.5%，仍保持在景气区间，显示出物流相关业务活动仍较活跃。

固定资产投资完成额指数有所回落。7月，固定资产投资完成额指数回落0.3个百分点，回落至51.1%，增速略有放缓，但仍位于扩张区间，反映出物流运行的基础设施受季节性因素影响，进程略有减慢。

从后期走势看，新订单指数为50.4%、业务活动预期指数为58.1%，两项指数均保持在景气区间运行，反映出企业对未来预期乐观，后市将继续保持较平稳的增长态势。

8月

2021年8月，中国物流业景气指数（LPI）为49.5%，较上月回落0.8个百分点；中国仓储指数为50.8%，较上月回升1.7个百分点。

中国物流与采购联合会会长助理、中国物流信息中心主任何辉指出，2021年8月，我国进入生产建设淡季，同时受部分地区疫情反复和高温多雨等因素的影响，物流业务活动增速有所放缓，中国物流业景气指数较上月有所回落，回落至50%以下。从指数上看，业务总量指数、新订单指数和设备利用率指数等位于景气区间以下，但库存周转次数指数、固定资产投资完成额指数和业务活动预期指数保持在景气区间。从区域看，中西部地区物流业景气指数有所回落，东部地区作为我国主要经济增长区域，指数仍保持在景气区间。从行业看，仓储业物流企业业务较为活跃。

物流需求增速放缓，新订单指数回落。8月，业务总量指数为49.5%，比上月回落0.8个百分点；新订单指数为48.9%，比上月回落1.5个百分点。数据显示出物流业需求增速放缓，业务规模缩减，订单数量减少。

库存周转次数指数回升，进出库速率加快。8月，库存周转次数指数较上月回升0.3个百分点，回升至50.8%，保持在景气区间，显示出物流业库存进出库速率加快。

物流服务价格整体水平依然偏低。8月，物流服务价格指数为48.8%，较上月回升0.2个百分点，仍位于50%荣枯线以下，显示出物流企业服务价格整体水平依然偏低，但降幅有所收窄。

从后期走势看，8月，业务活动预期指数为59.9%，较上月回升1.8个百分点，反映出企业对旺季物流业运行保持乐观，后市将继续保持较平稳的增长态势。

9月

2021年9月，中国物流业景气指数（LPI）为54.0%，较上月回升4.5个百分点；中国仓储指数为51.0%，较上月回升0.2个百分点。

中国物流与采购联合会会长助理、中国物流信息中心主任何辉指出，2021年9月，随着“金九银十”生产建设旺季和中秋、国庆两节的来临，物流需求趋旺、业务活跃，扭转了连续四个月回落的走势，各分项指数均有明显回升。从区域看，东中西部均位于景气区间。从行业看，铁路运输业、道路运输业、仓储业和邮政业均回升至较高景气区间。从企业规模看，大中小微企业均较上月有所回升，其中大型物流企业和微型物流企业回升幅度较大。

新订单指数回升，市场需求保持增长。9月，新订单指数为53.3%，比上月回升4.4个百分点，显示出物流市场订单增加，业务需求旺盛。

固定资产投资完成额指数回升，物流基础设施趋于改善。9月，固定资产投资完成额指数为51.3%，回升0.9个百分点，反映出物流运行的基础设施条件呈现改善态势。

从业人员指数回升，物流就业形势平稳。9月，从业人员指数为50.8%，回升1.2个百分点，显示出物流从业人员就业形势稳定。

主营业务成本指数回升，企业成本压力犹存。9月，主营业务成本指数为55.7%，较上月回升2.9个百分点。这一数据显示在业务量增长的背景下，物流企业成本压力也有所增大。

从后期走势看，新订单指数和业务活动预期指数分别为53.3%和60.6%，预示随着物流运行的需求基础进一步巩固，物流业务活动仍将延续平稳走势。

10月

2021年10月，中国物流业景气指数（LPI）为53.5%，较上月回落0.5个百分点；中国仓储指数为54.2%，较上月回升3.2个百分点。

中国物流与采购联合会会长助理、中国物流信息中心主任何辉指出，2021年10月，中国物流业景气指数虽略有回落但仍保持在景气区间，这表明虽然受节假日等因素影响，消费端物流需求仍较为稳定，物流业景气指数保持在景气区间运行。同时，因近期多地疫情反复和相关成本增加，部分生产企业产能受到影响，导致生产端物流需求有所减少，物流业务活动增速较上月有所放缓。从分项指数看，除主营业务利润指数位于收缩区间以外，其他分项指数均位于扩张区间，其中主营业务成本指数增幅较大，创年内新高。从区域看，中部地区指数有所回升，东部地区和西部地区指数有所回落，其中西部地区指数回落至收缩区间。从行业看，铁路运输业、道路运输业和水上运输业指数有所回落，仓储业和快递业仍保持活跃的运行态势。从企业规模看，大中小微型物流企业均位于景气区间，但大型物流企业和中型物流企业物流需求增速有所回落。

新订单指数回落，物流需求较为平稳。10月，新订单指数为52.7%，较上月回落0.6个百分点，显示出物流需求略有减少，但整体保持平稳，仍可支撑物流业保持在适度增长区间。

主营业务成本指数回升，物流企业经营成本有所增加。10月，主营业务成本指数较上月回升3.4个百分点，回升至59.1%，创年内新高；主营业务利润指数回落1.9个百分点，回落至48.8%。数据显示出物流企业经营成本有较明显增加，影响物流企业主营业务利润。

库存相关指数回升，消费旺季备货增加。10月，平均库存量指数为52.6%，较上月回升2.4个百分点；库存周转次数指数为54.3%，较上月回升1个百分点。数据反映出随着电商购物节临近，物流企业为销售终端提供的仓储业务量有所增多。

从后期走势看，新订单指数为52.7%，业务活动预期指数为62.0%，预示着物流业经济运行将保持平稳适度增长的趋势，但仍需关注物流企业主营业务成本的后续变化。

11月

2021年11月，中国物流业景气指数（LPI）为53.6%，较上月回升0.1个百分点；中国仓储指数为54.1%，较上月回落0.1个百分点。

中国物流与采购联合会会长助理、中国物流信息中心主任何辉指出，2021年11月，中国物流业景气指数呈现平稳回升的态势。随着“保供稳价”等一系列政策逐步产生效果，生产领域的物流相关指数回升加快。从分项指数看，12个分项指数均位于扩张区间，其中业务总量指数、新订单指数、平均库存量指数、库存周转次数指数、资金周转率指数、设备利用率指数、主营业务利润指数和主营业务成本指数增速加快；物流服务价格指数、固定资产投资完成额指数、从业人员指数和业务活动预期指数增速较上月有所放缓。从区域看，中西部地区明显回升，增速加快；东部地区增速趋缓，但仍保持在扩张区间。从行业看，快递快运业、铁路运输业、道路运输业、仓储业和装卸搬运及其他运输服务业继续保持高位运行态势。从企业规模看，大中小微型物流企业均位于景气区间，其中微型物流企业回升最为明显。

业务总量指数回升，需求保持旺盛。11月，业务总量指数回升0.1个百分点，回升至53.6%。运输业、仓储业和快递快运业均保持快速增长，表明了行业受电商活动影响，需求旺盛，物流业务更加活跃。

设备利用率指数回升，利用效率提高。11月，设备利用率指数环比回升4.0个百分点，回升至55.6%。这一数据显示出物流业务量的增加可以带动物流服务相关设备利用率的提高。

主营业务利润指数回升，经营情况良好。11月，主营业务利润指数回升1.9个百分点，回升至50.7%；物流服务价格指数为50.6%。数据显示，受供需影响，物流价格在保持稳定的基础上，物流企业利润回升幅度较大，企业经营情况良好。

从后期走势看，新订单指数56.1%；业务活动预期指数为57.8%，预示着物流业经济将保持较好的运行态势。

12月

2021年12月，中国物流业景气指数（LPI）为52.6%，较上月回落1.0个百分点；中国仓储指数为51.6%，较上月回落2.5个百分点。

中国物流与采购联合会会长助理、中国物流信息中心主任何辉指出，2021年12月，物流业景气指数较上月小幅回落，但仍呈扩张态势。分行业看，铁路运输业、快递快运业指数保持在高景气区间，道路运输业、仓储业、水上运输业和装卸搬运及其他运输服务业运行平稳。纵观全年，物流业景气指数一季度为53%，实现良好开局，二季度回升至55.9%的高点，下半年受供应链上下游需求放缓和多点散发疫情影响，指数出现一定波动，三季度回落至51.3%，四季度缓中趋稳回升到53.2%，全年物流业景气指数平均为53.4%，较上年提高1.7个百分点，实现圆满收官。

设备利用率指数和从业人员指数回落。12月，设备利用率指数为50.5%，较上月回落5.1个百分点。从业人员指数较上月回落1.2个百分点，回落至49.9%。

固定资产投资完成额指数回落。12月，固定资产投资完成额指数为51.6%，较上月回落0.1个百分点，显示出企业固定资产投资完成速率有所减缓。

物流服务价格指数回落。12月，物流服务价格指数为50.1%，较上月回落0.5个百分点，增速虽略有减缓，但仍保持增长。

从后期走势看，新订单指数和业务活动预期指数分别为51.6%和53.4%，数据反映企业对后期市场预期总体较好，应重点关注未来物流需求和从业人员变化情况。

2021年1—12月中国物流业景气指数（LPI）走势如图1所示。

2021年1—12月中国仓储指数走势如图2所示。

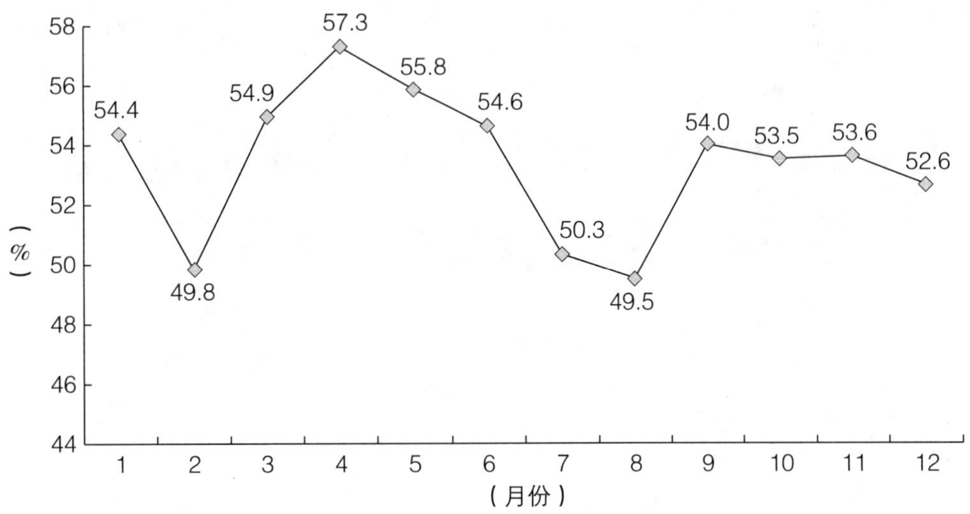

图1　2021年1—12月中国物流业景气指数（LPI）走势

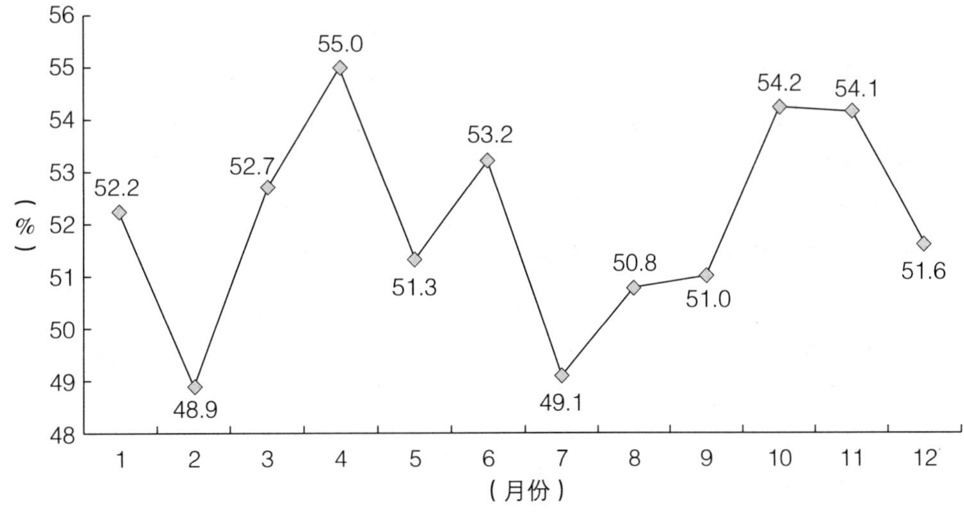

图2　2021年1—12月中国仓储指数走势

（中国物流信息中心）

2021年1—12月中国制造业采购经理指数（PMI）

（中国物流与采购联合会、国家统计局服务业调查中心）

1月

中国物流与采购联合会、国家统计局服务业调查中心采购经理调查结果显示，2021年1月中国制造业采购经理指数（PMI）为51.3%，比上月下降0.6个百分点。

特约分析师张立群指出，1月PMI指数继续下降，但仍保持在荣枯线以上，表明中国经济继续保持平稳恢复态势。从历史走势看，大多数年份1月PMI指数均较上个月下降，与岁末年初的季节性特点相关。PMI指数中，需求类指数下降更为明显；相关的企业调查中，仍有超过三分之一的企业反映需求不足是突出困难。与需求不足相关，本月企业采购量、生产活动预期等指数都呈下降态势，表明企业对开年的市场预期仍比较谨慎。此外，从业人员指数下降较多，需高度重视。应抓紧抓好扩大内需的各项工作，切实提振国内的投资与消费，带动生产经营活动持续恢复向好。

1月PMI中的13个分项指数变化情况如下。

生产指数为53.5%，比上月下降0.7个百分点。从企业规模来看，大型、中型和小型企业的生产指数都高于50%，分别为54.6%、53.1%和51.4%。

新订单指数为52.3%，比上月下降1.3个百分点。从企业规模来看，大型和中型企业的新订单指数高于50%，分别为53.8%和51.7%；小型企业的新订单指数低于50%，为49.4%。

新出口订单指数为50.2%，比上月下降1.1个百分点。从企业规模来看，大型和中型企业的新出口订单指数高于50%，分别为50.2%和51.9%；小型企业的新出口订单指数低于50%，为45.4%。

积压订单指数为47.3%，比上月上升0.2个百分点。从企业规模来看，大型、中型和小型企业的积压订单指数都低于50%，分别为48.5%、47.1%和44.6%。

产成品库存指数为49.0%，比上月上升2.8个百分点。从企业规模来看，大型、中型和小型企业的产成品库存指数都低于50%，分别为49.4%、49.4%和47.4%。

采购量指数为52.0%，比上月下降1.2个百分点。从企业规模来看，大型和中型企业的采购量指数高于50%，分别为53.9%和51.2%；小型企业的采购量指数低于50%，为48.2%。

进口指数为49.8%，比上月下降0.6个百分点。从企业规模来看，中型和小型企业的进口指数高于50.0%，分别为50.7%和53.9%；大型企业的进口指数低于50%，为49.0%。

购进价格指数为67.1%，比上月下降0.9个百分点。从企业规模来看，大型、中型和小型企业的购进价格指数都高于50%，分别为69.6%、66.3%和61.7%。

出厂价格指数为57.2%，比上月下降1.7个百分点。从企业规模来看，大型、中型和小型企业的出厂价格指数都高于50%，分别为58.4%、56.6%和54.9%。

原材料库存指数为49.0%，比上月上升0.4个百分点。从企业规模来看，中型企业的原材料库存指数高于50%，为50.4%；大型和小型企业的原材料库存指数低于50%，分别为49.7%和45.2%。

从业人员指数为48.4%，比上月下降1.2个百分点。从企业规模来看，大型、中型和小型企业的从业人员指数都低于50%，分别为48.6%、49.0%和47.0%。

供应商配送时间指数为48.8%，比上月下降1.1个百分点。从企业规模来看，大型、中型和小型企业的供应商配送时间指数都低于50%，分别为49.4%、48.3%和48.0%。

生产经营活动预期指数为57.9%，比上月下降1.9个百分点。从企业规模来看，大型和中型企业的生产经营活动预期指数高于50%，分别为61.4%和57.4%；小型企业的生产经营活动预期指数低于50%，为49.7%。

2月

中国物流与采购联合会、国家统计局服务业调查中心采购经理调查结果显示，2021年2月中国制造业采购经理指数（PMI）为50.6%，比上月下降0.7个百分点。

特约分析师张立群指出，2月PMI指数继续下降，但仍然保持在荣枯线以上，表明中国经济继续保持平稳恢复态势。基于PMI指数的特点，历年春节因素对指数短期走势影响都比较明显。2月PMI指数走势，较大程度是受春节假期因素影响。PMI指数中，未来生产经营预期指数提高，表明企业对未来市场预期比较乐观，预示春节后生产恢复势头较好。相关调查问卷反映，需求不足问题仍然是困扰三分之一以上企业的突出问题。因此，国家要继续加强扩大内需的各项工作，确保经济回升向好态势进一步得到巩固和加强。

2月PMI中的13个分项指数变化情况如下。

生产指数为51.9%，比上月下降1.6个百分点。从企业规模来看，大型企业的生产指数高于50%，为54.4%；中型和小型企业的生产指数低于50%，分别为49.6%和48.9%。

新订单指数为51.5%，比上月下降0.8个百分点。从企业规模来看，大型和中型企业的新订单指数高于50%，分别为53.7%和50.3%；小型企业的新订单指数低于50%，为47.9%。

新出口订单指数为48.8%，比上月下降1.4个百分点。从企业规模来看，大型企业的新出口订单指数高于50%，为53.5%；中型和小型企业的新出口订单指数低于50%，分别为42.9%和35.1%。

积压订单指数为46.1%，比上月下降1.2个百分点。从企业规模来看，大型企业的积压订单指数高于50%，为50.8%；中型和小型企业的积压订单指数低于50%，分别为45.0%和35.7%。

产成品库存指数为48.0%，比上月下降1.0个百分点。从企业规模来看，大型企业的产成品库存指数高于50%，为50.9%；中型和小型企业的产成品库存指数低于50%，分别为

48.1%和40.4%。

采购量指数为51.6%，比上月下降0.4个百分点。从企业规模来看，大型企业的采购量指数高于50%，为56.8%；中型企业的采购量指数位于50%；小型企业的采购量指数低于50%，为40.7%。

进口指数为49.6%，比上月下降0.2个百分点。从企业规模来看，大型企业的进口指数高于50%，为51.1%；中型和小型企业的进口指数低于50%，分别为47.3%和43.8%。

购进价格指数为66.7%，比上月下降0.4个百分点。从企业规模来看，大型、中型和小型企业的购进价格指数都高于50%，分别为68.2%、65.7%和64.5%。

出厂价格指数为58.5%，比上月上升1.3个百分点。从企业规模来看，大型、中型和小型企业的出厂价格指数都高于50%，分别为60.7%、57.0%和55.0%。

原材料库存指数为47.7%，比上月下降1.3个百分点。从企业规模来看，大型、中型和小型企业的原材料库存指数都低于50%，分别为49.3%、47.4%和44.1%。

从业人员指数为48.1%，比上月下降0.3个百分点。从企业规模来看，大型、中型和小型企业的从业人员指数都低于50%，分别为49.1%、47.5%和46.3%。

供应商配送时间指数为47.9%，比上月下降0.9个百分点。从企业规模来看，大型、中型和小型企业的供应商配送时间指数都低于50%，分别为48.5%、47.7%和46.6%。

生产经营活动预期指数为59.2%，比上月上升1.3个百分点。从企业规模来看，大型企业的生产经营活动预期指数高于60%，为61.3%；中型和小型企业的生产经营活动预期指数低于60%，分别为57.9%和55.8%。

3月

中国物流与采购联合会、国家统计局服务业调查中心采购经理调查结果显示，2021年3月中国制造业采购经理指数（PMI）为51.9%，比上月上升1.3个百分点。

特约分析师张立群指出，3月PMI指数上升，且连续13个月保持在荣枯线以上，表明经济持续保持恢复态势。一季度PMI指数变动受春节等短期因素影响较多，剔除这些因素影响，可以认为PMI指数走势大体平稳，反映经济呈平稳恢复态势。3月PMI指数中的价格指数上升明显，从相关调查看，近60%的企业反映价格上涨、原材料成本提高，表明企业成本压力明显加大。此外三分之一以上企业反映需求不足问题仍然突出。综合看，成本加大和需求不足是当前企业生产经营面临的突出困难。本月生产经营活动预期指数小幅下降，在春节过后生产开局的时点，值得警惕，可能反映企业对未来生产经营前景担忧增大。应着力提高扩大内需的政策效果，积极促进价格上涨行业扩大生产、增加供给。

3月PMI中的13个分项指数变化情况如下。

生产指数为53.9%，比上月上升2.0个百分点。从企业规模来看，大型、中型和小型企业的生产指数都高于50%，分别为55.0%、53.8%和51.3%。

新订单指数为53.6%，比上月上升2.1个百分点。从企业规模来看，大型、中型和小型企业的新订单指数都高于50%，分别为54.9%、53.1%和50.9%。

新出口订单指数为51.2%，比上月上升2.4个百分点。从企业规模来看，大型和中型企业的新出口订单指数高于50%，分别为51.9%和50.6%；小型企业的新出口订单指数低于50%，为48.6%。

积压订单指数为46.6%，比上月上升0.5个百分点。从企业规模来看，大型、中型和小型企业的积压订单指数都低于50%，分别为46.9%、46.6%和45.9%。

产成品库存指数为46.7%，比上月下降1.3个百分点。从企业规模来看，大型、中型和小型企业的产成品库存指数都低于50%，分别为45.5%、48.1%和47.7%。

采购量指数为53.1%，比上月上升1.5个百分点。从企业规模来看，大型、中型和小型企业的采购量指数都高于50%，分别为54.2%、51.6%和52.4%。

进口指数为51.1%，比上月上升1.5个百分点。从企业规模来看，大型和中型企业的进口指数高于50%，分别为51.4%和51.3%；小型企业的进口指数低于50%，为48.3%。

购进价格指数为69.4%，比上月上升2.7个百分点。从企业规模来看，大型、中型和小型企业的购进价格指数都高于50%，分别为68.7%、71.1%和68.6%。

出厂价格指数为59.8%，比上月上升1.3个百分点。从企业规模来看，大型、中型和小型企业的出厂价格指数都高于50%，分别为61.2%、58.7%和57.9%。

原材料库存指数为48.4%，比上月上升0.7个百分点。从企业规模来看，大型、中型和小型企业的原材料库存指数都低于50%，分别为49.0%、47.1%和48.6%。

从业人员指数为50.1%，比上月上升2.0个百分点。从企业规模来看，大型企业的从业人员指数高于50%，为50.7%；中型和小型企业的从业人员指数低于50%，分别为49.5%和49.4%。

供应商配送时间指数为50.0%，比上月上升2.1个百分点。从企业规模来看，大型企业的供应商配送时间指数高于50%，为50.4%；中型和小型企业的供应商配送时间指数低于50%，分别为49.5%和49.8%。

生产经营活动预期指数为58.5%，比上月下降0.7个百分点。从企业规模来看，大型、中型和小型企业的生产经营活动预期指数都高于50%，分别为58.4%、58.6%和58.4%。

4月

中国物流与采购联合会、国家统计局服务业调查中心采购经理调查结果显示，2021年4月中国制造业采购经理指数（PMI）为51.1%，比上月下降0.8个百分点。

特约分析师张立群指出，4月PMI指数下降，但仍保持在荣枯线以上，表明经济继续保持平稳恢复态势。4月工作日较3月明显减少，是各分项指数普遍下降的重要原因。与此同时，与经济持续恢复向上的阶段性特点比照，4月PMI指数下降明显，表明经济回升力度偏弱。特别是新订单指数降幅较大，表明市场需求恢复力度不足。相关企业调查反映，当前企业成本压力加大，需求不足问题仍然比较突出，生产经营面对困难仍然较多。应采取有效措施，提高扩大内需的综合效果，尽快改善企业的产品销售形势；积极促进相关大宗商品增加生产，尽快缓解价格上涨、企业成本加大的压力。

4月PMI中13个分项指数变化情况如下。

生产指数为52.2%，比上月下降1.7个百分点。从企业规模来看，大型、中型和小型企业的生产指数都高于50%，分别为52.8%、51.4%和51.8%。

新订单指数为52.0%，比上月下降1.6个百分点。从企业规模来看，大型、中型和小型企业的新订单指数都高于50%，分别为52.6%、51.2%和51.8%。

新出口订单指数为50.4%，比上月下降0.8个百分点。从企业规模来看，大型和中型企业的新出口订单指数高于50%，分别为50.7%和51.1%；小型企业的新出口订单指数低于50%，为47.0%。

积压订单指数为46.4%，比上月下降0.2个百分点。从企业规模来看，大型、中型和小型企业的积压订单指数都低于50%，分别为47.0%、46.0%和45.5%。

产成品库存指数为46.8%，比上月上升0.1个百分点。从企业规模来看，大型、中型和小型企业的产成品库存指数都低于50%，分别为46.0%、47.3%和48.0%。

采购量指数为51.7%，比上月下降1.4个百分点。从企业规模来看，大型和小型企业的采购量指数高于50%，分别为53.1%和51.1%；中型企业的采购量指数低于50%，为49.9%。

进口指数为50.6%，比上月下降0.5个百分点。从企业规模来看，大型和中型企业的进口指数高于50%，分别为50.9%和50.7%；小型企业的进口指数低于50%，为48.5%。

购进价格指数为66.9%，比上月下降2.5个百分点。从企业规模来看，大型、中型和小型企业的购进价格指数都高于50%，分别为67.8%、67.8%和63.6%。

出厂价格指数为57.3%，比上月下降2.5个百分点。从企业规模来看，大型、中型和小型企业的出厂价格指数都高于50%，分别为59.1%、56.9%和54.0%。

原材料库存指数为48.3%，比上月下降0.1个百分点。从企业规模来看，大型企业的原材料库存指数高于50%，为50.2%；中型和小型企业的原材料库存指数低于50%，分别为47.0%和45.9%。

从业人员指数为49.6%，比上月下降0.5个百分点。从企业规模来看，大型企业的从业人员指数位于50%；中型和小型企业的从业人员指数低于50%，分别为48.9%和49.8%。

供应商配送时间指数为48.7%，比上月下降1.3个百分点。从企业规模来看，大型、中型和小型企业的供应商配送时间指数都低于50%，分别为48.7%、48.9%和48.4%。

生产经营活动预期指数为58.3%，比上月下降0.2个百分点。从企业规模来看，大型、中型和小型企业的生产经营活动预期指数都高于50%，分别为59.7%、56.9%和57.1%。

5月

中国物流与采购联合会、国家统计局服务业调查中心采购经理调查结果显示，2021年5月中国制造业采购经理指数（PMI）为51.0%，比上月下降0.1个百分点。

特约分析师张立群指出，5月PMI指数继续下降，但降幅明显收窄，继续保持在荣枯线以上，表明经济仍保持平稳恢复态势。订单类指数均呈现下降态势，表明市场需求不足，特别是国内市场需求恢复相对缓慢的问题需要高度重视；小型企业PMI指数明显低于大中型企业，且处于荣枯线以下，反映出经济恢复的全面性、整体性仍然不够。要进一步抓好扩大内需的各项工作，着力增强宏观经济政策逆周期调节的关键作用，加快夯实经济持续回升向好的基础。

5月PMI中13个分项指数变化情况如下。

生产指数为52.7%，比上月上升0.5个百分点。从企业规模来看，大型和中型企业的生产指数高于50%，分别为53.8%和53.2%；小型企业的生产指数低于50%，为49.6%。

新订单指数为51.3%，比上月下降0.7个百分点。从企业规模来看，大型和中型企业的新订单指数高于50%，分别为52.2%和52.4%；

小型企业的新订单指数低于50%，为47.7%。

新出口订单指数为48.3%，比上月下降2.1个百分点。从企业规模来看，大型、中型和小型企业的新出口订单指数都低于50%，分别为48.7%、49.1%和44.2%。

积压订单指数为45.9%，比上月下降0.5个百分点。从企业规模来看，大型、中型和小型企业的积压订单指数都低于50%，分别为46.8%、46.1%和43.6%。

产成品库存指数为46.5%，比上月下降0.3个百分点。从企业规模来看，大型、中型和小型企业的产成品库存指数都低于50%，分别为46.4%、46.1%和47.3%。

采购量指数为51.9%，比上月上升0.2个百分点。从企业规模来看，大型和中型企业的采购量指数高于50%，分别为53.8%和51.4%；小型企业的采购量指数低于50%，为48.2%。

进口指数为50.9%，比上月上升0.3个百分点。从企业规模来看，大型和中型企业的进口指数高于50%，分别为50.7%和52.1%；小型企业的进口指数低于50%，为49.1%。

购进价格指数为72.8%，比上月上升5.9个百分点。从企业规模来看，大型、中型和小型企业的购进价格指数都高于50%，分别为74.7%、72.5%和69.0%。

出厂价格指数为60.6%，比上月上升3.3个百分点。从企业规模来看，大型、中型和小型企业的出厂价格指数都高于50%，分别为62.5%、59.6%和57.4%。

原材料库存指数为47.7%，比上月下降0.6个百分点。从企业规模来看，大型、中型和小型企业的原材料库存指数都低于50%，分别为48.5%、47.0%和46.9%。

从业人员指数为48.9%，比上月下降0.7个百分点。从企业规模来看，大型、中型和小型企业的从业人员指数都低于50%，分别为49.7%、48.2%和48.1%。

供应商配送时间指数为47.6%，比上月下降1.1个百分点。从企业规模来看，大型、中型和小型企业的供应商配送时间指数都低于50%，分别为47.1%、48.2%和47.9%。

生产经营活动预期指数为58.2%，比上月下降0.1个百分点。从企业规模来看，大型、中型和小型企业的生产经营活动预期指数都高于50%，分别为58.8%、58.8%和56.0%。

6月

中国物流与采购联合会、国家统计局服务业调查中心采购经理调查结果显示，2021年6月中国制造业采购经理指数（PMI）为50.9%，比上月下降0.1个百分点。

特约分析师张立群指出，6月PMI指数继续小幅下降，但仍保持在荣枯线之上，表明经济继续保持平稳恢复态势，回升势头有所减弱。新订单指数小幅提高而出口订单指数小幅下降，反映内需与外需有此消彼长的转换苗头，总需求回暖仍较为缓慢。受市场需求形势影响，企业预期仍偏谨慎；从采购活动反映的生产经营形势有趋缓迹象。需高度重视多种因素决定的出口增长高位回调，着力增强扩大内需政策的实际效果，切实推动市场需求持续回暖，支持国内大循环全面畅通，巩固经济全面回升向好的基础。

6月PMI中的13个分项指数变化情况如下。

生产指数为51.9%，比上月下降0.8个百分点。从企业规模来看，大型和中型企业的生产指数高于50%，分别为53.2%和51.4%；小型企业的生产指数低于50%，为49.7%。

新订单指数为51.5%，比上月上升0.2个百分点。从企业规模来看，大型和中型企业的新订单指数高于50%，分别为52.9%和51.1%；

小型企业的新订单指数低于50%，为48.8%。

新出口订单指数为48.1%，比上月下降0.2个百分点。从企业规模来看，大型、中型和小型企业的新出口订单指数都低于50%，分别为47.9%、49.0%和46.6%。

积压订单指数为46.6%，比上月上升0.7个百分点。从企业规模来看，大型、中型和小型企业的积压订单指数都低于50%，分别为47.9%、47.0%和43.2%。

产成品库存指数为47.1%，比上月上升0.6个百分点。从企业规模来看，大型、中型和小型企业的产成品库存指数都低于50%，分别为47.7%、47.2%和45.6%。

采购量指数为51.7%，比上月下降0.2个百分点。从企业规模来看，大型和中型企业的采购量指数高于50%，分别为53.5%和 50.3%；小型企业的采购量指数低于50%，为49.6%。

进口指数为49.7%，比上月下降1.2个百分点。从企业规模来看，小型企业的进口指数高于50%，为50.6%；大型和中型企业的进口指数低于50%，分别为49.9%和48.9%。

购进价格指数为61.2%，比上月下降11.6个百分点。从企业规模来看，大型、中型和小型企业的购进价格指数都高于50%，分别为64.4%、60.7%和54.7%。

出厂价格指数为51.4%，比上月下降9.2个百分点。从企业规模来看，大型、中型和小型企业的出厂价格指数都高于50%，分别为51.0%、53.0%和50.2%。

原材料库存指数为48.0%，比上月上升0.3个百分点。从企业规模来看，大型、中型和小型企业的原材料库存指数都低于50%，分别为48.7%、48.4%和45.8%。

从业人员指数为49.2%，比上月上升0.3个百分点。从企业规模来看，大型、中型和小型企业的从业人员指数都低于50%，分别为49.3%、49.5%和48.7%。

供应商配送时间指数为47.9%，比上月上升0.3个百分点。从企业规模来看，大型、中型和小型企业的供应商配送时间指数都低于50%，分别为47.8%、47.8%和48.3%。

生产经营活动预期指数为57.9%，比上月下降0.3个百分点。从企业规模来看，大型、中型和小型企业的生产经营活动预期指数都高于50%，分别为59.0%、57.8%和55.6%。

7月

中国物流与采购联合会、国家统计局服务业调查中心采购经理调查结果显示，2021年7月中国制造业采购经理指数（PMI）为50.4%，比上月下降0.5个百分点。

特约分析师张立群指出，7月PMI指数继续回落，但仍保持在荣枯线以上；表明经济继续保持恢复态势，但势头进一步趋缓。订单类指数全面回落，反映需求不足的企业增加，表明需求特别是内需恢复滞后问题进一步显现；未来生产经营活动预期、采购量、原材料库存等指数回落，表明企业对未来市场的预期偏向谨慎。综上，需求不足问题对经济恢复的制约增强。为了进一步巩固经济回升向好的基础，必须加强宏观经济政策逆周期调节力度，提高政府投资对扩大内需的带动作用，尽快解决内需恢复相对滞后的问题。

7月PMI中13个分项指数变化情况如下。

生产指数为51.0%，比上月下降0.9个百分点。从企业规模来看，大型企业的生产指数高于50%，为53.1%；中型企业的生产指数位于50%；小型企业的生产指数低于50%，为47.6%。

新订单指数为50.9%，比上月下降0.6个百分点。从企业规模来看，大型企业的新订单指数高于50%，为53.0%；中型企业的新订单指数位于50%；小型企业的新订单指数低于50%，为47.3%。

新出口订单指数为47.7%，比上月下降0.4个百分点。从企业规模来看，大型、中型和小型企业的新出口订单指数都低于50%，分别为48.3%、48.6%和41.9%。

积压订单指数为46.1%，比上月下降0.5个百分点。从企业规模来看，大型、中型和小型企业的积压订单指数都低于50%，分别为46.5%、46.7%和44.4%。

产成品库存指数为47.6%，比上月上升0.5个百分点。从企业规模来看，大型、中型和小型企业的产成品库存指数都低于50%，分别为49.0%、47.8%和44.3%。

采购量指数为50.8%，比上月下降0.9个百分点。从企业规模来看，大型和中型企业的采购量指数高于50%，分别为52.3%和50.2%；小型企业的采购量指数低于50%，为48.2%。

进口指数为49.4%，比上月下降0.3个百分点。从企业规模来看，大型、中型和小型企业的进口指数都低于50%，分别为49.8%、49.2%和46.6%。

购进价格指数为62.9%，比上月上升1.7个百分点。从企业规模来看，大型、中型和小型企业的购进价格指数都高于50%，分别为64.7%、62.7%和59.2%。

出厂价格指数为53.8%，比上月上升2.4个百分点。从企业规模来看，大型、中型和小型企业的出厂价格指数都高于50%，分别为55.2%、53.6%和51.2%。

原材料库存指数为47.7%，比上月下降0.3个百分点。从企业规模来看，大型、中型和小型企业的原材料库存指数都低于50%，分别为48.1%、48.7%和45.4%。

从业人员指数为49.6%，比上月上升0.4个百分点。从企业规模来看，大型企业的从业人员指数高于50%，为50.4%；中型和小型企业的从业人员指数低于50%，分别为49.7%和47.5%。

供应商配送时间指数为48.9%，比上月上升1.0个百分点。从企业规模来看，大型、中型和小型企业的供应商配送时间指数都低于50%，分别为49.2%、48.5%和48.6%。

生产经营活动预期指数为57.8%，比上月下降0.1个百分点。从企业规模来看，大型、中型和小型企业的生产经营活动预期指数都高于50%，分别为59.4%、57.2%和55.0%。

8月

中国物流与采购联合会、国家统计局服务业调查中心采购经理调查结果显示，2021年8月中国制造业采购经理指数（PMI）为50.1%，比上月下降0.3个百分点。

特约分析师张立群指出，8月PMI指数继续下降，但仍保持在荣枯线以上，总体看经济继续保持恢复态势，但势头进一步趋弱。订单类指数继续下降，且都已在荣枯线以下；三分之一以上企业反映需求不足，表明需求制约进一步加强。采购量、对未来生产经营活动预期等指数继续回落，原材料库存指数保持在荣枯线以下，表明企业对未来市场前景信心不足。综合研判，需求不足矛盾对经济持续恢复的制约增强，经济下行压力有所加大。应切实加强扩大内需的工作力度，尽快加大政府投资的带动作用，着力解决需求不足的矛盾。

8月PMI中13个分项指数变化情况如下。

生产指数为50.9%，比上月下降0.1个百分点。从企业规模来看，大型和中型企业的生产指数高于50%，分别为50.6%和53.0%；小型企业的生产指数低于50%，为48.6%。

新订单指数为49.6%，比上月下降1.3个百分点。从企业规模来看，中型企业的新订单指数高于50%，为51.3%；大型和小型企业的新订单指数低于50%，分别为49.8%和46.8%。

新出口订单指数为46.7%，比上月下降1.0个百分点。从企业规模来看，大型、中型和小型企业的新出口订单指数都低于50%，分别为47.3%、46.6%和43.8%。

积压订单指数为45.9%，比上月下降0.2个百分点。从企业规模来看，大型、中型和小型企业的积压订单指数都低于50%，分别为46.9%、47.4%和41.5%。

产成品库存指数为47.7%，比上月上升0.1个百分点。从企业规模来看，大型、中型和小型企业的产成品库存指数都低于50%，分别为48.4%、48.4%和45.1%。

采购量指数为50.3%，比上月下降0.5个百分点。从企业规模来看，大型和中型企业的采购量指数高于50%，分别为50.7%和50.4%；小型企业的采购量指数低于50%，为49.3%。

进口指数为48.3%，比上月下降1.1个百分点。从企业规模来看，大型、中型和小型企业的进口指数都低于50%，分别为48.5%、48.4%和46.3%。

购进价格指数为61.3%，比上月下降1.6个百分点。从企业规模来看，大型、中型和小型企业的购进价格指数都高于50%，分别为61.3%、62.6%和59.5%。

出厂价格指数为53.4%，比上月下降0.4个百分点。从企业规模来看，大型、中型和小型企业的出厂价格指数都高于50%，分别为53.5%、54.0%和52.3%。

原材料库存指数为47.7%，与上月持平。从企业规模来看，大型、中型和小型企业的原材料库存指数都低于50%，分别为48.5%、47.9%和45.6%。

从业人员指数为49.6%，与上月持平。从企业规模来看，大型企业的从业人员指数高于50%，为50.1%；中型和小型企业的从业人员指数低于50%，分别为49.6%和48.6%。

供应商配送时间指数为48.0%，比上月下降0.9个百分点。从企业规模来看，大型、中型和小型企业的供应商配送时间指数都低于50%，分别为48.0%、47.4%和48.8%。

生产经营活动预期指数为57.5%，比上月下降0.3个百分点。从企业规模来看，大型、中型和小型企业的生产经营活动预期指数都高于50%，分别为59.0%、57.4%和54.3%。

9月

中国物流与采购联合会、国家统计局服务业调查中心采购经理调查结果显示，2021年9月中国制造业采购经理指数（PMI）为49.6%，比上月下降0.5个百分点。

特约分析师张立群指出，9月PMI指数继续下降，且已低于荣枯线，表明经济下行压力加大。订单类指数继续下降，反映需求不足为最突出困难的企业占调查企业的三分之一以上，表明需求特别是内需不足问题进一步发展；与此矛盾的是价格类指数继续提高，表明非市场因素导致的结构性供求缺口仍未消除。受需求不足和成本上升的双重挤压，企业的预期不好，生产经营活动预期指数明显下降；受此影响，生产指数、采购量指数等生产经营活动指标继续下降，反映制造业下行压力有所加大。应尽快加强扩大内需的实效，消除能源、原材料供给增长的制约，着力改善企业发展环境，推动制造业持续回升向好。

9月PMI中13个分项指数变化情况如下。

生产指数为49.5%，比上月下降1.4个百分点。从企业规模来看，中型企业的生产指数高于50%，为50.1%；大型和小型企业的生产指数低于50%，分别为49.9%和47.7%。

新订单指数为49.3%，比上月下降0.3个百分点。从企业规模来看，大型企业的新订单指数高于50%，为51.0%；中型和小型企业的新订单指数低于50%，分别为48.8%和46.3%。

新出口订单指数为46.2%，比上月下降0.5个百分点。从企业规模来看，大型、中型和小型企业的新出口订单指数都低于50%，分别为46.5%、45.6%和45.9%。

积压订单指数为45.6%，比上月下降0.3个百分点。从企业规模来看，大型、中型和小型企业的积压订单指数都低于50%，分别为46.9%、45.3%和42.9%。

产成品库存指数为47.2%，比上月下降0.5个百分点。从企业规模来看，大型、中型和小型企业的产成品库存指数都低于50%，分别为47.3%、46.5%和47.8%。

采购量指数为49.7%，比上月下降0.6个百分点。从企业规模来看，中型企业的采购量指数高于50%，为50.2%；大型企业的采购量指数位于50%；小型企业的采购量指数低于50%，为48.4%。

进口指数为46.8%，比上月下降1.5个百分点。从企业规模来看，大型、中型和小型企业的进口指数都低于50%，分别为47.2%、46.6%和44.8%。

购进价格指数为63.5%，比上月上升2.2个百分点。从企业规模来看，大型、中型和小型企业的购进价格指数都高于50%，分别为63.1%、65.3%和61.9%。

出厂价格指数为56.4%，比上月上升3.0个百分点。从企业规模来看，大型、中型和小型企业的出厂价格指数都高于50%，分别为57.1%、56.1%和55.3%。

原材料库存指数为48.2%，比上月上升0.5个百分点。从企业规模来看，大型、中型和小型企业的原材料库存指数都低于50%，分别为48.6%、49.2%和45.9%。

从业人员指数为49.0%，比上月下降0.6个百分点。从企业规模来看，大型企业的从业人员指数高于50%，为50.2%；中型和小型企业的从业人员指数低于50%，分别为48.6%和46.9%。

供应商配送时间指数为48.1%，比上月上升0.1个百分点。从企业规模来看，大型、中型和小型企业的供应商配送时间指数都低于50%，分别为48.4%、47.5%和48.4%。

生产经营活动预期指数为56.4%，比上月下降1.1个百分点。从企业规模来看，大型、中型和小型企业的生产经营活动预期指数都高于50%，分别为57.9%、56.8%和52.4%。

10月

中国物流与采购联合会、国家统计局服务业调查中心采购经理调查结果显示，2021年10月中国制造业采购经理指数（PMI）为49.2%，比上月下降0.4个百分点。

特约分析师张立群指出，10月PMI指数在荣枯线以下继续回落，表明经济下行压力有所加大。订单类指数全部处于荣枯线以下，除新出口订单指数外，其他订单类指数继续回落；被调查企业有三分之一左右将需求不足列为最大困难，表明需求不足对企业生产的制约更为突出；购进价格指数继续较快提高，表明企业成本压力进一步加大；出厂价格指数也有一定提高，提示应警惕生产资料价格上涨向生活资料价格传导的趋势。采购量、原材料库存、对未来生产经营活动预期指数继续回落，表明企业预期更为谨慎。综上，当前内需不足、能源、原材料供应阶段性紧张等问题对企业生产活动的制约增强。应尽快采取有效措施，提振内需，畅通供应链、产业链，切实改善企业的生产经营条件，着力巩固经济持续恢复向好的基础。

10月PMI中13个分项指数变化情况如下。

生产指数为48.4%，比上月下降1.1个百分点。从企业规模来看，大型企业的生产指数高于50%，为50.1%；中型和小型企业的生产指数低于50%，分别为47.5%和45.8%。

新订单指数为48.8%，比上月下降0.5个百分点。从企业规模来看，大型企业的新订单指数高于50%，为50.6%；中型和小型企业的新订单指数低于50%，分别为47.7%和46.1%。

新出口订单指数为46.6%，比上月上升0.4个百分点。从企业规模来看，大型、中型和小型企业的新出口订单指数都低于50%，分别为47.3%、47.1%和41.3%。

积压订单指数为45.0%，比上月下降0.6个百分点。从企业规模来看，大型、中型和小型企业的积压订单指数都低于50%，分别为46.8%、44.6%和41.5%。

产成品库存指数为46.3%，比上月下降0.9个百分点。从企业规模来看，大型、中型和小型企业的产成品库存指数都低于50%，分别为46.1%、47.2%和45.4%。

采购量指数为48.9%，比上月下降0.8个百分点。从企业规模来看，大型企业的采购量指数高于50%，为51.0%；中型和小型企业的采购量指数低于50%，分别为47.1%和46.8%。

进口指数为47.5%，比上月上升0.7个百分点。从企业规模来看，大型、中型和小型企业的进口指数都低于50%，分别为48.6%、44.4%和47.9%。

购进价格指数为72.1%，比上月上升8.6个百分点。从企业规模来看，大型、中型和小型企业的购进价格指数都高于50%，分别为72.3%、72.4%和71.4%。

出厂价格指数为61.1%，比上月上升4.7个百分点。从企业规模来看，大型、中型和小型企业的出厂价格指数都高于50%，分别为61.6%、61.0%和60.1%。

原材料库存指数为47.0%，比上月下降1.2个百分点。从企业规模来看，大型、中型和小型企业的原材料库存指数都低于50%，分别为47.7%、46.3%和46.4%。

从业人员指数为48.8%，比上月下降0.2个百分点。从企业规模来看，大型、中型和小型企业的从业人员指数都低于50%，分别为49.4%、48.8%和47.4%。

供应商配送时间指数为46.7%，比上月下降1.4个百分点。从企业规模来看，大型、中型和小型企业的供应商配送时间指数都低于50%，分别为47.2%、46.5%和45.9%。

生产经营活动预期指数为53.6%，比上月下降2.8个百分点。从企业规模来看，大型和中型企业的生产经营活动预期指数高于50%，分别为55.8%和52.9%；小型企业的生产经营活动预期指数低于50%，为49.4%。

11月

中国物流与采购联合会、国家统计局服务业调查中心采购经理调查结果显示，2021年11月中国制造业采购经理指数（PMI）为50.1%，比上月上升0.9个百分点。

特约分析师张立群指出，11月PMI指数出现明显回升，且重回荣枯线以上，表明中国经济开始回归全面恢复态势。价格类指数下降，表明结构性供求缺口较快收缩，供应链加快畅通；与此联系的生产指数、采购量指数、生产经营活动预期指数等均有提高，表明企业预期在好转，生产经营活动回暖。值得注意的是，需求类指数虽均有回升，但仍处荣枯线以下；反映需求不足为最突出困难的企业，仍占调查企业的三分之一以上，表明需求不足的问题仍然突出，经济下行压力仍然明显。综上，在供给端困难缓解的同时，当前需要着力抓好扩大内需相关工作，特别要发挥好政府投资对企业投资、对就业和居民消费的带动作用，尽快化解需求制约形成的下行压力。

11月PMI中13个分项指数变化情况如下。

生产指数为52.0%，比上月上升3.6个百分点。从企业规模来看，大型和中型企业的生产指数高于50%，分别为51.7%和54.8%；小型企业的生产指数低于50%，为48.8%。

新订单指数为49.4%，比上月上升0.6个百分点。从企业规模来看，中型企业的新订单指数高于50%，为50.4%；大型和小型企业的新订单指数低于50%，分别为49.6%和47.6%。

新出口订单指数为48.5%，比上月上升1.9个百分点。从企业规模来看，大型、中型和小型企业的新出口订单指数都低于50%，分别为48.6%、48.9%和46.6%。

积压订单指数为45.7%，比上月上升0.7个百分点。从企业规模来看，大型、中型和小型企业的积压订单指数都低于50%，分别为46.9%、46.6%和41.8%。

产成品库存指数为47.9%，比上月上升1.6个百分点。从企业规模来看，中型企业的产成品库存指数高于50%，为50.1%；大型和小型企业的产成品库存指数低于50%，分别为48.4%和43.7%。

采购量指数为50.2%，比上月上升1.3个百分点。从企业规模来看，大型和中型企业的采购量指数高于50%，分别为50.3%和52.7%；小型企业的采购量指数低于50%，为46.6%。

进口指数为48.1%，比上月上升0.6个百分点。从企业规模来看，大型、中型和小型企业的进口指数都低于50%，分别为48.0%、49.0%和46.1%。

购进价格指数为52.9%，比上月下降19.2个百分点。从企业规模来看，大型、中型和小型企业的购进价格指数都高于50%，分别为51.2%、54.0%和55.3%。

出厂价格指数为48.9%，比上月下降12.2个百分点。从企业规模来看，中型和小型企业的出厂价格指数高于50%，分别为51.2%和52.3%；大型企业的出厂价格指数低于50%，为46.0%。

原材料库存指数为47.7 %，比上月上升0.7个百分点。从企业规模来看，大型、中型和小型企业的原材料库存指数都低于50%，分别为48.4%、48.8%和44.7%。

从业人员指数为48.9%，比上月上升0.1个百分点。从企业规模来看，大型、中型和小型企业的从业人员指数都低于50%，分别为49.1%、48.9%和48.4%。

供应商配送时间指数为48.2%，比上月上升1.5个百分点。从企业规模来看，大型、中型和小型企业的供应商配送时间指数都低于50%，分别为48.5%、48.4%和47.2%。

生产经营活动预期指数为53.8%，比上月上升0.2个百分点。从企业规模来看，大型、中型和小型企业的生产经营活动预期指数都高于50%，分别为54.0%、54.8%和51.9%。

12月

中国物流与采购联合会、国家统计局服务业调查中心采购经理调查结果显示，2021年12月中国制造业采购经理指数（PMI）为50.3%，比上月上升0.2个百分点。

特约分析师张立群指出，12月PMI指数在荣枯线以上保持上升，表明中国经济全面恢复的态势进一步明确。PMI中价格类指数继续明显回落，表明保供稳价政策的综合效果进一步显现，产业链、供应链堵点已被加快打通；订单类指数仍处于荣枯线以下，新出口订单、积压订单指数继续下降；反映需求不足的企业占比超过39%，需求收缩的问题仍比较突出；在大中小企业中，小型企业PMI指数除购进价格外均低于50%，表明小型企业困难最为突出。应着力增强扩大内需政策的综合效果，尽快解决需求收缩的制约，积极改善企业特别是小微企业的宏观经济环境。

12月PMI中的13个分项指数变化情况如下。

生产指数为51.4%，比上月回落0.6个百分点。从企业规模来看，大型和中型企业的生产指数高于50%，分别为53.4%和52.3%；小型企业的生产指数低于50%，为45.6%。

新订单指数为49.7%，比上月上升0.3个百分点。从企业规模来看，大型和中型企业的新订单指数高于50%，分别为50.8%和51.7%；小型企业的新订单指数低于50%，为44.2%。

新出口订单指数为48.1%，比上月回落0.4个百分点。从企业规模来看，大型、中型和小型企业的新出口订单指数都低于50%，分别为49.1%、48.1%和43.0%。

积压订单指数为45.6%，比上月回落0.1个百分点。从企业规模来看，大型、中型和小型企业的积压订单指数都低于50%，分别为46.2%、46.2%和43.2%。

产成品库存指数为48.5%，比上月上升0.6个百分点。从企业规模来看，大型、中型和小型企业的产成品库存指数都低于50%，分别为49.4%、49.4%和45.1%。

采购量指数为50.8%，比上月上升0.6个百分点。从企业规模来看，大型和中型企业的采购量指数高于50%，分别为52.5%和52.1%；小型企业的采购量指数低于50%，为45.1%。

进口指数为48.2%，比上月上升0.1个百分点。从企业规模来看，大型、中型和小型企业的进口指数都低于50%，分别为48.4%、48.3%和46.0%。

购进价格指数为48.1%，比上月下降4.8个百分点。从企业规模来看，小型企业的购进价格指数高于50%，为50.2%；大型和中型企业的购进价格指数低于50%，分别为46.7%和49.0%。

出厂价格指数为45.5%，比上月下降3.4个百分点。从企业规模来看，大型、中型和小型企业的出厂价格指数都低于50%，分别为44.1%、45.8%和48.2%。

原材料库存指数为49.2 %，比上月上升1.5个百分点。从企业规模来看，大型企业的原材料库存指数高于50%，为50.9%；中型和小型企业的原材料库存指数低于50%，分别为49.0%和45.5%。

从业人员指数为49.1%，比上月上升0.2个百分点。从企业规模来看，中型企业的从业人员指数高于50%，为50.2%；大型和小型企业的从业人员指数低于50%，分别为48.9%和47.9%。

供应商配送时间指数为48.3%，比上月上升0.1个百分点。从企业规模来看，大型、中型和小型企业的供应商配送时间指数都低于50%，分别为48.1%、48.5%和48.6%。

生产经营活动预期指数为54.3%，比上月上升0.5个百分点。从企业规模来看，大型和中型企业的生产经营活动预期指数高于50%，分别为56.8%和54.7%；小型企业的生产经营活动预期指数低于50%，为47.9%。

2021年1—12月中国制造业采购经理指数（PMI）走势如下图所示。

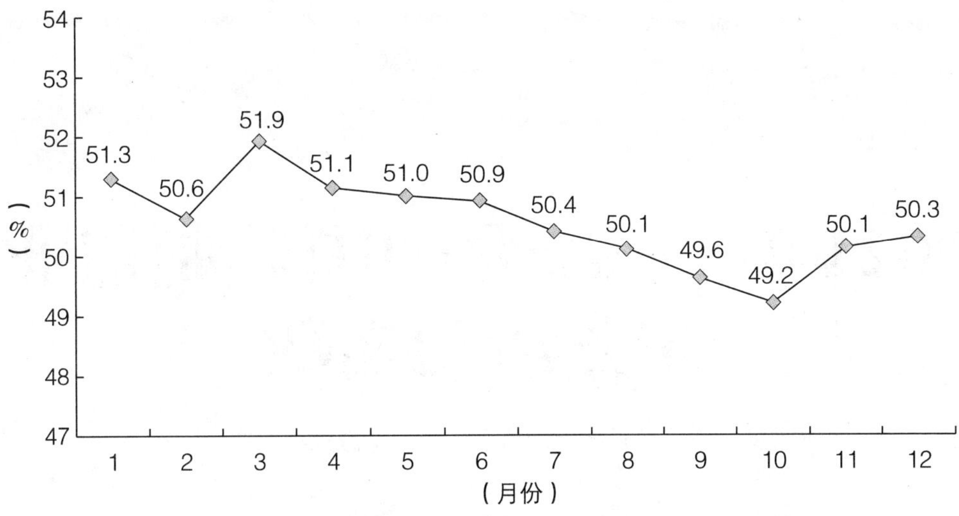

2021年1—12月中国制造业采购经理指数（PMI）走势

（中国物流信息中心）

2021年1—12月中国非制造业商务活动指数

（中国物流与采购联合会、国家统计局服务业调查中心发布）

1月

2021年1月，中国非制造业商务活动指数为52.4%，环比下降3.3个百分点。

中国物流与采购联合会副会长蔡进指出，2021年1月，非制造业供需增速较上月明显放缓。商务活动指数为52.4%，较上月明显回落；新订单指数降至50%以下。服务消费明显回落是本月制造业增速放缓的主导因素。部分地区受新冠肺炎疫情反弹的影响，居民对住宿、餐饮和文体娱乐等相关服务行业的消费意愿有所降低。服务消费回落对经济的影响是短期的，伴随着疫情的有效防控，服务消费有望在节后回升。从指数水平来看，商务活动指数仍保持在52%以上，表明非制造业整体运行趋势仍较为稳定。除了服务消费相关行业外，一些主要行业仍保持较好发展趋势，为非制造业继续向好运行提供了基础。建筑业商务活动指数连续3个月保持在60%左右，基础建设投资有望稳定发力；批发业商务活动指数较上月上升，稳定在53%，企业采购意愿有所上升，经营态势稳定；金融业商务活动指数较上月上升，连续3个月稳定在65%以上的较高水平，金融对实体经济的支持力度依然稳健；信息服务业商务活动指数连续3个月稳定在60%以上，新动能保持活跃发展趋势。总体来看，2021年开局，非制造业并未脱离稳定恢复的基本面，宏观调控政策稳定持续发力依然可期。在此背景下，政策应继续聚焦需求侧改革，解决结构性问题，特别是着力稳定消费需求，完善消费环境，增强消费意愿，推进消费升级，进一步夯实消费稳增长的动力。

分行业来看，建筑业商务活动指数为60.0%；服务业商务活动指数为51.1%。21个行业中，房屋建筑业、金融业、电信广播电视和卫星传输服务业、邮政业和互联网及软件信息技术服务业等10个行业高于50%；水上运输业、建筑安装装饰及其他建筑业、房地产业、生态保护环境治理及公共设施管理业和道路运输业等11个行业低于50%。

1月中国非制造业商务活动指数各分项指数变化如下。

新订单指数环比下降。2021年1月，新订单指数为48.7%，环比下降3.2个百分点。分行业来看，建筑业新订单指数为51.2%；服务业新订单指数为48.3%。21个行业中，金融业、房屋建筑业、邮政业和铁路运输业等7个行业高于50%；批发业位于50%；零售业、建筑安装装饰及其他建筑业、装卸搬运及仓储业和互联网及软件信息技术服务业等13个行业低于50%。

投入品价格指数小幅上升。2021年1月，投入品价格指数为54.5%，环比上升0.2个百分点。分行业来看，建筑业投入品价格指数为60.0%；服务业投入品价格指数为53.5%。21个行业中，住宿业、建筑安装装饰及其他建筑业、房屋建筑业、航空运输业、批发业、土木工程建筑业、餐饮业和邮政业等20个行业高于50%；租赁及商务服务业低于50%。

销售价格指数环比下降。2021年1月，销售价格指数为51.4%，环比下降0.9个百分点。分行业来看，建筑业销售价格指数为52.9%；服务业销售价格指数为51.1%。21个行业中，批发业、水上运输业、装卸搬运及仓储业和房屋建筑业等9个行业高于50%；铁路运输业、互联网及软件信息技术服务业、生态保护环境治理及公共设施管理业和邮政业等12个行业低于50%。

从业人员指数环比下降。2021年1月，从业人员指数为47.8%，环比下降0.9个百分点。分行业来看，建筑业从业人员指数为52.8%；服务业从业人员指数为46.9%。21个行业中，土木工程建筑业、建筑安装装饰及其他建筑业、邮政业和金融业等6个行业高于50%；互联网及软件信息技术服务业、航空运输业、批发业和房地产业等15个行业低于50%。

业务活动预期指数环比下降。2021年1月，业务活动预期指数为55.1%，环比下降5.5个百分点。分行业来看，建筑业业务活动预期指数为53.6%；服务业业务活动预期指数为55.3%。21个行业中，金融业、邮政业、房屋建筑业、零售业和批发业等13个行业高于50%；房地产业位于50%；居民服务及修理业、生态保护环境治理及公共设施管理业、土木工程建筑业和道路运输业等7个行业低于50%。

2月

2021年2月，中国非制造业商务活动指数为51.4%，环比下降1.0个百分点。

中国物流与采购联合会副会长蔡进指出，2021年2月，受春节假期影响，建筑业和以大宗商品批发为主的生产性服务业相关活动淡季回落，带动非制造业增速放缓，商务活动指数较上月下降，但指数仍稳定在51.4%。零售业、餐饮业、交通运输业以及景区服务业等行业活动由于受节日消费拉动而有所回升，对非制造业增长发挥了较好的稳定作用。一是疫情的持续有效防控为经济回升提供了稳定的社会环境；二是企业生产经营回归常态，将带动批发业和金融业等生产相关服务业活动的明显回升；三是本月建筑业新订单指数较上月明显上升，意味着基础建设投资相关活动有望继续加快；四是业务活动预期指数再次升至60%以上，表明企业未来预期趋于乐观；五是随着疫情的有效防控，住宿、文娱等相关服务业活动也有望加快恢复。总体来看，2月的淡季回调没有改变非制造业长期稳定向好复苏趋势，宏观调控在保持政策持续稳定的前提下，应更多通过扩大内需、创新驱动等战略加强培育经济增长的内生动力。

分行业来看，建筑业商务活动指数为54.7%；服务业商务活动指数为50.8%。21个行业中，金融业、电信广播电视和卫星传输服务业、铁路运输业、房屋建筑业、互联网及软件信息技术服务业、生态保护环境治理及公共设施管理业和土木工程建筑业等16个行业高于50%；房地产业，居民服务及修理业，文化、体育和娱乐业，住宿业和租赁及商务服务业5个行业低于50%。

2月中国非制造业商务活动指数各分项指数变化如下。

新订单指数小幅上升。2021年2月，新订单指数为48.9%，环比上升0.2个百分点。分行业来看，建筑业新订单指数为53.4%；服务业新订单指数为48.1%。21个行业中，土木工程建筑业、航空运输业、金融业、水上运输业、电信广播电视和卫星传输服务业和铁路运输业等9个行业高于50%；零售业、批发业、装卸搬运及仓储业、房地产业、建筑安装装饰及其他建筑业和房屋建筑业等12个行业低于50%。

投入品价格指数小幅上升。2021年2月，投入品价格指数为54.7%，环比上升0.2个百分点。分行业来看，建筑业投入品价格指数为60.2%；服务业投入品价格指数为53.7%。21个行业中，建筑安装装饰及其他建筑业、航空运输业、批发业、房屋建筑业、土木工程建筑业、水上运输业、餐饮业、道路运输业和住宿业等20个行业高于50%；租赁及商务服务业低于50%。

销售价格指数环比下降。2021年2月，销售价格指数为50.1%，环比下降1.3个百分点。分行业来看，建筑业销售价格指数为52.5%；服务业销售价格指数为49.7%。21个行业中，批发业、水上运输业、房屋建筑业、建筑安装装饰及其他建筑业、装卸搬运及仓储业、零售业、土木工程建筑业和邮政业8个行业高于50%；互联网及软件信息技术服务业位于50%；房地产业、文体娱乐业、住宿业、居民服务及修理业、餐饮业和生态保护环境治理及公共设施管理业等12个行业低于50%。

从业人员指数环比上升。2021年2月，从业人员指数为48.4%，环比上升0.6个百分点。分行业来看，建筑业从业人员指数为54.2%；服务业从业人员指数为47.4%。21个行业中，建筑安装装饰及其他建筑业、土木工程建筑业、互联网及软件信息技术服务业、装卸搬运及仓储业、邮政业、金融业和航空运输业7个行业高于50%；房屋建筑业、房地产业、文化、体育和娱乐业、批发业、居民服务及修理业、水上运输业和电信广播电视和卫星传输服务业等14个行业低于50%。

业务活动预期指数环比上升。2021年2月，业务活动预期指数为64.0%，环比上升8.9个百分点。分行业来看，建筑业业务活动预期指数为68.2%；服务业业务活动预期指数为63.2%。21个行业中，航空运输业、邮政业、铁路运输业、金融业、房屋建筑业、土木工程建筑业和水上运输业等17个行业高于60%；生态保护环境治理及公共设施管理业、租赁及商务服务业、房地产业和居民服务及修理业4个行业低于60%。

3月

2021年3月，中国非制造业商务活动指数为56.3%，环比上升4.9个百分点。

中国物流与采购联合会副会长蔡进指出，2021年3月，商务活动指数和新订单指数均升至55%以上的较高水平，环比升幅明显，且好于2019年同期水平，表明非制造业供需恢复力度有所加强。21个行业的商务活动指数均在50%以上，表明当前经济恢复具有普遍性。在供需齐升的带动下，终端销售价格有所上升，就业活动有所改善，销售价格指数和从业人员指数较上月均有明显上升，表明经济恢复质量有所改善。分行业数据变化显示，经济恢复的活力有所显现。投资相关的建筑业活动经过淡季回调后，继续加快增长，特别是需求加速释放，意味着投资拉动经济力度继续增强；金融业与批发业商务活动指数和新订单指数较上月均有不同程度上升，表明生产服务相关活动加快增长，对企业生产支持力度加大；住宿业和交通运输业商务活动指数升幅明显，表明企业间商务往来趋于频繁；餐饮业和文体娱乐相关行业商务活动指数升幅明显，表明之前受疫情影响较大的相关消费活动加快恢复。总体来看，在疫情有效防控下，我国经济恢复力度有所加强，恢复质量有所增强，恢复活力有所显现。但我们也要看到，终端消费价格上涨的同时，投入品价格也呈现快速上升趋势。政策应继续夯实有效需求基础，巩固经济恢复成果，防止投入品价格大起大落给经济恢复带来的不利影响。

分行业来看，建筑业商务活动指数为62.3%；服务业商务活动指数为55.2%。21个行业中，各行业均高于50%，指数位于50.2%～75.4%。

3月中国非制造业商务活动指数各分项指数变化如下。

新订单指数环比上升。2021年3月，新订单指数为55.9%，环比上升7.0个百分点。分行业来看，建筑业新订单指数为59.0%；服务业新订单指数为55.4%。21个行业中，航空运输业、铁路运输业、金融业、住宿业、邮政业、房屋建筑业、餐饮业、租赁及商务服务业、电信广播电视和卫星传输服务业和土木工程建筑业等17个行业高于50%；零售业、装卸搬运及仓储业、生态保护环境治理及公共设施管理业和房地产业4个行业低于50%。

投入品价格指数环比上升。2021年3月，投入品价格指数为56.2%，环比上升1.5个百分点。分行业来看，建筑业投入品价格指数为63.6%；服务业投入品价格指数为54.8%。各行业均高于50%，指数位于50.8%～65.7%。

销售价格指数环比上升。2021年3月，销售价格指数为52.2%，环比上升2.1个百分点。分行业来看，建筑业销售价格指数为55.0%；服务业销售价格指数为51.7%。21个行业中，航空运输业、批发业、房屋建筑业、土木工程建筑业、建筑安装装饰及其他建筑业和水上运输业等10个行业高于50%；铁路运输业位于50%；文化、体育和娱乐业、道路运输业、互联网及软件信息技术服务业、生态保护环境治理及公共设施管理业和餐饮业等10个行业低于50%。

从业人员指数环比上升。2021年3月，从业人员指数为49.7%，环比上升1.3百分点。分行业来看，建筑业从业人员指数为55.0%；服务业从业人员指数为48.8%。21个行业中，房屋建筑业、餐饮业、土木工程建筑业、航空运输业和文化、体育和娱乐业等10个行业高于50%；房地产业、批发业、生态保护环境治理及公共设施管理业、零售业、铁路运输业和租赁及商务服务业等11个行业低于50%。

业务活动预期指数小幅下降。2021年3月，业务活动预期指数为63.7%，环比下降0.3个百分点。分行业来看，建筑业业务活动预期指数为68.1%；服务业业务活动预期指数为62.9%。21个行业中，航空运输业、铁路运输业、邮政业、房屋建筑业、土木工程建筑业、电信广播电视和卫星传输服务业、互联网及软件信息技术服务业和道路运输业等15个行业高于60%；租赁及商务服务业位于60%；水上运输业、居民服务及修理业、装卸搬运及仓储业、生态保护环境治理及公共设施管理业和房地产业5个行业低于60%。

4月

2021年4月，中国非制造业商务活动指数为54.9%，环比下降1.4个百分点。

中国物流与采购联合会副会长蔡进指出，2021年4月，商务活动指数虽较上月回落，但仍保持在54%以上的较高水平。流通批发领域保持活跃，批发业商务活动指数和新订单指数较上月均有明显上升，交通运输相关行业运行态势良好，企业间业务往来较为顺畅。居民消费活动趋升，零售业、住宿餐饮业、文体娱乐行业以及景区服务相关行业商务活动指数较上月均有不同程度上升，实物消费和服务消费均呈现加快恢复趋势。信息服务业继续保持活跃，新动能继续保持较快增长。企业预期良好，业务活动预期指数仍保持在63%以上的较高水平。值得关注的是市场需求基础仍需进一步巩固。本月新订单指数虽仍保持在51.5%，但较上月明显回落，也低于上年同期水平。分行业看，建筑业和金融业新订单指数较上月明显回落。当前需求的回落具有一定的短期因素，投资以及金融相关需求经过一季度集中释放后有所回调，需关注相关行业的后续变化。

分行业来看，建筑业商务活动指数为57.4%；服务业商务活动指数为54.4%。21个行业中，各行业均高于50%，指数位于50.2%～73.9%。

4月中国非制造业商务活动指数各分项指数变化如下。

新订单指数环比下降。2021年4月，新订单指数为51.5%，环比下降4.4个百分点。分行业来看，建筑业新订单指数为52.4%；服务业新订单指数为51.3%。21个行业中，航空运输业、铁路运输业、住宿业、道路运输业、邮政业和房屋建筑业等16个行业高于50%；装卸搬运及仓储业、土木工程建筑业、零售业、居民服务及修理业和房地产业5个行业低于50%。

投入品价格指数环比下降。2021年4月，投入品价格指数为54.9%，环比下降1.3个百分点。分行业来看，建筑业投入品价格指数为64.7%；服务业投入品价格指数为53.1%。21个行业中，房屋建筑业、建筑安装装饰及其他建筑业、航空运输业、土木工程建筑业、水上运输业、批发业、道路运输业和住宿业等19个行业高于50%；装卸搬运及仓储业位于50%；金融业低于50%。

销售价格指数环比下降。2021年4月，销售价格指数为51.2%，环比下降1.0个百分点。分行业来看，建筑业销售价格指数为56.7%；服务业销售价格指数为50.2%。21个行业中，航空运输业、房屋建筑业、土木工程建筑业、建筑安装装饰及其他建筑业、批发业、生态保护环境治理及公共设施管理业和装卸搬运及仓储业等12个行业高于50%；餐饮业、文体娱乐业、道路运输业、互联网及软件信息技术服务业和居民服务及修理业等9个行业低于50%。

从业人员指数环比下降。2021年4月，从业人员指数为48.7%，环比下降1.0个百分点。分行业来看，建筑业从业人员指数为51.0%；服务业从业人员指数为48.3%。21个行业中，房屋建筑业、互联网及软件信息技术服务业、文体娱乐业、住宿业、金融业和餐饮业6个行业高于50%；装卸搬运及仓储业、水上运输业、土木工程建筑业、批发业、航空运输业和房地产业等15个行业低于50%。

业务活动预期指数环比下降。2021年4月，业务活动预期指数为63.0%，环比下降0.7个百分点。分行业来看，建筑业业务活动预期指数为64.8%；服务业业务活动预期指数为62.7%。21个行业中，航空运输业、铁路运输业、邮政业、住宿业、餐饮业、电信广播电视和卫星传输服务业、房屋建筑业等19个行业高于60%；居民服务及修理业和房地产业2个行业低于60%。

5月

2021年5月，中国非制造业商务活动指数为55.2%，环比上升0.3个百分点。

中国物流与采购联合会副会长蔡进指出，2021年5月，商务活动指数回升至55%以上，新订单指数回升至52%以上，从业人员指数有小幅回升，市场供需增速在上月平稳恢复基础上均有不同程度加快，就业活动回稳，表明非制造业呈现稳中向好的迹象，特别是需求回升有利于经济持续平稳。从行业变化看，经济复苏内生动力有所巩固。一是体现在投资相关活动回稳。建筑业商务活动指数和新订单指数较上月均有回升，土木工程建筑业新订单指数较上月明显回升，为基建投资继续稳定发力提供了基础。二是体现在居民消费持续升温。零售业、餐饮业和文体娱乐行业商务活动指数均呈现连续上升走势，住宿业商务活动指数仍保持在60%以上，上述行业新订单指数较上月均有明显上升，消费稳增长动力有所增强。在非制造业稳中向好的同时，成本向下游传导压力有所显现。投入品价格指数创出年内新高，建筑业成本压力尤为明显，同时销售价格指数较上月也有所上升。

分行业来看，建筑业商务活动指数为60.1%；服务业商务活动指数为54.3%。21个行业中，铁路运输业、航空运输业、住宿业、房屋建筑业、电信广播电视和卫星传输服务业、文体娱乐业、土木工程建筑业、餐饮业和零售业等19个行业高于50%；房地产业和水上运输业2个行业低于50%。

5月中国非制造业商务活动指数各分项指数变化如下。

新订单指数环比上升。2021年5月，新订单指数为52.2%，环比上升0.7个百分点。分行业来看，建筑业新订单指数为53.8%；服务业新订单指数为52.0%。21个行业中，铁路运输业、住宿业、航空运输业、电信广播电视和卫星传输服务业、文体娱乐业、建筑安装装饰及其他建筑业和餐饮业等15个行业高于50%；装卸搬运及仓储业、生态保护环境治理及公共设施管理业、道路运输业、邮政业、居民服务及修理业和房地产业6个行业低于50%。

投入品价格指数升幅明显。2021年5月，投入品价格指数为57.7%，环比上升2.8个百分点。分行业来看，建筑业投入品价格指数为73.6%；服务业投入品价格指数为54.9%。21个行业中，各行业均高于50%。

销售价格指数环比上升。2021年5月，销售价格指数为52.8%，环比上升1.6个百分点。分行业来看，建筑业销售价格指数为57.0%；服务业销售价格指数为52.0%。21个行业中，航空运输业、批发业、房屋建筑业、土木工程建筑业、建筑安装装饰及其他建筑业、文体娱乐业、零售业、住宿业和装卸搬运及仓储业等16个行业高于50%；道路运输业、铁路运输业、金融业、电信广播电视和卫星传输服务业、居民服务及修理业5个行业低于50%。

从业人员指数环比上升。2021年5月，从业人员指数为48.9%，环比上升0.2个百分点。分行业来看，建筑业从业人员指数为53.0%；服务业从业人员指数为48.2%。21个行业中，邮政业、房屋建筑业、住宿业、文体娱乐业、餐饮业和土木工程建筑业6个行业高于50%；互联网及软件信息技术服务业位于50%；建筑安装装饰及其他建筑业、航空运输业、批发业、装卸搬运及仓储业、金融业和生态保护环境治理及公共设施管理业等14个行业低于

50%。

业务活动预期指数微幅下降。2021年5月，业务活动预期指数为62.9%，环比下降0.1个百分点。分行业来看，建筑业业务活动预期指数为65.7%；服务业业务活动预期指数为62.4%。21个行业中，航空运输业、邮政业、铁路运输业、建筑安装装饰及其他建筑业、住宿业、金融业和互联网及软件信息技术服务业等16个行业高于60%；道路运输业、水上运输业、租赁及商务服务业、居民服务及修理业和房地产业5个行业低于60%。

6月

2021年6月，中国非制造业商务活动指数为53.5%，环比下降1.7个百分点。

中国物流与采购联合会副会长蔡进指出，2021年6月，商务活动指数降至53.5%，新订单指数降至50%以下，从业人员指数也有小幅回落，表明非制造业增长短期有所波动。一方面，受部分地区疫情的影响，航空运输、住宿餐饮以及文体娱乐相关活动快速回落是导致非制造业增长波动的主要因素。另一方面，经过5月长假相关消费的集中释放，6月相关需求有所降温，淡季因素也造成了非制造业增长的波动。受制造业稳定增长的带动，批发业和金融业等生产性服务活动表现活跃。信息服务业仍保持较快增长趋势，随着局部地区疫情的有效防控和暑期消费的来临，相关服务业有望回升，非制造业长期稳定增长的基础依然存在。本月，投入品价格指数明显回落，表明大宗商品价格过快上涨对经济的不利影响有所减弱。坚持通过技术创新和供应链创新推动质量和效率变革，进而培育有效需求的稳定增长，是经济继续行稳致远的关键。

分行业来看，建筑业商务活动指数为60.1%；服务业商务活动指数为52.3%。21个行业中，电信广播电视和卫星传输服务业、房屋建筑业、金融业、邮政业、土木工程建筑业、互联网及软件信息技术服务业和批发业等12个行业高于50%；水上运输业、居民服务及修理业、装卸搬运及仓储业、租赁及商务服务业和住宿业等9个行业低于50%。

6月中国非制造业商务活动指数各分项指数变化如下。

新订单指数环比下降。2021年6月，新订单指数为49.6%，环比下降2.6个百分点。分行业来看，建筑业新订单指数为51.2%；服务业新订单指数为49.4%。21个行业中，金融业、邮政业、电信广播电视和卫星传输服务业、互联网及软件信息技术服务业、建筑安装装饰及其他建筑业、房屋建筑业、批发业和零售业8个行业高于50%；水上运输业、铁路运输业、土木工程建筑业、文体娱乐业、道路运输业和租赁及商务服务业等13个行业低于50%。

投入品价格指数降幅明显。2021年6月，投入品价格指数为53.4%，环比下降4.3个百分点。分行业来看，建筑业投入品价格指数为51.7%；服务业投入品价格指数为53.7%。21个行业中，水上运输业、航空运输业、批发业、建筑安装装饰及其他建筑业、铁路运输业、道路运输业和互联网及软件信息技术服务业等18个行业高于50%；餐饮业、文体娱乐业和房屋建筑业3个行业低于50%。

销售价格指数环比下降。2021年6月，销售价格指数为51.4%，环比下降1.4个百分点。分行业来看，建筑业销售价格指数为52.0%；服务业销售价格指数为51.2%。21个行业中，批发业、土木工程建筑业、互联网及软件信息技术服务业、零售业、建筑安装装饰及其他建筑业和邮政业等10个行业高于50%；道路运输业和居民服务及修理业2个行业位于50%；餐饮业、租赁及商务服务业、房地产业、电信广播电视和卫星传输服务业和金融业等9个行业低于50%。

从业人员指数环比下降。2021年6月，从业人员指数为48.0%，环比下降0.9个百分点。分行业来看，建筑业从业人员指数为50.3%；服务业从业人员指数为47.6%。21个行业中，邮政业、土木工程建筑业和餐饮业3个行业高于50%；房屋建筑业、装卸搬运及仓储业、水上运输业、建筑安装装饰及其他建筑业、批发业和互联网及软件信息技术服务业等18个行业低于50%。

业务活动预期指数环比下降。2021年6月，业务活动预期指数为60.8%，环比下降2.1个百分点。分行业来看，建筑业业务活动预期指数为63.2%；服务业业务活动预期指数为60.4%。21个行业中，航空运输业、邮政业、电信广播电视和卫星传输服务业、金融业、互联网及软件信息技术服务业和土木工程建筑业等14个行业高于60%；建筑安装装饰及其他建筑业、水上运输业、道路运输业和居民服务及修理业等7个行业低于60%。

7月

2021年7月，中国非制造业商务活动指数为53.3%，环比下降0.2个百分点。

中国物流与采购联合会副会长蔡进指出，2021年7月，商务活动指数小幅下降0.2个百分点，连续2个月稳定在53%以上；新订单指数较上月小幅回升0.1个百分点，连续2个月在49%以上，供需变化表明了非制造业增长呈现缓中趋稳态势。在供需稳定带动下，就业活动回稳，销售价格保持稳定。分行业看，受雨季影响，建筑业活动增速有所放缓；服务业较好发挥经济稳定器作用，商务活动指数和新订单指数较上月均有小幅回升；受暑期消费拉动，交通运输、住宿餐饮、文体娱乐以及旅游等相关行业活动表现活跃，居民消费潜力有所释放；信息服务业增势加快，新动能保持强劲势头。短期看，局部地区疫情对服务消费的扰动仍然存在，但对经济的整体影响有限。下半年，投资和消费均具备继续发力稳增长的市场基础和政策基础，行业应在有效防控疫情的基础上，继续以扩大内需为主线，巩固经济恢复的内生动力。

分行业来看，建筑业商务活动指数为57.5%；服务业商务活动指数为52.5%。21个行业中，水上运输业、电信广播电视和卫星传输服务业、房屋建筑业、邮政业、住宿业、文体娱乐业、互联网及软件信息技术服务业、航空运输业等19个行业高于50%；居民服务及修理业和房地产业2个行业低于50%。

7月中国非制造业商务活动指数各分项指数变化如下。

新订单指数微幅上升。2021年7月，新订单指数为49.7%，环比上升0.1个百分点。分行业来看，建筑业新订单指数为50.0%；服务业新订单指数为49.7%。21个行业中，电信广播电视和卫星传输服务业、住宿业、建筑安装装饰及其他建筑业、邮政业、铁路运输业、房屋建筑业和水上运输业等15个行业高于50%；零售业、租赁及商务服务业、道路运输业、居民服务及修理业、房地产业和土木工程建筑业6个行业低于50%。

投入品价格指数微幅上升。2021年7月，投入品价格指数为53.5%，环比上升0.1个百分点。分行业来看，建筑业投入品价格指数为57.1%；服务业投入品价格指数为52.8%。21个行业中，航空运输业、建筑安装装饰及其他建筑业、土木工程建筑业、批发业、房屋建筑业、道路运输业、互联网及软件信息技术服务业和铁路运输业等19个行业高于50%；文化、体育和娱乐业和金融业2个行业低于50%。

销售价格指数微幅下降。2021年7月，销售价格指数为51.3%，环比下降0.1个百分点。分行业来看，建筑业销售价格指数为52.9%；服务业销售价格指数为51.1%。21个行业中，批发业、土木工程建筑业、航空运输业、零售业、房屋建筑业、装卸搬运及仓储业和建筑安装装饰及其他建筑业等14个行业高于50%；餐饮业位于50%；互联网及软件信息技术服务业、房地产业、居民服务及修理业、租赁及商务服务业、生态保护环境治理及公共设施管理业和金融业6个行业低于50%。

从业人员指数小幅上升。2021年7月，从业人员指数为48.2%，环比上升0.2个百分点。分行业来看，建筑业从业人员指数为52.1%；服务业从业人员指数为47.5%。21个行业中，土木工程建筑业、邮政业、航空运输业、房屋建筑业和住宿业等7个行业高于50%；餐饮业、文体娱乐业、房地产业、批发业、装卸搬运及仓储业等14个行业低于50%。

业务活动预期指数微幅下降。2021年7月，业务活动预期指数为60.7%，环比下降0.1个百分点。分行业来看，建筑业业务活动预期指数为64.0%；服务业业务活动预期指数为60.1%。21个行业中，铁路运输业、房屋建筑业、邮政业、住宿业、航空运输业、电信广播电视和卫星传输服务业、互联网及软件信息技术服务业和零售业等14个行业高于60%；建筑安装装饰及其他建筑业、土木工程建筑业、道路运输业、装卸搬运及仓储业、居民服务及修理业等7个行业低于60%。

8月

2021年8月，中国非制造业商务活动指数为47.5%，环比下降5.8个百分点。

中国物流与采购联合会副会长蔡进指出，2021年8月，非制造业商务活动指数和新订单指数均降至50%以下，环比降幅明显。多地疫情反复给本月服务业带来明显冲击，导致非制造业整体经营明显下降，尤其对交通运输、住宿餐饮、文体娱乐和景区服务业等行业带来明显影响。而受疫情影响较小的行业相对稳定。一是与投资相关的行业增长稳定，例如建筑业商务活动指数重回60%以上。伴随雨季的结束和财政政策的逐步发力，四季度基础建设投资或将成为缓解经济下行压力的重要手段。二是金融业仍相对稳定，商务活动指数和新订单指数较上月均有明显上升，金融对实体经济的支持力度也将继续加大，有利于经济的稳定运行。

分行业来看，建筑业商务活动指数为60.5%；服务业商务活动指数为45.2%。21个行业中，建筑安装装饰及其他建筑业、电信广播电视和卫星传输服务业、土木工程建筑业、房屋建筑业和金融业等9个行业高于50%；互联网及软件信息技术服务业、房地产业、居民服务及修理业、铁路运输业和零售业等12个行业低于50%。

8月中国非制造业商务活动指数各分项指数变化如下。

新订单指数明显下降。2021年8月，新订单指数为42.2%，环比下降7.5个百分点。分行业来看，建筑业新订单指数为51.4%；服务业新订单指数为40.5%。21个行业中，建筑安装装饰及其他建筑业、邮政业、电信广播电视和卫星传输服务业、房屋建筑业和金融业5个行业高于50%；批发业、水上运输业、土木工程建筑业、装卸搬运及仓储业、互联网及软件信息技术服务业、铁路运输业和零售业等16个行业低于50%。

投入品价格指数环比下降。2021年8月，投入品价格指数为51.3%，环比下降2.2个百分点。分行业来看，建筑业投入品价格指数为55.3%；服务业投入品价格指数为50.5%。21个行业中，建筑安装装饰及其他建筑业、水上运输业、铁路运输业、房屋建筑业、土木工程建筑业和装卸搬运及仓储业等14个行业高于50%；邮政业位于50%；文体娱乐业、生态保护环境治理及公共设施管理业、餐饮业和批发业等6个行业低于50%。

销售价格指数环比下降。2021年8月，销售价格指数为49.3%，环比下降2.0个百分点。分行业来看，建筑业销售价格指数为53.6%；服务业销售价格指数为48.5%。21个行业中，建筑安装装饰及其他建筑业、水上运输业、房屋建筑业、装卸搬运及仓储业和土木工程建筑业等8个行业高于50%；电信广播电视和卫星传输服务业位于50%；道路运输业、金融业、零售业、文化、体育和娱乐业和餐饮业等12个行业低于50%。

从业人员指数环比下降。2021年8月，从业人员指数为47.0%，环比下降1.2个百分点。分行业来看，建筑业从业人员指数为50.6%；服务业从业人员指数为46.4%。21个行业中，邮政业、房屋建筑业和金融业3个行业高于50%；土木工程建筑业、互联网及软件信息技术服务业、建筑安装装饰及其他建筑业、航空运输业、房地产业和批发业等18个行业低于50%。

业务活动预期指数环比下降。2021年8月，业务活动预期指数为57.4%，环比下降3.3个百分点。分行业来看，建筑业业务活动预期指数为58.4%；服务业业务活动预期指数为57.3%。21个行业中，航空运输业、铁路运输业、邮政业、金融业和电信广播电视和卫星传输服务业等8个行业高于60%；水上运输业、房屋建筑业、生态保护环境治理及公共设施管理业、装卸搬运及仓储业和批发业等13个行业低于60%。

9月

2021年9月，中国非制造业商务活动指数为53.2%，环比上升5.7个百分点。

中国物流与采购联合会副会长蔡进指出，2021年9月，非制造业商务活动指数和新订单指数较上月均有明显恢复上升，供需的加快恢复带动了终端销售价格和就业活动的回升。分行业看，上月受疫情影响较大的零售、住宿、餐饮和交通运输相关行业均有明显恢复，是带动非制造业回升的主要动力。信息服务业相关活动继续保持活跃。土木工程建筑业订单有所回升，预示着基建投资需求有继续释放的潜力。从供需对比看，需求恢复力度相对较弱，新订单指数仍在50%以下，反映市场需求不足的企业比重超过四成。四季度，投资和节日消费将会在一定程度上稳定市场需求，企业预期也相对乐观，业务活动预期指数较上月有所上升。继续释放内需潜力，夯实经济增长基础是四季度经济运行稳定的关键。

分行业来看，建筑业商务活动指数为57.5%；服务业商务活动指数为52.4%。21个行业中，航空运输业、铁路运输业、电信广播电视和卫星传输服务业、住宿业、生态保护环境治理及公共设施管理业和房屋建筑业等18个行业高于50%；居民服务及修理业、房地产业、文体娱乐业3个行业低于50%。

9月中国非制造业商务活动指数各分项指数变化如下。

新订单指数明显回升。2021年9月，新订单指数为49.0%，环比上升6.8个百分点。分行业来看，建筑业新订单指数为49.3%；服务业新订单指数为49.0%。21个行业中，铁路运输业、生态保护环境治理及公共设施管理业、住宿业、电信广播电视和卫星传输服务业、航空运输业等10个行业高于50%；互联网及软件信息技术服务业、租赁及商务服务业、建筑安装装饰及其他建筑业、餐饮业和零售业等11个行业低于50%。

投入品价格指数环比上升。2021年9月，投入品价格指数为53.5%，环比上升2.2个百分点。分行业来看，建筑业投入品价格指数为62.8%；服务业投入品价格指数为51.8%。21个行业中，房屋建筑业、土木工程建筑业、建筑安装装饰及其他建筑业、批发业、铁路运输业和租赁及商务服务业等17个行业高于50%；金融业、餐饮业、航空运输业和文体娱乐业4个行业低于50%。

销售价格指数环比上升。2021年9月，销售价格指数为50.5%，环比上升1.2个百分点。分行业来看，建筑业销售价格指数为55.8%；服务业销售价格指数为49.6%。21个行业中，房屋建筑业、土木工程建筑业、航空运输业、批发业和装卸搬运及仓储业等10个行业高于50%；零售业、水上运输业、电信广播电视和卫星传输服务业、房地产业和道路运输业等11个行业低于50%。

从业人员指数环比上升。2021年9月，从业人员指数为47.8%，环比上升0.8个百分点。分行业来看，建筑业从业人员指数为52.6%；服务业从业人员指数为46.9%。21个行业中，互联网及软件信息技术服务业、房屋建筑业、土木工程建筑业和建筑安装装饰及其他建筑业等6个行业高于50%；批发业、住宿业、金融业、装卸搬运及仓储业和航空运输业等15个行业低于50%。

业务活动预期指数环比上升。2021年9月，业务活动预期指数为59.1%，环比上升1.7个百分点。分行业来看，建筑业业务活动预期指数为60.1%；服务业业务活动预期指数为58.9%。21个行业中，航空运输业、铁路运输业、金融业、邮政业和互联网及软件信息技术服务业等11个行业高于60%；批发业、土木工程建筑业、装卸搬运及仓储业、道路运输业和生态保护环境治理及公共设施管理业等10个行业低于60%。

10月

2021年10月，中国非制造业商务活动指数为52.4%，环比下降0.8个百分点。

中国物流与采购联合会副会长蔡进指出，2021年10月，非制造业商务活动指数较上月回调0.8个百分点，但仍保持52%以上；新订单指数与上月持平，投入品价格指数较上月明显上升。受局部地区疫情反复和成本过快上涨的影响，非制造业经营活动增速有所放缓，但需求保持平稳，非制造业整体平稳运行态势未变。投资需求趋升和节日消费拉动是本月非制造业保持平稳的主导因素。建筑业商务活动指数稳定在56%以上，新订单指数较上月明显回升，尤其是土木工程建筑业新订单指数连续2个月上升，预示着四季度基建投资需求将加快释放。在节日消费拉动下，住宿餐饮、文体娱乐相关行业继续加快恢复。总体来看，非制造业整体保持平稳运行，四季度投资和消费支撑基础仍在。但疫情反复和成本压力对非制造业的影响不容忽视。受月底多地疫情反复的影响，交通运输、住宿业和文体娱乐相关行业业务活动预期有明显下滑。电价和油价上调以及蔬菜价格上涨客观上增加了非制造业企业成本压力，企业需关注投入品价格指数的后续变化。

分行业来看，建筑业商务活动指数为

56.9%；服务业商务活动指数为51.6%。21个行业中，住宿业、电信广播电视和卫星传输服务业、房屋建筑业、互联网及软件信息技术服务业、生态保护环境治理及公共设施管理业、餐饮业和土木工程建筑业等18个行业高于50%；装卸搬运及仓储业位于50%；居民服务及修理业和房地产业2个行业低于50%。

10月中国非制造业商务活动指数各分项指数变化如下。

新订单指数与上月持平。2021年10月，新订单指数为49.0%，与上月持平。分行业来看，建筑业新订单指数为52.3%；服务业新订单指数为48.4%。21个行业中，住宿业、电信广播电视和卫星传输服务业、铁路运输业、土木工程建筑业、批发业和互联网及软件信息技术服务业等13个行业高于50%；金融业、文体娱乐业、餐饮业、零售业和装卸搬运及仓储业等8个行业低于50%。

投入品价格指数明显上升。2021年10月，投入品价格指数为57.8%，环比上升4.3个百分点。分行业来看，建筑业投入品价格指数为70.7%；服务业投入品价格指数为55.5%。21个行业中，各行业均高于50%，指数位于50.4%～74.6%。

销售价格指数环比上升。2021年10月，销售价格指数为52.7%，环比上升2.2个百分点。分行业来看，建筑业销售价格指数为57.1%；服务业销售价格指数为52.0%。21个行业中，批发业、房屋建筑业、建筑安装装饰及其他建筑业、水上运输业、土木工程建筑业和互联网及软件信息技术服务业等14个行业高于50%；电信广播电视和卫星传输服务业、餐饮业、生态保护环境治理及公共设施管理业、房地产业和金融业等7个行业低于50%。

从业人员指数环比下降。2021年10月，从业人员指数为47.5%，环比下降0.3个百分点。分行业来看，建筑业从业人员指数为52.4%；服务业从业人员指数为46.6%。21个行业中，房屋建筑业、互联网及软件信息技术服务业、邮政业、土木工程建筑业和建筑安装装饰及其他建筑业5个行业高于50%；批发业、金融业、房地产业、装卸搬运及仓储业、餐饮业和航空运输业等16个行业低于50%。

业务活动预期指数环比下降。2021年10月，业务活动预期指数为58.8%，环比下降0.3个百分点。分行业来看，建筑业业务活动预期指数为60.3%；服务业业务活动预期指数为58.5%。21个行业中，金融业、邮政业、航空运输业、铁路运输业和水上运输业等9个行业高于60%；土木工程建筑业、房屋建筑业、批发业、生态保护环境治理及公共设施管理业和餐饮业等12个行业低于60%。

11月

2021年11月，中国非制造业商务活动指数为52.3%，环比下降0.1个百分点。

中国物流与采购联合会副会长蔡进指出，2021年11月，商务活动指数连续2个月稳定在52%以上，新订单指数连续3个月稳定在49%左右，表明当前非制造业运行相对平稳。投资释放加快、融资环境稳定和新动能持续活跃是非制造业保持平稳运行的重要保障。专项债发行提速加快投资释放，建筑业商务活动指数和新订单指数较上月均有明显上升。土木工程建筑业新订单指数的持续上升，为投资需求持续释放奠定较好基础。金融业商务活动指数回升至60%以上，今年各月虽有波动，但始终保持在较高水平，社会融资环境稳健有助于实体经济持续发展，资本市场扩容也助力了中小企业的发展。电信传输服务业商务活动指数持续保持在60%以上，表明新动能持续活跃，有利于经济持续恢复和结构持续优化。投入品价格指数结束连续上升走势，较上月明显回落，其中建筑业投入品价格指数回落尤为明显，保供稳价政策效果有所显现，不仅有利于缓解企业成本压力，也有助于产业链和供应链的畅通。疫情多点散发对接触型服务行业的影响仍然存在，航空业、住宿业、餐饮业以及文体娱乐等行业商务活动指数较上月均有明显回落。在疫情影响下，内需恢复动力仍有待加强，应继续推动需求结构升级和转型，挖掘内需潜力，巩固经济恢复的内生动力。

分行业来看，建筑业商务活动指数为59.1%；服务业商务活动指数为51.1%。21个行业中，金融业、电信广播电视和卫星传输服务业、土木工程建筑业、房屋建筑业、建筑安装装饰及其他建筑业、水上运输业和装卸搬运及仓储业等12个行业高于50%；餐饮业、零售业、道路运输业、生态保护环境治理及公共设施管理业和居民服务及修理业等9个行业低于50%。

新订单指数微幅下降。2021年11月，新订单指数为48.9%，环比下降0.1个百分点。分行业来看，建筑业新订单指数为54.2%；服务业新订单指数为47.9%。21个行业中，金融业、电信广播电视和卫星传输服务业、铁路运输业、土木工程建筑业、建筑安装装饰及其他建筑业和房屋建筑业等7个行业高于50%；水上运输业、邮政业、互联网及软件信息技术服务业、批发业、租赁及商务服务业和零售业等14个行业低于50%。

投入品价格指数明显下降。2021年11月，投入品价格指数为50.8%，环比下降7.0个百分点。分行业来看，建筑业投入品价格指数为44.9%；服务业投入品价格指数为51.8%。21个行业中，铁路运输业、餐饮业、住宿业、航空运输业、租赁及商务服务业和装卸搬运及仓储业等17个行业高于50%；土木工程建筑业、建筑安装装饰及其他建筑业、批发业和房屋建筑业4个行业低于50%。

销售价格指数环比下降。2021年11月，销售价格指数为50.1%，环比下降2.6个百分点。分行业来看，建筑业销售价格指数为52.5%；服务业销售价格指数为49.6%。21个行业中，土木工程建筑业、铁路运输业、航空运输业、水上运输业和建筑安装装饰及其他建筑业等14个行业高于50%；餐饮业位于50%；道路运输业、房地产业、居民服务及修理业、批发业、生态保护环境治理及公共设施管理业和住宿业6个行业低于50%。

从业人员指数小幅下降。2021年11月，从业人员指数为47.3%，环比下降0.2个百分点。分行业来看，建筑业从业人员指数为51.3%；服务业从业人员指数为46.6%。21个行业中，房屋建筑业、邮政业、互联网及软件信息技术服务业和土木工程建筑业4个行业高于50%；批发业、建筑安装装饰及其他建筑业、航空运输业、装卸搬运及仓储业、金融业和生态保护环境治理及公共设施管理业等17个行业低于50%。

业务活动预期指数环比下降。2021年11月，业务活动预期指数为58.2%，环比下降0.6个百分点。分行业来看，建筑业业务活动预期指数为58.3%；服务业业务活动预期指数为58.2%。21个行业中，金融业、电信广播电视和卫星传输服务业、邮政业、批发业、铁路运输业和建筑安装装饰及其他建筑业等10个行业高于60%；零售业、文体娱乐业、餐饮业、土木工程建筑业和装卸搬运及仓储业等11个行业低于60%。

12月

2021年12月，中国非制造业商务活动指数为52.7%，环比回升0.4个百分点。

中国物流与采购联合会副会长蔡进指出，2021年12月，商务活动指数较上月回升0.4个百分点至52.7%，已经连续3个月保持在52%以上，表明非制造业经营活动运行趋势较为稳定。投入品价格指数连续2个月环比下降直至50%以下，企业成本压力得到持续缓解。金融业活动保持活跃，成为非制造业稳定运行的主要原因。交通运输、住宿餐饮和文体娱乐相关行业商务活动指数较上月均有回升，接触型服务业活动有所恢复，都支撑了非制造业稳定运行。值得关注的是，市场需求增长动能仍待巩固。新订单指数连续2个月下降，反映市场需求不足的企业比重连续2个月上升。12月市场需求回落有建筑业需求淡季回调的短期影响。2021年，非制造业商务活动指数均值为52.9%，处于较好水平，表明非制造业恢复态势基本稳定。从各月走势看，非制造业运行呈现前高后低走势，受疫情影响，下半年非制造业增速有所趋缓，但四季度有止跌回稳迹象，商务活动指数均值要好于三季度。2022年，宏观调控应继续以扩内需、稳预期、转动力为着力点，继续巩固经济恢复成果，推进我国经济实现高质量发展。

分行业来看，建筑业商务活动指数为56.3%；服务业商务活动指数为52.0%。21个行业中，金融业、航空运输业、电信广播电视和卫星传输服务业、土木工程建筑业、房屋建筑业和互联网及软件信息技术服务业等13个行业高于50%；水上运输业位于50%；装卸搬运及仓储业、生态保护环境治理及公共设施管理业、租赁及商务服务业、住宿业和零售业等7个行业低于50%。

12月中国非制造业商务活动指数各分项指数变化如下。

新订单指数环比下降。2021年12月，新订单指数为48.4%，环比下降0.5个百分点。分行业来看，建筑业新订单指数为50%；服务业新订单指数为48.2%。21个行业中，金融业、航空运输业、电信广播电视和卫星传输服务业、建筑安装装饰及其他建筑业和土木工程建筑业等8个行业高于50%；生态保护环境治理及公共设施管理业、批发业、餐饮业、房屋建筑业和道路运输业等13个行业低于50%。

投入品价格指数环比下降。2021年12月，投入品价格指数为49.3%，环比下降1.5个百分点。分行业来看，建筑业投入品价格指数为48.1%；服务业投入品价格指数为49.6%。21个行业中，住宿业、餐饮业、水上运输业、装卸搬运及仓储业、电信广播电视和卫星传输服务业、居民服务及修理业等15个行业高于50%；房地产业、道路运输业、零售业和房屋建筑业等6个行业低于50%。

销售价格指数环比下降。2021年12月，销售价格指数为48.1%，环比下降2.0个百分点。分行业来看，建筑业销售价格指数为51%；服务业销售价格指数为47.6%。21个行业中，航空运输业、房屋建筑业、装卸搬运及仓储业、邮政业和水上运输业等10个行业高于50%；文体娱乐业、电信广播电视和卫星传输服务业、生态保护环境治理及公共设施管理业、金融业和租赁及商务服务业等11个行业低于50%。

从业人员指数环比回升。2021年12月，从业人员指数为47.6%，环比回升0.3个百分点。分行业来看，建筑业从业人员指数为51.8%；服务业从业人员指数为46.8%。21个行业中，土木工程建筑业、房屋建筑业和互联网及软件信息技术服务业3个行业高于50%；建筑安装装饰及其他建筑业、批发业、金融业、邮政业、房地产业和餐饮业等18个行业低于50%。

业务活动预期指数环比下降。2021年12月，业务活动预期指数为57.3%，环比下降0.9个百分点。分行业来看，建筑业业务活动预期指数为59.9%；服务业业务活动预期指数为56.9%。21个行业中，建筑安装装饰及其他建筑业、金融业、铁路运输业、互联网及软件信息技术服务业、电信广播电视和卫星传输服务业、邮政业等8个行业高于60%；水上运输业、零售业、住宿业、航空运输业和装卸搬运及仓储业等13个行业低于60%。

2021年1—12月中国非制造业商务活动指数走势如下图所示。

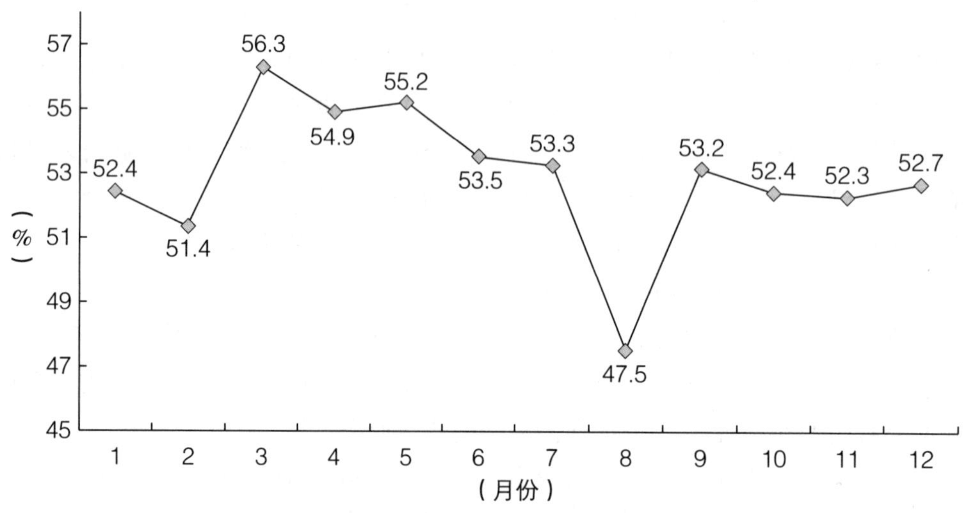

2021年1—12月中国非制造业商务活动指数走势

（中国物流信息中心）

第三部分

物流产业

2021年中国交通运输业

2021年是“十四五”开局之年、是党和国家历史上具有里程碑意义的一年。一年来，我国交通运输行业在以习近平同志为核心的党中央坚强领导下，以习近平新时代中国特色社会主义思想为指导，全面贯彻党的十九大和十九届历次全会精神，坚持稳中求进工作总基调，完整、准确、全面贯彻新发展理念，服务加快构建新发展格局，统筹疫情防控和经济社会发展，加快建设交通强国，努力当好中国现代化的开路先锋，为经济社会发展提供了重要支撑和保障。全国全年完成交通固定资产投资总额36220亿元，比上年增长4.1%，约占全社会固定资产投资总额的6.6%，与上年基本持平。

一、基础设施

1.铁路

2021年，我国完成铁路固定资产投资7489亿元，比上年略有下降，全年新建铁路投产里程4208公里，其中，高速铁路2168公里。截至2021年年底，全国铁路营业里程达到15万公里，其中，高铁营业里程4万公里；路网密度156.7公里/万平方公里，比上年增加4.4公里/万平方公里；复线率和电气化率分别达到59.5%和73.3%。

2.公路

2021年，我国完成公路建设投资25995亿元，比上年增长6.0%。其中，高速公路建设完成投资15151亿元，同比增长12.4%；普通国省道建设完成投资5609亿元，同比增长5.9%；农村公路建设完成投资4095亿元，全年全国832个脱贫县完成公路固定资产投资7582亿元。

截至2021年年底，全国公路总里程528.1万公里，比上年末增加8.3万公里；公路密度55公里/百平方公里，比上年末增加0.9公里/百平方公里；二级及以上等级公路里程达到72.4万公里，比上年末增加2.1万公里，占公路总里程13.7%；高速公路里程16.9万公里，比上年末增加0.8万公里，其中，国家高速公路11.7万公里，比上年增加0.4万公里；农村公路446.6万公里，其中，县道里程67.95万公里，乡道里程122.3万公里，村道里程256.4万公里。

3.水运

2021年，我国完成水路固定资产投资1513亿元，比上年增长11.4%。其中，内河建设完成投资743亿元，比上年增长5.5%；沿海建设完成投资723亿元，比上年增长15.4%。

（1）内河航道。

截至2021年年底，全国内河航道通航里程12.76万公里，比上年末减少43公里。等级航道里程6.72万公里，占总里程52.7%，其中，三级及以上航道1.45万公里，占总里程11.4%。

（2）港口。

截至2021年年底，我国港口拥有生产用码头泊位20867个，比上年末减少1275个。其中，沿海港口生产用码头泊位5419个，比上年减少42个；内河港口生产用码头泊位15448个，比上年减少1233个。全国港口拥有万吨级及以上泊位2659个，比上年末增加67个。其中，沿海港口万吨级及以上泊位2207个，增加69个；内河港口万吨级及以上泊位452个，减少2个。万吨级及以上泊位中，专业化泊位1427个，比上年末增加56个，通用散货泊位和通用件杂货泊位分别为596个和421个，比上年分别增加4个和6个。

4. 民航

截至2021年年底，民航固定资产投资达1222亿元，比上年增长13.0%；民用运输机场共有248个，比上年增加7个，其中，定期航班通航机场248个，定期航班通航城市244个。旅客吞吐量达到1000万人次以上的机场有29个，比上年增加2个。年货邮吞吐量达到1万吨以上的机场有61个，比上年增加2个。

5. 城市轨道交通

截至2021年年底，我国内地累计50个城市开通运营轨道交通，其中洛阳、嘉兴、绍兴、文山州、芜湖首次开通城市轨道交通。全国城市轨道交通运营线路共275条、运营里程8735.6公里，比上年增加49条、增加1380.9公里，其中地铁线路223条、7664.0公里，轻轨线路7条、262.9公里。

6. 输油气管道

截至2021年年底，我国输油气管道总里程超过17.5万公里。2021年我国交通基础设施规模及增长情况如表1所示。

表1 2021年我国交通基础设施规模及增长情况

指标	2020年	2021年	比上年增长
铁路营业里程（万公里）	14.63	15.0	0.37
高速铁路（万公里）	3.8	4.0	0.2
公路通车里程（万公里）	519.81	528.07	8.26
高速公路（万公里）	16.1	16.9	0.8
内河航道通航里程（万公里）	12.77	12.76	-0.01
等级航道（万公里）	6.73	6.72	-0.01
港口生产用码头泊位（个）	22142	20867	-1275
万吨级及以上泊位（个）	2592	2659	67
民用运输机场（个）	241	248	7
城市轨道交通运营里程（公里）	7354.7	8735.6	1380.9

二、运输服务

1.运输总量

2021年，通过有力的保供保畅举措，我国客货运输量下降趋势有所改观，特别是货运物流方面实现了正增长。全社会完成营业性客运量83.03亿人次，比上年下降14.1%；完成旅客周转量19758.2亿人公里，比上年增长2.6%。全年完成营业性货运量521.6亿吨，比上年增长12.3%；货物周转量218181.3亿吨公里，比上年增长13.7%。

全国港口完成货物吞吐量155.5亿吨，同比增长6.8%，其中，外贸货物吞吐量达47亿吨，同比增长4.5%；集装箱吞吐量2.8亿标准箱，比上年增长7%。全国港口完成集装箱铁水联运量745万标准箱，同比增长9.8%。

2.运输结构

在旅客运输方面，铁路在旅客运输中的比重继续提升，客运量占比达到31.5%，旅客周转量占比达到48.4%，高铁、城际列车在旅客出行中所占比重进一步提高。公路客运比重持续下降，客运量和旅客周转量所占比重分别由2019年的73.9%和25.1%下降到2021年的61.3%和18.4%。航空客运逐步恢复，客运量和旅客周转量同比分别增长5.5%和3.5%，所占比重分别为5.3%和33.0%。

在货物运输方面，运输结构持续优化调整，铁路货运量和货物周转量同比增速分别达到4.9%和8.9%，占比分别达到9.2%和15.2%。公路货运量和货物周转量同比分别增长14.2%和14.8%，占比分别为75.0%和31.7%。水路货运持续恢复，特别是远洋运输增长较快。水路货运量、货物周转量同比分别增长8.2%和9.2%，占比分别为15.8%和53.0%，部分国际航线运力供给紧张，一箱难求、一舱难求。民航货邮量呈现增长态势，货邮量和货邮周转量分别增长8.2%和15.8%。2021年我国客货运输总体发展情况如表2所示。

表2　2021年我国客货运输总体发展情况

指标	绝对数	比上年增长（%）	所占比重（%）
旅客运输量（亿人）	83.0	–14.1	100
铁路（亿人）	26.1	18.5	31.5
公路（亿人）	50.9	–26.2	61.3
水运（亿人）	1.6	9.0	2.0
民航（亿人）	4.4	5.5	5.3
旅客周转量（亿人公里）	19758.2	2.6	100
铁路（亿人公里）	9567.8	15.7	48.4
公路（亿人公里）	3627.5	–21.8	18.4
水运（亿人公里）	33.1	0.4	0.2
民航（亿人公里）	6529.7	3.5	33.0

续 表

指标	绝对数	比上年增长（%）	所占比重（%）
货物运输量（亿吨）	521.6	12.3	100
铁路（亿吨）	47.7	4.9	9.2
公路（亿吨）	391.4	14.2	75.0
水运（亿吨）	82.4	8.2	15.8
民航（万吨）	731.8	8.2	0.01
货物周转量（亿吨公里）	218181.3	13.7	100
铁路（亿吨公里）	33190.7	8.9	15.2
公路（亿吨公里）	69087.7	14.8	31.7
水运（亿吨公里）	115577.5	9.2	53.0
民航（亿吨公里）	278.2	15.8	0.1

注：本表中部分数据由于四舍五入原因，存在总计与分项合计不相等的情况，不做机械调整。

3. 运输质量

2021年，交通运输领域全面落实《交通强国建设纲要》《国家综合立体交通网规划纲要》，围绕“建成便捷顺畅、经济高效、绿色集约、智能先进、安全可靠的现代化高质量国家综合立体交通网，向实现国际国内互联互通、全国主要城市立体畅达、县级节点有效覆盖”的总体目标，和“全国123出行交通圈”（都市区1小时通勤、城市群2小时通达、全国主要城市3小时覆盖）、“全球123快货物流圈”（国内1天送达、周边国家2天送达、全球主要城市3天送达）的服务目标持续发力，统筹谋划一批重大标志性工程和重大行动，持续提升运输服务质量和效率，为我国疫情防控、复工复产和经济社会发展提供重要支撑。

客运服务便利化、普遍化、舒适化、数字化质量和水平进一步提升，民航航班正常率达到88%，全国29家机场实现身份证一证通行，66家机场应用人脸识别技术，234家机场实现“无纸化”便捷出行，道路客运联网售票覆盖率超过99%。货运方面进一步推动物流降本增效，大宗货物“公转铁”“公转水”深入推进，多式联运示范工程效应逐步显现，全社会物流总费用与GDP的比率为14.6%，比上年下降0.1个百分点。快递业快速发展，全年全国快递业务量完成1083亿件，首次突破千亿件，同比增长29.9%。运输服务领域继续加大新技术推广应用和业态模式创新。定制客运加快发展，智慧出行服务平台等加快适应后疫情时代客运需求变化，网约车、共享单车等新业态发展更加规范。

三、运输装备

截至2021年年底，我国铁路机车拥有量2.2万台，其中内燃机车0.8万台，电力机车1.4万台。铁路客车拥有量为7.8万辆，其中动车组4153标准组、33221辆，铁路货车拥有量为

96.6万辆。

全国民用汽车保有量达到30151万辆（包括三轮汽车和低速货车732万辆），比上年末增加2064万辆，其中私人汽车保有量为26246万辆。民用轿车保有量16739万辆，比上年增加1099万辆，其中私人轿车保有量15732万辆，增加1059万辆。公路营运汽车1232万辆，比上年增长5.2%，其中，载客汽车58.7万辆、载货汽车1173.3万辆，分别比上年减少4.2%和增长5.7%；营运货车中，普通货车406.9万辆、专用货车60.4万辆、牵引车346.7万辆、挂车359.3万辆，占比分别为34.7%、5.1%、29.5%、30.6%。

全国拥有水上运输船舶12.6万艘，净载重量28432.6万吨，分别比上年下降0.7%和增长5.1%。船舶集装箱箱位288.4万标准箱，比上年下降1.6%。

全国民航运输飞机在册架数4054架，比上年增加151架，其中，客运飞机3856架，货运飞机198架，客运飞机中宽体飞机465架、窄体飞机3178架、支线飞机213架。通用航空在册航空器3018架。全行业注册无人机数量超过83.2万架。

全国城市及县城共有公共汽电车70.9万辆，比上年增长0.7%，其中纯电动车41.9万辆，占整个城市公共汽电车比重为59.1%。城市轨道交通配属车辆5.7万辆，比上年增长15.9%。巡游出租汽车139.1万辆，比上年下降0.2%。城市客运轮渡船舶196艘，比上年增长1.0%。

四、技术标准

2021年，交通运输领域持续加强科技创新，推动技术标准体系建设工作。共有15个项目获得2020年度国家科学技术奖，其中铁路行业10个、公路行业3个；共有66项专利获第二十二届中国专利奖，其中铁路行业35项、公路行业19项、水运行业7项；共有312项科技成果入选2021年度交通运输重大科技创新成果库，248项科技成果进入铁路重大科技创新成果库。全年共发布国家和行业标准218项，其中铁路领域发布铁道国家标准9项、铁道国家计量规程规范1项、铁道行业标准39项、铁道行业计量规程规范2项，发布由我国主持制定的国际标准化组织（ISO）、国际电工委员会（IEC）的国际标准5项。公路水路领域共有56个行业重点实验室、86个行业研发中心、19个协同创新平台、13个野外科学观测研究基地、10个国家交通运输科普基地。

五、交通安全

2021年，全国铁路交通未发生特别重大、重大事故，发生较大事故1件，比上年减少12件，铁路交通事故死亡人数比上年下降23.1%。公路水运工程建设领域未发生重特大事故，发生生产安全事故64起，死亡90人，分别比上年下降13.5%和4.3%，共发生运输船舶水上交通事故（等级事故）129起，死亡失踪153人，沉船46艘，分别比上年下降6.5%、21.9%和39.5%。民航安全运行平稳可控，运输航空百万架次重大事故率十年滚动值为0，自2010年8月25日至2021年年底，运输航空连续安全飞行136个月，累计安全飞行9876万小时。

六、绿色发展

2021年，我国交通运输绿色发展持续推

进。国家铁路单位运输工作量综合能耗比上年减少0.16吨标准煤/百万换算吨公里，化学需氧量排放量比上年减少12吨，二氧化硫排放量比上年减少0.1万吨。民航领域吨公里油耗为0.309公斤，较2005年（行业节能减排目标基年）下降9.2%，机场每客能耗较“十二五”末（2013—2015年）均值上升2.3%。机场能源清洁化持续保持快速发展，电力、天然气、外购热力占比达到85.3%，太阳能、地热能等清洁能源占比约1.0%。

注释：文中统计数据未包括香港、澳门特别行政区及台湾省。

（樊一江　谢雨蓉）

2021年中国港口物流业

2021年是新冠肺炎疫情席卷全球后港口生产逐步恢复之年，随着疫苗投产，全球各国相继复工复产，经贸形势逐步稳定，贸易需求也逐渐从生活防疫物资向工业产成品转变，国际上单边主义、保护主义有所抬头，我国在疫情下率先恢复的贸易优势逐渐减弱。同时，疫情导致各国港口拥堵频发、物流效率下降，国际海运费也随之大幅上涨，进一步限制国际贸易增长，使得我国港口货物吞吐量增速逐月下滑。尤其下半年，随着德尔塔毒株与奥密克戎毒株在美国扩散，加之国内港口低基数加成效应消失，9—10月全国港口货物吞吐量陷入负增长，但在上半年两位数增幅的作用下，2021年我国港口总体保持良好生产形势。

2021年，我国港口货物吞吐量增速整体先升后降，随着国内疫情防控常态化以及疫苗接种范围的扩大，疫情对国内经济的影响逐渐减弱，政策的激励持续促进消费和贸易需求回升，同时由于2020年年初国内疫情期间低基数加成效应逐渐减弱，使得涨幅收窄；下半年受大宗商品价格提升以及国内能耗“双控”政策影响，国内需求下降，全年我国港口完成货物吞吐量约155.5亿吨，同比增速达6.8%。从月度数据来看，1—3月我国政府实施促内需、稳外贸等支持经济恢复措施，加上国外订单回流，尤其是2月受上年同期疫情暴发及当年农历春节消费需求释放的影响，港口货物吞吐量增速迎来峰值；4月以后，国际贸易通道不畅、大宗商品价格持续攀升以及国内能耗“双控”政策的影响使得国内进口煤矿原油的积极性减退，港口贸易增速开始逐月回落，加之国内局部地区疫情反复也导致贸易需求受挫。2018—2021年各月我国大陆规模以上港口货物吞吐量增长变化情况如图1所示。

一、内外贸货物吞吐量涨幅高位回落，内河港口货物吞吐量增速优于沿海

高新技术和机电产业的快速发展，加快了国内产业转型与消费升级。疫情稳定后国内制造业逐渐恢复，在直播带货、网络电商等新消费模式带动下，国内商品贸易规模快速增长，加之国际环境的不稳定性使得国内矿石、煤炭等大宗商品的贸易需求也逐步扩大，我国港口内贸货物吞吐量涨幅远超外贸，2021年完成内贸货物吞吐量约108.5亿吨，同比增速由上年度的4.2%提升至7.9%；相比之下，我国外贸市场增速波动则相对较小，由于国际经济回暖促使生产订单回流，以及我国积极对外出口防疫物

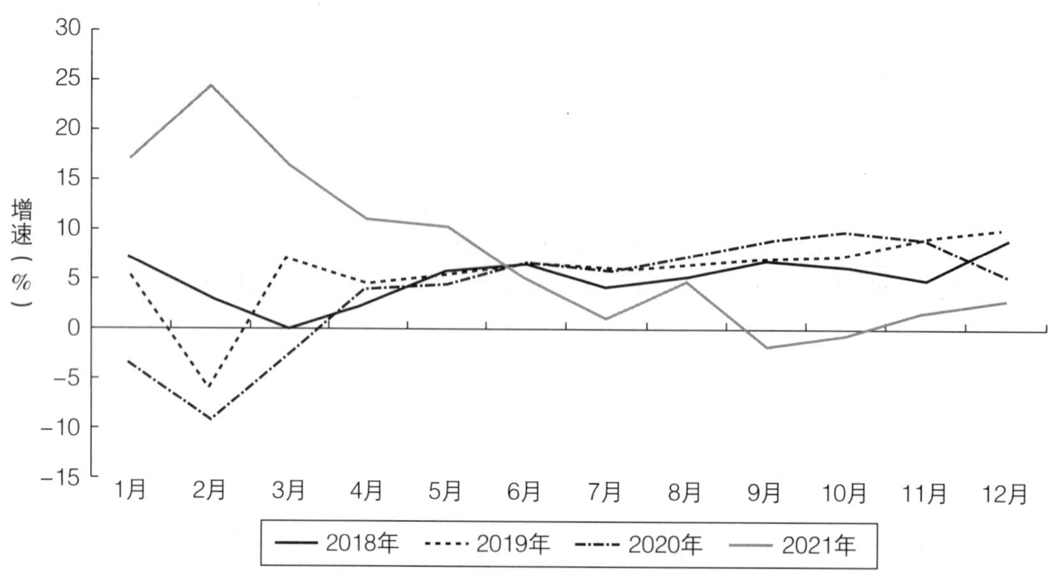

图1　2018—2021年各月我国大陆规模以上港口货物吞吐量增长变化情况

资料来源：中国交通运输部，SISI整理。

资，对出口贸易产生利好；但部分发达国家坚持贸易保护主义并受疫情困扰，叠加进口物资“价升量减”市场格局与国际海运费高涨，对我国外贸产生一定抑制，综合情况下我国港口完成外贸货物吞吐量47.0亿吨，增速延续上两年4%～5%的增长水平。

2021年，我国沿海与内河港口都表现出强劲增长态势，其中内河港口恢复情况更好，内河港口完成货物吞吐量55.7亿吨，同比增速由上年度同期的3.7%提升至9.9%；而沿海港口增幅则有所收窄，受外贸进出口形势放缓影响，实际完成吞吐量99.7亿吨，同比增速降至5.2%。2019—2021年各季度我国大陆港口内外贸货物吞吐量及增长变化情况如图2所示。

二、不同货种均保持增长态势，但涨幅逐季收窄

2021年，随着国内疫情逐渐稳定，相关封锁限制措施陆续解除，上半年在多地“就地过年”号召下，节后制造业生产快速恢复，电厂耗煤量迅速反弹，基建和房地产市场继续支撑钢材、水泥需求，投资规模全面扩大，国内消费需求快速回升，机械、设备、电器以及木材等运输需求均保持15%以上的增长速度；钢铁、矿建材料、滚装汽车增速也超10%；粮食吞吐量增长也处于较高水平；化肥及农药由于库存告急以及养殖业规模化程度提升，增幅达到50%以上；下半年各货种增速有所放缓，石油、天然气、金属矿石和钢铁的增速由正转负，主要是受钢材限产及限电政策的影响，国际矿石价格走高也拉低了矿石进口量，使得干散货吞吐量下降，同时由于全球供应链短缺、油价持续攀升，因而进一步降低了液体货物的国际采购需求，但国内港口物流规模依然处于平稳发展水平。

三、集装箱增速虽反超货物吞吐量增速，但同样步入逐月下滑通道

2021年集装箱运输市场上运力与空箱仍然

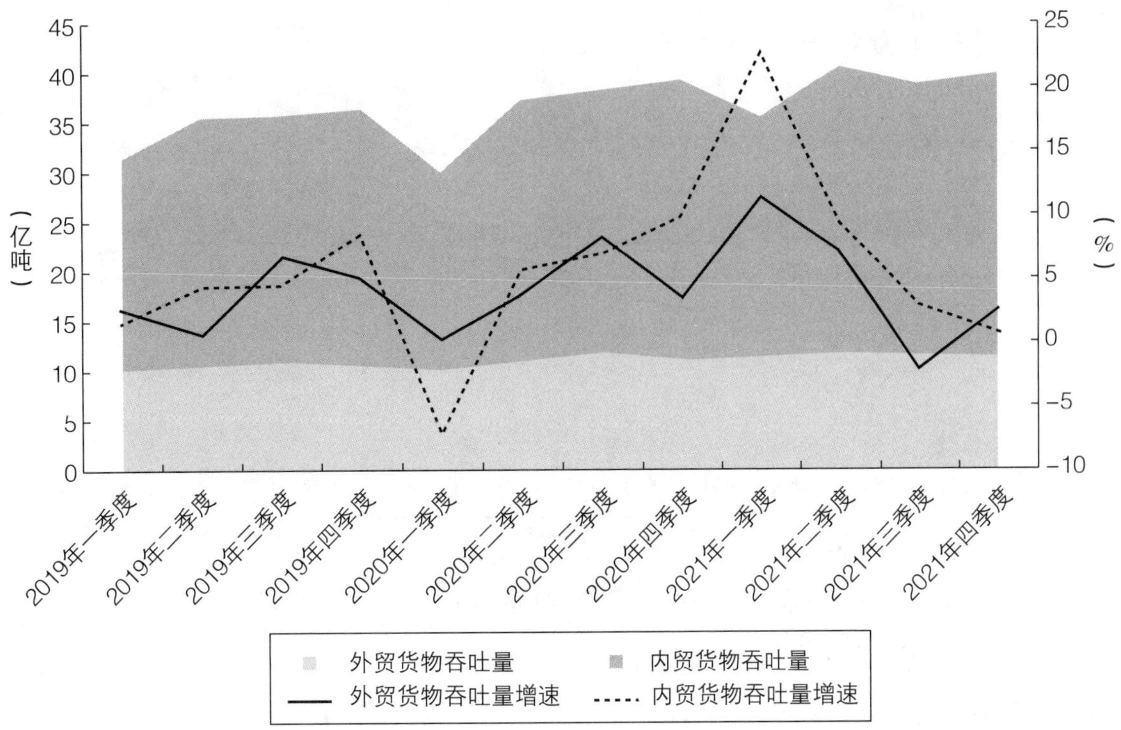

图2　2019—2021年各季度我国大陆港口内外贸货物吞吐量及增长变化情况

资料来源：中国交通运输部，SISI整理。

供不应求，国际贸易运费高涨、通道不畅；但我国作为全球生产制造中心之一，尤其依托国内防控措施得当，使得制造业在疫情中率先复苏，继续确保了国际贸易中的优势地位。2021年，我国港口共完成集装箱吞吐量28272万标准箱，同比上涨7.0%。分月看，1—3月国内物流企业不停工、不停产，使集装箱班轮得以正常作业，其中2月集装箱吞吐量涨幅高达35.5%；6月以后受境外疫情反复、消费需求减少及国内“限电”政策影响，工厂生产效率降低，集装箱贸易增势有所放缓，7月和10月港口集装箱吞吐量均为负增长。分类型看，2021年国内沿海港口集装箱量占全国比重达到88%，全年内河港口发展略好于沿海，我国长江、珠江沿线地区产业与经贸规模逐步提升，为内循环发展不断增添新活力。尤其在上海、广州等港口“联动接卸”“江海联运”等模式创新与作业效率提升的影响下，内河港口与内河水运发展更具潜力，助力国家港口物流产业“碳达峰”目标的实现。2018—2021年各月我国规模以上港口集装箱吞吐量增长变化情况如图3所示。

四、前20港口生产形势强劲，集装箱运输反弹明显

从货物吞吐量排名看，除上海港依托集装箱贸易达到8%以上增幅外，排名前5位的港口均保持5%以内的平稳增速，而第10位及以后的港口除大连、黄骅、南通、深圳、南京等港口外，基本处于接近10%或更高增长区间，总体保持良好增长格局。其中，沿海的北部湾、湛江，以及内河的泰州、江阴等港口依托临港产业及腹地经济增长，保持增速领先地

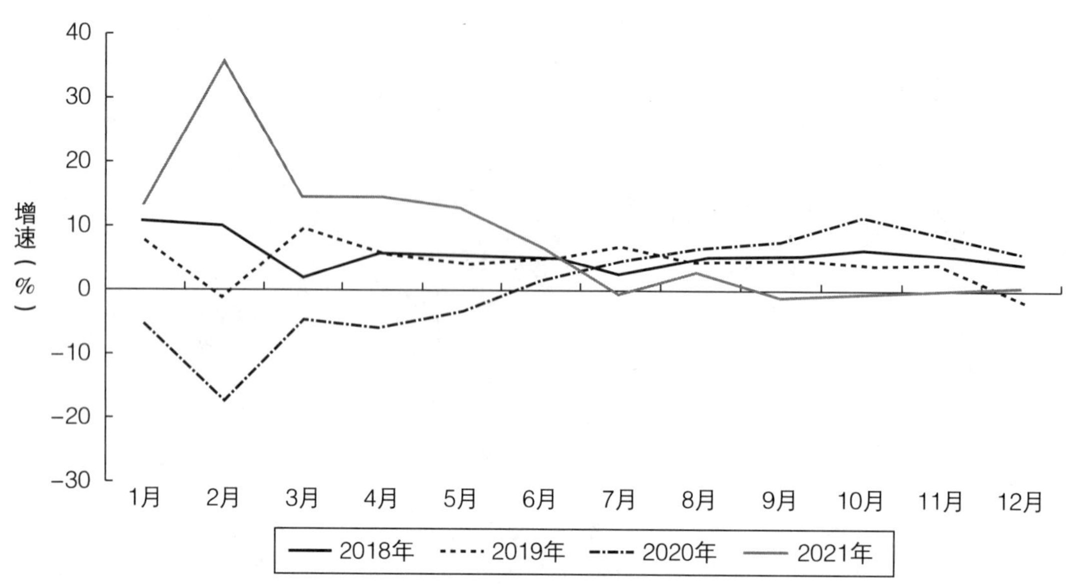

图3 2018—2021年各月我国规模以上港口集装箱吞吐量增长变化情况

资料来源：中国交通运输部，SISI整理。

位，而江阴等内河港口还依托“江海联运”业务优势，持续新增至宁波舟山等沿海港口的精品航线，吸引沿江中转换装货物集聚。疫情下，唐山、青岛、天津、烟台等北方环渤海港口表现更为稳定，普遍稳中向好，主要得益于航道、码头等基础设施改扩建以及码头物流设施自动化水平的提升，使物流成本与时效得到进一步控制；但在辽港集团整合下的大连港与营口港则在疫情和汛情的夹击下难止跌势，尤其营口港已跌出前20；而连云港依托新亚欧陆海联运通道优势，持续深耕日本与韩国市场，大力开拓至东南亚的外贸出口新通道，年内涨幅超10%。2021年我国排名前20位港口货物吞吐量及增长变化情况如表1所示。

表1　2021年我国排名前20位港口货物吞吐量及增长变化情况

2021年（2020年）排名	港口名称	2020年（万吨）	2021年（万吨）	同比增速（%）
1（1）	宁波舟山	117240	122405	4.4
2（2）	上海	71104	76970	8.2
3（3）	唐山	70260	72240	2.8
4（5）	青岛	60459	63029	4.3
5（4）	广州	61239	62367	1.8
6（6）	苏州	55408	56590	2.1
7（8）	日照	49615	54117	9.1
8（7）	天津	50290	52954	5.3
9（9）	烟台	39935	42337	6.0

续 表

2021年（2020年）排名	港口名称	2020年（万吨）	2021年（万吨）	同比增速（%）
10（15）	北部湾	29567	35822	21.2
11（14）	泰州	30111	35291	17.2
12（19）	江阴	24705	33757	36.6
13（11）	大连	33401	31553	–5.5
14（13）	黄骅	30125	31134	3.3
15（12）	南通	31014	30851	–0.5
16（16）	深圳	26506	27838	5.0
17（18）	福州	24897	27352	9.9
18（20）	连云港	24182	26918	11.3
19（17）	南京	25112	26855	6.9
20（22）	湛江	23391	25555	9.3

资料来源：中国交通运输部，SISI整理。

从集装箱量排名看，排名前20位的港口中，排名靠前的上海、宁波舟山、深圳、青岛、天津等港口箱量增速接近或超过10%，主要集装箱大港平均吞吐量增速远超货物吞吐量。其中，上海、宁波舟山、深圳等港口受益于自贸试验区制度创新，包括大湾区启运港退税、沿海捎带政策利好，使箱量保持持续增长，未来国际中转集拼等业务也将再添助力；而山东省港口集团整合效能也逐渐显现，与招商局资本联合发起百亿级陆海联动基金，促进青岛、日照等港口加快自动化码头及堆场设施改进，提升集装箱作业能力；同时，烟台港与韩国集装箱航线也实现了较大突破。相比之下，受能耗“双控”政策限制，东北经济增长与工业活力下降，叠加“冷链”运输所带来的疫情传播风险，使大连港集装箱量连续大幅下滑。此外，从疫情中恢复的武汉港表现尤为突出，新开通阳逻国际港，通过铁水联运、江海联运等业务积极打造长江中游集装箱枢纽港，跻身前20行列。2021年我国排名前20位港口集装箱吞吐量及增长变化情况如表2所示。

表2　　2021年我国排名前20位港口集装箱吞吐量及增长变化情况

2021年（2020年）排名	港口	2020年（万标准箱）	2021年（万标准箱）	同比增速（%）
1（1）	上海	4350	4703	8.1
2（2）	宁波舟山	2872	3108	8.2
3（3）	深圳	2655	2877	8.4
4（4）	广州	2317	2418	4.4

续　表

2021年（2020年）排名	港口	2020年（万标准箱）	2021年（万标准箱）	同比增速（%）
5（5）	青岛	2201	2371	7.7
6（6）	天津	1835	2027	10.5
7（7）	厦门	1141	1205	5.6
8（8）	苏州	629	811	28.9
9（11）	北部湾	505	601	19.0
10（9）	营口	565	521	−7.8
11（12）	日照	486	517	6.4
12（13）	连云港	480	503	4.8
13（14）	佛山	405	371	−8.4
14（15）	东莞	380	369	−2.9
15（10）	大连	511	367	−28.2
16（17）	烟台	330	365	10.6
17（16）	福州	352	345	−2.0
18（18）	唐山	312	329	5.4
19（19）	南京	302	311	3.0
20（23）	武汉	196	248	26.5

资料来源：各港口官方网站，SISI整理。

（上海国际航运研究中心　谢文卿）

2021年中国物流地产业

2021年我国经济社会发展的预期目标较好完成，实现了“十四五”规划的良好开局。全年国内生产总值1143670亿元，比上年增长8.1%，两年平均增长5.1%。分季度看，四个季度均呈增长态势且增速渐缓，其中，一季度增长18.3%，二季度增长7.9%，三季度增长4.9%，四季度增长4.0%。在经济持续恢复的背景下，2021年我国物流业总体运行恢复向好。2021年全国社会物流总额335.2万亿元，同比增长9.2%，两年年均增长6.2%，增速恢复至正常年份平均水平；物流相关行业固定资产投资继续增长；全年物流业景气指数①（LPI）处于扩张区间，平均为53.4%，较上年提高1.7个百分点。在此背景下，“十四五”相关政策规划指引行业健康发展，物流地产行业投资热度持续升温。仓储需求推动市场整体空置率下降，同时需求企业的“双碳”目标也会要求市场绿色智能发展。冷链物流企业投融资更集中，行业标准化、规范化程度更高。总的来说，2021年我国物流地产发展态势持续良好。

一、物流相关行业固定资产投资继续增长，政策规划指引行业发展

据国家统计局数据显示，2021年1—12月全国固定资产投资（不含农户）544547亿元，比上年增长4.9%，总体增速比上年上升2个百分点。全国交通运输、仓储和邮政业固定资产投资额增速微弱反弹，由2020年的1.4%上升到1.6%。其中，铁路运输业投资下降1.8%，道路运输业投资下降1.2%。2016—2021年全国交通运输、仓储和邮政业固定资产投资额增长速度如图1所示。

根据交通运输部统计，2021年全国完成交通固定资产投资3.6万亿元，同比增长约4%。全年铁路新开通线路超4000公里，新增高速公路超8000公里，新增及改善高等级航道约1000公里，新颁证民用运输机场7个，新增城市轨道交通运营里程超1000公里。

政策方面，国家多次推出物流相关规划，从顶层设计上引领物流地产行业的发展。

① 中国物流业景气指数，英文缩写为LPI，反映物流业经济发展的总体变化情况，以50%作为经济强弱的分界点，高于50%时，反映物流业经济扩张；低于50%，则反映物流业经济收缩。

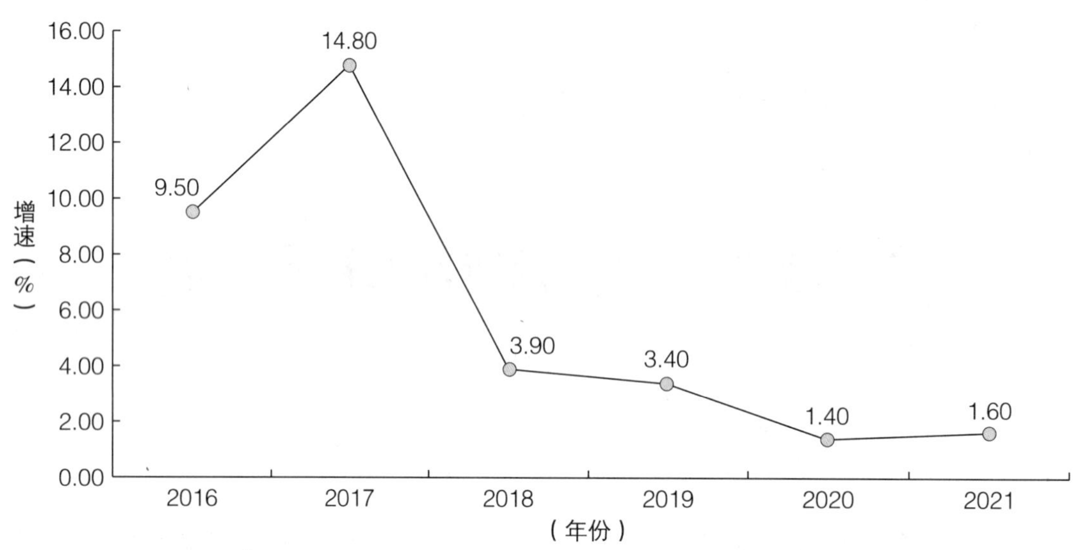

图1 2016—2021年全国交通运输、仓储和邮政业固定资产投资额增长速度

资料来源：国家统计局。

2021年2月24日，中共中央、国务院印发了《国家综合立体交通网规划纲要》，展望“到2035年，基本建成便捷顺畅、经济高效、绿色集约、智能先进、安全可靠的现代化高质量国家综合立体交通网，实现国际国内互联互通、全国主要城市立体畅达、县级节点有效覆盖”。为了高质量推进“十四五”时期国家物流枢纽建设工作，2021年7月9日，国家发展改革委印发《国家物流枢纽网络建设实施方案（2021—2025年）》，指出“十四五”期间将聚焦打造“通道+枢纽+网络”现代物流运行体系，“推动形成以国家物流枢纽为核心的骨干物流基础设施网络和骨干多式联运体系”。在此之后，国家发展改革委陆续发布了《关于印发〈“十四五”推进西部陆海新通道高质量建设实施方案〉的通知》《关于做好“十四五”首批国家物流枢纽建设工作的通知》，持续从政策层面推动物流网络枢纽建设工作。

为了加快建设交通强国，交通运输部陆续发布了数个“十四五”发展规划。2021年8月31日，交通运输部发布《交通运输领域新型基础设施建设行动方案（2021—2025年）》，要“以数字化、网络化、智能化为主线，组织推动一批交通新基建重点工程，打造有影响力的交通新基建样板”。2021年10月28日，交通运输部联合相关部门，发布《交通运输标准化“十四五”发展规划》，“为推动综合交通运输高质量发展，加快建设交通强国提供有力保障”。2021年11月2日，交通运输部发布《关于印发〈综合运输服务“十四五”发展规划〉的通知》，推进综合运输服务高质量发展。2021年12月9日国务院发布了由国家发展改革委和交通运输部牵头编制的《“十四五”现代综合交通运输体系发展规划》，展望“到2025年，综合交通运输基本实现一体化融合发展，智能化、绿色化取得实质性突破，综合能力、服务品质、运行效率和整体效益显著提升，交通运输发展向世界一流水平迈进”。

二、物流地产行业投资热度持续升温，资产证券化试点稳步推进

2021年物流地产行业依然保持了强劲的成长势头，受到投资者青睐，投资热度持续升温。全年我国物流资产总成交量达591亿元，是2019年总成交量的3.5倍，也是2020年总成交量的1.6倍，持续保持了较大的涨幅。2021年全年我国共有201家物流类企业完成了投融资，14家物流类企业正式在中国香港、美国、上海、深圳等地上市，涉及陆运、空运、水运、快递、智慧物流设备等细分领域。

政策层面，我国在基础设施不动产投资领域不断发布相关政策，持续推动物流地产资产证券化市场，以加快推动盘活存量资产、提升基础设施运营效率、促进投资良性循环。2020年国家发展改革委办公厅和证监会发布了《关于推进基础设施领域不动产投资信托基金（REITs）试点相关工作的通知》和《关于做好基础设施领域不动产投资信托基金（REITs）试点项目申报工作的通知》，2021年国家发展改革委办公厅发布《关于建立全国基础设施领域不动产投资信托基金（REITs）试点项目库的通知》等文件，稳步推进基础设施公募REITs。

2021年，首批11只公募REITs产品上市，总发行规模达到364.13亿元，募集份额达76亿份，其中属于仓储物流类型的有红土盐田港REITs和中金普洛斯REITs，发行规模分别为18.4亿元和58.35亿元。截至2021年12月31日，红土盐田港REITs和中金普洛斯REITs上市以来收益率分别为33.04%和26.42%，在11只公募REITs中分别排在第4位和第6位，波动率分别为22.72%和19.9%，在11只公募REITs中分别排在第3位和第5位。

三、仓储需求推动市场整体空置率下降，“双碳”目标引领市场绿色智能发展

2021年新冠肺炎疫情持续影响全球经济，中国由于疫情防控效果较好，承接了较多的制造业国际订单，制造业仓储需求较大。另外，国内经济持续稳定恢复，电商发展迅速，进一步推动了仓储物流行业需求。根据易观分析和物联云仓数据，2020年全国经营性高标仓存量面积约7198万平方米，2021年新增供应高标仓面积1470.17万平方米。在仓储物流国际国内双重需求急速扩张的压力下，2021年我国高标仓市场仍处于供不应求的状态，市场整体空置率下降，平均租金上涨。

分季度来看，2021年前三个季度市场空置率均显著低于2020年四个季度空置率，第四季度受疫情反弹影响，市场空置率相比上年同期略微上升，但仍低于2020年前三个季度。2020—2021年全国高标仓平均月租金及平均空置率变化趋势如图2所示。

分城市来看，2021年一线都市圈（北京都市圈、上海都市圈、广州都市圈、深圳都市圈）高标仓的整体空置率为8.7%，远低于全国平均水平，市场需求极为旺盛，供不应求的态势推动了租金持续上涨。北京、上海、深圳的平均租金全年排在全国前三位，广州的平均租金全年同样保持全国前列。四个城市中，北京市场受限于有限的供应，平均租金涨幅最大，为5.6%，上海在不断高涨的市场需求推动下，空置率水平下降幅度最大，为7.9%。相比一线都市圈，二线城市供需关系尚未紧张，如重庆、成都等地，由于经济带动需求持续上涨，高标仓市场开始好转，市场空置率下降，租金下跌幅度收窄。而东北等地区的部分城市，受

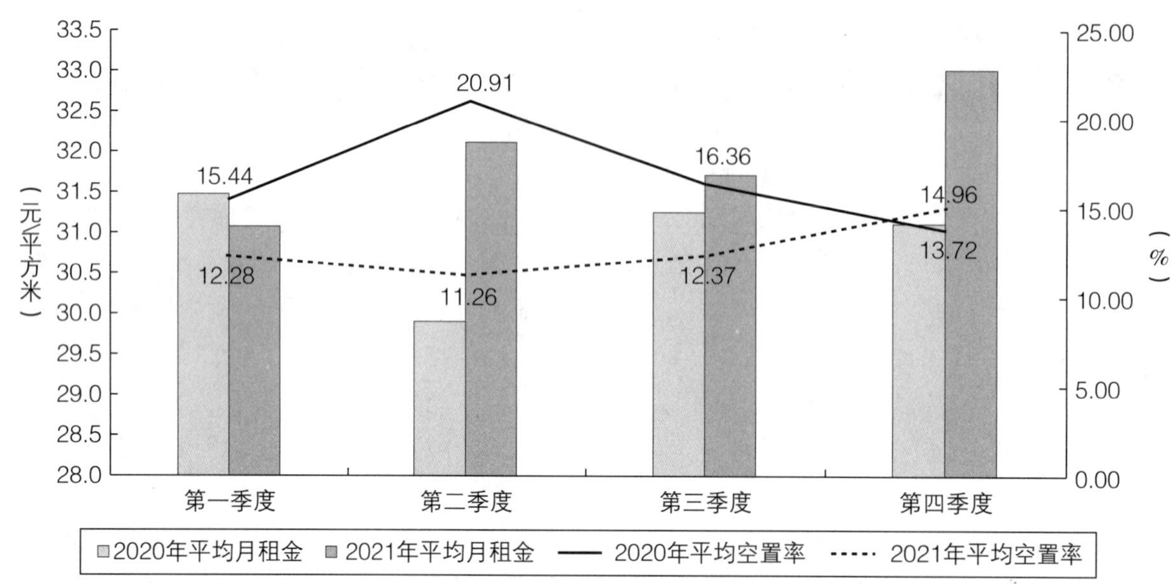

图2　2020—2021年全国高标仓平均月租金及平均空置率变化走势

资料来源：物联云仓。

限于区域经济发展，市场空置率常年居高不下。2021年部分城市租金涨幅及空置率变化情况如下表所示。

2021年部分城市租金涨幅及空置率变化情况

城市	租金涨幅（%）	空置率变化（%）
北京	+5.6	↓（2.3）
上海	+1.6	↓（7.9）
广州	+3.9	↓（4.0）
深圳	+2.0	↓（0.4）
重庆	−1.7	↓（24.1）
成都	−1.0	↓（6.4）

资料来源：世邦魏理仕。

从高标仓市场的需求方来看，需求企业为了响应国家的双碳目标要求，对高标仓的绿色智能要求也越来越高，以电商企业、第三方物流、零售业、制造业等为代表的一批国内企业纷纷公布了自己的减碳目标和计划。如电商企业阿里巴巴承诺在2030年前实现自身运营碳中和，上下游价值链碳排放强度减半；第三方物流企业顺丰承诺与2021年相比，到2030年实现自身碳效率提升55%，每个快件包裹碳足迹降低70%。制造业方面，汽车制造商比亚迪、长城汽车，家电制造商美的等均在2021年启动了碳中和计划。零售业方面，服装零售品牌太平鸟、餐饮零售品牌百盛中国等知名零售企业也在碳排放目标上作出了相关承诺。

在政策规划层面上，智能绿色的发展要求也被列入了我国物流相关行业的“十四五”规划中，未来或将出台更多相关政策规划。在2021年出台的《“十四五”现代综合交通运输体系发展规划》中提出，“要加快运用新技术赋能升级改造基础设施网络、创新运营管理模式、提升治理能力；全面推进交通运输绿色低碳转型，推广新能源运输工具应用，提高资源利用效率”。该《规划》强调要“强化智能绿色发展，其中智能是发展方向，绿色是发展底色”。《“十四五”冷链物流发展规划》中同样强调，要“顺应绿色生产生活方式发展趋势和推进碳达峰、碳中和需要，把绿色发展理念贯穿到冷链物流全链条、各领域，以数字化转型整体驱动冷链物流运行管理和治理方式变革，提升行业绿色智慧发展水平”。交通运输部发布的《数字交通“十四五”发展规划》中提出，要引导建设绿色智慧货运枢纽（物流园区）。

四、冷链物流企业投融资更集中，行业标准化、规范化程度更高

自新冠肺炎疫情暴发以来，由于生鲜电商的快速发展、医药物流的压力增大等多重因素，冷链物流需求旺盛，行业投资热度更盛。根据中国物流与采购联合会冷链委不完全统计，2021年，冷链物流企业发生33起投融资事件，其中13起未公开具体金额，20起已公开融资均超亿元，有11起达到10亿元。根据已披露情况来看，兴盛优选于2021年2月19日D轮融资30亿美元，为本年度最大单笔融资，是2020年最大单笔融资的6.06倍（每日优鲜E轮融资4.95亿美元），全年公开披露融资金额超百亿元人民币，为全年累计最高融资额，远超2020年每日优鲜全年累计最高融资额52亿元人民币。2021年4月6日，叮咚买菜D轮融资7亿美元，同样超过上年最大单笔融资金额。总的来看，对比上一年度中物联冷链委统计的78起投融资事件，2021年投融资领域中，资本对冷链物流企业关注度更集中，单笔融资金额更高。

在冷链物流投资热度更盛、需求持续提升的环境下，冷库相关租赁面积急速增长，冷库建设成为物流新基础设施建设的重要内容之一，冷库建设也更加标准化和规范化。2021年，国内16个主要城市冷库相关租赁面积为55.2万平方米，超过了2020年的50.8万平方米，较2019年（22.6万平方米）翻倍（数据来自世邦魏理仕）。2021年上半年，新建、改建的冷库容量超过885.4万平方米（数据来自中物联冷链委）。2021年12月1日，国家标准《冷库设计标准》（GB 50072—2021）、《冷库施工及验收标准》（GB 51440-2021）正式实施。

据中国物流与采购联合会冷链委不完全统计，2021年国家层面出台的冷链相关政策、规划超过69项，聚焦于发展规划、基础建设、绿色发展、人才体系、细分品类及疫情防控等方向。2021年11月26日，国务院办公厅发布了《“十四五”冷链物流发展规划》，对“十四五”时期冷链物流发展作出全面部署和顶层设计，将系统指引冷链物流的高质量发展。

致谢：本项研究获国家社科基金重大项目（20&ZD053）的支持，并得到过程控制与效率工程教育部重点实验室和中国（西安）数字经济发展监测预警基地的支持。

（西安邮电大学经济与管理学院　尤晓岚；西安电子科技大学经济与管理学院　徐金鹏；西安交通大学管理学院　冯耕中；西安交通大学管理学院　赵东月）

2021年中国保税物流业

2021年，尽管肆虐全球的新冠肺炎疫情仍然猖獗，国际经济环境复杂严峻，但我国保税物流业却逆势而上，取得了可喜的成绩。

一、海关特殊监管区域、场所的发展

截至2021年年底，全国31个省、自治区、直辖市共设立海关特殊监管区域168个，全国海关特殊监管区域总规划面积约448平方公里。2021年全国海关特殊监管区域分布及名单如表1所示。

表1　2021年全国海关特殊监管区域分布及名单

序号	省（自治区、直辖市）	名称
1	北京	天竺综合保税区
2		大兴国际机场综合保税区
3	天津	东疆综合保税区
4		天津滨海新区综合保税区
5		天津港综合保税区
6		天津港保税区
7		天津泰达综合保税区
8	河北	曹妃甸综合保税区
9		秦皇岛综合保税区
10		廊坊综合保税区

续　表

序号	省（自治区、直辖市）	名称
11	河北	石家庄综合保税区
12	山西	太原武宿综合保税区
13	内蒙古	呼和浩特综合保税区
14		鄂尔多斯综合保税区
15		满洲里综合保税区
16	辽宁	大连大窑湾综合保税港区
17		大连湾里综合保税区
18		大连保税区
19		营口综合保税区
20		沈阳综合保税区
21	吉林	长春兴隆综合保税区
22		珲春综合保税区
23	黑龙江	绥芬河综合保税区
24		哈尔滨综合保税区
25	上海	洋山特殊综合保税区
26		上海浦东机场综合保税区
27		上海外高桥港综合保税区
28		上海外高桥保税区
29		松江综合保税区
30		金桥综合保税区

续 表

序号	省（自治区、直辖市）	名称
31	上海	青浦综合保税区
32		漕河泾综合保税区
33		奉贤综合保税区
34		嘉定综合保税区
35	江苏	张家港保税港区
36		苏州工业园综合保税区
37		昆山综合保税区
38		苏州高新技术产业开发区综合保税区
39		无锡高新区综合保税区
40		盐城综合保税区
41		淮安综合保税区
42		南京综合保税区
43		连云港综合保税区
44		镇江综合保税区
45		常州综合保税区
46		吴中综合保税区
47		吴江综合保税区
48		扬州综合保税区
49		常熟综合保税区
50		武进综合保税区
51		泰州综合保税区
52		南通综合保税区
53		太仓港综合保税区
54		江阴综合保税区
55		徐州综合保税区
56	浙江	宁波梅山综合保税区
57		宁波保税区
58		宁波北仑港综合保税区
59		宁波前湾综合保税区

续 表

序号	省（自治区、直辖市）	名称
60	浙江	舟山港综合保税区
61		杭州综合保税区
62		嘉兴综合保税区
63		金义综合保税区
64		温州综合保税区
65		义乌综合保税区
66		绍兴综合保税区
67		台州综合保税区
68	安徽	芜湖综合保税区
69		合肥经济技术开发区综合保税区
70		合肥综合保税区
71		马鞍山综合保税区
72		安庆综合保税区
73	福建	厦门海沧港保税港区
74		泉州综合保税区
75		厦门象屿综合保税区
76		厦门象屿保税区
77		福州保税区
78		福州综合保税区
79		福州江阴港综合保税区
80	江西	九江综合保税区
81		南昌综合保税区
82		赣州综合保税区
83		井冈山综合保税区
84	山东	潍坊综合保税区
85		济南综合保税区
86		东营综合保税区
87		济南章锦综合保税区
88		淄博综合保税区
89		青岛前湾综合保税港区

续　表

序号	省（自治区、直辖市）	名称
90	山东	烟台综合保税区
91		威海综合保税区
92		青岛胶州湾综合保税区
93		青岛西海岸综合保税区
94		临沂综合保税区
95		日照综合保税区
96		青岛即墨综合保税区
97	河南	郑州新郑综合保税区
98		郑州经开综合保税区
99		南阳卧龙综合保税区
100		洛阳综合保税区
101		开封综合保税区
102	湖北	武汉东湖综合保税区
103		武汉经开综合保税区
104		武汉新港空港综合保税区
105		宜昌综合保税区
106		襄阳综合保税区
107		黄石棋盘洲综合保税区
108	湖南	衡阳综合保税区
109		郴州综合保税区
110		湘潭综合保税区
111		岳阳城陵矶综合保税区
112		长沙黄花综合保税区
113	广东	广州南沙综合保税区
114		广州白云机场综合保税区
115		深圳前海综合保税区
116		深圳盐田综合保税区
117		福田保税区
118		深圳坪山综合保税区
119		广州黄埔综合保税区

续　表

序号	省（自治区、直辖市）	名称
120	广东	广州保税区
121		广东广州出口加工区
122		东莞虎门港综合保税区
123		珠海保税区
124		珠澳跨境工业区珠海园区
125		珠海高栏港综合保税区
126		汕头综合保税区
127		梅州综合保税区
128		湛江综合保税区
129	广西	钦州综合保税区
130		广西凭祥综合保税区
131		北海综合保税区
132		南宁综合保税区
133		梧州综合保税区
134	海南	海南洋浦保税港区
135		海口综合保税区
136		海口空港综合保税区
137	重庆	重庆西永综合保税区
138		重庆两路寸滩综合保税区
139		重庆江津综合保税区
140		重庆涪陵综合保税区
141		重庆万州综合保税区
142		重庆永川综合保税区
143	四川	成都高新综合保税区
144		成都高新西园综合保税区
145		绵阳综合保税区
146		成都国际铁路港综合保税区
147		泸州综合保税区
148		宜宾综合保税区
149	贵州	贵阳综合保税区

续 表

序号	省（自治区、直辖市）	名称
150	贵州	贵安综合保税区
151		遵义综合保税区
152	云南	昆明综合保税区
153		红河综合保税区
154	陕西	西安综合保税区
155		西安关中综合保税区
156		西安高新综合保税区
157		西安航空基地综合保税区
158		宝鸡综合保税区
159		陕西西咸空港综合保税区
160		陕西杨凌综合保税区
161	甘肃	兰州新区综合保税区
162	宁夏	银川综合保税区
163	新疆	阿拉山口综合保税区
164		乌鲁木齐综合保税区
165		霍尔果斯综合保税区
166		喀什综合保税区
167	青海	西宁综合保税区
168	西藏	拉萨综合保税区

资料来源：海关总署网站。

（一）全年新增综合保税区情况

受疫情影响，作为地方政府层面的保税物流基地、海关特殊监管区域数量增长速度逐渐放缓，2021年全年新增8个综合保税区，总数达到155个，其中有一些是在原有的低层次海关特殊监管区域实现的升级。新增加的8个综合保税区的情况如下。

2021年1月15日，国务院批复设立襄阳综合保税区、重庆万州综合保税区。

襄阳综合保税区位于襄阳自贸片区北端，是在襄阳保税物流中心（B型）基础上，向周边拓展升级而成，规划面积2平方公里。发展汽车零件制造业、新能源制造业、高端纺织业、电子信息制造业、大数据及云计算、国际商品物流、产品供应链服务、跨境电商、检验检测等产业以及相应的配套保税服务、总部经济等服务设施。

重庆万州综合保税区位于万州经济技术开发区高峰园区鹿山片区，规划用地面积1.85平方公里，总建筑面积约108万平方米。规划发展纺织服装、电子机械、金属材料、食品药品等加工贸易，配套发展跨境电商和保税仓储，探索服务贸易、总部贸易、转口贸易等新型外贸方式。

2021年1月27日，国务院批复设立陕西杨凌综合保税区。陕西杨凌综合保税区位于杨凌自贸片区，规划面积0.88平方公里，将与上合农业技术交流培训示范基地实现对接，为杨凌示范区更好履行“全面推进农业领域国际合作交流、打造‘一带一路’现代农业国际合作中心、推动上合组织农业技术交流培训示范基地建设”的国家使命，带动示范区产业高质量发展。

2021年5月4日，国务院批复设立海口空港综合保税区。这是继洋浦保税港区、海口综合保税区后，海南省第三个海关特殊监管区域，也是第二个综合保税区。

海口空港综合保税区位于海口市江东新区临空经济区，规划面积0.44平方公里，毗邻海口美兰国际机场。结合临港区位优势和现有产业基础，海口空港综合保税区将聚焦航空产业，重点发展飞机维修、保税航材物流产业，兼顾发展航空租赁、航空培训，并适时拓展保税加工、跨境电商等业务。

2021年7月6日，国务院批复设立重庆永川综合保税区。永川综合保税区是全国第152个综合保税区，重庆市设立的第6个综合保税区。永川综合保税区依托永川港、高速公路网络、成渝和渝昆铁路综合枢纽以及西部航空产业园，实现铁、公、水、空多式联运，拓展保税加工、保税物流、跨境电商、服务贸易等功能。发展面向国内国际两个市场的高端数控机床加工制造业。

2021年8月7日，国务院批复设立黄石棋盘洲综合保税区、梧州综合保税区。

黄石棋盘洲综合保税区成为湖北省第6个综合保税区，也是湖北省“一主两副”之外的首个综合保税区。黄石棋盘洲综合保税区选址于黄石新港（物流）工业园内，占地0.964平方公里，包括核心区、保税物流区、保税加工区、展示服务区4个功能区。黄石棋盘洲综合保税区将依托棋盘洲新港口岸和多式联运平台，结合黄石产业优势，围绕加工制造、物流分拨、销售服务三大类产业方向，重点服务领域为粮食精深加工、装备制造、电子信息、矿产品贸易、大宗商品保税物流、供应链管理等。

梧州综合保税区获国务院批复设立，成为广西除南宁、北海、凭祥、钦州之外的第五个综合保税区。梧州综合保税区位于粤桂合作特别试验区，规划面积1.02平方公里。

2021年12月9日，国务院批复设立浙江省台州综合保税区。

台州综合保税区位于浙江省头门港经济开发区北洋片区，用地面积1.77平方公里。可通过公路通道快速与头门港相连，并依托头门港支线与甬台温铁路、金台铁路相连接，形成与宁波港的班列运输通道。

（二）海关特殊监管场所发展现状

企业层面的海关特殊监管场所，主要有保税物流中心（A型、B型）、进口保税仓、出口监管仓。保税物流中心A型是企业自用型，和企业自用的保税仓+监管仓功能类似，地方海关就可以审批。由于其功能比较简单，监管不便，所以各地海关已经不再审批了。近些年批准的都是保税物流中心B型，即公共型。保税物流中心B型是多家企业入驻的海关特殊监管场所，由海关总署审批。2004年5月11日，海关总署批准在苏州工业园区进行全国首家也是唯一的海关保税物流中心（B型）试点；同年8月3日，财政部、国税总局和海关总署联合发文，正式批准国内货物进入园区海关保税物流中心，视同出口，享受出口退税政策，拉开我国保B的帷幕。

受疫情影响，外贸业务受阻，同时中共中央提出国内国际“双循环”，进出口增速有所放缓，在此期间海关总署对保B的批复数量大幅下降，2020年全年，海关仅批复4个保税物流中心B型，自2020年6月22日海关批复准予设立三亚市保税物流中心之后，2021年再无新增批复。而已有的保税物流中心B型，也由于其没有保税加工功能，逐渐向综合保税区升级，所以保税物流中心B型总体数量略有减少。截至2021年年末，保税物流中心B型有86个，2021年保税物流中心B型的区域分布及名单如表2所示。

表2　2021年保税物流中心B型的区域分布及名单

序号	省（自治区、直辖市）	名称
1	北京	北京亦庄保税物流中心
2	天津	天津经济技术开发区保税物流中心
3		蓟州保税物流中心
4	河北	河北武安保税物流中心
5		唐山港京唐港区保税物流中心
6		辛集保税物流中心

续 表

序号	省（自治区、直辖市）	名称
7	山西	山西方略保税物流中心
8		山西兰花保税物流中心
9		大同国际陆港保税物流中心
10	内蒙古	巴彦淖尔市保税物流中心
11		包头市保税物流中心
12		七苏木保税物流中心
13		赤峰保税物流中心
14	辽宁	营口港保税物流中心
15		盘锦港保税物流中心
16		铁岭保税物流中心
17		锦州港保税物流中心
18	吉林	吉林市保税物流中心
19		延吉国际空港经济开发区保税物流中心
20	黑龙江	黑河保税物流中心
21		牡丹江保税物流中心
22	上海	上海西北物流园保税物流中心
23		虹桥商务区保税物流中心
24	江苏	连云港保税物流中心
25		徐州保税物流中心
26		如皋港保税物流中心
27		大丰港保税物流中心
28		江苏海安保税物流中心
29		新沂保税物流中心
30		靖江保税物流中心
31		南京空港保税物流中心
32	浙江	杭州保税物流中心
33		义乌保税物流中心
34		湖州保税物流中心
35		湖州德清保税物流中心

续 表

序号	省（自治区、直辖市）	名称
36	浙江	宁波栎社保税物流中心
37		宁波镇海保税物流中心
38	安徽	蚌埠（皖北）保税物流中心
39		安庆（皖西南）保税物流中心
40		合肥空港保税物流中心
41		安徽皖东南保税物流中心
42		铜陵（皖中南）保税物流中心
43	福建	厦门火炬（翔安）保税物流中心
44		漳州台商投资区保税物流中心
45		泉州石湖港保税物流中心
46		翔福保税物流中心
47	江西	龙南保税物流中心
48	山东	青岛西海岸新区保税物流中心
49		烟台福山回里保税物流中心
50		菏泽内陆港保税物流中心
51		淄博保税物流中心
52		鲁中运达保税物流中心
53		青岛保税港区诸城功能区保税物流中心
54	河南	河南德众保税物流中心
55		河南商丘保税物流中心
56		河南民权保税物流中心
57		河南许昌保税物流中心
58	湖北	黄石棋盘洲保税物流中心
59		宜昌三峡保税物流中心
60		襄阳保税物流中心
61		仙桃保税物流中心
62		荆门保税物流中心
63	湖南	长沙金霞保税物流中心

续 表

序号	省（自治区、直辖市）	名称
64	湖南	株洲铜塘湾保税物流中心
65	广东	佛山国通保税物流中心
66		东莞保税物流中心
67		东莞清溪保税物流中心
68		深圳机场保税物流中心
69		中山保税物流中心
70		湛江保税物流中心
71		江门大广海湾保税物流中心
72	广西	防城港保税物流中心
73		柳州保税物流中心
74	海南	三亚市保税物流中心
75	重庆	重庆铁路保税物流中心
76		重庆南彭公路保税物流中心
77		重庆果园保税物流中心
78	四川	成都空港保税物流中心
79		天府新区成都片区保税物流中心
80		南充保税物流中心
81	云南	昆明高新保税物流中心
82		腾俊国际陆港保税物流中心
83	甘肃	武威保税物流中心
84	青海	青海曹家堡保税物流中心
85	宁夏	石嘴山保税物流中心
86	新疆	奎屯保税物流中心

资料来源：海关总署自贸区和特殊区域发展司网站。

二、2021年我国综合保税区等特殊区域外贸进出口情况

（一）特殊区域外贸进出口的基本情况

根据海关总署公布的数据显示，2021年前11个月，我国有外贸进出口统计的四种类型特殊区域共152个，累计实现外贸进出口69550.01亿元，其中出口33970.85亿元，进口35579.17亿元，分别同比增长23.7%，26.3%和19.7%。2021年前11个月我国特殊区域外贸进出口统计情况如表3所示。

表3　2021年前11个月我国特殊区域外贸进出口统计情况

区域	进出口		出口		进口	
	金额（亿元）	同比增速（%）	金额（亿元）	同比增速（%）	金额（亿元）	同比增速（%）
全国特殊区域合计	69550.01	23.7	33970.85	26.3	35579.17	19.7
综合保税区	52379.47	25.7	28598.45	29.2	23781.02	21.6
保税区	16367.77	17.9	5204.43	17.4	11163.35	18.1
保税港区	762.91	91.0	140.84	33.0	622.07	111.9
跨境工业园区	39.86	139.5	27.13	327.9	12.73	23.6

资料来源：海关总署统计月报（部分数据因四舍五入原因，存在总计与分项合计不相等的情况，未做机械调整）。

2013—2021年我国海关特殊监管区域进出口数据，呈现为明显的两头高中间低的曲线。自2013年开始逐年降低，至2016年到达谷底，从2017年开始一路攀升，到2021年突破1万亿美元。2013—2021年我国海关特殊监管区域进出口统计情况如下图所示。

（二）特殊区域外贸进出口发展的特点

根据2021年前11个月的数据分析，我国特殊区域外贸进出口强弱不均衡。2021年前11个月，进出口排名前30位的区域累计实现进出口54407.30亿元，占全国特殊区域同期外贸进出口总额的78.2%，区均进出口值达到1813.58亿元。其中，进出口排名前10位的区域共计实现外贸进出口36335.67亿元，占全国特殊区域同期外贸进出口总额的52.2%，占据半壁江山。2021年前11个月我国特殊区域外贸进出口排名前30位统计情况如表4所示。

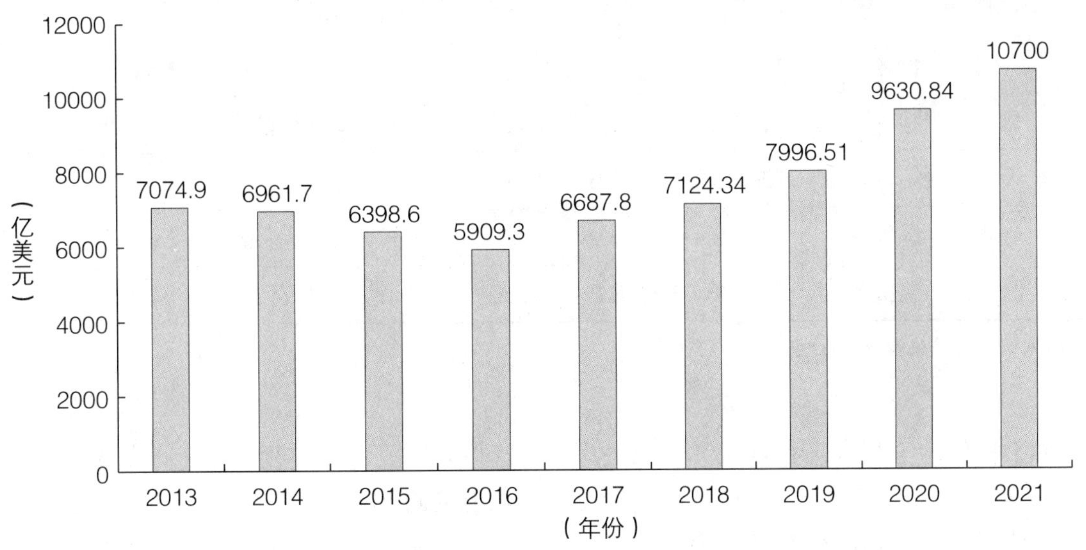

2013—2021年我国海关特殊监管区域进出口统计情况

表4　2021年前11个月我国特殊区域外贸进出口排名前30位统计情况

排名	特殊区域名称	进出口数据		排名	特殊区域名称	进出口数据	
		金额（亿元）	同比增速（%）			金额（亿元）	同比增速（%）
1	上海外高桥保税区	9412.43	13.2	6	重庆西永综保区	2978.40	16.1
2	成都高新综保区	5311.15	6.2	7	上海松江综保区	2068.87	12.2
3	郑州新郑综保区	4083.30	16.8	8	重庆两路寸滩综保区	1745.37	29.5
4	深圳福田保税区	3951.50	17.6	9	苏州工业园综保区	1742.17	7.9
5	昆山综保区	3525.14	10.3	10	西安关中综保区	1517.34	21.4

续　表

排名	特殊区域名称	进出口数据		排名	特殊区域名称	进出口数据	
		金额（亿元）	同比增速（%）			金额（亿元）	同比增速（%）
11	深圳前海综保区	1372.30	0.2	21	深圳盐田综保区	801.89	13.2
12	无锡高新区综保区	1341.78	3.7	22	北京天竺综保区	780.38	36.9
13	洋山特殊综保区	1165.77	29.2	23	厦门象屿综保区	730.73	81.7
14	宁波保税区	1149.82	29.6	24	广州南沙综保区	712.79	50.9
15	苏州高新区综保区	1137.04	3.9	25	深圳坪山综保区	634.62	-17.3
16	烟台综保区	1121.51	43.1	26	上海浦东机场综保区	631.40	5.9
17	青岛前湾综保区	1120.26	56.5	27	天津港保税区	629.26	32.9
18	天津东疆综保区	1095.87	11.6	28	合肥经开综保区	588.33	10.5
19	广西凭祥综保区	1022.52	49.9	29	东莞虎门港综保区	561.97	85.9
20	西安高新综保区	926.78	20.8	30	南京综保区	547.51	19.4

资料来源：海关总署统计月报。

排名第一位的上海外高桥保税区完成进出口额9412.43亿元，高于第二位和第三位的总和。上海保税区域所辖的外高桥保税区、浦东机场综保区和外高桥港综保区投资企业合计完成经营总收入超过2.4万亿元，比上年增长23%；商品销售额超过2.2万亿元，进出口总额超过1.1万亿元。

排名第二位的成都高新综保区进出口总额5311.15亿元。自2018年起，连续3年位列全国综保区进出口额首位。

排名第三位的郑州新郑综保区在2020年的进出口总额排在全国第五，经过一年的发展，新郑综保区一路高歌，相继赶超昆山综保区、深圳福田保税区，2021年全年累计完成外贸进出口总额4739.22亿元。综保区进出口额居全国综合保税区第二位、海关特殊监管区域第三位。郑州航空港实验区共完成跨境电商进出口业务13365.7万单，货值146.08亿元，货值同比增长28.2%。其中进口业务完成8051.91万单，货值123.12亿元，同比分别增长28.9%和34.8%，进口业务量占郑州跨境综试区80%以上，位居全国跨境电商口岸第二位。郑州航空港实验区不断创新业务模式，建设退货中心仓，制定退货中心仓操作标准，细化监管措施，2021年共有3家电商企业参加试点，累计受理跨境电商零售进口退货商品约5500万元、10万票，累计为企业节省成本约150万元。

2021年前11个月，随着整合优化推进和中小规模特殊区域的快速增长，综合保税区发展中过去存在的东部强西部弱的现象不再明显，已经出现西部区域快马加鞭的赶超态势。

前五强中西部的成都高新、郑州新郑和重庆西永占据三席，前20位的进出口规模差距已经缩小到1.5倍左右。

（三）我国保税物流中心B型外贸进出口情况

2021年1—10月，全国保B进出口总额为1025.69亿元。

天津经开区保B以112.8亿元位居榜首；前8名中有北京亦庄及7个沿海城市保B；重庆铁路保B以34.96亿元位居第9；2020年，天津经开区、成都铁路（已注销升级为综保区）两个保B位居进出口总额前两名。

（大连理工大学商学院　田征）

2021年中国铁路物流业

2021年，我国铁路货运系统有效应对疫情汛情及市场变化带来的多重挑战，持续深化货运增量行动，在奋力推动铁路物流高质量发展中取得新成效，实现了“十四五”良好开局。铁路货运量继续保持连续增长，运输结构持续优化，基础设施建设稳步推进，运输保障能力进一步增强，在服务“一带一路”高质量发展方面发挥了重要作用，为畅通国内大循环、促进国内国际双循环提供了有力支撑。

一、铁路货运生产经营成效良好

1．货运增量行动持续深化

铁路货运量实现稳定增长。2021年，全国铁路货运发送量完成47.7亿吨，比上年增加2.2亿吨，同比增长4.9%，全国铁路货运总周转量完成33238亿吨公里，比上年增加2723.54亿吨公里，同比增长8.9%。其中，国家铁路货运发送量完成37.26亿吨，比上年增加1.45亿吨，同比增长4.0%，集装箱发送2639万标准箱、5.66亿吨，分别同比增长18%和3.5%；国家铁路货运总周转量完成29950.01亿吨公里，比上年增加2552.18亿吨公里，同比增长9.3%。铁路在中长途运输中的比较优势进一步显现。

铁路货运系统持续深化货运增量行动。2021年，国家铁路凭借铁路运量大、全天候、长距离、运价低等优势，充分利用铁路干线运力，积极推动大宗物资“公转铁”运输，有力保障了大宗物资铁路运量的稳定增长。仅2021年上半年，国家铁路煤炭运量完成9.61亿吨，同比增长12.4%。其中浩吉、唐包、瓦日、大秦铁路煤炭运量同比分别增长163%、54%、43%、11.5%；国家铁路煤炭、电煤日均装车7.6万车和4.9万车，同比分别增长12.9%、19.4%。

2．经济社会效益显著提升

铁路经济效益稳步回升。2021年国家铁路货运收入实现4359亿元，同比增长8.4%。国家铁路全路日均装车达到16.8万车，同比增加7048车，增长4.4%，再创历史新高，单日最大装车数也屡破纪录，最高达到186616车；货物平均运程804千米，同比提高了39千米；全路集装箱日均装车3.61万车，同比增加5512车；集装箱平均运距、净载重、单箱收入同比分别提升了1%、5%和5.3%。

铁路绿色低碳发展迈出新步伐。2021年，国家铁路单位运输工作量综合能耗4.07吨标准煤/百万换算吨公里，比上年减少0.16吨标准煤/百万换算吨公里，下降3.8%；单位运输工作量主营综合能耗4.02吨标准煤/百万换算吨公里，比上年减少0.15吨标准煤/百万换算吨公里，下降3.6%。在主要污染物排放方面，国家铁路化学需氧量排放量1611吨，比上年降低0.7%；二氧化硫排放量0.2万吨，比上年降低29.0%。铁路货运系统通过“散改集、整改集”等方式，有力推动大宗货物转向集装箱运输，助力了铁路社会效益的提升。其中，昆明局使用敞顶集装箱开展煤炭、焦炭、灰渣、石膏等货物运输，全年通过集装箱发送煤焦654.15万吨，较2020年增加244.3万吨；兰州局推出35吨敞顶箱、粮食专用箱、防湿专用箱等箱型，满足盘条、铝棒、粉煤灰、水渣等不同品类货物“散改集”发运需求；呼和浩特局采取集装箱与整车执行差异化价格策略，吸引企业采用集装箱运输，持续拓展管内集装箱办理站点，营销启动铁矿石、煤炭、焦炭、水渣等新项目252个，新增运量878.7万吨。

3．铁路货运安全保持稳定

2021年，全国铁路货运安全保持稳定。铁路货运系统通过深入推进货运站段标准化规范化建设，进一步优化完善建设评价指标体系，推动货运站段实现强基达标、提质增效。此外，保障危险货物运输安全、防止集装箱空重错装、稳定运行货运安全检测设备等方面均是铁路货运安全关注的重点。2021年铁路货运系统通过在这些方面开展专项整治，累计消除危险货物运输各类安全隐患288个，集装箱空重错装问题数量同比下降53%，新增57台超偏载检测装置和56台轨道衡三级联网应用，货运安全保障能力得到进一步提升。2021年，国家铁路在货运量同比增长4%的情况下，实现了货运责任事故同比减少14件，下降54%，杜绝了一般B类以上责任事故。

4．重点物资运输得到有力保障

2021年，铁路充分发挥路网一体、调度指挥集中统一的优势，有力保障了煤炭、涉农物资等重点物资的运输。2021年下半年，由于国际市场能源价格上涨，加之个别地区对“双碳”目标操之过急，国内电力、煤炭供需持续偏紧等多重因素影响，导致一些地区出现拉闸限电，给经济运行和居民生活带来影响。为保障电力和煤炭等能源供应，党中央、国务院部署有关部门积极采取措施。2021年10月8日，李克强总理主持召开国务院常务会议，提出交通运输部门要优先保障煤炭运输，确保生产的煤炭及时运到需要的地方。国家铁路积极响应国务院部署，开展电煤保供专项行动，及时调整运输结构、增加货运能力、坚守电煤保供底线，通过在国铁集团和铁路局集团公司成立两级保供运输办公室，建立三级保供对接机制，在重点地区设立调度分所，精细指挥、精准装车，有效保障了电煤和重点物资运输。截至2021年年底，363家铁路直供电厂存煤7099万吨，较9月底增加4117万吨，可耗天数23天。全年国家铁路煤炭发送量超过19亿吨，国家能源集团朔黄铁路完成煤炭运量3.64亿吨，新朔铁路煤炭运量超过1.5亿吨，铁路充分发挥了在综合交通运输体系中的骨干作用，有力保障了能源供应。2021年铁路还强化了涉农物资运输服务保障，运送货物7.2亿吨，同比增长3.8%，助力了农业的稳定生产。此外，铁路在防疫物资运输方面也继续发挥积极作用。2021年1月25日，年度首趟中欧班列防疫物资专列从义乌西站启程，此后，中欧班列运输防疫物资从义乌到波兰、从连云港到哈萨克斯坦、从厦门到德国……成为各国携手抗疫的“生命通道”和“命运纽带”，为抗击疫情贡献了中国力量、铁路力量。

二、铁路基础设施建设稳步推进

1. 运输网络日益完善

2021年，全国铁路完成固定资产投资7489亿元，其中国家铁路完成6616亿元。路网规模实现大幅扩增，投产新线4208公里。其中高铁2168公里。全国铁路营业里程已突破15万公里，其中高铁营业里程超过4万公里。铁路线网布局不断延伸，特别是重点推进建设了老少边及脱贫地区铁路，全年完成投资3728.8亿元，新增25个县开通铁路。全年多个铁路线路建设项目也取得重要成果，拓展了铁路网络覆盖范围。建成西藏第一条电气化铁路——拉林铁路，实现川藏铁路全线开工建设。为服务"一带一路"倡议，我国着力推进国际国内铁路联通，稳步推进雅万高铁、匈塞铁路、中泰铁路等境外项目，2021年12月3日，实现中老铁路的高质量开通运营，为助力高水平对外开放的实现发挥了重要作用。

2. 运输装备持续增加

2021年，铁路运输装备持续增加，全国铁路货车拥有量为96.6万辆，其中，国家铁路货车拥有量为89.2万辆，增强了货运服务能力。全年共新投入集装箱平车3.6万辆、40英尺集装箱1万只、正面吊100台，新开通集装箱办理站点490个，有力提升了铁路集装箱作业能力，为促进集装箱多式联运发展提供了良好的装备能力保障。到2021年年底，全国铁路机车拥有量为2.17万台，其中，内燃机车0.78万台，占35.9%，电力机车1.39万台，占64.1%。国家铁路机车拥有量为2.09万台，其中，内燃机车0.74万台，占35.4%；电力机车1.35万台，占64.6%。铁路机车中电力机车的占比不断提高，为进一步促进绿色低碳运输、助力"双碳"目标实现提供了重要支撑。

3. 节点建设不断推进

2021年，铁路物流基地、铁路集装箱中心站、无水港等铁路节点建设逐渐完善，有力支撑了铁路货运系统依托铁路节点展开物流基础服务、延伸增值服务，提升铁路物流服务的竞争力。2021年，广西南宁高铁物流基地、四川广元铁路综合物流基地、安徽宣城市巷口桥铁路物流基地等开工建设，铁路物流基地覆盖范围进一步拓展，加速推动了铁路物流服务效率和质量的提升。在原有12个铁路集装箱中心站基础上，2019年6月30日我国又成功开通运营钦州中心站，2021年12月31日广州中心站正式运营，路网枢纽节点不断完善，有力保障了铁路集装箱运输和物流服务能力的提高。2021年，中铁集装箱公司无水港建设持续推进，北部湾港集团武汉无水港揭牌成立、陆海新通道重庆无水港项目开工，共新增无水港5个，常态化运营无水港达到24个，无水港运营网络逐步优化，进一步延伸了铁路物流的服务网络。

三、助力"一带一路"高质量发展

1. 中欧班列实现跨越式发展

2011年3月，首趟中欧班列从重庆发出开往德国杜伊斯堡，拉开了中欧班列创新发展的序幕。2021年，中欧班列开行十周年之际，面临着全球疫情持续反复、全球重要港口拥堵和"一箱难求"、亚欧大陆物流需求旺盛等机遇与挑战，中欧班列继续高质量、常态化开行，为"一带一路"建设提供了强有力的支撑。具体表现在以下3个方面。

一是开行数量强劲增长。2021年，中欧班列开行再次刷新历史纪录，年度开行15183列、运送货物146.4万标准箱，分别同比增长22%和29%。中欧班列开通10年来，累计开行48814列、运送货物443.2万标准箱。货物品类也从最初的IT产品，逐步扩大到汽车配件及整车、化工、机电、粮食、木材、食品等5万余种产品。自2020年5月以来，中欧班列已连续20个月“月行千列”，连续两年实现了“年行万列”。2021年国内主要城市中欧班列开行量也取得标志性成果，中欧班列长安号全年开行突破3800列，运送货物总重达284.8万吨以上，累计开行突破1.1万列；中欧班列（成渝）全年开行突破4800列，占全国开行总量30%以上，运输箱量超40万标准箱，开行线路通达欧洲百余个城市，累计开行突破1.8万列。

二是开行质量不断提高。从去回程综合重箱率看，2021年中欧班列去回程综合重箱率高位企稳，全年达到98.1%，空箱问题得到有效解决。其中，去程重箱率100%，回程重箱率95.7%。西安、武汉等国内主要城市中欧班列的去回程综合重箱率均达到100%，已经实现了由“重去空回”向“重去重回”的转变。随着回程货源开发的不断增强，去回程不平衡的问题已经得到进一步改善，2021年中欧班列回程去程比达到81.5%，同比提高3.8个百分点。

三是服务能力日益提升。国际运行网络加速拓展。2021年，中欧班列铺画78条运行线路，通达欧洲23个国家的180个城市，较上年增加2个国家和88个城市，通达城市数量增长了96%。国内枢纽节点取得成效，2021年，国内共有68个城市开行中欧班列，在郑州、重庆、成都、西安、乌鲁木齐5个城市枢纽节点启动了中欧班列集结中心示范工程建设，建成了7个铁路一级物流基地。2021年中欧班列开行量达到8469列，运送货物80.3万标准箱，分别占全国的55.8%和54.8%。口岸通过能力全面升级，2021年，国铁集团研发投用95306数字口岸系统，通关效率明显提升；在满洲里、霍尔果斯口岸站探索了常态化组织“三列并两列”集并运输，推动协调解决宽轨段运输组织等问题，全程运行时间从24天压缩至最短12天；口岸站扩能改造工程持续推进，已经形成新增能力的霍尔果斯、二连两个口岸站增量效果显著，2021年1—11月，霍尔果斯回程班列共开行1372列，同比增长112%；二连去程班列共开行1862列，同比增长26%。

2. 西部陆海新通道班列快速增长

2021年，为落实《西部陆海新通道总体规划》《“十四五”推进西部陆海新通道高质量建设实施方案》，国铁集团及相关海运、港口、地方平台企业积极协调联动，推动西部陆海新通道班列建设取得新进展，为助力构建新发展格局做出了贡献。具体表现在以下3个方面。

一是开行列数不断增加。2021年，西部陆海新通道班列开行6117列、发送货物57万标准箱，分别同比增长33%和57.5%，呈现出强劲的增长态势。截至2021年年底，西部陆海新通道班列累计开行14282列、发运量超70万标准箱，开行量从2017年的178列增长到2021年的6117列，年均增长142%，已经成为我国增速最快的国际班列。北部湾港至中西部省份的13条海铁联运班列线路覆盖国内47个市91个站点，实现了与中欧班列的无缝对接，目的地已覆盖新加坡、德国等100多个国家和地区的300多个港口，成为沿线各国、各地区提升经贸合作水平的重要载体。发运货物品类从初期的130种左右增加到600多种，涵盖IT、汽配、化工、机械、农产品等南向外贸货源和粮食、建材等北向内贸货物。

二是服务能力不断提高。2021年，铁路系统积极推动，打破西部陆海新通道能力制约，加快铁路基础设施建设，取得了良好成效。在通道线路方面，广西沿海铁路大通道全部实现电气化，货物列车运行速度由44公里/小时提至80公里/小时；叙永至毕节铁路等项目也正在有序推进，铁路干线货物服务能力将得到明显改善。在枢纽场站方面，北部湾港口铁路专用线增至110条，实现北部湾重要港区铁路进港全覆盖，港口货物作业能力得到了有效提高。

三是服务品质不断提升。2021年，西部陆海新通道班列的全程物流服务试点初见成效，中铁集装箱积极与海丰国际等船公司开展合作，为客户提供铁海联运全程报价，开展海运订舱业务，并于5月在成都试点提供“城厢—钦州—越南海防”铁海联运全程物流服务，2021年累计发运集装箱超过1700标准箱。2021年10月28日，西部陆海新通道首次实现了“铁海联运+内外贸同船”相结合的运输模式，完成了“重庆—钦州—洋浦—马来西亚巴生港”的联运，打通了重庆国际物流枢纽园区与海南自由贸易港的双向运输通道，提供了外贸货物出运的全新物流方案。

3. 中老铁路高质量开通运营

2021年12月3日，连接昆明和万象、全线采用中国标准的中老铁路开通，投入运营昆明、玉溪、元江、普洱、西双版纳、孟赛、琅勃拉邦、万荣、蓬洪、万象等25座车站。中老铁路作为高质量共建“一带一路”的标志性工程，实现了中老铁路互联，构建了一条中国和东盟之间的便捷物流通道。2021年，中老铁路取得良好开局、成绩斐然。

截至2022年1月3日，中老铁路累计开行货物列车380列，发送货物17万吨，其中国际货物列车70列，发送货物超过5万吨。山东、浙江、重庆、江苏、广东等10余个省市经中老铁路开行至老挝万象等城市的国际货物列车，单日开行最高达6列；运输货物品类丰富，涵盖了橡胶、化肥、百货、电子、光伏、通信、汽车、纺织、蔬菜、鲜花等产品。此外，中老铁路经过的磨憨铁路口岸配备了目前国内最先进的铁路货车检查系统、查验机器人、查验无人机、“雷达感应式”喷淋消毒、列车底盘扫描仪等监管设备，约半小时即可完成场所巡查、集装箱箱体及车体快速外观检查、货物核辐射探测及抽样等多类型作业，进一步提高了货物的通关效率。中老铁路的建成促使昆明至万象货物列车全程最快仅需30小时，运输时间和成本较公路运输大幅压缩，有效畅通了中老之间的铁路物流通道，为中国和东盟间经济贸易合作注入了新动能，发挥了促进沿线各国经贸互通和经济融合的重要作用。

四、铁路货运与物流市场化改革持续深化

1. 铁路市场化加快推进

2021年，铁路货运市场化改革取得一系列重要成果，铁路发展动力和经营活力不断增强。国铁集团优质资产证券化加快推进，金鹰重工、中铁特货相继股改上市，国铁集团的资本布局进一步优化。其中，2021年9月8日，主营商品汽车、冷链和大件货物物流的专业物流服务供应商中铁特货成功股改上市，有效助力了铁路扩大市场份额，完善运输网络整体布局，进一步提高经营质量和效益。上市首日，中铁特货的股价即上涨43.94%。此外，国铁集团还积极推动国铁资本和社会资本融合发展，组建了中铁京东等混合所有制企业，促进了产业链新业态加快发展。中铁国际多式联运有限公司积极对接中储集团、中铝集团、一汽物流、招商港口集团、山东港口物流集团等，探索合资合作的可行性。

2. 铁路物流业务不断创新

2021年，我国铁路系统不断创新拓展现代物流业务，通过与社会物流企业进行战略合作、定制服务产品、创新营销模式、应用先进技术装备

等手段，积极拓展白货市场，实现铁路物流的量质齐升。2021年，中铁集装箱与京东物流签署战略合作协议，双方共同打造国际、国内多式联运精品线路，在市场拓展、运输组织、场站建设等方面加大合作力度，在铁路与社会物流企业开展战略合作方面取得积极进展。中铁快运和有关铁路局在高铁快运服务产品创新方面也进行了诸多探索，成效颇丰，拓展“冷鲜达”“定温达”“定时达”“库到库”等特色服务项目，有力支持了电商经济新业态的发展；积极服务健康产业，与齐鲁制药、九州通、顺丰医药等企业开展合作，提供更加精准的医药健康类冷链运输服务；助力乡村振兴战略，与顺丰速运合作，快速高效运输丹东草莓、山西苹果、赣南脐橙、山东樱桃等农产品，提升了农产品物流效益。此外，铁路创新营销模式，主动对接市场需求，提供优质高效的铁路物流服务。2021年3月29日，郑州局集团公司主动适应市场需求，首次开行“郑州圃田站—四川城厢站”的跨局小编组白货班列，承运工业机械、其他杂项化工、矿建、日用杂品、食品、农副产品等，吸引白货货源转向铁路，进一步做大货运市场。

五、铁路货运信息化水平大幅提升

1. 信息平台功能更加丰富

2021年，我国铁路系统成功实施了货运95306改版升级，建立了“一数一源”的货运数据处理中心，统一了货运基础字典，实现了电子注册、电子签名、电子支付、电子领货、网上理赔、货物全程追踪和到达预测、运条管理、价格策略管理等多项功能，能够为客户提供更加高效便捷的全方位货运服务。一是网上注册自助化，能够在线验证企业信息，实现网上全自助注册，客户无须到营业厅提供纸质证明材料；二是电子签名全面应用，运货无须提供传统的盖章纸质运单，收货无须提供纸质领货凭证；三是精准追踪货物位置，通过整合铁路各类信息系统数据，建立了全国统一的货车在途轨迹数据库，实现货物追踪和预测到达等功能，为客户合理安排取货和开展生产经营提供了便利；四是拓展电子支付功能，增加网银支付功能，客户能够在线完成运输费用电子支付；五是实现移动端操作，通过95306 App和微信公众号，客户可实现7×24小时网上办理货运业务。

2. 信息化建设顺利推进

2021年，铁路系统充分发挥科研力量，完成了货车篷布管理系统、货运票据电子化深化应用等降本增效信息化项目的开发建设，铁路货运信息化管理水平进一步提升。此外，铁路系统大力推进国铁通用物资采购平台建设，丰富物资采购模式，为国家铁路建设以及运营管理提供了有力支撑。自2020年6月30日该平台正式上线以来，国铁物资有限公司全面推进平台建设，实现交易额屡创新高，以60天突破1亿元、158天突破5亿元、7个多月突破10亿元的飞速增长，推动铁路物资采购迈入“电商化时代”。依托铁路超大市场优势和规模效应，国铁通用物资采购平台利用大数据、人工智能等技术，高效整合物流、信息流、资金流，建立健全了与物资采购相配套的服务支撑体系，促进了路内企业需求与社会资源供应的高效匹配，提升了铁路企业物流运作服务水平。

注：本文部分数据来自国家发展改革委、交通运输部、广西交通运输厅、海南洋浦经济开发区政府网，部分数据根据网络公开信息进行整理得来。

（北京交通大学交通运输学院物流工程系
赵启昕　蒋卓玲　张晓东）

2021年中国快递业

2021年，我国快递业务量连续8年稳居全球第一位，占全球快递业务量的65%以上。

一、2021年我国快递业发展情况

（一）2021年我国快递业发展基本情况

2021年，全国快递服务企业业务量累计完成1083.0亿件，同比增长29.9%；业务收入累计完成10332.3亿元，同比增长17.5%。2020—2021年各月全国快递业务量发展情况如图1所示。

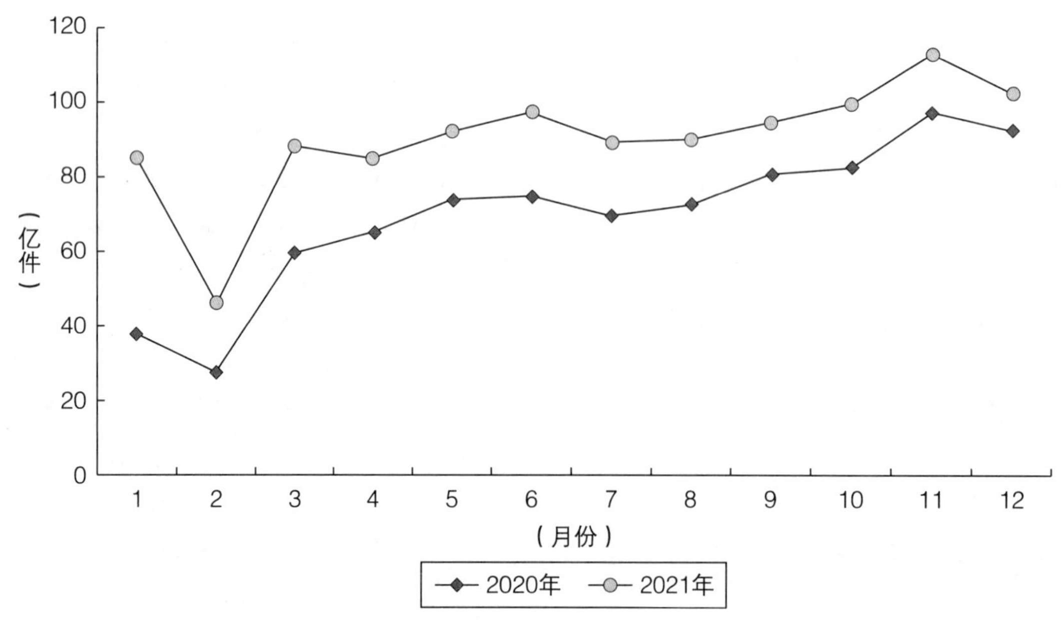

图1　2020—2021年各月全国快递业务量发展情况

其中，同城业务量累计完成141.1亿件，同比增长16.0%；异地业务量累计完成920.8亿件，同比增长32.8%；国际/港澳台业务量累计完成21.0亿件，同比增长14.1%。2020—2021年分专业快递业务量完成情况如图2所示。

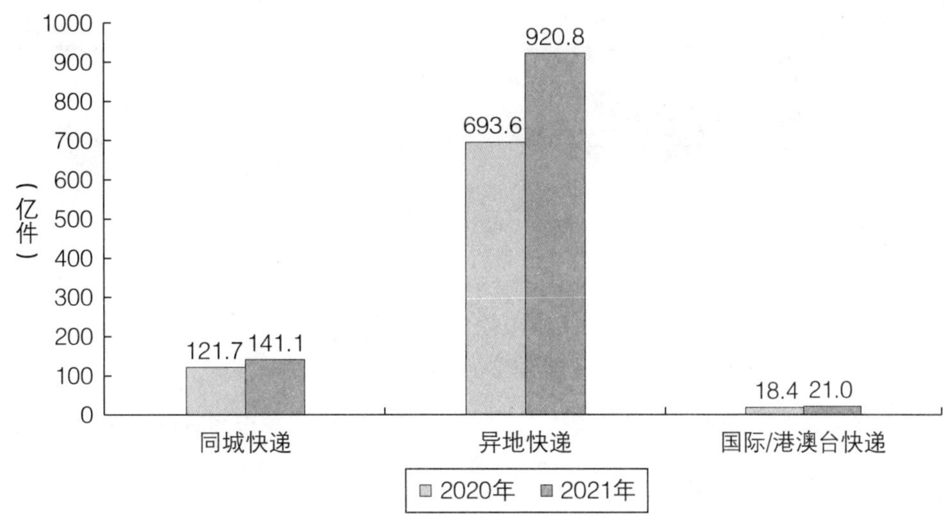

图2 2020—2021年分专业快递业务量完成情况

2021年，同城、异地、国际/港澳台快递业务量分别占全部快递业务量的13.0%、85.0%和2.0%；业务收入分别占全部快递业务收入的7.9%、50.6%和11.3%。与上年同期相比，同城快递业务量的比重下降1.6个百分点，异地快递业务量的比重上升1.8个百分点，国际/港澳台业务量的比重下降0.2个百分点。2021年全国快递分专业业务量结构和业务收入结构如图3、图4所示。

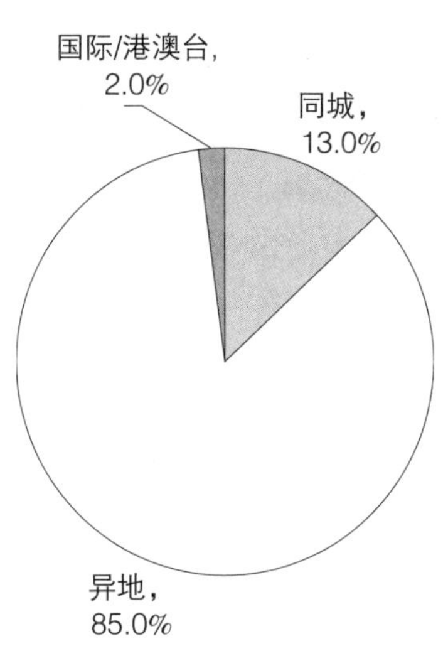

图3 2021年全国快递分专业业务量结构

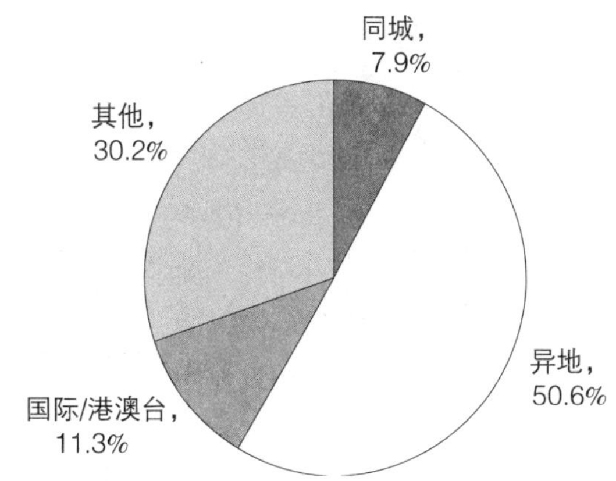

图4 2021年全国快递分专业业务收入结构

2021年，东、中、西部地区快递业务量比重分别为78.1%、14.6%和7.3%，业务收入比重分别为78.2%、12.9%和8.9%。与上年同期相比，东部地区快递业务量比重下降1.3个百分点，快递业务收入比重下降1.4个百分点；中部地区快递业务量比重上升1.3个百分点，快递业务收入比重上升1个百分点；西部地区快递业务量比重基本持平，快递业务收入比重上升0.4个百分点。2021年全国分地区快递业务量结构和快递业务收入结构如图5、图6所示，2011—2021年全国快递业发展指数如图7

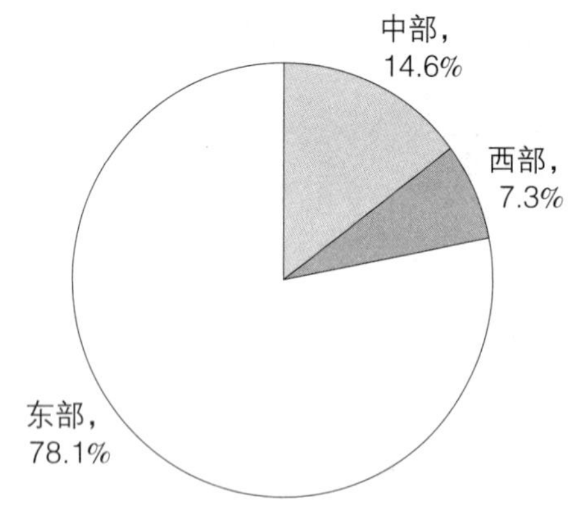

图5 2021年全国分地区快递业务量结构

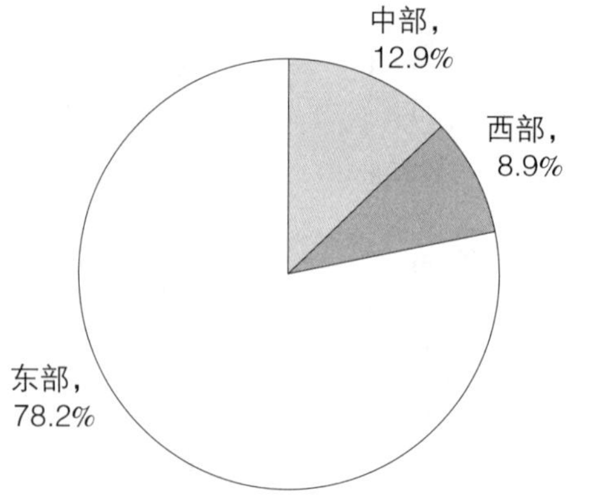

中部，
12.9%
西部，
8.9%
东部，
78.2%

图6 2021年全国分地区快递业务收入结构

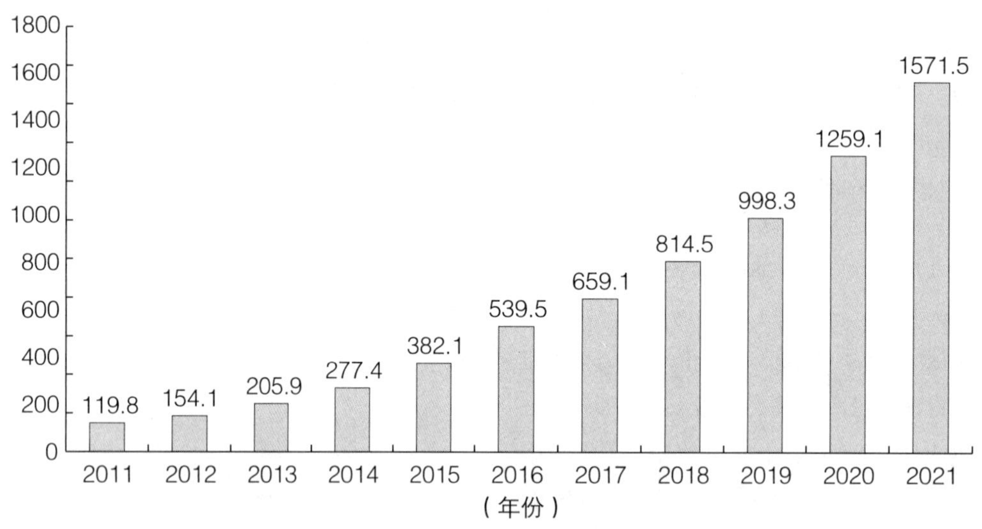

图7 2011—2021年全国快递业发展指数

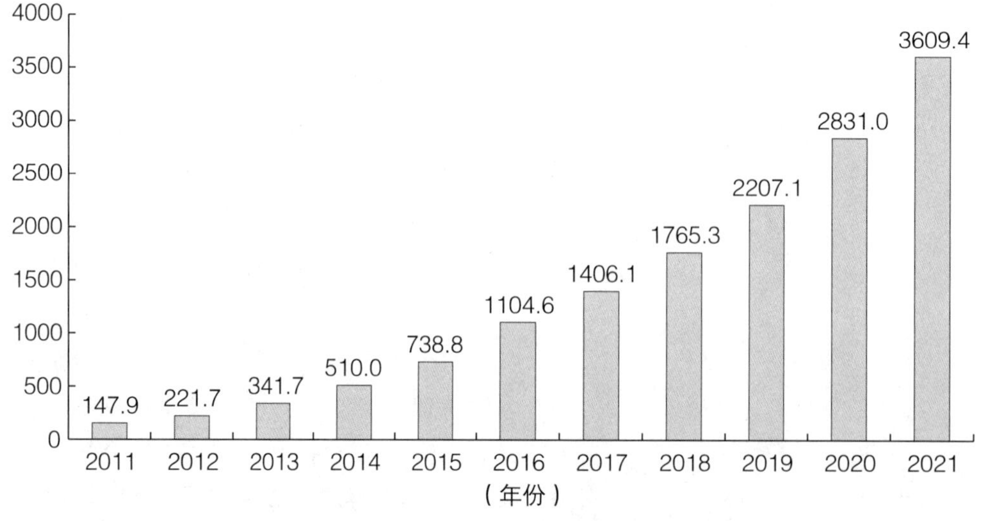

图8 2011—2021年全国快递业发展规模指数

所示，2011—2021年全国快递业发展规模指数如图8所示，2011—2021年全国快递业务量发展变化情况如图9所示，2011—2021年全国快递业务收入变化情况如图10所示。

2021年，快递与包裹服务品牌集中度指数CR8为80.5，较1—11月下降了0.2。

2021年各省（自治区、直辖市）快递服务企业业务量和业务收入情况详见表1。2021年全国快递业务量排名前50位城市情况详见表2。2021年全国快递业务收入排名前50位城市情况详见表3。2021年部分快递企业年报详见表4。

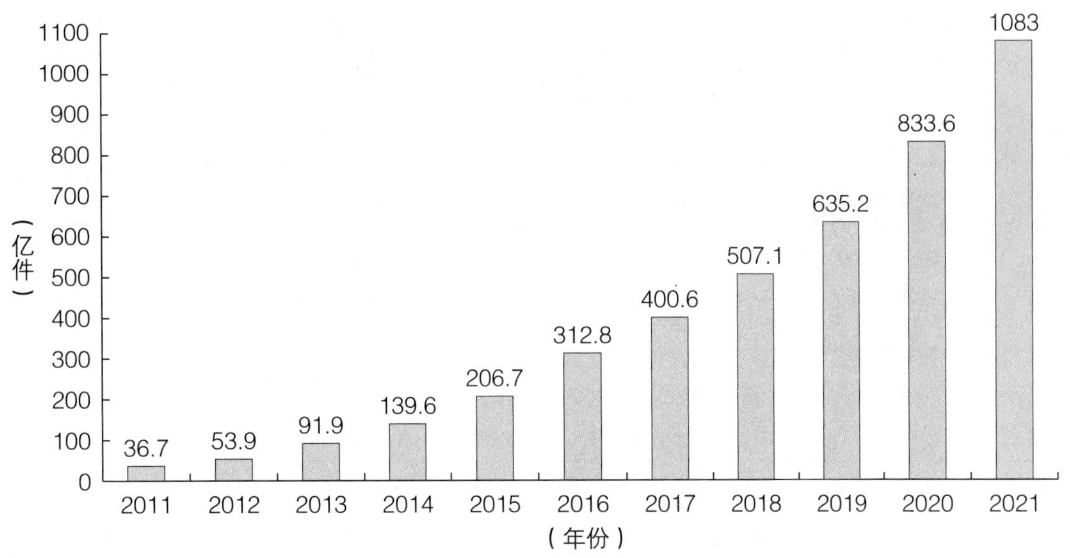

图9　2011—2021年全国快递业务量发展变化情况

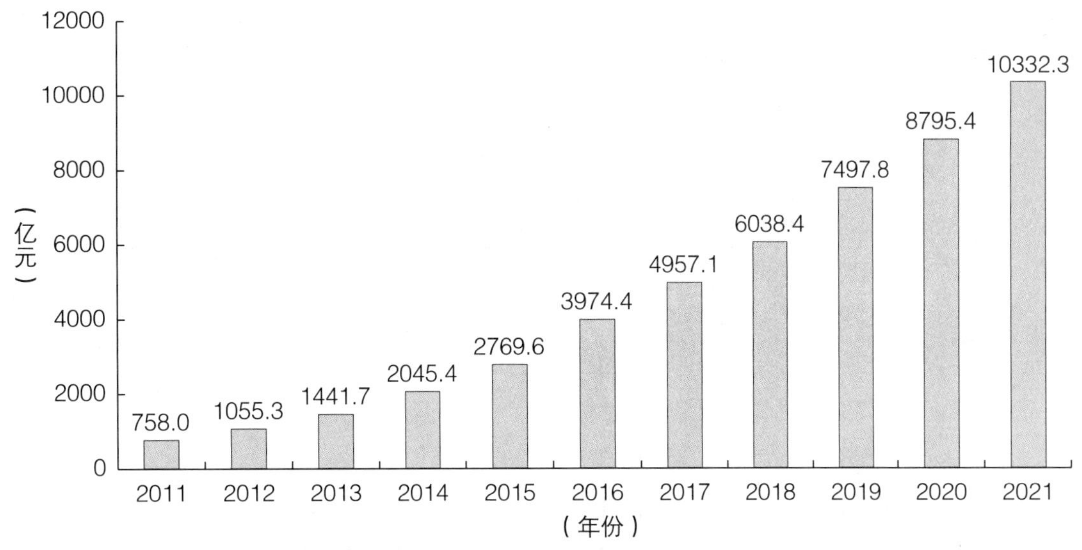

图10　2011—2021年全国快递业务收入变化情况

表 1　　2021 年各省（自治区、直辖市）快递服务企业业务量和业务收入情况

地区	快递业务量累计（万件）	同比增速（%）	快递业务收入累计（万元）	同比增速（%）
全国	10829641.3	29.9	103323162.0	17.5
北京	221030.0	−7.2	3134341.1	−5.4
天津	123390.0	33.0	1401165.0	21.2
河北	506015.0	36.7	4036331.4	20.5
山西	78131.4	45.8	901584.2	34.4
内蒙古	26086.0	33.4	519290.1	23.3
辽宁	164328.1	46.8	1677022.7	27.6
吉林	62197.8	39.2	769227.2	26.7
黑龙江	60491.0	32.9	833873.7	18.9
上海	374137.9	11.2	17158198.9	20.1
江苏	860653.7	23.4	7883840.7	11.2
浙江	2278148.1	26.9	12646992.4	18.1
安徽	312664.8	42.0	2168052.1	23.9
福建	415012.3	20.9	3512665.6	16.1
江西	160091.5	42.9	1443098.3	25.9
山东	559785.8	34.8	4496076.7	21.7
河南	435552.7	40.5	3191669.0	28.2
湖北	269341.6	50.9	2413143.4	35.0
湖南	197803.1	34.4	1625079.7	25.3
广东	2945749.4	33.4	24543385.4	12.5
广西	102758.5	31.9	1127596.8	25.0
海南	14503.9	31.7	290023.2	21.3
重庆	97936.0	34.0	1034335.2	24.6
四川	278269.8	29.3	2680665.3	20.1
贵州	39787.1	41.3	666807.3	27.7
云南	84190.5	33.7	908387.2	23.2
西藏	1485.2	30.4	49492.7	40.2
陕西	111806.6	21.9	1209914.7	17.1
甘肃	18457.8	33.5	369628.5	24.1
青海	3686.8	56.3	100922.4	31.4
宁夏	9963.0	36.1	154100.6	30.3
新疆	16185.8	40.9	376250.7	24.4

表2　2021年全国快递业务量排名前50位城市情况

排名	城市	快递业务量累计（万件）	排名	城市	快递业务量累计（万件）
1	金华（义乌）市	1163887.9	26	南通市	101304.8
2	广州市	1067831.2	27	重庆市	97936.0
3	深圳市	597984.4	28	无锡市	97260.6
4	上海市	374137.9	29	南京市	91687.4
5	杭州市	367134.0	30	绍兴市	88702.9
6	揭阳市	353294.5	31	济南市	79535.8
7	东莞市	268421.3	32	西安市	78685.7
8	苏州市	247215.2	33	青岛市	77252.4
9	北京市	221030.0	34	沈阳市	76401.1
10	泉州市	216624.2	35	廊坊市	74025.5
11	汕头市	216245.1	36	中山市	72558.8
12	成都市	182528.9	37	南昌市	63637.5
13	温州市	167965.9	38	潮州市	61471.3
14	武汉市	160412.4	39	厦门市	59050.7
15	郑州市	154844.0	40	湖州市	57096.9
16	宁波市	153194.8	41	昆明市	56671.2
17	石家庄市	148812.6	42	宿迁市	56566.5
18	佛山市	142372.9	43	南宁市	55875.3
19	临沂市	132630.1	44	徐州市	54624.4
20	台州市	132257.2	45	福州市	54353.6
21	天津市	123390.0	46	商丘市	51827.3
22	合肥市	120038.4	47	邢台市	50194.6
23	长沙市	118867.9	48	惠州市	49100.9
24	嘉兴市	116051.0	49	沧州市	46043.1
25	保定市	115302.3	50	潍坊市	45441.1

表3　2021年全国快递业务收入排名前50位城市情况

排名	城市	快递业务收入累计（万元）	排名	城市	快递业务收入累计（万元）
1	上海市	17158198.9	5	金华（义乌）市	3351505.4
2	广州市	8171900.1	6	北京市	3134341.1
3	深圳市	6489185.1	7	东莞市	2810693.4
4	杭州市	4162523.5	8	苏州市	2454081.5

续　表

排名	城市	快递业务收入累计（万元）	排名	城市	快递业务收入累计（万元）
9	成都市	1656935.4	30	保定市	758495.2
10	揭阳市	1611212.4	31	南通市	742077.1
11	佛山市	1597063.0	32	廊坊市	732628.6
12	武汉市	1442769.3	33	沈阳市	729837.8
13	天津市	1401165.0	34	台州市	720210.3
14	宁波市	1369433.7	35	福州市	683790.4
15	泉州市	1290800.9	36	中山市	672571.5
16	郑州市	1243960.0	37	南昌市	637282.8
17	汕头市	1094205.7	38	临沂市	613778.4
18	重庆市	1034335.2	39	南宁市	567119.9
19	无锡市	1017029.8	40	常州市	552797.0
20	温州市	999223.7	41	哈尔滨市	540716.8
21	青岛市	948739.5	42	惠州市	515598.5
22	嘉兴市	948488.6	43	昆明市	497648.8
23	石家庄市	941570.8	44	长春市	484438.3
24	长沙市	900898.3	45	绍兴市	462738.9
25	南京市	899241.3	46	沧州市	418061.1
26	合肥市	877332.2	47	徐州市	415225.7
27	西安市	841790.3	48	湖州市	400333.9
28	厦门市	819814.9	49	大连市	368028.6
29	济南市	775202.2	50	太原市	362302.5

表4　　2021年部分快递企业年报

序号	2021年财报	中通快递	圆通速递	申通快递	韵达速递	顺丰速运
1	营业收入（亿元）	304.06	451.55	252.55	417.29	2071.87
2	营业收入同比增长率（%）	20.60	29.36	17.10	24.56	34.55
3	归母公司净利润（亿元）	47.01	21.03	−9.27	14.77	42.69
4	归母公司净利润同比增长率（%）	8.70	19.06	−907.02	5.15	−41.73
5	快件量（亿件）	223	165.43	110.76	184.02	105.5
6	快件量同比增长率（%）	31.10	30.79	25.62	30.10	29.65
7	件均收入（元）	1.295（不含货代服务费、派件费）	2.26	2.24	2.15	16.25

续 表

序号	2021年财报	中通快递	圆通速递	申通快递	韵达速递	顺丰速运
8	件均收入同比增长率（%）	−6.67	−0.62	−8.94	−7.73	−8.57
9	市场份额（%）	20.60	15.28	10.23	16.99	9.74

注：以上数据是根据快递企业公示采集，未进行公示的企业不在此表。

（二）快递服务满意度

据调查数据显示，2021年，我国快递服务业总体满意度得分为76.8分，其中，公众满意度得分为83.7分，时限测试满意度得分为69.9分。

总体满意度和公众满意度得分居前5位的快递服务品牌为顺丰速运、京东快递、邮政EMS、中通快递、韵达速递。

公众满意度得分居前15位的城市为太原、芜湖、宝鸡、长春、银川、武汉、漯河、无锡、临沂、合肥、南宁、哈尔滨、大连、台州、郑州。

公众满意度方面，涉及评价的5项二级指标中，在创新驱动下，受理服务、售后服务得分有所上升。受新冠肺炎疫情、极端天气等因素影响，揽收服务、投递服务、信息服务得分有所下降。国家邮政局市场监管司副司长边作栋表示，2021年售后环节满意度得分为72.5分，与2020年相比提升较为明显。一是得益于企业重视带来的显著变化，不少企业坚持问题导向，积极推进售后服务转型升级，客服团队更加专业，问题响应及时性、准确性、有效性得到提高，受到用户好评。二是得益于技术进步带来的积极影响。2021年1—12月全国快递业服务申诉量及环比变化情况如图11所示。

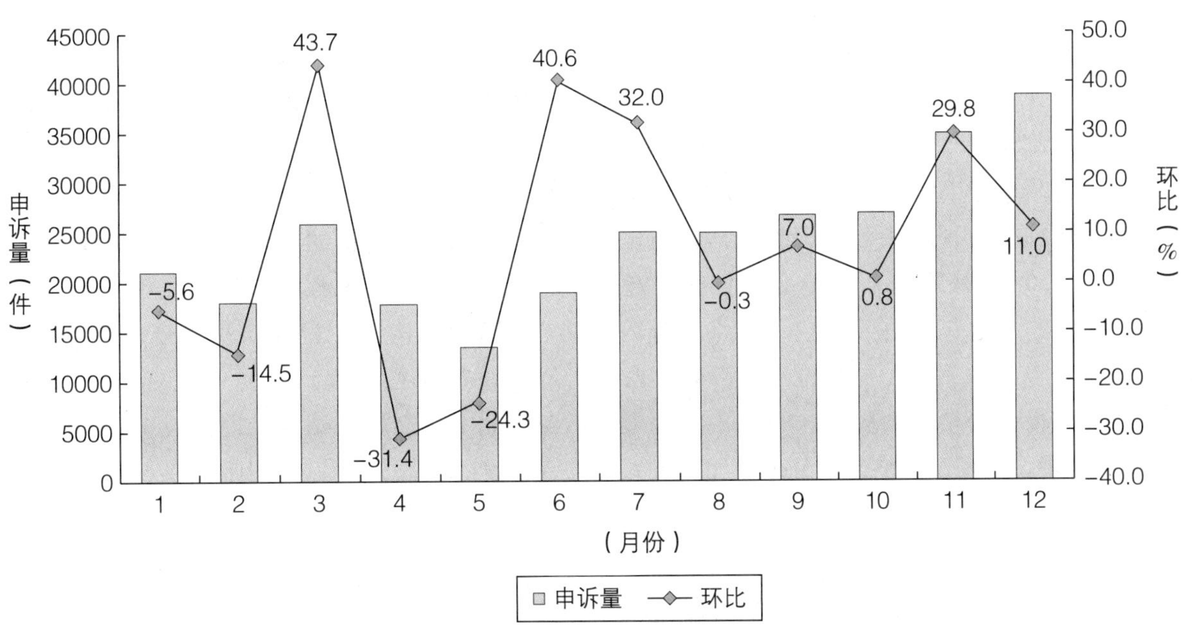

图11　2021年1—12月全国快递业服务申诉量及环比变化情况

二、2021年我国快递业发展特点

（一）我国快递业务量突破千亿件，继续保持全球排名第一

2021年，全国快递服务企业业务量累计完成1083.0亿件，同比增长29.9%；业务收入累计完成10332.3亿元，同比增长17.5%。

（二）件均收入继续下滑

2021年，我国快递业电商快递价格战依然存在，以价换量的模式还是主要的竞争手段，其底层逻辑说明快递产业的集中度依然很低。与欧美日相比，我国排名前三的快递企业在快件量的集中度不足60%，而欧美日排名前三的快递企业的集中度在90%以上。

2017—2021年全国快递业发展情况详见表5。

表5　2017—2021年全国快递业发展情况

分类＼年份	2017	2018	2019	2020	2021
快递业务量（亿件）	400.6	507.1	635.2	833.6	1083
快递收入（亿元）	4957.1	6038.4	7497.8	8795.4	10332.3
件均收入（元）	12.37	11.9	11.8	10.55	9.54
业务量年增长率（%）	28	26.6	25.3	31.2	29.9
收入年增长率（%）	24.7	21.8	24.2	17.3	17.5

（三）“两进一出”加快推进

2021年，“快递进村”“快递进厂”“快递出海”工程扎实推进。“快递进村”比例超过80%，苏浙沪等地基本实现“村村通快递”，山西省、黑龙江省、山东省等取得重大政策突破。交快、邮快、快快等合作进一步深化，共同配送、客货邮融合等新模式不断涌现，新增15.5万个建制村实现邮快合作。此外，我国也已打造了1908个快递服务制造业业务收入超百万元项目，积极拓展国际航空、铁路、海运等常态化跨境寄递渠道，持续推动中欧班列常态化运输邮件和跨境电商商品。同时，我国聚焦RCEP区域拓展地面网络，部分企业加速进入中东、拉美市场，品牌企业加快海外仓建设布局，累计建成海外仓240个、面积近200万平方米。全国全年国际、港澳台寄递业务量突破22亿件，支撑跨境商品流动额超过4400亿元。

（四）快递的基础设施能力不断强化

2021年，邮政快递业深化与综合交通运输衔接，快递专用货机保有量超过130架，鄂州航空货运枢纽建成校飞，顺丰转运中心和航空基地等加快建设，京东货运航空公司获批筹建，高铁运输快递线路超过1500条，高运能大型干线车辆达2.85万辆。大型分拨中心智能化改造加快推进，枢纽转运中心基本实现自动分拣全覆盖。末端服务体系不断完善，县乡村共配网络加快构建，智能快件箱规模稳中有升，公共服务站达到16.1万个。邮政企业加大对县乡处理中心、村级站点及冷链设施、车辆设备等建设的投入力度。福州邮政快递末端基础设施实现常态化无偿配建。

（五）持续推进快递绿色包装

2021年，国家邮政局深入实施“2582”工程，开展重金属和特定物质超标包装袋、过度

包装和随意包装、塑料污染专项治理，使得重金属与特定物质超标包装袋实现存量大幅消减，过度包装和随意包装得到初步遏制，可循环快递箱（盒）投放量达630万个，电商快件不再二次包装率达80.5%，新增3.6万个设置包装废弃物回收装置的网点。《邮件快件包装管理办法》及配套制度的出台大力推动了用品用具监管方式改革，开展快递包装绿色产品认证，加强行业生态环保监管执法，积极推动多方协同共治。我国也大力推广了新能源和清洁能源车辆，保有量突破6万台。

（六）冷链快递成为新的竞争焦点

继顺丰和京东快递拓展冷链快递市场后，中通冷链首批干线大引力双温区冷藏车组装完毕并投入运营。据介绍，中通冷链将以“直营+加盟”为组织模式，构建包括产地仓、销地仓、网格仓在内覆盖全国的冷链云仓网络。预计2021年年底前，完成30个省会城市、超过250个地县、超过1500个服务网点的覆盖，形成全国80%县级城市覆盖密度的门到门冷链物流网络。韵达冷链与大河网络传媒集团在郑州签署战略合作协议，决定共同搭建河南省、市、县三级冷链物流网络，合力进军河南省冷链市场。

（七）民营快递国际化范围进一步扩大

2021年，韵达国际开通“中国—尼泊尔”直飞包机。截至目前，韵达国际服务网络已开通韩国、加拿大、澳大利亚等超过30条国际专线，在全球35个国家和地区拥有超过60个加盟商。百世集团宣布启动泰国至全球34国航空小包寄递业务，一站式运营泰中、泰马、泰新、泰欧美等线路，并凭借位于曼谷的1万平方米高标准供应链仓库，形成“物流—仓储—清关—配送”一站式服务，所有订单“一单到底”，可实时跟踪物流。2021年4月15日北京时间10点，一架圆通航空B757从昆明机场起飞，经过4个多小时的飞行，于当地时间11点55分抵达印度金奈。货机上装载25吨左右的跨境电商出口货物，主要为国内外知名品牌的高端电子产品，计划每周直飞四班。

（八）快递业持续推动服务乡村振兴

2021年，国家邮政局持续深挖农村市场潜力，年内开展山西吕梁杂粮、山东日照海鲜、河南信阳毛尖、湖南怀化冰糖橙、重庆粉条、陕西咸阳猕猴桃、宁夏银川枸杞等业务量超千万件的快递服务现代农业金牌项目40个，累计达到100个，全年农村地区收投快递包裹总量370亿件，带动农产品出村进城和工业品下乡进村超1.85万亿元。邮政企业不断完善农村邮政服务体系，全国累计建成农村邮乐购站点34.8万个，培育邮政服务农特产品进城项目958个。落实“四个不摘”要求，定点帮扶指标提前完成。

（九）《“十四五”邮政业发展规划》（以下简称《规划》）出台为我国快递业发展指明方向

《规划》总体要求包括指导思想、基本原则和主要目标。指导思想是规划的灵魂，强调以习近平新时代中国特色社会主义思想为指导，指明要完整、准确、全面贯彻新发展理念，明确主题、主线、动力、目的和抓手，提出健全打造国内、国际寄递物流服务“两体系”，确定“两实现”和“两建设”。具体是指以推动邮政业高质量发展为主题，以深化邮政业供给侧结构性改革为主线，以改革创新为根本动力，以满足人民日益增长的美好生活用邮需要为根本目的，以快递“进村进厂出海”为重要抓手，统筹发展和安全，推进高效能治理，健全畅通高效、普惠便捷的国内寄递物流服务体系，打造开放共享、安全可靠的国际寄递物流服务体系，实现邮政事业和邮政产业协同发展，实现发展质量、结构、规模、速度、效益、安全相统一，为建设人民满意、保障有力、世界前列的邮政强国开好局、起好步，为建设现代化经济体系、构建新发展格局提供有力支撑。基本原则体现规划价值取向，包括坚持普惠均等、坚持市场主导、坚持创新驱动、坚持安全发展、坚持绿色环保五大原则。

三、2021年我国快递行业大事记

（一）韵达集团（吐鲁番）产业园项目启动

2021年3月16日，韵达集团（吐鲁番）产业园建设项目启动仪式暨现场招商大会在吐鲁番经济开发区临空产业园举行。该项目位于吐鲁番经济开发区临空产业园，主要规划建设智能化快递中心、快运中心、供应链中心等业务板块。韵达集团（吐鲁番）产业园将建设服务于吐鲁番农业、服务业等产业的综合服务平台，推动产业融合，带动吐鲁番的电商发展，促进就业。并通过智能化快递、快运、冷链等，为吐鲁番提供多元化、综合性服务，以吐鲁番为节点，打造整个新疆地区的电商产业中心。

（二）顺丰、邮政、韵达入围全球物流品牌价值25强

2021年3月，英国Brand Finance发布《2021年全球品牌价值25强物流服务企业报告》，美国联合包裹（UPS）排名第一，来自中国的顺丰速运、中国邮政、韵达速递三家寄递企业入围，分别排第8名、第9名和第24名。

（三）中通快递在山西打造首个电商快递产业园

2021年4月，中通快递集团在山西全省首个电商快递产业园开建，其中要配套智能化快递分拨中心、快运转运中心、航空转运中心、冷链物流转运中心、智能云仓中心等设施。据悉，该项目交付后，可具备年中转量30亿件的快件处理能力，极大提升山西特色农产品的快递物流外运能力，从而为乡村振兴提供有力支撑。

（四）邮政企业开通“南京—大阪”货邮国际航线

2021年4月27日10时36分，中国邮政航空公司CF235航班从南京禄口国际机场顺利起飞，12时42分准时降落在日本大阪关西国际机场。南京至大阪首航成功，标志着中国邮政“南京—大阪”货邮国际航线正式开通。中国邮政自主航空网原有通达日本的航线是“上海浦东—大阪”“义乌—大阪”“上海浦东—东京”“郑州—东京”。随着“南京—大阪”航线的开通，中国邮政自主航空网通达大阪航班增至每周15班，通达日本航班每周累计22班。

（五）菜鸟与香港货运航空达成合作，东南亚包裹实现3日送达

2021年5月，阿里旗下数字物流公司菜鸟网络与香港航空子公司香港货运航空宣布建立合作关系，并合作开通了从香港到东南亚首个通过菜鸟香港eHub（电子集散中心）处理包裹的货运航班。在合作的第一阶段，菜鸟将通过其超级物流中枢eHub，每周向菲律宾、马来西亚和泰国分别发出3～7次航班，以满足东南亚日益增长的电子商务物流需求。菜鸟每周向东南亚运输约25万件包裹。

（六）顺丰航空开通“西安—新西伯利亚”国际全货运航线

2021年5月14日，顺丰航空O37017航班搭载一批跨境电商货物，由西安飞抵俄罗斯新西伯利亚，标志着顺丰“西安—新西伯利亚”航线正式开通运行。这也是西安机场开通的首条以出口跨境电商货物为主的国际全货

运航线，顺丰航空国内外通航站点由此增长至80个。

（七）广东邮政空客A380包机首航

2021年5月18日，空中客车A380迎来了新的“乘客”。受新冠肺炎疫情进一步扩散影响，美国路向航空运输市场“一机难求”，在中国邮政集团有限公司的支持下，广东邮政空客A380包机发运邮件到美国，强力保持国际运输通道顺畅。

（八）顺丰控股发布首份“碳目标白皮书2021”

2021年6月5日，顺丰控股发布了业内首份“碳目标白皮书2021”，提出拟在2021年基础上，在2030年实现自身碳效率提升55%，每个快件包裹的碳足迹降低70%，打造气候友好型快递。其中，顺丰拟通过用能结构调整实现68%的减碳目标，未来顺丰将采取可再生能源解决方案，在合适的产业园投建光伏，并逐步加大新能源物流车应用。

（九）京东开通首条中美全货运包机航线

2021年6月7日，京东正式开启“南京—洛杉矶”航线包机。继两周前启航其亚太区首条全货运包机“深圳—曼谷”航线，京东国际物流再下一城，打造其首条中国到美洲的定班包机运输航线。此次“南京—洛杉矶”航线包机，是京东国际物流打造的一条中国与美洲之间，端到端、全自营、全链路的空中运输专线。借力京东的平台优势，同时联动京东国际在美国自有的海外仓，京东国际物流的全球智能供应链基础网络再跃一级，实现商流、物流一体化，助力中国品牌和商品走向全球。

（十）圆通航空第6架B757全货机入列

2021年6月10日凌晨2时30分，圆通航空最新引进的一架B757全货机从福建厦门飞抵云南昆明长水国际机场，正式加入圆通航空机队，这是圆通航空引进的第6架B757飞机。截至目前，圆通航空拥有6架B757和5架B737。

（十一）中通快递出资1亿元设立“快递小哥关爱基金”

2021年7月9日，中通快递集团宣布出资1亿元设立“快递小哥关爱基金”，对中通全网因疾病、意外伤害等原因导致生活困难的快递员及其家庭提供资助。这是快递行业首个针对快递小哥的关爱基金。这既是中通对增强快递小哥群体获得感、幸福感、安全感的创新探索，也是对七部门联合发布的《关于做好快递员群体合法权益保障工作的意见》的积极响应。

（十二）投资2.5亿元的申通枢纽项目落地兰州

2021年8月，中国智能骨干网（甘肃）申通枢纽中心项目在兰州陆港“2021年全市重大项目集中开工复工动员大会分会场”举行奠基仪式，兰州市政府相关负责人、申通快递代表出席。中国智能骨干网（甘肃）申通枢纽中心项目总投资2.5亿元，占地面积约102.8亩，总建筑面积约4.8万平方米，项目设计日均处理160万单，是申通在甘肃省内所建最大的集中转、分拣、配送为一体的智慧枢纽中心。

（十三）邮政、顺丰入围2021亚洲品牌500强

2021年9月23日，世界品牌实验室（World Brand Lab）发布2021年《亚洲品牌500强》，国家电网位列品牌榜第二，占据榜单前五名的还有中国工商银行、海尔和腾讯。在中国大陆邮政快递行业，顺丰速运和中国邮政两家企业入围，分别排名第184位和第311位。

（十四）顺丰速运、京东物流等入选首批国家级粮食应急保障企业

2021年10月，按照《粮食应急保障企业管理办法》有关规定，国家粮食和物资储备局按程

序认定中粮集团有限公司、顺丰速运、京东物流等68家企业为第一批国家级粮食应急保障企业。

（十五）顺丰航空机队规模增至67架

2021年10月8日，顺丰航空有限公司（以下简称“顺丰航空”）第67架全货机B-220Z完成客改货，由成都飞抵深圳，正式加入顺丰机队。这是顺丰航空于2021年投运的第6架新运力，B757-200型的飞机数量也由此增至37架。顺丰航空是目前国内运营全货机数量最多的货运航空公司，在役运力包括2架B747、11架B767、37架B757及17架B737-300/400，随着第67架新运力的入列，顺丰航空的总体运能得到了进一步提升。

（十六）京东物流获DCMM 4级认证

2021年10月，中国电子信息行业联合会通过官方网站公布了最新一批获得数据管理能力成熟度（DCMM）等级证书的企业名单，京东物流被授予DCMM 4级，标志着京东物流的数据管理能力达到国内先进水平。

（十七）中国邮政成为杭州亚运会、亚残运会官方邮政服务独家供应商

2021年10月9日，恰逢第52个“世界邮政日”和杭州亚残运会倒计时一周年，杭州2022年第19届亚运会、第4届亚残运会官方邮政服务独家供应商签约发布会在杭州举行。中国邮政正式成为杭州亚运会、亚残运会官方邮政服务独家供应商，这是杭州亚运会第10家官方独家供应商，也是第79家官方赞助企业。中国邮政将为本土赛事提供特快专递、包裹快递等寄递服务，以及集邮类、封片卡类等邮政产品和综合现场服务等优秀邮政服务。

（十八）极兔速递68亿元收购百世国内快递业务

2021年10月29日，国内快递企业J&T极兔速递（以下简称“极兔速递”）和百世集团共同宣布达成战略合作意向，极兔速递以约68亿元人民币（合11亿美元）的价格收购百世集团中国快递业务。百世集团称，此次出售不包括百世的任何其他业务，即供应链管理、货运、货物和全球。

据了解，极兔速递从2020年3月正式进入中国以后，便开始迅速占领国内市场。截至目前，极兔速递日单量在2000万～2200万。而据百世集团2022年度二季度财报，其快递业务日单量约2500万。

（十九）顺丰国际与AfterShip达成正式合作

2021年11月11日，顺丰国际与AfterShip达成正式合作，AfterShip成为顺丰国际快递电商解决方案的技术合作伙伴，双方将实现全系列产品的轨迹对接，携手提升物流效率。电商客户可在AfterShip一站式管理使用顺丰国际物流服务的多平台订单，自动化批量查询物流轨迹，并及时获取物流状态更新通知。

（二十）圆通速递与杭州2022年第4届亚残运会组委会举行签约仪式

2021年12月2日，圆通速递与杭州2022年第4届亚残运会（以下简称“杭州亚残运会”）组委会举行了签约仪式，成为杭州亚残运会官方物流服务赞助商。这是继签约成为杭州2022年第19届亚运会官方物流服务赞助商后，圆通速递再次服务亚洲大型体育赛事。据了解，由亚奥理事会和杭州亚残运会组委会共同发出的44封杭州亚残运会参赛邀请函，以及吉祥物、服装、徽章、旗帜等亚残运会物资，由圆通速递分别寄往亚洲44个参赛国家（地区）残奥委会。

注：以上主要数据和部分内容来源于国家邮政局网站。邮政行业业务总量、邮政服务业务总量按2020年不变单价计算，同比增长按照可比口径计算。

（蜂网投资有限公司　徐勇）

2021年中国航空货运业

2021年是我国民航发展历程中具有特殊重要性的一年，全行业以习近平新时代中国特色社会主义思想为指导，全面贯彻党的十九大和十九届历次全会以及中央经济工作会议精神，在党中央、国务院的坚强领导下，坚持新发展理念，坚持稳中求进总基调，认真落实“十四五”时期“一二三三四”民航总体工作思路，努力克服疫情防控、经营亏损、安全压力等困难交织叠加影响，扎实推动民航高质量发展，各项工作取得了较好成绩。全年共完成固定资产投资1880.44亿元，其中，民航基本建设和技术改造投资1222.47亿元，比上年增加13.0%。

一、运输周转量

2021年，全行业完成运输总周转量856.75亿吨公里，比上年增长7.3%。国内航线完成运输总周转量641.14亿吨公里，比上年增长9.1%，其中，港澳台航线完成3.01亿吨公里，比上年下降5.5%；国际航线完成运输总周转量215.61亿吨公里，比上年增长2.3%。2017—2021年我国民航运输总周转量及增长变化情况如图1所示。

全行业完成货邮周转量278.16亿吨公里，比上年增长15.8%。国内航线完成货邮周转量70.59亿吨公里，比上年增长4.0%，其中，港澳台航线完成2.29亿吨公里，比上年增长10.8%；国际航线完成货邮周转量207.57亿吨公里，比上年增长20.5%。2017—2021年我国民航货邮周转量及增长变化情况如图2所示。

二、货邮运输量

2021年，全行业完成货邮运输量731.84万吨，比上年增长8.2%。国内航线完成货邮运输量465.14万吨，比上年增长2.6%，其中，港澳台航线完成18.99万吨，比上年增长8.0%；国际航线完成货邮运输量266.70万吨，比上年增长19.6%。2017—2021年我国民航货邮运输量及增长变化情况如图3所示。

三、运输机队

截至2021年年底，民航全行业运输飞机期末在册架数4054架，比上年增加151架。其中货运飞机共198架，大型货机43架，中小型货机155架。

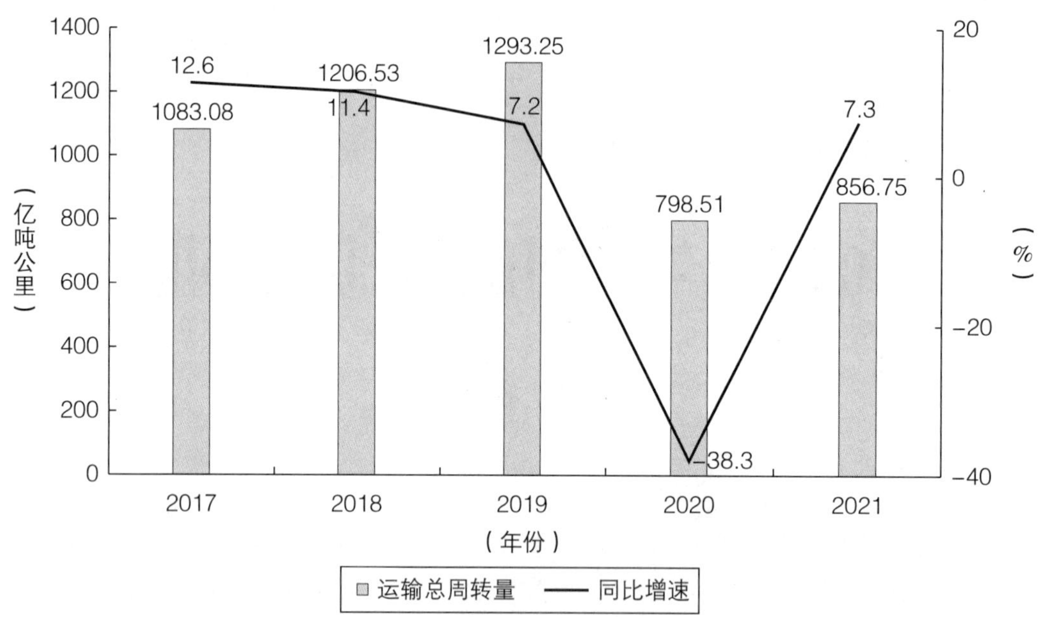

图1 2017—2021年我国民航运输总周转量及增长变化情况

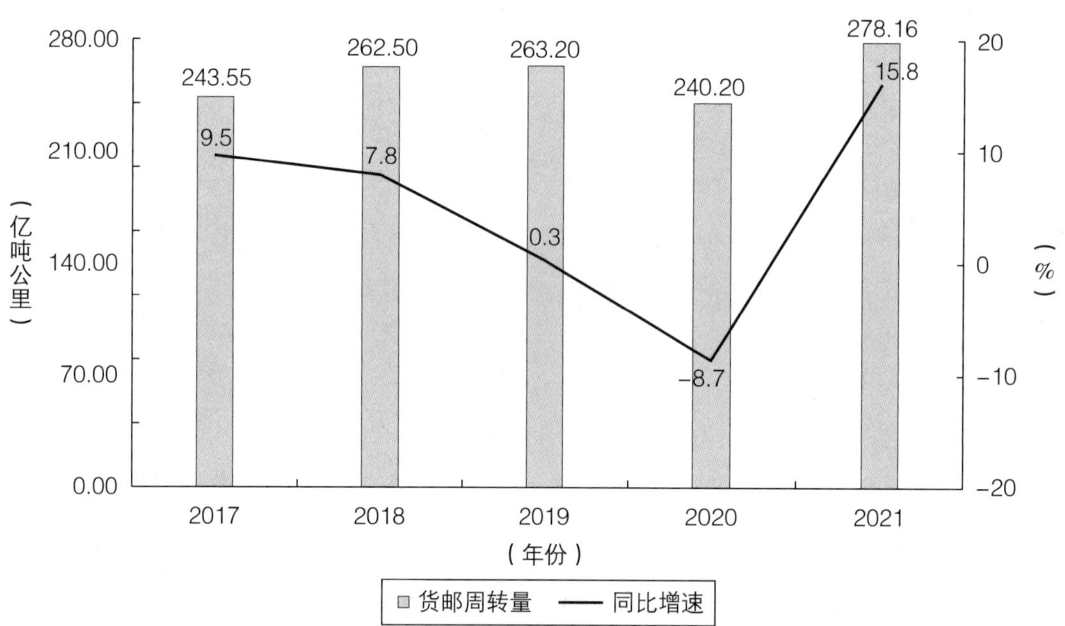

图2 2017—2021年我国民航货邮周转量及增长变化情况

四、运输航空（集团）公司生产

2021年，中航集团完成飞行小时196.70万小时，比年增长2.4%；完成运输总周转量193.68亿吨公里，比上年增长2.4%；完成货邮运输量176.37万吨，比上年增长1.1%。

2021年，东航集团完成飞行小时180.09万小时，比上年增长13.4%；完成运输总周转量162.16亿吨公里，比上年增长14.1%；完成货邮运输量145.48万吨，比上年增长23.6%。

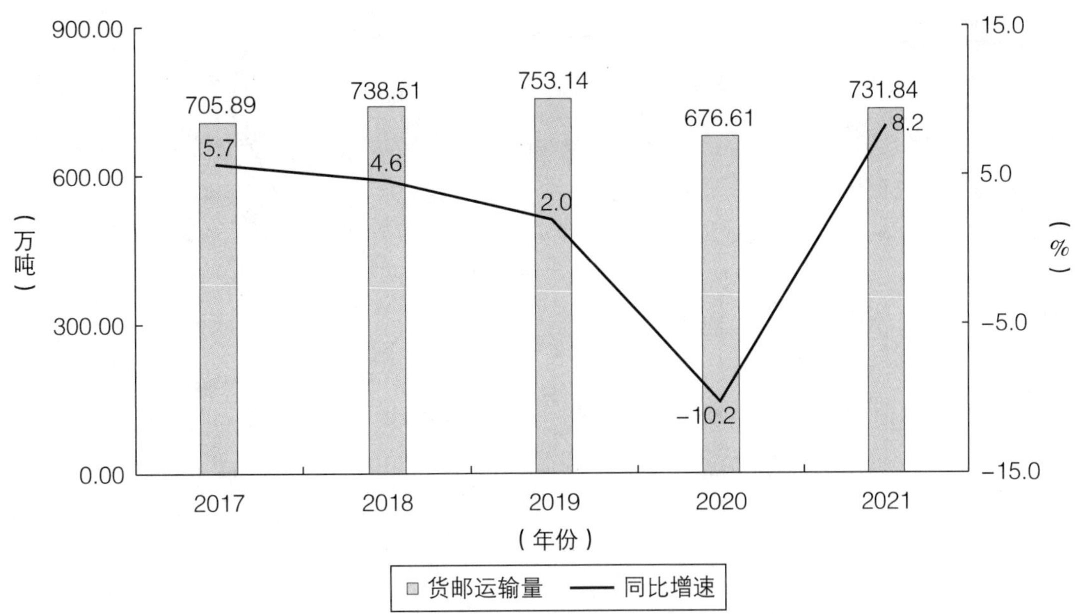

图3　2017—2021年我国民航货邮运输量及增长变化情况

2021年，南航集团完成飞行小时211.00万小时，比上年增长1.6%；完成运输总周转量212.11亿吨公里，比上年增长2.0%；完成货邮运输量144.20万吨，比上年下降1.3%。

2021年，其他航空公司共完成飞行小时344.38万小时，比上年增长8.4%；完成运输总周转量288.80亿吨公里，比上年增长11.4%；完成货邮运输量265.79万吨，比上年增长11.5%。

五、机场货邮吞吐量

截至2021年年底，我国境内运输机场（不含香港、澳门和中国台湾地区）248个，比上年年底净增7个。全年我国民航运输机场完成货邮吞吐量1782.80万吨，比上年增长10.9%。其中，货邮吞吐量超过万吨的机场数量有61个，比上年增加2个，吞吐量总量占民航总吞吐量的98.7%，其中，北京、上海和广州三大城市机场货邮吞吐量占全部境内机场货邮吞吐量的44.9%，比上年提高0.9个百分点。2017—2021年我国民航运输机场货邮吞吐量及增长变化情况如图4所示。

按地区看，2021年东部地区完成货邮吞吐量1298.80万吨，比上年增长11.2%；中部地区完成货邮吞吐量158.95万吨，比上年增长15.9%；西部地区完成货邮吞吐量272.72万吨，比上年增长8.2%；东北地区完成货邮吞吐量52.32万吨，比上年增长4.8%。2021年民航运输机场货邮吞吐量地区占比情况如图5所示。

六、经济效益

据初步统计，2021年，全行业运输收入水平为4.55元/吨公里，比上年提高0.27元/吨公里。其中，货邮运输收入水平3.05元/吨公里，比上年提高0.33元/吨公里。

七、空防安全

截至2021年年底，我国民航业共有安检员

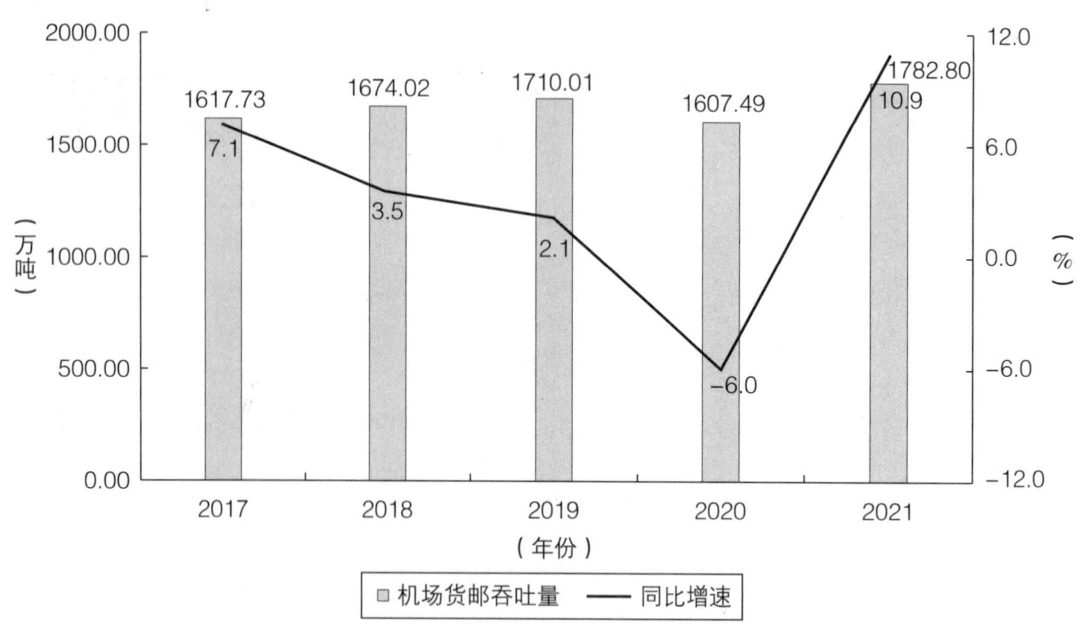

图4 2017—2021年我国民航运输机场货邮吞吐量及增长变化情况

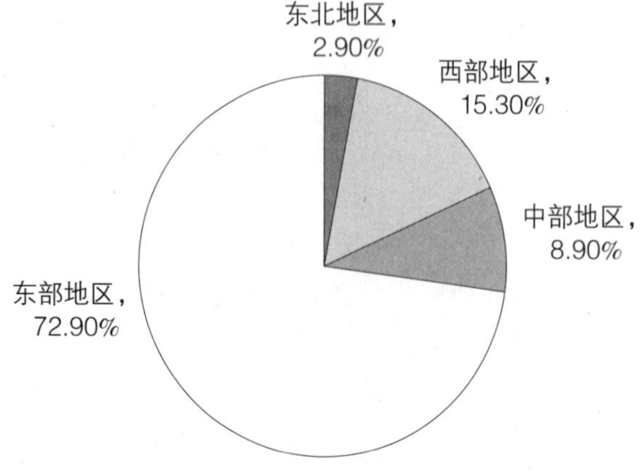

图5 2021年民航运输机场货邮吞吐量地区占比情况

74338名，比上年增加3563名。全年共检查航空货物（不含邮件、快件）5.75亿件次，检查邮件、快件共2.35亿件次。

八、绿色发展

2021年，我国民航吨公里油耗为0.309公斤，较2005年（行业节能减排目标基年）下降9.2%。我国民航自2018年启动打赢蓝天保卫战以来，实施项目累计152个，总投资约37.5亿元，累计节省航油约62万吨，相当于减少二氧化碳排放约195.3万吨，减少各种空气污染物约7500吨。其中2021年节省燃油消耗约11.7万吨，减少二氧化碳排放约36.9万吨。

（本文节选自《2021年民航行业发展统计公报》）